普通高等教育"十一五"国家级规划教材
高等学校工商管理系列教材

管 理 学

（第二版）

李培煊　主编

叶　龙　姜文生　副主编

中国铁道出版社

2015年·北京

内 容 简 介

本书在借鉴和吸收西方管理学理论和成果的基础上，以管理过程学派的思想为主要理论构架，密切结合我国的管理实际，系统地阐述了管理的一般原理和方法，以及现代管理思想与理论的新发展。

本书内容包括管理与管理学、管理思想和管理理论的发展历史，管理的基本原理与基本方法以及决策、计划、组织、领导、控制、创新等，共九章。书中每章都附有复习思考题及相关案例。

本书可作为 MBA 及管理专业研究生、本科生的教材，亦可用作高、中层管理人员培训教材及学习参考资料。

图书在版编目(CIP)数据

管理学/李培煊主编 . —2 版 . —北京：中国铁道出版社，
2009.10（2015.3 重印）

普通高等教育"十一五"国家级规划教材

ISBN 978-7-113-10329-3

Ⅰ. 管… Ⅱ. 李… Ⅲ. 管理学—高等学校—教材 Ⅳ. C93

中国版本图书馆 CIP 数据核字(2009)第 166585 号

书　　名：**管理学（第二版）**
作　　者：李培煊

策划编辑：李丽娟
责任编辑：李丽娟　　　电话：(010)51873135
封面设计：崔丽芳
责任校对：孙　玫
责任印制：陆　宁

出版发行：中国铁道出版社（100054，北京市西城区右安门西街 8 号）
网　　址：http://www.tdpress.com
印　　刷：三河市宏盛印务有限公司
版　　次：2009 年 10 月第 2 版　　2015 年 3 月第 17 次印刷
开　　本：787mm×1 092mm　1/16　印张：14.75　字数：359 千
书　　号：ISBN 978-7-113-10329-3
定　　价：28.00 元

（第二版）◁ 前言 *Preface*

　　管理活动是人类最基本的社会实践活动之一。任何社会组织的管理工作，除需要认识和研究自身的特殊性外，更需要遵循一些共同的原理和规律。管理学作为管理学科体系中的基本学科，其主要任务就是要提出管理活动中的共性，总结和提炼管理工作的一般规律，包括一般理论、原理、方法和手段等，并使读者能正确地运用这些理论与方法，去指导管理活动的实践，提高管理工作的有效性。在现实的社会生活中，每个人都几乎同时具有管理者和被管理者的双重身份，因此学习和研究管理学不仅对企业家，而且也对一般管理人员和作业人员同样具有重要的现实意义。

　　本书是在汇集中外知名学者所提出的管理理论和管理方法的前提下，参阅了美国和国内知名院校管理学的框架结构以及总结作者多年的教学实践经验编写而成的。本书在内容上力求深入浅出，理论与实践相结合，方便各个层次的管理人员和高校师生阅读。对从事硬科学的技术人员，也有一定的参阅价值。本书自1999年10月出版以来，多次重印，受到广大读者的支持和欢迎。曾被评为铁道部优秀教材。

　　面对本世纪现代管理理论和方法的新发展，以及广大读者对本书的更高期望与要求，本次再版时，从内容到编排上均进行了较大幅度的调整和充实。特别是对中国古代传统管理的精髓、对管理者的技术要求、决策理论与分析方法、组织文化、学习型组织控制理论的新发展等内容进行了补充和阐述。

　　改编后的管理学共分九章，由北京交通大学经济管理学院工商系教师编写。李培煊担任主编，叶龙、姜文生担任副主编。第一、二、三章由李培煊编写，第四、五、九章由吕海军编写，第六、八章由叶龙、刘颖琦编写，第七章由姜文生编写。

　　由于水平所限，书中难免存在不足之处，欢迎专家和读者批评指正。同时对在本书再版过程中给予热心支持和帮助的北京交通大学教务处、经管学院领导和同仁致以诚致的谢意！

编　者

2009.7

(第一版) ◁ 前言 *Preface*

　　管理活动是人类最基本的社会实践活动之一。任何社会组织的管理工作,除需要认识和研究自身的特殊性外,更需要遵循一些共同的原理和规律。管理学作为管理学科体系中的基本学科,其主要任务就是要提出管理活动中的共性,总结和提炼管理工作的一般规律,包括一般理论、原理、方法和手段等,并使读者能正确地运用这些理论和方法,去指导管理活动的实践,提高管理的有效性。在现实的社会生活中,每个人都同时具有管理者和被管理者的双重身份,因此学习和研究管理学不仅对企业家,而且也对一般管理人员和作业人员同样具有重要的现实意义。

　　管理学至今还是一门年轻的学科。它的许多特性和规律,特别是在社会主义市场经济条件下,具有中国特色的管理学还需要不断地去认识和深入探讨。在近代,许多中外学者对管理理论和方法的形成,都作出了巨大的努力和贡献,本书正是在继承和发扬的基础上,参阅了美国以及国内知名院校管理学的框架结构而编写的。编写时力求增加管理学发展的最新理论,突出案例教学,以形成本书的特色。本书每章后面均附有中外案例和相关复习思考题,以突出其实践性特征。

　　本书由北方交通大学经济管理学院工商管理系集体编写,李培煊教授担任主编。全书共分九章。其中第一、二、三章由李培煊编写,第四章由赵启兰编写,第五章由李伊松编写,第六章由兰红杰编写,第七章由姜文生编写,第八、九章由郚文兵编写,第十章由张明玉编写。

　　由于作者水平有限,书中难免存在不足之处,欢迎专家和广大读者批评指正。

编　者

1999 年 6 月

目录 *Contentr*

第一章 管理与管理学

第一节 管理的概念和作用

一、管理的概念

管理,这是一个人们所熟知的名词,但它本身却包含着十分深刻的内涵。近几十年来,许多学者根据自己的研究,都试图从理论上对其进行定义,这些论述包括:

(1)管理就是领导。这种说法强调了管理者个人在管理活动中的领导作用。

(2)管理就是经由他人完成任务。这种说法强调了管理者发挥下属人员作用的重要性。

(3)管理是由计划、组织、指挥、协调及控制等职能要素组成的活动过程。这一观点是由法国管理过程理论学派创始人法约尔(Henry Fayol)提出的,他强调管理是由若干职能所组成的活动过程,他的观点对日后管理学的研究产生过深刻的影响。

(4)管理是一种以绩效责任为基础的专业职能。该观点来自美国哈佛大学教授德鲁克(P. F. Drucker),强调管理是一种专业性工作,有自己专有的技能、方法和技术,突出管理的自然属性。

(5)管理就是协调人际关系,激发人的积极性,以达到共同目标的一种活动。该理论从组织行为学的观点出发,强调管理的核心是协调人际关系,管理通过激励、沟通等方法激发人的积极性,完成组织目标。

(6)管理就是决策。这是由著名的经济学家、诺贝尔奖获得者西蒙(H. A. Simon)提出的,他认为任何管理活动都是一个包括调查研究、制订方案、选择方案以及执行方案的过程,因此管理活动过程就是管理各个阶层制订和执行决策的过程。

以上这些观点从各个不同的角度表述了对管理的认识和理解。综合上述研究,我们认为,更确切地说,对管理的概念可作如下的理解:

管理是指在特定的环境条件下,以人为中心,对组织所拥有的资源进行有效的计划、组织、领导、控制,以便达成既定组织目标的过程。

这一定义包含着以下五重含义:

(1)管理是为一定组织目标服务的,它是有意识、有目的的活动过程。组织是管理的载体,因此可以说没有组织就没有管理。

(2)管理活动强调以人为中心,人是组织的主体,管理是为人服务的。

(3)管理包括一系列相互关联的职能,即计划、组织、领导、控制等。

(4)管理工作强调有效合理地利用资源,确保组织的工作效果、效率和效益。

(5)管理是在特定环境下开展工作的,有效的管理必须审时度势,根据环境的特点进行活动。

二、管理的重要意义与作用

从一般意义上讲,管理的重要性人人都能体会和认识,小到一个家庭,大到一个社会组织,有效的管理对于工作的成效、事业的成败乃至国力的强弱、国家的兴衰,无不产生密切的关系。管理的重要作用,还可以从以下三个方面做出表述:

(1)管理是一种社会现象或文化现象,只要有人类社会存在,就会有管理的存在。马克思说:"一切规模较大的直接社会劳动或共同劳动,都或多或少地需要指挥,以协调个人的活动,并执行生产总体的运动一不同于这一总体的独立器官的运动一所产生的职能。"这种职能就是管理。马克思的论述深刻地揭示了管理对人类社会的必要性。从理论上讲,人类的活动不但具有目的性,而且具有相互依存性,这一特征说明,只有有效的管理才能协调人们共同的劳动,最大限度地发挥人力资源的作用,促进人类社会和文明的发展,同时也回答了为什么管理实践与人类历史同样悠久的原因。

(2)管理和技术是促进社会和经济发展的两只车轮。科学技术是生产力,已经成为人们的共识,但是科学技术和管理的发展从来就是相辅相成、缺一不可的。从人类的历史发展进程看,18世纪末,英国率先开展了第一次工业革命,资本主义得到了长足的发展,与生产和技术的发展相呼应,英国出现了一批如亚当·斯密、巴贝奇、罗伯特·欧文等优秀的经济学家和管理工作者,他们的理论又进一步指导和刺激生产和经济技术的发展,使英国在长达一个多世纪的年代里,充当了世界霸主的地位。进入20世纪以来,英国人在管理上趋于保守和落后,而美国却后来居上,1911年泰勒创立了科学管理理论,使西方国家的工业管理,由传统管理迈入了科学管理的轨道。随后在美国又创立并发展了管理的三大工程(工业工程、价值工程、系统工程)和行为科学理论,在很大程度上促进了工业生产和科学技术的迅猛发展,以致在1953年,英国不得不向美国派出第一个企业管理考察团,考察结果是主张引进美国的企业管理。英国人很有感慨地说:"出现世界上第一个工厂的是英国,然而走了一百多年,还要从美国学企业管理。"原因是显而易见的,谁重视管理的革新,谁就能促进技术和经济的飞速发展。同样,第二次世界大战后,作为战败国的日本,在经济上取得高速的发展,也是因为他们在战略上以管理作为战后重建的中心。首先是认真系统学习美国先进管理经验,然后加以消化,结合本国情况和东方文化的特点,创造出一套具有日本特色的管理方法。20世纪70年代以来,美国在某些方面也参加到向日本学习管理的行列中来了。

对于现阶段世界上大多数发展中国家来说,管理就更为重要。大量的事实说明,单是资金与技术方面的援助,并不能给这些国家带来发达和造血功能,问题几乎都出在他们缺乏有效的管理。有一些学者甚至认为:所谓发展中国家,并非是发展落后,而是管理落后。

通过对历史的回顾,我们不难看出:

第一,一个国家、一个地区科学技术的落后,固然是阻碍生产发展的重要因素,但是任何高新技术的运用并不一定都能自动形成很高的生产能力。许多国家的实践都证明,只有通过有效的管理,才能使科学技术真正转化为生产力。同时,管理工作本身与上层建筑有着密切的联系,一般情况下,往往滞后于生产力的发展,如果不加重视,反过来,就很可能成为发展生产力的制约因素。

第二,现代的社会大生产不同于任何历史时期的小生产,管理工作的复杂性远远地超过某些单纯的技术工作和作业工作。因为现代化管理要求协调社会各个行业、各种专业、各类人员之间的相互关系,合理地运用有限的资源,调动各方面的积极性。如果管理不善,不仅会导致效率低下,甚至会阻碍社会和企业的发展。

(3)新中国成立以来,特别是中国近三十多年来改革开放的实践,人们也更加体验到加强管理的必要性。20世纪50年代,我国全面学习前苏联的管理模式,实行高度集中统一的计划经济体制,对刺激国民经济的发展起到了重要作用。但是随着时间的推移,这一管理体制逐渐暴露出许多固有的弱点和问题,特别是中国经历了文化大革命的十年动乱,使我国国民经济接近到崩溃的边缘。正反两个方面深刻的经验和教训,说明只有改革、寻求适合中国特点的现代管理方法和手段,才是唯一的出路。邓小平同志提出的建设具有中国特色的社会主义市场经济,为我国今后的经济和社会的发展指明了正确的方向,但是要实现这一伟大的目的,就必须不断地探索和实践,特别是管理的实践。中国作为发展中国家,资源短缺,特别是能源、原材料短缺,往往成为企业和社会经济持续发展的重要不利因素。因此如何将有限的资源进行合理地配置和利用,使其最大限度地形成有效的社会生产力,同时又不造成环境和生态的破坏,就必须探索和加强有效的管理。中国的未来要进一步发展市场经济,就需要不断地有选择地学习发达国家先进的管理理论、方法和手段,有步骤地进行管理体制和管理方法的改革。同时,我国在社会制度、文化传统、价值观念上和西方国家又有很大的不同,这就需要我国的管理不但要学习他人,更要不断地创新和发展。中国有丰富的人力资源,他们聪明、勤劳,但多数人文化素质不高,如何有效地开发和利用这一庞大的人力资源实施有效的管理,达到国富民强、共同富裕的目标,在行政体制管理方面,实现精兵简政、消除腐败,也是当前和今后所面临的重大课题。总之,中国社会和经济的发展,工业、农业、国防、科技现代化的目标的实现更需要现代化的管理。

第二节　管理的职能和性质

一、管理的职能

管理的职能是什么?学者们至今尚无完全统一的看法。法国管理大师亨利·法约尔在1915年提出管理的职能应包括计划、组织、指挥、协调、控制五项。后来,西方许多学者在此基础上,做了发展和补充,先后出现了所谓的三职能说、四职能说、五职能说、六职能说乃至七职能说,各学者对管理职能的阐述可见表1—1。

表1—1　西方管理学者关于管理职能划分的主要观点

年份	管理学者	计划	组织	指挥	协调	控制	激励	调集资源	通信联系	决策	人事	创新
1916	法约尔(H. Fayol)	√	√	√	√	√						
1934	戴维斯(R. C. Davis)	√	√			√						
1937	古利克(L. Gulick)	√	√	√	√	√			√		√	
1947	布朗(A. Brown)	√	√	√			√					
1951	纽曼(W. Newman)	√	√	√		√				√		
1955	孔茨(H. Koontg)	√	√	√		√						
1956	特里(George Terry)	√	√	√		√						
1958	麦克法兰(D. Mcfarland)	√	√	√		√						
1964	梅西(J. L. Massie)	√	√			√				√	√	
1964	米(J. E. Mee)	√	√	√			√			√		√
1966	希克斯(H. G. Hicks)	√	√			√			√			√

尽管对管理职能的划分有不同的理解和分类，但是大多数专家都承认：管理的基本职能就是管理工作所包括的几种基本活动的内容，其中有四项基本职能是多数专家所公认的，即计划、组织、领导和控制。

1. 计　　划

计划指在一定时间内，对组织预期目标和行动方案所做出的选择和具体安排。简单地说，计划涵盖了组织的目标和实现目标的途径，它是一切管理活动的前提，可以说离开了计划，其他管理职能就无法行使。有效的计划不仅为组织指明了发展的目标和方向，统一了组织的思想，同时也为组织制订行动步骤提供了衡量的基点，它是名副其实的管理第一职能。

2. 组　　织

组织是从事管理活动的载体，包括对组织结构和组织行为的分析和研究。主要完成下述职能：

①组织设计。包括组织结构、部门与岗位设置及其相互联系。

②人员配备。根据各种岗位活动的需要，解决好人员选聘、考核和培训问题，确保将合适的人选安置在各级组织机构相应的工作岗位上。

③组织运行。根据业务活动与环境的变化，维持组织的正常运转，处理好组织中的各种关系，并研究和实施组织结构的调整、发展与变革。

3. 领　　导

领导是指在组织确立之后，各级管理者利用组织赋予的权力和自身的影响力，指导和影响组织成员为实现组织目标所做出的努力和贡献的过程与艺术。有效的领导工作是组织任务完成的关键因素。在日常的管理活动中发挥着指挥、协调、监督、相互沟通以及对员工的激励等必不可少的作用。

4. 控　　制

控制是指为了确保系统按预期目标运作，对其发展过程不断地调整和施加影响的过程。世界上任何事物的发展都需要有效和适当的控制，管理控制尤其必不可少。管理控制的手段虽然多种多样，但其目的都在于使组织适应环境的变化，限制偏差的累积，以保证计划目标的实现，或根据客观环境的变化，适时地做出调整。

近代，随着组织所处的环境不断发生剧烈的变化，以及科学技术的迅猛发展，管理者随时随地都会遇到大量的新情况、新问题，许多学者认为：管理活动中的计划、组织、领导和控制，在整个组织活动中，只是起到了维持性功能，只有不断的改革和创新，才能推动组织的不断发展和进步，创新应当成为除计划、组织、领导和控制以外的第五项管理职能，不同的是，创新并不存在固有的表现形式，只有和其他管理职能相结合，才能表现出自身存在的价值。

二、管理的性质

围绕管理职能所开展的管理工作，有其独特的品性，这主要表现在如下几个方面。

1. 管理工作不同于作业工作

一个组织正常的运转需要有两类活动，即管理活动与作业活动，它们共存于同一组织中，确保组织目标的圆满完成。作业工作是指在组织中专门从事某项具体生产业务活动和专门技术工作的人员所进行的工作，他们大多位于一线，直接从事生产与技术工作。而管理工作则是为作业工作提供服务的活动，从本质上讲，就是通过他人并使他人同自己一起去完成组织的目标和任务。在通常的情况下,管理者大量的时间和精力主要用于包括计划安排、组织与领导以及检查控制等基本管理职能方面。需要说明的是,作业工作和管理工作虽然是相对独立的不同性质的工作,但这并不意味着管理工作者不能去从事作业工作。例如,一位研究所所长直接参与重大科研工作,往往有利于促进与下属人员的沟通与理解,对工作起到一定的激励作用。但是,作为管理者要注意工作的主次。如果把大部分时间和精力都用于作业工作,那就等于忘记了管理者的身份,因而也不可能成为称职的管理者。

2. 管理工作是科学与艺术的统一

管理是一门科学,管理工作有其内在的规律性,同其他科学一样,管理的科学性表现在它是大量管理实践经验的升华,管理活动的基本规律以及从事管理活动的科学手段与方法,对从事任何管理工作均有重要的指导作用。管理工作者都要认真地学习它,掌握它的本质。另一方面,管理也是一门艺术,鉴于管理工作的复杂性,任何管理理论并不能为所有的管理者提供解决一切问题的标准答案。管理工作者只有根据管理基本理论和基本方法,密切结合实际,根据实际情况的变化,运用自身的才智和丰富的实践经验,才能取得良好的管理成果。从这一角度分析,管理也是一种艺术,即由管理工作者发挥和创造的一种特有的诸如决策、指挥、协调、沟通、激励和控制等方面的艺术。管理的科学性和艺术并不是相互排斥的,而在很大程度上是统一的和相互补充的。

3. 管理的二重性问题

从生产力和生产关系的高度来研究和分析管理活动,可以认为管理具有双重属性,即自然属性和社会属性。

管理也是生产力,因为管理是人类社会分工所产生的社会劳动过程的一种特殊职能,特别是现代管理,是社会化大生产的产物。管理活动的主要目的在于促使各种社会和经济资源、各种生产要素得到有效地利用。围绕这一目标,管理科学的许多理论和方法、手段是人类社会生产实践经验的总结,也是人类社会共同的财富,这一特点不以人的意志为转移,也不因社会制度、意识形态的不同而有所改变,所以可以称其为自然属性。

管理活动同社会生产关系和社会制度也有着十分密切的联系。在漫长的人类发展历史进程中,管理工作从来就是为生产资料的占有者(即统治阶级)服务的。从这一角度分析,也可以说它是上层建筑的一部分,历来受到社会意识形态的影响,特别是社会制度与社会伦理道德以及各种人际关系的影响。例如在我国历史上的封建社会,实行高度集权的行政管理体制,主张重农轻商,对保持社会稳定有一定作用,但却抑制了流通领域的发展。资本主义社会早期,英国学者亚当·斯密在其著作《国富论》中指出"应当允许个人最大限度地追求利润和财富",指出市场经济是看不见的手,适者生存。在这一管理思想指引下,大大刺激了资本主义商品经济的发展,但是又造成了社会分配不均和贫富悬殊的现象。1936年凯恩斯(J. M. Keynes)在《就业、利息和货币通论》一书中又提出,为了充分地利用资源,要求用外力提供平衡机制——政府干预,使资本主义经济体系得以不断调整和完善。在当代,我国改革开放的总设计师邓小平同志提出了建设有中国特色的社会主义市场经济理论,极大地促进了我国国民经济的发展。种种事例表明,管理工作受到各种社会文化、意识形态的重大影响和制约,它是一定社会生产关系的反映。

管理二重性的观念对管理工作者有重要的指导作用。它启迪人们在学习、借鉴和引进其他国家和地区先进的管理经验、方法和手段时,既要大胆、坚定,又要注意组织环境特有的国情、民情、厂情,结合实际,创造性地继承发扬和创新。在这方面,包括日本在内的许多东亚国家和地区,都有很多成功的经验。

第三节 管理者的分类和技能

一、管理者的分类

管理人员有多种分类方法,其主要的划分方法有:

1. 按管理人员所处的层次分

可分为基层管理者、中层管理者和高层管理者。

基层管理者是指处于生产一线和下层的管理工作者,如班组长、车间主任等,他们的主要职责是:给下层作业人员分派具体的任务,直接指挥和监督现场的作业活动,保证各项生产任务的有效完成。在日常工作中,主要完成组织的战术性决策,着眼于工作效率的提高。

中层管理者通常是指处于高层管理人员和基层管理人员之间的中间层次的管理人员,如大、中型企业中的部、处、科级主管人员,他们的主要职责是:贯彻执行高层管理人员所制定的重大决策,同时监督和协调基层管理人员的工作。与高层管理人员相比,中层管理者更注重日常的管理事务。

高层管理者是指组织中最高层的管理人员,如企业中的 CEO、总经理、厂长以及其领导班子中的主要成员,他们在组织中从事宏观管理与战略决策工作,如制定组织的总目标、大政方针与发展规划,评估整个组织的绩效等。因此,高层管理者的能力和素质,对于组织的发展起着关键性的作用。

2. 按管理人员所管辖的领域分

可分为综合管理人员和专业管理人员。

综合管理人员负责组织中人、财、物、信息等各个领域的全部管理活动,他们大多数是企业中的总经理或者大型企业中按产品和地区划分的事业部的负责人。综合管理人员应有较高的素质要求,在组织的管理活动中,能够应用系统思维的方法,做到统筹兼顾、整体优化,使组织获得最大的经济效益和社会效益。

专业管理人员仅仅负责某一专业领域的管理工作,如生产、财务、营销、人力资源等方面的专项管理活动。专业管理人员不仅需要有良好的管理技能,而且应当熟悉专业领域的各项具体业务工作,才能成为合格的管理者。

二、管理者的角色定位

著名的管理学家亨利·明茨伯格(Henry Minzberg)指出,管理者在履行其管理职能时,扮演着十种不同的但却有高度相关的角色。这十种角色基本上可以归纳为三类,即人际关系方面的角色、信息传递方面的角色和决策制定方面的角色。

1. 人际关系角色

包括三个方面的内容:

(1)作为组织的"首脑",行使有关礼仪性质的职责,如接待来访者、签署有关组织的法律文件等。

(2)作为组织的"领导者",参与有关人力资源管理、激励员工等多项活动,与员工一道确保组织目标的实现。

（3）作为组织的"联络者"，与组织内外建立和发展良好的关系和联系网络。

2. 信息传递角色

在信息化时代，管理者实质上起着组织"信息中心"的作用，表现为：

（1）信息的监听者：通过各种手段和方法，收集和获取信息，分析组织内外环境的变化，发现机会和威胁。

（2）信息的传播者：将所获得的有用信息，通过一定的传播方式，传递给组织的相关成员，保证组织活动的顺利开展。

（3）组织的发言人：通过媒体向组织内外发布有关组织工作计划、行动方针与业绩评估等方面的重要信息。

3. 决策制定者角色

（1）企业家：组织的管理者，特别是高层主管领导，扮演着企业家的重要角色，即根据组织环境的变化，制定包括新产品开发、投资发展方向、组织变革与结构调整等重大项目的战略决策。

（2）混乱驾驭者：当组织在发展过程中，遇到各种矛盾，甚至陷入混乱和危机时，管理者需要排除各种干扰，拨乱反正，处理和化解冲突，确保组织的正常发展。

（3）资源分配者：任何管理活动都需要一定的资源作后盾，在资源有限的条件下，确保人、财、物、信息与时间等资源能够统筹兼顾、合理到位，达到优化的程度。

（4）谈判者：代表组织参与和利益相关者（客户、供应商、员工等）之间的谈判，平衡和照顾各方面的利益，以求共同发展。

三、管理者的技能要求

罗伯特·卡茨（Robert Kaz）指出：任何管理者都需要具备三种基本技能，迄今为止这一观点得到了多数专家的认可和赞同。

1. 技术技能

技术技能是指管理者在自己所从事的专业管理领域中，熟悉各种本职业务和技术，尽管管理者未必是技术专家，但他们必须具备足够的技术知识和业务专长，以便有效地指挥员工克服工作中遇到的各种难题，顺利完成组织任务。该项技能对于处在生产第一线的基层管理者，显得尤其重要。

2. 人际技能

人际技能是管理处理各种人际关系的能力和水平。管理工作的重要特征之一就是要发动员工并经由他们去完成任务，因此各级管理者都需要理解、激励并学会与他人共事的能力，努力调动组织中所有人（上下级，利益相关者）的积极性。中层管理人员作为联系和沟通上下级的桥梁，人际技能显得更加重要。

3. 概念技能

概念技能指主管人员从事综合管理与宏观决策的能力与水平，即管理者能够综观全局，洞察组织的内外环境因素，发现组织面临的机会和威胁，正确作出组织战略决策的能力。管理者在组织中所处的层次越高，面临的环境越复杂，具备良好的概念技能就越显得重要和突出。

总之，对于组织的上、中、下层管理者，都需要具备技术、人际关系和概念技能，但侧重点根据其工作性质和承担的任务而有所不同,如表1-2所示。

表1-2　不同管理者应具备的三种基本技能的比例关系

层次＼技能	技术技能	人际技能	概念技能
上层管理者	18%	35%	47%
中层管理者	27%	42%	31%
下层管理者	47%	35%	18%

第四节　管理学的特点和研究方法

所谓管理学就是指系统地研究管理活动的基本规律和一般方法的科学。

一、管理学的特点

管理学与其他学科相比,有许多不同的特点,主要表现在以下几方面。

1. 一般性

管理学主要是研究管理活动中的共性原理和基础理论。既然是一般原理,它适用于一切企业组织和事业单位,不管是工厂、学校、科研机构、政府、军队、社会团体、服务机构,它们为了实现本单位的既定目标,都需要完成包括计划、组织、领导和控制等一系列的管理职能,协调各种关系。在特殊性中孕育着共性,需要用管理学中共同普遍的原理和方法去指导。

2. 综合性

鉴于管理工作的复杂性,它涉及到许多学科方面的业务和知识,概括起来有哲学、心理学、人类学、社会学、政治学、经济学、历史学、伦理学、数学、统计学、运筹学、系统学、会计学、工艺学、教育学、法学、计算机科学等近二十门学科,因此可以说管理学是一门交叉学科或边缘学科。它要在内容上和方法上综合利用上述多学科的成果,才能发挥自己的作用,这就充分地体现了该学科的综合性。

3. 模糊性

鉴于管理工作本身既有科学性的一面,又有艺术性的一面,实际工作中所遇到的复杂因素,使它在研究方法上不同于数学和自然科学,很难完全定量化,也难于在现实生活中找出绝对理想的最优管理方案,管理科学在整体上重视定性分析和定量分析相结合的方法,追求满意决策。因此就某种程度上讲,它是一门不精确的科学。这种提法并不是要贬低管理学研究的意义,而是要人们认识管理活动的特点,在学习管理理论的同时,更加重视管理的艺术性一面。因地、因时、因人制宜地创造适合自身组织的管理经验。

4. 实践性

管理学是为管理者提供管理的有用理论、原则、方法的实用学科,只有把管理理论同管理实践相结合,才能真正发挥这门学科的作用。如果把管理学仅仅停留在某些理论方面的研究,就失去了学科本身的作用。学习管理学应该全面结合国内外典型的案例分析,并且通过在实际工作中所取得的经济效益和社会效益来验证是否真正掌握了管理学的本质和精髓。

二、管理学的研究方法

管理学的研究方法同其他社会科学一样,一般可分为归纳法、试验法和演绎法。

1. 归 纳 法

归纳法就是对一系列典型的事物进行观察分析,找出各种因素之间的因果关系,从中找出事物发展变化的一般规律,这种从典型到一般的研究方法也称为实证研究。鉴于影响管理活动的相关因素很多,许多因素对管理系统单独的影响程度很难量化,所以归纳法的运用相当广泛。改革开放以来,在我国农村广泛推行经营承包责任制,由于它比较适合我国当前农村生产力的发展水平,对农业的发展起到了重要促进作用。它的产生就是对安徽农村试行农村经营承包的典型经验,加以总结概括而形成的有效管理制度与形式,可以说是应用归纳法的典型事例。归纳法的运用一定要注意选好典型,调查对象应有足够的数量,即要尽可能多地选取样本。调查研究要综合包括访谈法、问卷法等多种形式,保证调查结果有必要的精度,在此基础上弄清各种事物之间的相关关系,分析整理应尽量避免主观主义和形而上学的方法,以便找出符合客观事实、对相同事物有指导意义的结论。

2. 试 验 法

试验法是人为地为某一试验创造一定的条件,并观察试验结果,再与未给予这些试验条件(对照组)的对比试验的实际结果进行比较分析,从中寻求外加条件与试验结果之间的因果关系,找出其中某些普遍适用的规律性。例如,美国在1927~1932年所进行的霍桑试验,以后根据其试验结果所发表的人际关系理论就是一个典型的试验法事例。这种方法在微观管理工作中如生产管理、设备管理、产品质量管理以及营销方法、劳动组织等许多领域中,都能得到广泛的应用。

3. 演 绎 法

该法是指对某些较复杂的管理问题,可以从某种概念出发,运用某种逻辑推理和统计分析的方法,找出各种变量之间的相互关系,建立某种相关的数学和经济模型,反映管理活动简化了的事实,例如管理学中常见的投入产出模型、决策模型、预测模型、库存模型、现金流量模型等。演绎法的发展和运用,进一步加强了数学与管理学的结合,大大促进了管理学定量分析方法的推广,特别是现代计算机技术迅速发展,使得运用演绎法处理管理问题的速度、精度以及使用范围都得到进一步的改善和加强。

复习思考题

1. 什么是管理？管理的基本职能是什么？

2. 什么是管理的二重性？这一特性对研究企业管理有什么意义？管理是科学还是艺术？为什么？

3. 管理者需要具备哪些基本技能？上、中、下层领导者的基本技能侧重点有什么不同？

4. 管理学的特点是什么？其研究方法有哪几种？

第二章 管理思想和管理理论的发展历史

第一节 中国传统管理及对人类管理活动的影响与贡献

中国是世界上公认的四大文明古国之一。中华民族悠久的历史积累了丰富的管理实践和许多影响深远的管理思想和管理理论,这些理论和实践都对人类文明社会的进步与管理的发展做出了重要贡献。

一、中国古代的管理实践

中国有许多历史上最伟大的工程,如长城、大运河和都江堰工程等。其中长城总长达到六千七百多公里,从公元前 7 世纪我国春秋战国时开始修建,一直延续到明朝万历年间(1573年)。长城作为全世界人类的文化遗产,享有极高的信誉和巨大的影响。2007 年 7 月,通过世界网民的投票,被确定为世界新七大奇迹之首。在科学技术和生产力均不发达的古代,我国人民能完成如此巨大的工程,管理工作的计划、组织、领导与控制进行得如此周密细致,真正使世人感到惊叹! 在漫长的封建社会中,我国还建立了高度集权的行政管理体制。远在公元前 11世纪我国的周王朝,中央就设立了"三公"、"六卿"、"五官",分别主管政务、宗教、祭祀、典籍、农工等多项事务,行政管理已相当健全。秦、汉王朝时期,在行政上设国家和郡两级管理,中央设丞相、御史大夫和太尉,分管行政、法律和军事,颇有中央集权下的三权分立体制的特色。隋、唐时期,朝廷设计以三省六部为核心的中央行政管理制度,分别对人事、经济、文教、军事、法律、制造实施专门管理。健全的体制,不但确保了政权的巩固,同时也造就了中国历史上著名的"贞观之治"和由此产生的盛唐文化。此外,从中国古代起,国家就设立了"驿站制度",全国各地区之间有着发达的信息传递渠道,可以称为世界上最早的管理信息系统。在人才选拔和录用方面,我国从隋朝开始,就建立了比较完善的科举制度。从现代管理的观点看,尽管科举制度在考试内容和选聘标准上存在着许多问题,但是通过考试和平等竞争的方法选用人才,可以说在人类历史上开辟了一个范例,有的学者甚至提出它是西方现代公务员制度的先驱,这是不足为怪的。

中国历史上十分重视对产品的质量管理与生产管理。历史上的兵马俑、赵州桥、应县木塔等伟大的建筑和艺术,都是产品质量和工艺管理的杰作。近千年来,中国的丝绸和瓷器制品一直享誉世界,传统的手工业制品在世界上独占鳌头,也体现了它在技术、工艺、管理上的完美结合,正是由于这些物美价廉的产品存在,才形成了历经千年的陆上和海上的"丝绸之路"。有资料表明,直至 1820 年,我国的 GDP 产值仍然占据全世界的 33%,这也从一个侧面反映了中华民族的勤劳智慧以及中国古代传统生产与工艺管理的水平和特点。

二、中国古代的管理思想及其贡献

中国古代传统的管理思想,对世界,特别是对东方的文化产生过巨大影响,出现过一批像孔子(孔丘)、管子(管仲)、荀子(荀况)、墨子(墨翟)、老子(老聃)、庄子(庄周)、孙子(孙武)、韩非子、商鞅、李斯、诸葛亮、李世民(唐太宗)、王安石、康熙(玄烨)等一大批政治家、军事家、思想家、教育家,同时他们也称得起是伟大的管理学家。在他们当中,以孔子为代表的儒家思想最具有影响力。儒家思想是中国传统文化的主流,它不仅对中国有深远的影响,而且广为流传在包括日本、韩国、新加坡等许多亚洲国家。近30年来,许多东亚、东南亚国家相继走上了现代化道路,社会经济得到了高速发展,企业管理也达到了世界先进水平,但是他们都没有否定以儒家思想为核心的东方文化走实行全盘西化的道路,而恰恰是吸收了东西方文化中有益的东西,并结合本国的实际取得了巨大的成功。他们用儒家的观点塑造现代企业文化,形成了与西方管理文化截然不同的特色。一些国家和地区把它称为"新儒学派"。

以儒家思想为代表的中国传统管理思想和管理文化的内核是什么?我们认为,归纳起来包括以下方面:

1. 民本思想

儒家思想主张"天生万物,唯人为贵"。孔子在《论语·微子》中说:"鸟兽不可与同群,吾非斯人之徒与而谁与?"其本意是说,我既然不能同飞禽走兽合群共处,那我不同世人在一起,又与谁在一起呢?这一观点清楚地表明孔子对人兽严格区别,人与人同类的自觉意识。孔子的门徒荀况在《荀子·王判》中,更进一步提出了"人贵论"的观念,即所谓"水火有气而无生,草木有生而无知,禽兽有知而无义。人有气有生有知亦有义,固最为天下贵也。"这就是说人有形态、有生命、有知觉,更具有礼义道德,他与水火、草木、禽兽有着本质的区别。因此,人作为管理的资源,与其他任何资源是不能相提并论的。管理工作一定要重视人的因素,"以人为本,本理则固,本乱则国危。"(《管子·霸言》)这里的"本",就是指基础和核心。值得注意的是,儒家与中国传统文化中的"人"泛指民众,即"民本"的概念不同于西方国家的人本主义。人本主义者主张"个体本位",强调在社会生活中个人利益的满足,而"民本"实质上是主张"团体本位",泛指广大民众利益优先。《孟子·尽心下》用"民为贵,社稷(即国家)次之,君为轻",清楚地表述了这一理念。儒家的"民本"思想给予我们的重要启示是:治理国家与管理社会组织,应当体现富民为本,"民为邦本,本固邦矣。"这种观念可以说仍然是当代"治国安邦"和企业文化建设的重要内涵之一。

2. 德治与仁政

"仁"是儒家思想的精髓,也是孔子所倡导的社会政治、伦理道德的最高标准。孔子强调"仁者爱人"、"己所不欲,勿施于人"(《论语·颜渊》)。孔子基于"仁"的理念,提出了一个理想的社会道德标准,即所谓"老者安之,朋友信之,少者怀之。"(《论语·公冶长》)以及仁政学说,呼吁统治者"克己复礼"(《论语·颜渊》)即约束自己,恢复礼制,行仁德之政。"以德治国",体现"修身、齐家、治国、平天下"(《礼记·大学》),也就是说,统治者首先要端正思想,完善自我修养,先使家庭整顿有序,进而使国家繁荣安定,最终使天下平定,四海归心。在处理上、下级关系中,领导者首先要起到表率作用,即"政者,正也。子帅以正,孰敢不正?"(《论语·颜渊》)"上好礼,则民莫敢不敬;上好义,则民莫敢不服;上好信,则民莫敢不用情。"(《论语·子路》)"为政以德,譬如北辰,居其所而众星共之。"(《论语·为政》)其意思是说,如果领导者能够以身作则,以德治路线进行管理,就会像北极星一样定居在天的中枢,而其他星球就会围绕它转动。孔子将"德治"下管理者与民众的关系比喻成北极星和众星的关系,可以说是十分形象和生动的。在当代,"以德治国"的理念对加强管理层的自我修养与自我约束,消除人民群众深恶痛绝的腐败现象,有着十分积极的意义。

3. 中　庸

中庸是孔子和儒家管理思想的基础,中庸的本意是讲对事不偏不倚、折中和调和。孔子在《雍也》中说,"中庸之为德也,其至矣乎! 民鲜久矣。"意思是说中庸作为实现道德的法则,是最正确的,但是人们缺乏它已经很久了! 过去一些人在评价孔子时,把中庸理解为保守、妥协、守旧的代名词,其实中庸思想体现了孔子认识事物的三分法:即"过"、"中"与"不及"。孔子主张要把握住"过"和"不及"两个极端,而用中庸去引导人们。中庸思想启发大家去认识在管理工作中存在着一个"度"的问题,例如用财有度、用人有度、赏罚有度、批评有度、处理人际关系有度等等。这一观念应该说对管理活动是颇有启发和现实意义的。

4. 人　和

孔子与儒家强烈主张"礼之用,和为贵"(《论语·学而》),"君子和而不同,小人同而不和"(《论语·子路》)。这里孔子所说的"和"是泛指社会成员之间的协调与和睦,而不是无原则的苟同和同流合污。"人和"在现代管理中,可以理解为管理者与组织成员之间,通过理解与沟通,建立良好的人际关系,同心协力去完成组织目标。从广义的观点看,还包括组织(企业)与外部环境之间、部门之间相互协调和平衡。儒家思想强调:在管理活动中,天时(泛指机遇)、地利(泛指市场)与人和,人和是最重要的(即孟子所表述的重要观点:天时不如地利,地利不如人和)。从现代管理的角度分析,任何组织如果内部矛盾错综复杂,人际关系紧张,缺乏和谐,不但无法发展和前进,甚至存在崩溃和毁灭的危险。在当代,努力建设和谐企业、和谐社会,应当成为各级管理者的奋斗目标。处理人际关系,应当成为管理者最重要的基本技能之一。不过本书认为,我们在强调"人和"的同时,也应看到"人和"和"竞争"是人际关系的两极,是社会相互作用的两种基本形态,是矛盾对立的统一。在市场经济的条件下,"和"与"争"都是不可缺少的,正确的作法是妥善处理两者的关系,实现"和争互补"、"和争相济"。

5. 义　利　观

儒家所强调的义利观中的"义"是泛指礼仪道德,而"利"则泛指利益(即功利)。孔子说"君子喻于义,小人喻于利"(《论语·里仁》)。这里提到的"君子"可以理解为管理者与领导者,他们的价值取向应当是"先义后利,先人后己",而对被管理者的价值取向则应当是"先利之"即"先富之,后教之"(《论语·子路》)。从现代管理的观点分析,"利"与"义"是矛盾的统一体,彼此间相互渗透、相互转化。对人的管理既要重视物质利益,又要重视精神与道德因素,特别是领导层,要突出强调"重义轻利"。在经营管理工作中要做到"诚信","取信于民"。曾经活跃在中国近代历史上的晋商和徽商,以及著名的实业家胡雪岩、陈嘉庚、李嘉诚等,无不是以儒家的义利观作为经营管理的指南,在事业方面获得了巨大的成功。儒家所倡导的义利观,在很大程度上也是对西方国家早期的功利主义的批判和否定。

6. 教　育　观

孔子作为儒家的代表,不仅是中国历史上伟大的思想家、政治家,也是一位伟大的教育家,他的教育思想对后世留下了极为深刻的影响。首先,孔子主张教育普及化、平民化、大众化,倡导"有教无类"(《论语·卫灵公》),并且身体力行,打破教育的官办和垄断。他一生中培养了3 000多名弟子,其中优秀者72人,他们在孔子去世后,收集、编纂、整理了大量的孔子言行、语录,为以后儒家思想的广泛传播发挥了重要作用。其次,在人才培养方面,孔子主张实施"通才教育",他要求学生全面发展,学会"六艺",即礼(道德与规范)、乐(艺术,泛指交往与人际关系)、射(武艺,泛指强身健体)、御(驾车,泛指使用劳动工具)、书(文化与知识)、数(算法,泛指理财)。这种教育思想和理念,无疑是对理论脱离实际、本本主义、教条主义的批判。从现代教育观看,也是十分正确的。孔子的教育观还十分强调"选才与育才",提倡"学而优则仕"(《论语·子张》),也就是说,只有学习达到一定的深度,才能成为人才,才有可能为事业作出贡献。孔子重视师德的培育,要求教育者严于律己,"学而不厌,诲人不倦"(《论语·述而》),"吾日三省吾身"(《论语·学而》)。在教学方法上,孔子提倡"因材施教","天之生物,必因其材而笃焉,故栽者培之,倾者覆之。"(《礼记·中庸》)这些著名的论述,至今对于从事教育管理工作的人,仍不失其为重要的座右铭。

在中国历史上,除了处在"正统"地位的儒家思想之外,还有老子和庄子创立的道家学派,历史上又称为"黄老学派"。道家的代表著作是《道德经》,其哲学思想倡导"道"与"无为"。所谓"道",泛指法则和规律。老子认为"道"是宇宙的本质,万事万物都是由道派生出来的。道作为客观事物的发展规律,人们应当深刻地认识和理解它,并依据"道"的法则做事和处理问题,有所为,也有所不为。

以韩非子、商鞅、李斯为代表的法家学派,在中国历史上也产生过重要的影响。法家主张以"法"为标准、以赏罚为手段来治理国家,倡导"依法治国"的理念。以法家理论为基础,曾经造就了中国第一个高度集权的强大王朝——秦王朝。

中国历史上还有以墨子为代表的墨家学派,墨家提倡"非攻"、"兼爱"的观念,主张人与人之间和平共处,反对战争,并寄希望于产生一个和谐的社会。

与儒家思想同样具有深远影响的是公元前5世纪的中国著名军事家孙武和他所著的《孙子兵法》。在这部为世人称颂的兵书中,包含着朴素的唯物主义和系统的管理思想,不但受到中国,也受到世界各国军事家和企业家的重视。许多企业家认为,在市场竞争的条件下,孙子兵法中所提出的军事思想、战略、战术和谋略完全适用于企业的经营之道。日本评论家村山孚指出:日本战后的发展靠两个武器,即美国的现代管理和中国的《孙子兵法》。美国西点军校和日本企业界都把《孙子兵法》作为人员培训的必读教材。《孙子兵法》共有兵法十三篇,语言简练,其内容却博大精深。例如在《孙子兵法》第一篇"计篇"中,孙武指出决定事物成败和战争胜负的"五事"(五个因素),即所谓"道"、"天"、"地"、"将"、"法"。这里所说的"道"是指道义,即只有顺道,才能做到上下同心同德。"天"是指天时,"地"是指地利,即企业面临的内外环境。"将"是指人才,"法"是指组织与管理。台湾企业家陈茂榜先生将孙子兵法的"五事"理解为企业管理的五大原则,即:道——经营目标,天——机会,地——市场,将——人才,法——组织与编制。正是由于"五事并重",使其成了"生意兴隆通四海"的著名经营者。

在人才素质方面,《孙子兵法》提出了领导者应具备"五德",即"智、信、仁、勇、严"。在经营谋略方面,《孙子兵法》提出了"知己知彼,百战不殆"、"兵不厌诈"、"攻其无备,出其不意"、"避实就虚"、"令之以文,齐之以武"、"兵贵胜,不贵久"、"有备无患"、"不可取于鬼神,必取于人"等许多著名论断,这可以说是给后人,特别是给军事家、企业家们所留下的极其宝贵的财富。

中国古代的管理思想和管理理论绝不仅仅限于上述内容,诸如在治国安邦、法制、经济管理、系统理论、管理谋略等方面,中国古代的学者、思想家们甚至诸如《三国演义》、《西游记》、《红楼梦》等文学著作,也有许多著名论断和独到的见解,需要我们认真学习、发掘和研究。

三、对中国古代传统管理思想的认识和评价

中国传统的管理思想是我们的历史文化遗产和宝贵财富,内容丰富、博大精深。尤其是以孔子为代表的儒家文化与孙子兵法,不仅对中国,也对全世界产生了巨大的影响。迄今为止,世界上已有 53 个国家和地区,建立了 155 所孔子学院,不仅传播了孔子的思想,同时也对弘扬中华民族的语言和文化发挥了重要作用。

毫无疑问,立足和植根于中国的企业家和管理工作者们,应当深入地研究它,继承和发扬它的精髓,探索适合自己国情的管理经验。但是也应当看到古代的管理思想,由于历史的原因,有其一定的局限性。这是因为:

(1)中国漫长的封建社会,阻碍了生产力的发展,使管理特别是企业管理缺乏大规模社会生产的实践,因而缺乏像西方泰勒制那样的比较完善的科学管理理论。

(2)我国古代的管理理论,虽然儒家思想占有统治地位,但诸子百家在管理方面各有自己的主张,有些观点例如儒家与法家、墨家、老庄学派甚至是相互矛盾和对立的,因而还不能说已经形成了人们所公认的完整的管理思想体系。

(3)由于社会历史的局限性,古代的管理思想具有两面性,如儒家的"王道政治"、"重农轻商"、"求稳定,不求开拓创新"、"歧视妇女"等观点带有一定的落后保守成分,应予以否定。

总之,研究、继承、发扬中国传统文化,并不意味着全面复古,而是要运用历史唯物主义的态度,正确评价和运用中国传统管理文化和管理思想,做到古为今用,这对未来创造有中国特色的现代管理模式,有重要的现实意义。

第二节　西方国家管理思想和管理理论发展的历史

西方国家管理实践活动的历史源远流长,特别是欧、美等工业发达国家,经历了资本主义商品经济萌芽到实现发达的资本主义的全过程,积累了比较丰富的管理实践经验和比较完善的管理理论。在管理学的发展史中,一般都把它作为重点加以阐述和分析。

西方管理实践与管理理论的发展,大体上经过四个阶段。

一、19 世纪末以前早期的管理实践与管理思想

作为古代文明古国的埃及和巴比伦在生产管理、军事、法律等方面都曾有过许多光辉的实践。著名的埃及金字塔,平均每座要动用 230 万块石料,10 万多劳动力,建筑工期在 20 年以上,这样巨大的工程,在生产力不发达的古代,从设计到管理组织,都可以称得起是人类社会最光辉的遗产。古代的巴比伦,不但建造了"空中花园"等伟大而精美的建筑工程,而且还制订了全世界第一部完整的法律文件——汉摩拉比法典。该法典共有 280 多条,对人的活动作出了许多详细规定,内容涉及个人财产保护、货物交易规则、上下隶属关系、工资标准以及犯罪处理等,对推动人类司法制度的建设起到了重要作用。

古代欧洲的希腊和罗马帝国,曾经是奴隶制高度发达的国家,也给后人留下了许多宝贵的管理思想和实践。公元前 370 年,希腊学者瑟诺芬曾提出过劳动分工和制鞋生产流水化作业的设想,还出现过像苏格拉底和亚里士多德那样的一批著名的思想家和哲学家。古罗马帝国最早采用职能式的组织形式并建立了分级管理的中央集权等级制度。15 世纪,意大利思想家

马基埃维利(Maehiavelli)在他的著作《君主论》中，提出了有关领导行为和素质的理论。他指出领导者只有依赖群众的支持，才能使组织内部产生高度凝聚力，作为领导者必须具备崇高的品德和非凡的能力，以及坚强的生存意志力。他的理论是对当时杰出领导者活动的概括和总结，对现代领导行为的研究与领导理论的发展具有重要的影响。

进入 18 世纪 60 年代后，以英国为代表的西方国家，开始进行第一次产业革命，使生产力有了较大的发展，随之而来的是管理思想和管理方法与手段的革新，出现了一批卓有贡献的思想家、经济和管理学家，他们之中包括：

亚当·斯密(Adam Smith)，1776 年他发表了《国富论》一书，系统地阐述了其政治经济学观点，为资本主义经济的发展奠定了理论基础。特别是对劳动分工能带来劳动生产率的提高做了全面的剖析，即①劳动分工增加了劳动者的熟练程度；②节省了从一种工作转换为另一种工作所需要的时间；③使专门从事某项作业的劳动者在提高劳动技能的基础上，更容易改良工具和发明机械设备。

查尔斯·巴贝奇(Charles Babbage)，是一位精通数学、机器制造的经济学家。1832 年他发表了《论机器与制造业的经济》一书，除进一步阐述劳动分工对提高劳动效率的作用外，同时强调关于体力劳动与脑力劳动分工的主张。巴贝奇还提出了一种工资加利润的分配制度，指出工人的收入应有三部分组成：①固定工资；②利润分享部分；③奖金。而后两项是与工人的劳动生产率直接相关联的。这项具有刺激作用分配制度的提出和实施，是巴贝奇为现代劳动工资制度的发展和完善作出的一项重要贡献。

罗伯特·欧文(Robert Owen)，是一位空想的社会主义者，他曾经为工厂管理制度的改革进行过一系列试验。首先倡导在企业管理中要重视人的因素，反对将人视为机器。他提出要缩短工人的工作时间，提高工资，改善工人的住宅。他的改革试验证实：重视人的作用，尊重人的地位，可以使工厂获得更多的利润。在一定程度上可以说欧文是人事管理创始者。

总之，西方早期的管理思想和管理实践，特别是 18 世纪以来所产生与发展的管理理论，尽管对管理的发展有着重要的贡献，但是在这一时期，这些管理思想还不系统、不全面，没有形成专门的管理学派。因此，多数学者认为这一阶段在管理发展的历史上，仍然属于传统的经验管理阶段。

二、19 世纪末至 20 世纪初的古典的管理理论

古典的管理理论是以"经济人"假设为基础的管理理论，其出发点是经济利益是驱动职工提高劳动效率的主要动力。在研究方法上侧重于从静态的观点分析管理的过程的一般规律。其代表性的理论有泰勒的科学管理理论、法约尔的管理过程理论以及马克斯·韦伯的行政组织体系理论等。

1. 泰勒的科学管理理论及其主要内容

弗里德里克·温斯洛·泰勒(Frederick Winslow Taylor)，1856 年出生于美国，中学毕业后由于眼疾无法继续深造，曾先后进入美国米德瓦尔和伯利恒钢厂作技工，由于工作勤奋，1884 年被提升为总工程师。泰勒在工作期间，深切感到工人劳动效率不高，他认为原因在于：①工人消极怠工，普遍存在磨洋工和偷懒现象；②工人缺少培训，没有正确的操作方法和适合的工具，影响生产率的提高。基于上述观点，泰勒从 1898 年起，着手进行了一系列著名的科学试验，内容包括：

(1) 搬铁块试验。伯利恒钢厂有五座高炉,生产的生铁块由 75 名装卸工负责将其装运到货车车厢,搬运距离为 30 m。由于工作效率不高,每人每天平均只能搬运 12.5 t。泰勒通过观察分析,并挑选一名叫施米特的工人进行试验。由于改进了操作方法和作息时间,试验获得了成功,使班组每人每天的劳动定额都提高到 47.5 t,即比原来提高了 3 倍,工人的工资也由当时每天的 1.15 美元提高到 1.85 美元。

(2) 铁锹试验。泰勒对伯利恒钢厂堆料厂工人的铁锹进行了系统研究,并重新进行了设计,使每种铁锹的载荷都能达到 21 磅左右,同时训练工人使用新的操作方法,结果使堆料场的劳动力从 400~600 人减到 140 人,平均每人每天的工作量从 16 t 提高到 59 t,每吨操作成本从 7.2 美分降至 3.3 美分,每个工人的工资也由每日 1.15 美元增至 1.88 美元。

(3) 金属切削试验。泰勒从米德瓦尔工厂工作开始,先后对金属切削进行了长达 26 年之久的各种试验,试验次数共计 3 万次以上,耗费 80 万磅钢材,资金 15 万美元。试验结果发现了能大大提高金属切削加工产量的高速钢,并取得了各种车床适当转速和进刀量的完整资料。

1911 年泰勒在上述试验的基础上,发表了著名的《科学管理原理》一书,其主要内容有:

① 操作方法标准化,即动作研究。通过分析研究工人的操作,选用最合适的劳动工具,集中先进合理的操作动作,省去多余的不合理的操作动作,最终制定出各种工作的标准操作方法。

② 劳动工时的合理运用,即时间研究。通过对工人工时消耗的研究,规定完成合理操作的标准时间,制订出劳动的时间定额。

③ 实行有差别的计件工资制,即按照工人在工作中的实际表现,而不是根据工作类别来支付工资。对于按照标准做法在规定时间定额内完成工作任务的工人,以较高的工资率计发工资,而未完成者,则以较低的工资率(正常工资的 80%)计发工资。

④ 按标准操作方法对工人进行培训。泰勒主张运用科学的手段挑选和系统培训工人,使他们掌握和合理运用操作方法和工具,使之在体力和能力上都有所提高,成为“第一流的工人”。

⑤ 计划职能和执行职能的明确分工。泰勒认为计划职能人员负责研究计划、调查、控制以及指导,逐步形成管理人员专业化,即实行“职能工长制”。将管理工作进一步细化,所有的管理者只承担一种职能。而工人只负责具体作业,管理者和劳动者分工合作,各负其责。

泰勒的理论和实践,是管理工作的一场革命,对当时企业管理从单凭经验到走向科学化的道路,起到了重要作用。他所推行的一套制度和方法被称为“泰勒制”,泰勒本人也被奉为“科学管理之父”。

与泰勒制的科学管理相互应,美国管理学者吉尔布雷斯(F. B. Gilbreth)夫妇、甘特(H. L. Gantt)、福特(H. Ford)在管理理论和实践方面也作出了许多贡献。

吉尔布雷斯夫妇长期从事动作研究,他们在作业工人面前设置微小动作指示器和照相设备,记录一天内不同时间的各种劳动工作,还使用周期时间记录器,把灯泡系在工人的手指及身体某些部位上,通过分析光的运动路线的方法来研究动作的轨迹。经过研究,他把建筑工人的动作由 20~30 个减少到 10~12 个,使叠布匹工人的劳动效率增加 1.8 倍,把贴鞋油商标女工的动作稍加改进后,工作效率提高一倍,即由原来每 40 s 贴 24 盒,提高到每 20 s 贴 24 盒。

甘特发明了利用线条图制订生产作业计划和控制计划的执行管理办法。可以说是现代网络计划法的先驱;他还对工资方面进行了深入研究,提出了“甘特作业奖金制度”。在泰勒的计件工资制的基础上做了进一步的完善和改进。

福特在 1914～1920 年创立了汽车工业的流水生产线,不但大大提高了工作效率,也为生产组织工作进一步标准化(产品标准化、零件规格化、工厂专业化、机器与工具专门化、作业专门化)与生产自动化创造了条件。

吉尔布雷斯夫妇、甘特、福特等人的贡献,是对泰勒制的进一步补充、发展和完善,使科学管理理论更具有推广和应用价值。

2. 法约尔的一般管理理论

亨利·法约尔(Henri Fayol)1841 年出生于法国的富裕家庭,受过良好的教育,一生从事高级管理工作,在一般管理理论的研究方面有重要贡献,其代表著作是《工业管理和一般管理》,法约尔一般管理的主要内容包括:

(1)企业活动类别和人员能力结构

法约尔认为,企业不论大小,其全部活动都可以概括为 6 种工作:

① 技术性工作——生产、制造

② 商业性工作——采购、销售与交换

③ 财务性工作——资金的筹措、运用与控制

④ 会计性工作——成本核算、统计与盘点

⑤ 安全性工作——设备维护和人员、货物的安全

⑥ 管理性工作——计划、组织、指挥、协调与控制

法约尔指出,无论是管理者或执行者,都需要培养完成六种工作的能力,特别是管理能力和技术能力。对于基层的工人,主要要求其具备技术能力。对于管理者,随着其在组织中职位的提高,他的技术能力相对重要性降低,而管理能力则要求不断地加大。

(2)管理的一般原则

法约尔指出一般管理有 14 条原则,即:

① 劳动分工。劳动专业化分工可以提高效率,这种分工同时适用于技术工作和管理工作。专业化分工要适度,并非愈细愈好。

② 权力与责任。所谓权力就是指挥他人的"权"和要求别人服从的"力"。法约尔指出,随着职位的升高,明确其责任就越困难,只有不断地提高领导者个人的素质和修养,才能避免其滥用权力。法约尔将管理人员的权力分为职位权力和个人权力。职位权力是上级组织赋予的,而个人权力则是由个人的智慧、知识、品德和能力等个性因素所形成的。一个优秀的领导者,必须以个人权力去补充职位权力,才能更有效地工作。

③ 纪律。法约尔强调纪律对实现组织目标的重要性,他认为,严明的纪律是任何组织都不可缺少的要素。无论哪个社会组织,其纪律的状况都取决于领导者的道德状况。因此,高层领导者应和下属一样,必须接受纪律的约束。

④ 统一指挥。统一指挥就是指无论什么行动,每个职工只应接受一个领导人的命令,这是一条普遍和永恒的原则。双重命令是对权威、纪律和稳定性的一种威胁,破坏了统一指挥原则,组织将会出现混乱和一事无成。

⑤ 统一领导。健全的组织要实行统一领导。对于同一目标的全部活动,只应有一个领导者和一项计划。只有这样,资源的应用与协调才能指向实现同一目标。统一领导是统一指挥的前提,统一指挥只有在统一领导下才能存在。

⑥ 个人利益服从集体利益。个人利益不能置于整体利益之上，但应注意集体目标应包含员工的个人目标。领导者要以身作则，协调集体目标与个人目标，缓和两者之间的矛盾。

⑦ 合理的报酬。法约尔指出报酬制度应当公平，与工作成绩和绩效挂钩。但奖励应有一定的限度，即应以能激发起职工的热情为限，否则将会出现副作用。

⑧ 适度的集权与分权。法约尔认为，集权与分权作为一种管理制度并无好坏之分，只是两者适用的组织特点不同。组织的集权程度是由管理层和员工的素质以及企业所处的环境和条件所决定的。因此领导者要根据本组织的实际情况，适时改变集权与分权的程度。

⑨ 跳板原则。法约尔指出，为了保证组织的命令统一，各种沟通都要按照组织的等级和层次逐级进行，但这样可能产生信息的延误现象。为了解决这一问题，法约尔提出了跳板原则，如图 2-1 所示：

图中的字母分别表示组织的各个等级与层次。假如从 F 部门向 P 部门发出和传递信息，必须攀登从 F 到 A 的阶梯，然后再由 A 下降至 P，信息传递不仅速度慢，且容易失真。法约尔设想，可以在不同的等级之间（例如图中的 F、P 之间）建立一条连线，即所谓的法约尔桥，允许部门之间进行相应的信息交流和沟通。这种横向沟通的形式，不仅维护了统一指挥的原则，而且减少了许多"文件旅行"，大大地提高了组织的工作效率。

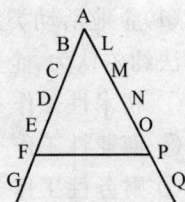

图 2-1　法约尔"跳板"

⑩ 秩序。法约尔强调，任何组织都要建立秩序，没有秩序的工作将会是杂乱无章的。因此他要求组织的每一要素（包括人、财、物等）都应在它应有的位置上，即凡事各就其位。

⑪公平。公平是组织管理人员处理人际关系的一条道德价值准则。在如何对待下属人员的问题上，领导者要特别注意他们要求平等和公平的愿望。既要使这种愿望得到满足，同时又不忽视和违反组织的总体利益。

⑫人员的稳定。保持组织中人员的稳定是管理者的重要职责。人员不必要的流动是企业管理不善的结果。任何组织都应鼓励职工从事长期服务并不断补充新的员工。

⑬首创精神。管理人员不仅自己要有首创精神，而且还要尽可能地鼓励和发展职工的首创精神。高明的领导者可以牺牲自己的荣誉心去满足下级的荣誉感和责任心。

⑭团结。法约尔指出，一个机构内集体精神的强弱取决于机构内部职工之间的和谐与团结。它是企业发展的巨大力量。所以领导者应尽一切可能，维护和巩固组织中人员的团结。

（3）管理工作的五大职能

法约尔管理思想另一项重大贡献是他首先提出将管理活动划分为五大职能（要素），并对五大管理要素进行了详细的分析和研究。法约尔认为，计划就是探索未来和制订行动方案；组织就是建立企业的物质和社会的双重结构；指挥就是使其人员发挥作用；协调就是连接、联合、调和所有的活动和力量；控制就是注意一切是否按已制订的规章和下达的命令进行工作。法约尔不但阐述了管理各项职能的作用和相互关系，而且还特别强调管理的五项职能是组织的管理者与全体成员共同的职责。法约尔对管理职能的研究不仅为日后管理过程学派的形成，同时也为管理学体系的形成打下了重要的基础。

3. 韦伯的行政组织体系理论

马克斯·韦伯（Max Weber）是德国著名的管理学者，他在管理理论上的重要贡献是提出了所谓理想的行政组织机构模式，是古典的组织理论的重要代表人物。韦伯认为，合理的组织

结构应是"层峰"结构,并具有如下特点:

(1)明确的分工。即人员按职业专业化进行分工。

(2)自上而下的等级系统。组织内的各种职位,按照等级的原则进行安排。

(3)人员的任用。根据职务本身的要求,通过考试和必要的培训去任命。

(4)管理人员专职化。即向管理人员支付固定的薪金和明文规定的升迁制度,成为名副其实的职业管理人员。

(5)遵守规则和纪律。管理人员要严格遵守组织规定的规则和纪律以及办事程序。下级人员严格地处于上级人员的监督之下。

(6)组织中人员的关系。完全以理性准则为指导,这种关系不受任何个人感情的影响。

总之,韦伯认为高度集中的、正式的、非人格化的理想的行政组织体系是达成组织目标、提高组织绩效的有效形式,适用于一切组织。韦伯的这一理论也是对泰勒、法约尔理论的一种重要补充,是古典的管理理论的重要组成部分。

三、20 世纪 20 年代末至 50 年代中期的管理理论

中期的管理理论是以行为科学的出现和形成为标志的,与古典的管理理论不同,它将人类学、社会学和心理学等有机地结合起来,通过对人的行为及其产生原因的分析,达到协调人际关系和提高工作效率的目的。这些研究,在客观上否定了传统的"经济人"的假设,为以人为中心的现代管理思想的产生打下了重要的基础。其代表性的理论有梅约的人际关系(人群关系)理论与巴纳德的组织理论等。

1. 人际关系理论及行为科学理论的形成与发展

人际关系理论是由美国哈佛大学心理学教授乔治·埃尔顿·梅约(George Elton Mayo)在总结霍桑试验成果的基础上提出的。1927~1932 年,以梅约为首的一批学者,在美国西方电气公司所属的霍桑工厂进行了长达 5 年的一系列试验,他们通过变换车间的照明条件(照明试验)、改变职工的福利条件(福利试验)以及对群体工人工作动机和行为的观察(群体试验),广泛同职工接触和谈话(谈话试验)等方法,仔细地了解和分析了社会与心理因素对职工行为和生产效率的影响,第一次把工业生产中的人际关系问题提到了首要地位。1933 年梅约在《工业文明中的人性问题》一书中,发表了著名的"人际关系理论",其基本观点是:

(1)人是"社会人",影响人的生产积极性的因素,除物质条件以外,还有社会与心理因素。

(2)生产率的提高和降低,主要取决于人的士气,而士气是来自家庭的、社会的和企业的人与人的关系。

(3)注意到企业中非正式群体的存在,这种无形的组织有其特殊的规范,影响着群体的行为。

(4)一个新型的领导者应该具备解决技术经济和处理人际关系两种能力。

人际关系理论强调社会人的观点,否定了传统的生产效率与工作条件(工资、福利、劳动条件)之间存在的一种单纯的因果关系,建立了一种新的管理模式。图 2—2 为人际关系理论中行为和效率的关系。

人际关系理论还首次提出了非正式群体(组织)的概念。强调群体,尤其是非正式群体对职工的影响,这一理论对企业管理思想和组织工作有重大指导意义。人际关系理论是

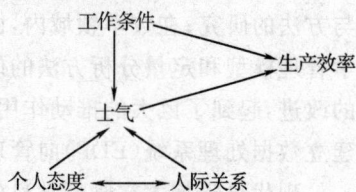

图 2—2 人际关系理论中行为和效率的关系

行为科学最重要的奠基理论之一。

20 世纪 30 年代至 50 年代,美国心理学家亚伯拉罕·马斯洛(Abraham H. Maslow)提出了揭示人的需求特征的需要层次理论。德国心理学家卡尔特·勒温(Kurt Lewin)发展了群体动力理论,开创了行为科学对群体行为的研究。美国麻省理工学院教授道格拉斯·麦克雷格(Douglas Mcgregor)在他的著作《企业中的人性面》中系统地阐述了关于"人性假设"的 X－Y 理论。他们都为行为科学的发展与形成作出了重要贡献。

2. 巴纳德的组织理论

切斯特·巴纳德(chester I. Barnard)也是对中期管理思想有重要贡献的学者之一。巴纳德把社会学理论、行为科学理论与系统理论有机地结合起来,提出了独树一帜的组织理论。

巴纳德提出组织是一个由人组成的协作系统。他认为,一个组织能够顺利实现系统的目标,则称它具有协作效用。而在实现目标的过程中,个人是否得到满足则是衡量一个组织是否具有协作效率的标准。协作效用和协作效率是不可分割的,只有在组织目标实现的同时,也确保个人目标的实现,才能保证系统的运转效率。

巴纳德还提出了组织存在的三个基本条件,即:①明确的目标。组织不仅有自己的目标,而且必须为组织的成员理解和接受。两种目标要相互协调。②协作的意愿。巴纳德认为一个人在组织中协作意愿的强度取决于其为组织提供的服务与在组织中所获得的利益与报偿相比而决定的,若后项大于前项,则能加强人与组织协作的意愿。组织应努力为其成员提供获得报偿的机会。③信息沟通。巴纳德强调信息沟通是实现组织目标的基础,没有有效的信息沟通,就无法协调所有成员为实现组织目标的统一行动。

巴纳德的理论还特别强调管理人员的权威不是来自上级的授予,而是来自下级的认可,管理者要特别注意征询下级的意见,取得他们的支持与合作。

巴纳德的组织理论是对传统的认为组织是刚性结构,下级必须无条件地服从上级的观点的一种否定,更多地体现了以人为中心的现代管理思想。

四、20 世纪 50 年代后的现代管理理论和管理思想

20 世纪 50 年代之后,随着社会生产力和现代科学技术的迅速发展,世界各国,特别是发达国家对管理理论、方法、手段的研究也日臻深入,形成了各具特色、流派纷呈的现代管理思想丛林,对各国生产力的发展起到了进一步的推动作用。

1. 现代管理理论和管理思想的新特点

这些新特点主要体现在如下方面:

(1)广泛地运用了现代自然科学和技术的最新成果发展现代管理理论、管理方法和管理手段。例如现代系统论、控制论、信息论的理论和观点已被作为重要的指导思想运用于管理理论与方法的研究;在数学领域内,由于概率论、运筹学以及模糊数学的发展,大大促进了现代管理学管理模型和定量分析方法的研究和运用,特别是计算机科学的发展,对现代管理方法和手段的改进,起到了巨大的推动作用,加速了企业信息的采集、加工和运用。许多企业已经开始从建立数据处理系统(EDP)向管理信息系统(MIS)以及决策支持系统(DSS)发展。

现代科学技术在管理学科的普遍运用,其实质是泰勒制提出的科学管理的进一步发展和延伸。

(2)更加重视人的因素。由于行为科学的产生和发展,使管理者更加重视对组织中人的行

为的分析和研究。从研究个体行为发展到研究群体行为乃至整个组织文化。同时,管理者也开始重视社会文化对人的心理与行为的影响,以人为中心的现代管理思想已经成为管理者的共识。

近年来,世界各国都十分重视对组织文化(企业文化)理论与实践的研究与建设。所谓组织文化是指整个组织所拥有的价值观体系,包括企业经营的哲学、理念、思想和目标,以及在此基础上为企业精神和物质文明建设的各个方面。优秀的强势企业文化,不但能反映出组织与众不同的独特个性,而且能为企业发展和建设起到导向作用、凝聚作用和激励与约束作用,同时能扩大组织的光辉形象,引领和拓宽组织发展的远景。当代,如美国的微软文化、日本的丰田与松下文化、中国的海尔和联想文化建设,都为企业的发展带来巨大的影响和促进作用。

重视人的因素,还包括对企业团队建设和建立学习型组织的研究,美国麻省理工学院学者彼得·圣吉(Peter Senge)在 1995 年出版了《第五项修炼》一书,对学习型组织建设进行了精辟的分析。企业与社会之所以重视团队建设和学习型组织建设,是因为在当代全球竞争的大环境下,企业的发展不仅要重视人,更要重视人与人之间的真诚合作和共同的创造力,学习型组织的发展和建设将为解决上述问题找到了一条正确的途径。

(3)系统理论和权变理论的发展与运用。现代管理注意运用系统的、动态的、开放的观点去研究组织与管理,即把组织看成是一个开放的社会技术系统,如图 2—3 所示。该图强调,组织是以管理为核心的若干子系统的组合。它们相互影响,相互制约,推动组织的发展和改革。组织处在特定的环境之中,并且不断地与外界进行物质、能源和信息的交换,组织的发展必须与外部环境的发展与变化相互协调一致,才会有巨大的生命力。

2. 现代管理丛林中的管理学派

在现代管理理论中,学者们从不同的角度分析、观察和研究问题,产生了众多的管理流派,著名的管理学家孔茨认为:当代的管理学派可以划分为十一个之多。我们认为,最具有影响力的可归纳为七大学派,它们是:

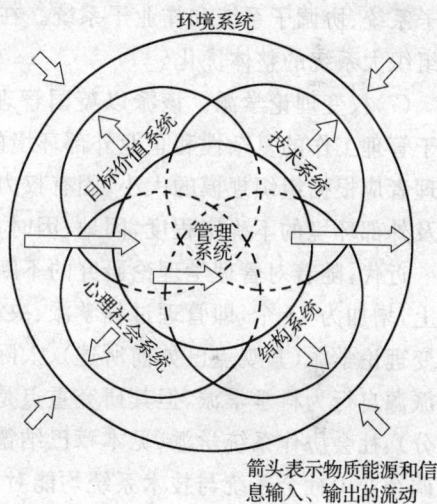

箭头表示物质能源和信息输入、输出的流动

图 2—3　组织——开放的社会技术系统图

(1)管理过程学派。该学派是在法约尔管理思想的基础上发展起来的,其代表人物有美国的哈罗德·孔茨(Harold Koontz)等人。该学派认为管理是一个过程,此过程包括计划、组织、领导、控制等若干个职能。这些管理职能对任何组织的管理都具有普遍性。管理者可以通过对各个职能的具体分析,归纳出其中的规律与原则,指导管理工作,提高组织的效率和效益。

(2)行为科学学派。该派理论是在梅约的人际关系理论的基础上发展起来的。其代表人物除梅约外,还有马斯洛、勒温、赫茨伯格(Frederick Herzberg)等人。行为科学理论强调在企业管理中,对人的心理与行为的研究,通过满足人的合理需要和建立良好的人际关系来提高职工的士气和工作的积极性。该学派在现代管理理论中具有重要的影响。

(3)决策理论学派。该学派代表人物是美国卡内基—梅隆大学教授赫伯特·西蒙(H. A.

Simon)。西蒙长期从事决策理论方面的研究,并曾在 1978 年获得诺贝尔奖金。西蒙认为,整个管理活动的过程就是不断进行决策的过程。因此他认为,管理就是决策。鉴于决策问题的复杂性,西蒙主张运用有限理性决策理论(即满意决策)来代替传统的最优化决策。这一观点得到现代管理学者的共同认可。西蒙还提出了新的决策分类方法,并倡导建立决策的人—机系统,以提高决策的速度、准确度与可靠性。

(4)经验管理学派。经验管理学派代表人物是戴尔(Ernest Dale)、德鲁克(Peter F. Drucker)。他们主张从管理者的实际经验,特别是成功的管理者的经验中去寻求管理活动的一般规律和共性的东西,并使其系统化、理论化,以此指导其他的管理人员与管理工作。该派理论为管理学的案例教学法提供了重要的理论依据,并在培养高层次管理者方面,取得良好效果。

(5)管理科学学派(数学学派)。其代表人物是美国的伯法(E. S. Buffa)。伯法主张建立各种数学模型和决策程序,以增加管理决策的科学性。该学派重点研究管理的操作方法和作业方面的问题,为管理科学定量分析和计算机手段的广泛运用开辟了广阔的天地。

(6)系统管理理论学派。其主要代表人物是卡斯特(F. E. Kast)等人。该派理论是以系统为基础来研究管理,强调任何组织都是由若干子系统所构成。企业的经营系统可以划分为战略子系统、协调子系统和作业子系统。在管理工作中,强调通过各个子系统之间的协调,以实现组织大系统的整体优化。

(7)权变理论学派。该派以英国管理学家伍德沃德(Joan Woodward)为代表。他们强调鉴于管理工作的复杂性和企业外部环境的变化性,不存在一种固有的、一成不变的管理模式。管理者应根据组织规模的大小、固有权力的大小、技术与工艺工作的复杂性、下级人员的素质以及外部环境的不确定程度,因地、因时、因人制宜地选择合理的管理模式与方法。

近代,随着对管理学理论研究的不断深化和细化,有些学者提出,管理学派应在原有的基础上,增加为 11 个,即管理过程学派、决策理论学派、经验管理学派、管理科学学派、系统学派、权变理论学派(其观点已如前所述)、人际关系学派(见本章人际关系理论)、群体行为学派(本学派源自行为科学学派,但其研究重点是群体行为,而非个体行为,属于组织行为学内容的一部分)、社会协作系统学派(见本章巴纳德的组织理论)、社会技术系统学派(见图 2—3,本学派强调企业中社会系统与技术系统均能对人的行为产生综合的影响)、经理角色学派(见本书第一章明茨伯格管理者角色定位)。

总之,在当今的世界上,管理理论、管理思想和管理方法呈现出百花齐放的情况,是管理科学不断发展和繁荣的体现。它们相互之间取长补短,兼容并蓄,各具特色。现代管理者应注意吸取各家之长,综合运用这些理论,使管理水平不断地迈向新的台阶。

复习思考题

1. 举例说明中国古代传统的管理思想对现代企业管理的贡献表现在哪些方面? 其管理思想有什么局限性?

2. 西方管理理论与管理思想的发展大体上经过了哪些阶段? 各阶段都有哪些代表性的理论?

3. 简述泰勒的科学管理的理论要点。

4. 简述法约尔的一般管理的理论要点。

5. 简述梅约的人际关系理论和巴纳德的组织理论要点,并说明行为科学理论与古典的管理理论相比,有什么新发展。

6. 现代管理理论与管理思想有什么新特点?

7. 简述现代管理丛林中,各大学派的基本主张、观点与代表人物。

案 例

"洋"厂长施密特

河南汽轮机厂为了进一步提高企业管理水平,给国家多作贡献,大胆解放思想,经省里有关领导部门同意,从德国退休企业家协会聘请了63岁的管理专家、退休前曾任德国同类企业总经理的施密特先生来华出任该厂正厂长,此举在三省尚属首创。消息传开,立即引起了多方面人士的关注。有关汽轮机厂先进管理、从严治厂等报道时有所闻,赴该厂参观取经的人们络绎不绝。省里领导定期会见这位洋厂长,询问工作进展情况,及时协调解决施密特先生提出的一些与宏观环境有关的问题,连中央一些领导同志对此也颇为关心,几次会见过施密特先生,征询他对经济改革和企业管理的意见。在企业内部,尽管施密特先生认为不如他在德国公司里那么得心应手,但总的来说,指挥还是有效的。他也确实竭尽全力在工作着,几乎达到废寝忘食的程度,在华期间体重下降了18磅。一晃,两年的合同期满,施密特先生留下了几十万字的治厂经验和建议,满载着中国人民的深情和敬意,也带着一丝未尽壮志的遗憾,告别了河南汽轮机厂,踏上了归程。

洋厂长在河南汽轮机厂的是非功过,一直是厂内外有关人士议论的热点。可以说,从聘请一开始就存在着不同看法。碍于情面及传统习俗,过去在公开场合下都是颂扬褒奖的言词,而且在欢送施密特的仪式上,还由省领导颁发给奖券和荣誉证书等。如今人已离去,分歧逐渐公开,有些观点截然不同,各持己见,各陈理由,而且涉及一些更深层次的问题。中央有关部门的一位领导同志建议我们整理一下这方面的材料,供有关方面参考。为此,我们走访了河南汽轮机厂及相关单位。在厂内召开了六次座谈会,分别听取不同层次的职工对施密特厂长的评价,同时查阅了许多资料。现将两种最不同的观点简要汇总如下,供企业界有关领导部门的同志们分析参考,希望从中能得出一些有益的结论,使今后的国际智力引进工作能取得较大的实效。

持肯定意见的同志认为:施密特虽然没有过去媒介所说的那么完美,但也绝不像现在一些人讲的那么不行。他来河南工作了两年,尽管未能完全实现预期目标,但毕竟付出了巨大努力,而且在企业内部管理上取得了一定成绩。需要强调的是,施密特在德国的生活条件远比这里优越,给他的待遇虽然在我们眼里似乎已令人咋舌,但按德国的标准衡量,几乎是半义务性的服务。况且,前一时期报刊电台广为宣传的26万字的《汽轮机厂管理改革方案》,就是他离职前一个月里,基本上是用业余时间写出来的。对此,施密特先生没有索取一分钱的报酬。他来厂后推行的"三板斧"可以概括为抓纪律、抓质量、抓干部。应当说,他的每一斧砍的都是地方,都是我们全民所有制企业里普遍存在的、急于解决又不易解决的难题。河南省经委整理出一本厚达342页的《施密特管理经验谈》汇编集。一位颇有影响的中央部委领导同志在该书的序言中对施密特作了极为中肯的评价：我们应该学习他不图安逸、忘我工作的奉献精神；学习他严于律己、一丝不苟的精神；学习他从细小而关键的事抓起、一抓到底的求实精神；学习他时时处处精打细算的勤俭精神。所有这些事迹和介绍，足以得出这样的结论：施密特是一位很值得我们尊敬和学习的好老头。

持否定意见的同志认为：尽管前面讲的都是事实，但衡量企业领导干部优劣的主要标志是业绩。无论中国人外国人，只要在我国企业里工作，都得用"德、能、勤、绩，以绩为主"这个准绳来考核。从某种程度上说，对外国专家这方面要求更高一些，因为毕竟是花了远远高于我国企业领导人的薪金把他请来的，他们应当作出更大的贡献。事实上也确有这样成功的外国专家，如同样在两年前北京钢琴厂请来的德国专家切尔，担任该厂的技术副厂长，就很有成效。他领导该厂的技术人员，仅花了五个月的时间，就开发出新一代钢琴，并利用切尔在国际享有的钢琴制作专家的知名度，产品出口东南亚，一炮打响，赢得了较好的经济效益。所以，虽然在切尔身上每月要付出一万多美金的代价，但大家都觉得很值，认为引进专家——开发新产品——开拓国际市场这条路走得很对头。但是，施密特却令人大失所望。他在就职演说中曾明确提出三大任职目标：一是在不增加设备、资金和人员的前提下，把产品提高25%；二是汽轮机质量达到世界先进水平；三是产品打入国际市场。他在离任时的实际状况是：产量倒反而比两年前下降了13%；质量——在给施密特送行后的第二天，中央部委派人来厂全面测试检查，结论是"产品达不到优质标准"；至于开拓国际市场，事实是他没有为该厂向国外推销过一台机器。虽然从主观愿望上，施密特确实想把企业搞好，而且在德国任职期间，他的业绩也确属上乘，但他所推行的某些措施，明明在我们这儿是行不通的，可是权威部门一再表态，明确支持他硬行贯彻。职工群众包括相当一部分厂级及中层干部气不顺，因此造成了越搞越糟的客观结果。可以说，这是一颗崇洋媚外的苦果，应当从中认真吸取教训。

当我们正在综合整理这份材料时，又传来了最新消息：这位闻名遐迩的施密特先生，不久前又被请到了山西。《消息快报》是这样报道的：66岁高龄的施密特先生从德国飞抵北京，当即转车于次日上午9点到达太原，午饭后没有休息马上直往工作地点。他来到省级先进企业山西内燃机厂后，不顾旅途疲劳，当天就深入车间科室进行调查研究，继续发扬他过去检查工作时采取的"三件宝"精神：手电筒、磁铁棒和放大镜。他用手电筒在每一个不显眼的地方寻找"蛛丝马迹"，发现没有达到文明生产要求的地方，就当即严肃指出；他用磁铁棒在机床上翻来倒去，发现沾有铁屑就要"大做文章"；他用放大镜检查零部件粗糙度，任何不符合图纸要求的产品休想从他眼皮底下溜过去。三天后，施密特先生对该厂生产和管理等方面提出了70多条中肯意见，把这个省级先进企业搞得"翻江倒海，人人自危"。

消息传到河南，持肯定意见者进一步找到了这位洋厂长敬业务实、雷厉风行等优秀品质的证据。而持否定意见者则叹息说："如果这样管下去，也许两年以后省级先进的牌子就要被搞下来了。"没有卷入争议的人既对施密特先生的事业心、热情和干劲表示敬佩，又担心事与愿违的结局将再一次出现。

【案例思考题】

请谈谈你对这位"洋"厂长的评价。从权变理论和跨文化研究的角度分析，应当如何正确处理引进管理人才的问题。

第三章　管理的基本原理与基本方法

所谓原理是指某种客观事物的实质及其客观规律的表述。这里的"原"就是原本,"理"就是道理和规律。管理的原理就是指在管理活动中所应当遵循的基本规律。而管理方法则是指在管理活动中,为确保管理目标的实现,管理工作的顺利进行所采用的工作方式。管理原理和管理方法是彼此相互联系和相辅相成的。管理原理只有通过必要的管理方法才能在管理的实践活动中发挥作用,而管理方法只有在正确的管理理论指导下,才不致产生盲目性,并能取得有效的成果。

管理本身兼有科学性和艺术性。作为科学性说明管理活动完全是有章可循的。而管理原理正是管理活动的高度抽象和实践经验的升华,是指导一切管理的行为准则。因此,可以说掌握了管理的原理就等于掌握了管理活动的基本规律,从而提高管理工作的科学性,并有助于建立科学的管理制度和方式方法。

管理方法是管理的自然延伸与具体化,是实现管理目标的途径和重要手段,也是从事管理活动不可缺少的中介和桥梁。事实上,我们身边大量的事例都说明,一个成功的管理者,都是因为他所从事的管理活动符合了管理的客观规律(即便是无意识的,也是如此)。同时,也得益管理方法上的科学性和有效性。基于这一观点,本章中将对管理原理和管理方法分别进行概括和表述。

第一节　管理原理

一、系统原理

世间的一切事物都具有系统的属性。所谓系统,是指由相互联系和相互作用的若干部分组成,并具有特定功能的有机整体。加上它所处的环境,则是一个更大的系统。

自然界和人类社会有各种各样的系统。如在人体上,有消化、呼吸、血液循环、神经、骨骼等系统;在自然界,有动物、植物、分子原子结构等系统;在宇宙,有各种行星系统;在社会中的国民经济领域,有工业、农业、商业、交通、文教、卫生等系统。系统广泛而大量存在,从宏观事物到微观事物都是如此。

因此,在现代管理事业中,人们也可以把任何一个企业、单位或部门看成是一个系统。

系统具有下列一些主要特征:

(1)整体性与相关性——它是由若干子系统(要素)构成的统一体。系统不管由多少要素构成,这些要素都是相互联系、相互作用而形成统一整体的,否则系统便失去了全局和根本。系统整体坚强统一的程度,决定着系统的质量;系统整体对内调控和对外适应的能力,决定着系统的生机和活力;

(2)层次性——构成系统多层次的子系统不但有相互有机联系的一面,亦有各自的地位和作用。整体的统一,靠多层次子系统的分工和协调来达成;整体的效能,靠多层次子系统各自

的作用及其综合而发挥;整体各方面的优化,靠多层次子系统的最佳组合而实现;

因此,既要首先关注系统的整体性,同时亦不可忽视系统的层次性。

(3)功能性(目的性)——每一个系统都具有特定的功能和作用,这是系统存在对自身和外部的价值所在。

(4)动态性与环境适应性——每个系统都处在动态的变化之中,具有适应环境的能力。这是系统能够存在和发展的重要原因之一。适应性愈强,系统的生命力愈强,愈能竞争和发展。

把系统原理应用到现代管理事业,必须体现统筹规划、整体优化,并依据环境变化实施动态管理。

第一,管理工作必须有统筹兼顾的全局性,把整体目标优化作为根本的出发点。从决策方案选择,到组织、指挥、协调、控制等具体管理工作过程,都要用系统的观点、系统分析方法进行,正确处理整体与局部、局部与局部以及各要素之间的关系。把整体观念、全局利益始终放在首位,并精心运筹、全面安排,实现系统的整体优化。只有这样,才能避免轻重缓急倒置、大小不分、是非混淆等片面孤立研究解决问题的不良倾向;

第二,必须力求各管理局部的良好分工与协作,使之充分发挥各自的职能和作用,以求管理全局的最佳效能;必须对人、财、物、事等各要素科学组织、调节和运用,以取得"人尽其才、物尽其用、财尽其利"的优良效果;

第三,搞好企业(部门或单位等)与环境的协调统一,使管理系统自身的调节与社会大系统的动态变化,保持顺应同步的态势,这是管理经营能够立足和发展的宏观必要条件。为此,管理者必须重视国内外市场和商品信息的调查和搜集,重视国内外政治、经济、文化、科技等方面的重大变化,并据此及时制订出管理的决策和对策,为不断适应时代潮流、赶上时代步伐打下良好基础;

第四,根据系统的动态性原理,强调管理工作的时限性。系统处在不断的变化之中,其中内因是变化的依据,外因是变化的条件。所以管理工作不存在一成不变的模式,应当因地、因时、因人制宜不断调整。

二、人本原理

人本原理的本质含义为,人是管理系统中最积极、最活跃、最有主观能动作用的因素,从而也是首要的因素;管理应"以人为中心",充分发挥人的聪明才智,最大限度调动人的积极性和创造性,这是做好管理工作的根本。

人本原理的运用对管理工作有十分重要意义,表现在:

(1)人本原理启示我们,人是企业管理的主体,管理者一定要正确地认识人、尊重人、依靠人,要坚决抛弃传统管理中把人视为机器附属物的错误观念。在这种思想的指导下,强调企业应适度分权,职工参与管理,发挥职代会以及股份制董事会职工代表及股东大会的作用。国外一些企业中,实行股权分散化和大众化,吸引更多的员工关心和参与企业的管理工作,也是人本原理的一种运用,对我们也有一定借鉴意义。

(2)管理者应重视满足广大职工的合理需要。组织行为学认为:需要是人的行为动力的源泉,人的需要可分为物质需要和精神需要。管理者在可能的条件下,千方百计满足职工在衣食住行等基本物质条件上的需求以及在社会交往、知识、道德、荣誉等多方面的精神需求,将会极大地调动人的积极性,同时也有助于人的良好个性的形成与发展。

(3)强调管理工作是为人服务的。正如邓小平同志说过的一句名言："领导就是服务。"包括对职工、用户、顾客乃至全社会的服务,重视建立良好的人际关系与和谐的企业内外环境。

三、信息与反馈控制原理

信息论的创始人申农(C. E. Shannon)指出:所谓信息是指人们对事物了解不定性的减少和消除。这就是说,信息泛指消息、情报、指令、数据、图表、信号等一切有价值的情况和资料,人们能够获得并认识它们,就意味着在该领域中,对事物了解不定性的减少和消除。一个现代管理系统,通常有人流、物流和信息流三种并存的运动。人流和物流是管理系统生产经营活动的物质流程和主体流程,为了使生产经营活动取得良好的效果,必须对人流和物流加以科学的计划、组织和调节,使其按一定规律运行。人流与物流的运动状态,则取决于信息流的运动是否健康和畅通。由于信息在管理系统中是双向流动,因而独具反馈作用,信息流如同管理工作的神经系统,其状态决定管理机体运动是否正确、敏捷、速度和效率,准确而完备的信息是正确决策的基础和前提。对重大和关键信息的收集和运用,甚至关系到管理事业的成败和兴衰。

现代管理工作者贯彻和运用信息及其反馈控制原理,应注意以下几点:

(1)现代企业生存和发展的必要条件是建立十分发达的信息渠道,建立以电子计算机为代表的、现代科技为基础的电子数据处理系统(EDP),用于管理数据的检索、处理加工和转换。进一步发展管理信息系统(MIS),为各级管理部门提供有效的管理和控制信息。最终建立决策支持系统(DSS),即建立人机合一系统,立足于帮助各级管理者实现科学决策。

(2)要十分重视信息的收集、贮存、加工整理和运用,力求达到全面及时,准确可靠。要实现这一目标,除运用高科技手段外,要有完备的组织结构系统,确保信息的筛选、分析评估、取舍,以及在管理预测、决策、计划、指挥和控制工作中及时与正确的运用。

四、责任原理

责任原理是指管理工作必须在合理分工的基础上,明确规定组织各级部门和个人必须完成的工作任务和相应的责任。职责明确,才能对组织中每一个员工工作业绩作出正确的考核和评价,有利于挖掘人的潜能和保证组织任务的完成。

管理的责任原理启迪我们:

(1)在管理工作中,要强调职责、权限、利益和能力的协调和统一。

责任原理的核心是职责,必须在数量、质量、时间、效益上有明确的规定,并通过相应的条例、规程等形式表现出来。明确了每个人的职责,就要授予其相应的权力(包括人、财、物各个方面)并通过相应的利益来体现人们完成职责、创造业绩的补偿,即责、权、利的一致性。完成职责要以人的能力作为后盾,所谓能力是指人们顺利完成某种活动的心理特征,它以知识和技能作为基础。

职责、权限、利益和能力之间存在着等边三角形的边与高的关系,如图 3—1 所示。

在上图中,职责、权限、利益为等边三角形的三个边,彼此是相等的,而能力是等边三角形的高,根据具体情况,可以小于职责。这是因为,人的潜在能力是很强的,承担挑战性的工作,适当的工作压力有利于开发潜能,促使人们自觉地学习知识和提高技能,努力把自己的工作做得更好。即用人要做到"大材小用,不如不用,小材大用,可以一用"的原则。

(2)在管理工作中,对人的奖惩要分明,注意公正和及时。

奖惩是对工作职责及其业绩客观与公正的评价,有助于提高人的积极性和工作动机的激发。奖惩要以科学准确的考核为前提,使人产生公平感。奖惩工作要及时,立竿见影对强化人的行为(不管是正强化还是负强化)有着十分重要的作用。奖励和惩罚对管理工作都是不可缺少的,但惩罚可能招致人们挫折感,处理不当会出现消极行为等负面效应,因此应更多地强调奖励等正强化的方法,辅助以惩罚等手段,形成科学和规范的奖惩制度与方法。

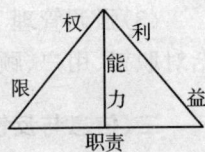

图 3—1　责、权、利和能力关系图

五、效益原理

效益和对效益不断的追求是管理活动永恒的主题。任何组织管理的最终目标都是为了追求和获取效益。所谓效益是指有效产出和其投入之间的一种比例关系。它包括经济效益和社会效益两个方面。通常经济效益比较直观,可以直接运用若干经济指标来计算和考核。而社会效益则具有间接性,较难以完全量化。经济效益和社会效益既有联系,又有区别,二者是不可分割的。管理工作应该将两种效益有机地结合起来,而不能顾此失彼。

效益原理要求管理工作充分注意到:

(1)正确处理组织管理工作中效率、效果和效益三者之间的关系。

在管理工作中,效率是指单位时间内所取得成果的数量,它体现了输入与输出之间的关系。而效果是指经过投入转换所得到的有用成果,它体现了对组织目标与任务的完成情况。效益是指生产成品中,为社会所接受的成果。效率、效果和效益三者之间,既可以是一致的,也可以是不一致的。在管理活动中,有效率、有效果而无效益的情况大量存在,例如我国家用电器曾经发生过的重复引进和无序竞争的情况,均属于忽视效益的体现。

(2)在管理活动中,必须建立正确的效益观。

管理工作必须克服在传统体制下以生产为中心的管理思想,转变为以效益为中心。追求效益应当成为管理活动的出发点和归宿,管理者,特别是主要管理者要以经营战略的眼光去处理企业的效益,正确处理企业局部效益与全局效益的关系,特别是追求长期稳定的高效益,并遵循客观规律去取得效益。

第二节　管 理 方 法

一、管理方法的分类

目前,应用于管理领域的方法有许多种,可归纳如下:

(1)按管理的范围划分有宏观管理、中观管理和微观管理方法。宏观管理适用于上层管理,而微观管理多应用于基层某一特定领域的管理,更强调定量分析的方法。

(2)按管理适用的普遍性程度划分,可分为一般管理和专门管理。前者属于综合管理,而后者则是适用于具体管理领域与问题的特殊方法。

(3)按管理对象的性质划分,又可分为生产管理、技术管理、设备管理、质量管理、财务管理、物资管理、信息管理和劳动人事管理等多个领域的管理方法。

(4)按应用于管理领域的技术方法划分,可分为定性方法和定量方法两大类。前者强调综合运用专家们的经验和智慧,对管理工作进行定性分析,而后者则往往是以系统论、控制论、信息论及应用数学为基础的现代管理方法,如价值工程、网络技术、线性规划、决策技术、量本利分析方法等等,多应用于微观管理领域。

(5)按管理领域的基本管理方法划分,可分为法律的、行政的、经济的和教育的方法。这种分类方法的内容将是本节讨论的重点。

二、法律的方法

法律的方法是通过法律、法令、条例以及司法、仲裁等工作,来调整社会经济与企业在宏观和微观活动中所发生的各种关系的管理方法。

法律的方法在管理活动中具有以下特点:

(1)严肃性和强制性。法律与法规一旦制定和颁布,就具有相对的稳定性和权威性,这一特点,能确保社会经济秩序的正常运行,为管理活动提供有序的、良好的社会环境。

(2)规范性。它对所有的组织和个人的行动都具有同等的约束力,使管理活动有章可循,纳入规范化、制度化的轨道,起到了调节各管理因素相互关系的作用,确保管理活动的公平性。

同世界上任何事物一样,法律的方法也有一定的局限性。由于其缺乏灵活性和弹性,而使管理工作僵化,不利于基层单位在实际工作中,因地、因时、因人制宜地发挥其主观能动性和创造性。特别是当法律和法规已不适应变化了的环境时,也有可能成为社会与经济发展的障碍。

尽管法律的方法存在着两面性,但从我国发展社会主义市场经济的需要出发,目前仍需大力发展和加强。市场经济是法制经济,需要有完善配套的法规,规范企业和个人的行为。如企业法、劳动法、环保法、商标法、证券交易法、经济合同法、税法、国际商法等,它的出台在管理活动中已经发挥了重要作用,并亟待进一步的推行和完善。

三、行政的方法

行政的方法是指运用命令、规定、指示、条例等行政手段,按照一定的行政系统和层次,以权威和服从为前提,直接指挥下属工作的管理方法。

行政管理方法与法律方法有共同之处,即具有强制性、权威性,但行政方法比法律方法更为具体,并带有无偿性,更强调领导者的权威和下级的服从。

行政管理方法的优点和不足主要表现在:

(1)有利于对全局活动实施有效的控制,在组织内部统一目标、统一步调、统一行动,强化管理职能。这种管理方法在高度集中统一的和需要适当保密的领域,有其独特的作用。

(2)行政管理方法有很强的时效性,能较好地处理在管理活动中所遇到的特殊问题与紧急问题。

(3)行政管理方法借助于权力和权威,常常受到领导水平的制约,在执行中,需要有发达的完备的信息系统。如处理不当,容易产生官僚主义,瞎指挥,甚至以权谋私,不利于管理工作。

(4)行政管理方法往往带有无偿性,容易忽视下级的实际利益,可能导致动力不足,产生消极后果。

在市场经济条件下,企业作为独立的法人,实行独立核算,自负盈亏。因此尽量减少各种行政干预,而强调宏观调控的方法和手段,对调动职工的积极性,促进经济的发展是完全必要的。

四、经济管理方法

经济管理方法是根据经济运行的客观规律,运用各种经济手段,调节各种不同经济利益之间的相互关系,以取得较高经济效益与社会效益的管理方法。这些经济手段包括价格、税收、信贷、利润、工资、奖金和罚款等。

经济管理方法具有利益性、关联性、灵活性和平等性等特点,它直接涉及到管理者和每一个员工的利益,处理得当,能最大限度地调动各方面的积极性,协调和正确处理国家、集体和个人三者之间的关系。因此,在市场经济条件下,运用比较广泛。

运用经济管理方法最终的目的是围绕物质利益,正确处理好各种关系。但如果处理不当,导致人们过度地追求个人利益和本位主义,不利于精神文明的建设。因此在运用经济方法的同时,注意与教育的方法等有机地结合起来,把员工的精神和需求引导到一个正确方向上来。

五、教育的方法

教育的方法是指按照一定的目的,通过多种形式的教育和培训,对员工在德、智、体诸方面,全面施加影响,提高人的素质的一种方法。教育的方法内容极为广泛,包括人生观、价值观、民主、法制、思想政治、科学技术与企业文化等许多方面。

教育的方法在管理活动中是一项最根本的方法。人们常说"百年大计,教育为本",这说明教育的方法具有基础性和长期性的特点。任何有远见的管理者,必须高度重视对员工的教育与管理,对人的培训要有明确的目标、计划、资金投入和必要的考核手段。由于现代管理是以人为中心的管理,只有人的素质的不断提高,企业才有活力和后劲,使生产经营活动立于不败之地。

教育的方法具有间接性的特点,它所体现的成果往往是长期的,不可急功近利。

教育方法的不足是不具备约束机制,因此在管理工作中,必须与其他管理方法有机地结合起来,例如与经济或与行政手段结合,督导人们学习和提高,充分发挥教育方法的作用。

总之,在市场经济的条件下,要尽量运用法律的、经济的与教育相结合的方法,并尽量少用行政手段干预经济管理活动。

复习思考题

1. 什么是管理原理与管理方法?二者之间有什么关系?
2. 什么是系统?系统原理对管理活动有什么指导作用?
3. 什么是人本原理?人本原理对管理工作有什么指导意义?
4. 请说明权限、职责、利益、能力四者之间是什么关系。
5. 效率、效果、效益之间有什么不同?为什么说企业应当将效益放在工作的首位?
6. 请说明法律的、行政的、经济的、教育的管理方法有什么优点和不足。

第四章 决 策

第一节 决 策 概 述

一、决策的概念

1. 决策的含义

决策是管理活动中的一项重要内容,在一定意义上就是为了解决问题而采取的对策。世界著名经济学家、美国科学家赫·阿·西蒙(H. A. Simon)认为"管理就是决策";也有学者认为:"决策是指从两个或两个以上的可行方案中选择一个合理方案的分析判断过程";"决策是组织的决策者以其知识、经验、掌握的信息为依据,遵循决策的原理原则,采用科学的方法,确定组织未来的行动目标,并从两个以上可能实现目标的行动方案中选择一个较为满意的方案的分析决断过程"。这些说法从不同的角度阐述了决策的含义。我们认为,决策是人们为实现一定的目标而制定行动方案、并准备实施的活动,也是一个提出问题、分析问题、解决问题的过程。

2. 决策的特点

从决策的概念看,决策具有下列特点:

(1)决策是行动的基础

任何一项管理活动都要预先明确该项活动要解决什么问题,达到何种目的,为达到预期目的,有哪些方法可以利用,哪种方法好,怎样做,何时做等问题。决策要对每个可行方案进行综合分析与评价,按照一定的准则选择一个较优方案,并以此作为实施的方案。因此,决策是行动的基础。

(2)决策具有超前性

决策所涉及的问题一般都与未来有关,是为了解决目前面临的、待解决的新问题以及将来可能出现的任何问题,找出各种可行的解决方案。任何决策都是针对未来行动的,所以决策是未来行动的基础,具有超前性。这就要求决策者具有超前意识、思维敏锐,能预见到事物的发展变化,适时地做出正确的决策。

(3)决策具有明确的目的性

决策是为了解决一定的问题,达到一定的目标。在对行动方案做出选择前,首先要有明确的目的。如果没有目的或目的性不明,决策就没有方向,往往会导致决策无效甚至失误。

(4)决策方案的可选择性

决策必须有两个以上的方案可供选择,如果无法制订方案或只有一个可行方案,也就不存在着选择,那就无所谓决策。

(5)决策的过程性

决策在本质上是一个多阶段、多步骤的分析判断过程,而不是一个"瞬间"做出的决定。决策是一个提出问题、分析问题和解决问题的系统分析过程。在进行决策时,决策者首先需要做大量的调查分析和预测工作,然后确定行动目标,找出可行方案,并进行判断、权衡、选择,最后结合起来组成一个完整的决策过程。无论决策的复杂程度如何,决策都有一个过程。

科学决策并非易事,决策是否正确及时,对组织活动的成败有着决定性的影响。科学的决策要求决策者有知识、经验和能力,掌握充分而准确的信息,遵循决策的原理原则,采用科学的决策方法,做出符合事物发展规律的决策。因此,决策技术日益受到管理阶层的重视。科学性并不否认决策有失误,善于从失误中总结经验教训,正是增强科学性的有效手段。

二、决策与管理的联系

决策贯穿了组织当中每一个人的活动,对于管理者来说更为重要。制定决策是管理者所有 4 个职能的组成部分(表 4—1)。正如西蒙所说,管理就是决策。管理者所做的每件事都包含决策。决策在每一个管理职能中均有体现。

表 4—1　管理职能中的决策

计　划	领　导
组织的长期目标是什么?	如何处理员工情绪低落?
什么战略能够最佳地实现这些目标?	给定条件下什么样的领导方式最有效?
组织的短期目标是什么?	某项具体变革会怎样影响工人的生产率?
个人目标的难度应当有多大?	什么时候是鼓励冲突的适当时间?
组　织	控　制
直接向上级报告的员工应当有几人?	需要对组织中的哪些活动进行控制?
组织应当多大程度的集权?	怎样控制活动?
职位应当如何设计?	绩效差异偏离到什么程度是显著的?
什么情况下应当实行不同的组织结构?	组织应当有什么类型的管理信息系统?

三、决策的基本要素

决策的基本要素是决策中最为本质的东西。决策是一项涉及自然科学、社会科学以及人类思维领域的复杂活动,为了作出科学、正确的决策,需要极其广泛的知识与经验。因此,分析决策的基本要素,是一项重要任务。

决策系统必须是人的行为可以影响的系统。决策系统必须存在决策者与能施加影响的决策对象。因此,决策者与决策对象是决策的两个基本要素,这两个要素决不是毫无联系,而是"一定条件下和二为一"构成一个整体。所以,决策者与决策对象之间必然发生相互影响、相互制约、相互作用的关系。而信息是决策系统构成的必要条件,如果切断决策者与决策对象之间的所有信息联系,决策将无法进行。所以信息又是一个基本要素。

决策的基本要素除了决策者、决策对象和信息外,还有决策的理论与方法和决策结果。所以,决策的 5 个基本要素为:决策者、决策对象、信息、决策理论与方法、决策结果。

1. 决　策　者

决策过程当中,决策的主体是决策者——人。决策者是系统主观能力的体现者。这种能力可以以个体或者群体的形式出现。例如:全国人民代表大会是群体决策的一种表现形式,而是否购买一块肥皂由个人来作出。

在某种情况下,决策者本身也可能成为被决策的对象。从广义上讲,每一个决策都要与决策者自身发生必然的联系,这是决策最基本的事实。决策必须发挥决策者的主观能动性。

2. 决策对象

大到国家、企业,小到毛巾、纸笔,决策对象具有广泛性。但它们具有共性,那就是人的行为能够对它们施加影响。因此,人能够施加影响的事物,均可以作为决策对象。反之,人的行为不能够施加影响的事物就不构成决策的对象。例如太阳系的宏观运动。

此外,作为决策对象,还应当具备的共性,就是均有明确的标记边界,即有明确的内涵与外延。它应当有明确的界限,而不是含糊不清的。

随着社会的发展,决策的对象也在不断扩展。在朊病毒没有被发现之前,它并不成为我们的决策对象,随着科学的发展,它已经被辨别和界定,成为新的决策对象。

3. 信　　息

信息分为内信息和外信息。内信息是决策系统运动、变化、发展的根据。外信息则是决策系统运动、变化、发展的条件。两者缺一不可。缺乏内信息会使决策者不能"知己",缺乏外信息则会使决策者不能"知彼"。另外,信息的可靠性也是保证决策系统正常进行决策活动的重要条件。决策者只有把握住可靠的内信息和外信息,才能作出正确科学的决策。

4. 决策理论与方法

拥有可靠的内信息和外信息是决策的前提,要作出正确的结论,还要求运用决策理论和方法对信息进行科学的分析、综合、推理,从而得到科学正确的判断。

决策具有多样性,这就使得决策需要门类众多的学科知识。决策理论和决策方法给出了一切决策问题所必须遵循的共同规律。主要包括:决策的方法论基础、决策的一般模式、科学预测的定量方法与技术、决策的常用定量方法与技术、决策的潜在问题分析、技术评估等。

5. 决策结果

决策活动的目的就是为了获得决策结果。不为得到决策结果的决策活动是不存在的。所以,决策结构构成了决策系统的又一个基本要素。

四、决策的类型

决策贯穿于整个组织活动的全过程,涉及各方面的内容。因此,根据不同的要求,从不同的角度对决策过程加以分类,将有助于决策者把握各类决策的特点,根据决策问题的特征,按不同的决策种类,采用相应的方法,进行有效的决策。

1. 按决策影响的时间长短,可以分为长期决策和短期决策。

长期决策是指有关组织今后发展方向的长远性、全局性的重大决策,又称长期战略决策,如投资方向选择、组织规模确定等问题的决策。短期决策则是实现长期战略目标所采取的短期策略手段,又称短期战术决策,如企业的日常营销决策等。

2. 按照决策的重要程度划分,可以分为战略决策、战术决策及业务决策三种。

战略决策,是所有决策问题中最重要的决策,是指全局性的、长期性的、作用大和影响深远的决策。例如企业长期发展战略、企业营销战略、产品开发战略、技术改造和引进,组织机构改革等,均属此类。战略决策一般需要经过较长时期才能看出决策后果,所需解决的问题复杂,环境变动性较大,往往并不过分依赖复杂的数学模式及技术,定量分析与定性分析并重,对决策者的洞察力、判断力有很高的要求。在战略决策中,找出关键问题比利用复杂计算更为重要。

战术决策，又称管理决策，属于执行战略性决策过程中的具体决策。例如，销售、生产等专业计划制订，产品开发方案制订，职工招收与工资水平，更新设备的选择等方面的决策均属此类。战术决策旨在实现组织内部各环节的高度协调和资源的合理利用，以提高经济效益和管理效能。它不直接决定组织的命运，但其正确与否，也将在很大程度上影响组织目标的实现程度和工作效率的高低。

业务决策，又称执行性决策，是日常活动中有关提高效率和效益的决策，一般由中、下层管理人员作出。例如生产管理、销售管理、劳动力调配、个别工作程序和方法的变动、企业内的库存控制、材料采购等均属此类。

上述三类决策的重要性不同，各级领导层应有所侧重。高层领导者显然应侧重战略性决策，并吸收部分中层和基层领导者参加；中层领导者应侧重战术性决策；而基层领导者则应侧重业务决策。

3. 按照决策目标数量划分，可分为单目标决策与多目标决策。

在单目标决策中，决策行动只力求实现一种目标，因而是相对比较简单的决策。多目标决策，顾名思义，就是决策行动需要力图实现多个目标。比如，私人购买小汽车的决策，就需考虑购价、性能、舒适性、耐用性、操作便利性、维修情况等。这多重目标很难在某一品牌车型中完全实现，所以，购买者作出购车决策时需要妥善地处理多目标的冲突问题。给每一个目标规定相对重要的程度，即权重，然后进行加权平均，这是处理多目标决策的一种常用方法。比如，购买"经济车"与购买"豪华车"的人，前者肯定会给车的"购价"以更高的权重，后者则会更注重车的"舒适性"等。不难看出，权重的确定实际上也体现了决策者的价值判断成分。

4. 按决策所要解决问题的重复程度来划分，可分为程序化决策和非程序化决策两种。

程序化决策是按原来规定的程序、处理方法和标准去解决管理中经常出现的问题，又称常规决策、重复性决策、例行决策。这类决策问题比较明确，有一套固定的程序来处理。如任务的日常安排、常用物资的订货与采购、定期的会计与统计报表的编制和分析等均属此类。由于程序化决策所涉及的变量比较稳定，可以预先建立数学模型，编成计算机处理程序，由计算机辅助作出决策。在管理工作中，约有80%的决策属于程序化决策。

非程序化决策是指解决以往无先例可循的新问题，具有极大的偶然性和随机性，很少发生重复的决策，又称非常规决策、例外决策。其决策步骤和方法难以程序化、标准化，不能重复使用。战略性决策一般都是非程序化的，例如，新材料和新生产方法的采用、企业的合并、重组等问题。由于非程序化决策需要考虑内外部条件变动及其他不可量化的因素，除采用定量分析外，决策者个人的经验、知识、洞察力和直觉、价值观等因素对决策有很大的影响。

5. 按决策问题的可控程度来划分，可分为确定型决策、风险型决策和不确定型决策三种。

确定型的决策是指决策所面临的条件和因素是确定的，每一个方案只有一种确定的结果。如把资金存入银行，利率根据存款期限长短是固定的。在实际工作中，确定性决策是非常少见的。

风险型决策也称随机决策，即决策方案未来的自然状态不能预先肯定，可能有几种状态，但每种自然状态发生的概率是可以作出客观估计的，所以不管哪个决策方案都是有风险的。这类决策的关键在于衡量各备选方案成败的可能性（概率），权衡各自的利弊，作出选择。例如，企业开发一种新产品，这种新产品的价格是一种竞争价格：在 10 元的情况下其概率为

50％,在9元的情况下,其概率为30％,在11元的情况下其概率为20％。通过概率的估算,可以确定其期望价格为9.90元。

非确定型决策所面临的条件和因素是不确定,每一种行动方案的结果是不可知的,也无法确定其概率。例如,我国上市的股份有限责任公司的股票市场价格受到各种因素(包括国家政策、供求关系、股民心理、公司的前景、股票每股税后利润和每股净资产的多少等因素)的影响,投资者无法确定一年后股票价格变动幅度和变动方向。

6. 按决策的主体分,决策可分为组织(群体)决策和个人决策两种。

组织(群体)决策是由一个或几个群体来完成的决策。由于决策是一件非常复杂的工作,大部分的决策都是由一个或几个群体来完成的。个人决策是由一个决策者完成的决策。

群体参与的决策和个人决策有所不同。群体决策与个人决策相比较,具有下列优点:①集思广益。群体可能比任何单个成员具有更广泛的知识领域,更丰富的经验,更多的创意,可以更全面地观察问题,搜集更丰富的信息,拟定更多可供选择的方案,并可对不同方案发表各自不同的意见,对每一种意见进行争论,更合理、客观地评价每一方案,做出更加合理的决策。②有利于决策的执行。群体决策吸收了更多的组织成员参与,对组织成员的意见进行广泛的讨论,并取得大部分组织成员的一致看法,对决策的问题具有较深刻的理解,增加了每一个组织成员对决策承诺的可能性,有利于决策的执行。③更能承担风险。由于组织成员共同参与决策,决策的风险责任分散,更可能作出较风险的决策。如果个人决策,由于个人对风险的厌恶而趋于保守。当然,这里并不排除由于缺乏对风险的认识,而具有更大的冒险性。

群体决策与个人决策相比较,具有下列缺点:①决策速度慢。群体决策所花费时间和费用一般都比较高,对每一个意见都进行争论,甚至可能转移话题,使一项决策常常是悬而不决,拖延时间。②责任不明。群体决策常常由群体的成员表决通过,责任分散,责任大小不明确。③个人对群体的操纵。群体成员可能由于惧怕权威而放弃自己的观点,没有真正发挥群体的作用,常常是最高权威宣布决定,群体成员举手通过。④个人屈服于群体的压力。个人的意见常常是与众不同的,而个人由于群体的压力常会放弃自己的观点或采取折中的办法。

与群体决策相反,个人决策速度快、责任明确,但比较容易产生决策失误,决策在执行中阻力较大。因此,在决策过程中,应根据问题的性质来确定决策的方式。

7. 按决策需要解决的问题来划分,决策可分为初始决策和追踪决策两种。

初始决策是指组织对从事某种活动或从事该种活动的方案所进行的初次选择;追踪决策则是在初始决策的基础上对组织活动方向、内容或方式的重新调整。如果说,初始决策是在对内外环境的某种认识的基础上作出的话,追踪决策则是由于这种环境发生了变化,或者是由于组织对环境特点的认识发生了变化而引起的。显然,组织中的大部分决策应当属追踪型决策。

与初始决策相比,追踪决策具有如下特征:

(1)回溯分析。初始决策是在分析当时条件与预测未来的基础上进行的。而追踪决策是在原有决策业已实施但发现环境条件有了重大变化或与原先的认识有重大差异的情况下进行的。因此追踪决策必须从回溯分析开始。回溯分析,就是对初始决策的形成机制与环境条件进行客观分析,列出需要改变决策的原因,以便有针对性地采取调整措施。当然,追踪决策也是一个扬弃的过程,对初始决策的"合理内核"还应加以保留。换句话说,回溯分析应着力挖掘初始决策中的合理因素,以其作为调整或改变的基础,而不应全盘放弃,"连婴儿与洗澡水一起倒掉"。

（2）非零起点。初始决策是在有关活动尚未进行从而对内外环境没有产生任何影响的前提下进行的。追踪决策则不然。它所面临的条件与对象都已经不是处于初始状态，而是随着初始决策的实施受到了某种程度的改造、干扰和影响。这种影响主要表现在两个方面：第一，随着初始决策的实施，组织与外部协作单位已经建立了一定的关系，比如，企业为了开发某种产品，已经组织了原料供货渠道，已经向有关厂家订购了生产这种产品必需的某种设备，等等。第二，随着初始决策的实施，组织内部的有关部门和人员已经开展了相应活动。在这些活动开展中，有关部门和人员不仅对自己的劳动成果或初步的劳动成果以及对这种劳动本身产生了一定的感情，而且他们在组织中的命运也可能在很大程度上与这些活动的继续进行联系在一起了。组织如果要改变原来的决策，就会在不同程度上遭到外部协作单位以及内部执行部门的反对。由于这种反对，这些单位和部门可能在追踪决策时提供并非客观的情报和信息。因此，追踪决策就不免要受到过去决策的影响。

（3）双重优化。初始决策是在已知的备选方案中择优，而追踪决策则需要双重优化，也就是说，追踪决策所选的方案，不仅要优于初始决策——因为只有在原来的基础上有所改善，追踪决策才有意义，而且要在能够改善初始决策实施效果的各种可行方案中，选择最优或最满意的决策方案。可以说，第一重优化是追踪决策的最低的基本要求，第二重优化则是追踪决策应力求实现的根本目标。

第二节 决策理论

"经济人"假说认为人类从事经济活动的目的是追求利润最大化，而忽视人所具有的情感态度及价值观。在"经济人"假说的基础上形成了规范决策理论。这一理论假定决策者具备完全的理论知识，追求效用最大，通过冷静客观的思考进行决策。但20世纪50年代之后，人们认识到建立在"经济人"假说之上的规范决策理论只是一种理想模式，不一定能指导实际中的决策，诺贝尔经济学奖获得者西蒙提出"满意标准"和"有限理性标准"，用"社会人"取代"经济人"，大大拓展了决策理论的研究领域，出现了一种新的理论——行为决策理论。这一理论包括了有限理性模型、成功管理模型和社会模型。以上这些模型再加上规范决策理论模型，表明了决策从完全理性到完全非理性之间的变化。图4—1概括了四种模型组成的决策理论统一体。

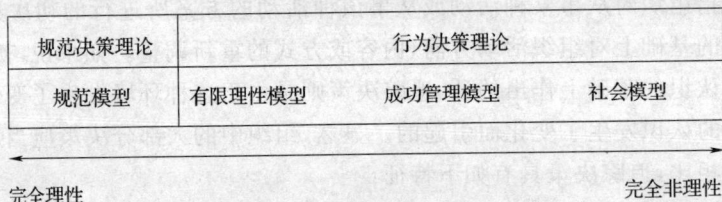

规范决策理论	行为决策理论		
规范模型	有限理性模型	成功管理模型	社会模型

完全理性 ←――――――――――――――――――→ 完全非理性

图4—1 决策理论统一体

一、规范决策理论

规范决策理论模型又称为古典模型、经济模型或生态模型。这个模型认为决策者能够作出"最优"选择，决策者是完全理性的。规范决策理论具有以下一些观点：

1. 从手段—目标链的观点出发，决策可以趋于完全合理。所谓手段—目标链，就是除非从全面的角度对问题进行阐述，不然已被认识的目的只是为完成某一更基本目的的手段。如果实践证明完成某一目的有困难,人们可以绕过问题而寻找到能满足更基本目的的可行方案,从而使决策趋于完全合理。比如,某公司要求推销员每月 5 号呈送上个月的推销报告,但推销员实在无力准时完成,这时沿手段—目标链向上,发现每月 5 号呈送的推销报告是为制造部提供作为下月生产报告的精确统计资料,从而揭示了一个更基本的目的——在保持 30 日库存的同时,保证 2 个星期内发货。也许制造部门可以找到另一办法,既能完成制造部的目的,又不必要求推销员每月 5 号呈送上个月的推销报告。

2. 决策者必须全面掌握有关决策环境的信息情报。

3. 决策者要意识到所有可能的备择方案。

4. 决策者有能力完成作出"最优"决策所需的十分复杂的计算。

大多数学者认为这种模型仅是描述了一种理想状态,对现代决策行为的描述不够真实。管理既是科学,又是艺术,决策包含相当大的艺术成分,不可能像规范决策那样,对全部已知的效用函数求解,用解析的办法找出最大值,这样的做法只是对纷繁复杂的现实的一种简化,因而简单地用它来进行实际决策往往是行不通的。但是由于该模型对"最优"的追求和采用定量方法,一些管理者仍用此模型进行决策,不过他们往往对该模型用自己的知识、经验和分析进行一定的修正。

二、行为决策理论

1. 有限理性模型

有限理性模型又称西蒙模型或西蒙最满意模型。它是一个比较现实的模型,它认为人的理性是完全理性和完全非理性之间的一种有限理性。它的主要观点如下:

(1)手段—目标链的内涵有一定矛盾,一个简单的手段—目标链分析会导致不准确的结论。西蒙认为,手段—目标链的秩序系统很少是一个系统的、全面联系的链,组织活动和基本目的之间的联系常常是模糊不清的,这些基本目的也是个不完全系统,这些基本目的内部和达到这些目的所选择的各种手段内部也存在着冲突和矛盾。

(2)决策者追求理性,但又不是最大限度追求理性,决策者只要求"有限理性",这是因为人的知识有限,决策者既不可能掌握全部信息,也无法认识决策的详尽规律;人的计算能力有限,不要说人,即使借助计算机,也没有办法处理数量巨大的变量方程组;人的想像力和设计能力有限,不可能把所有备择方案全部列出;人的价值取向并非始终如一,目的时常改变;人的目的往往多元,而且互相抵触,没有统一的标准。

(3)决策者在决策中追求"满意"标准,而非"最优"标准。在决策过程中,决策者定下一个最基本的要求,然后考察现有的备择方案,如果有一个备择方案能较好地满足定下的最基本的要求,决策者就实现了"满意"标准,他就不愿意再去研究或寻找更好的备择方案了。这是因为一方面人们往往不愿发挥继续研究的积极性,仅满足于已有的备择方案;另一方面决策者也由于种种条件约束,本身也缺乏这方面的能力。

根据以上几点,决策者承认自己感觉到的世界只是纷繁复杂的真实世界的极端简化;他们"满意"的标准不是最大值,所以不必去确定所有可能的备择方案;由于感到真实世界是无法把握的,他们往往满足于用简单的办法,凭经验、习惯和惯例去办事。

2. 成功管理模型

成功管理模型又称彼特斯—沃特迈模型。彼特斯(Peters)和沃特迈(Waterman)在调查了许多成功的工商企业后发现,理性模型给工商企业带来了不良后果,因而这些工商企业并不遵守理性模型。它们有自己的成功管理模型,这一模型具有如下特点:

(1)决策者流动于各个部门之间,以掌握真实的正在发生的情况。

(2)决策者尽可能在一段时间里只做一件事,完成有限的目标。

(3)决策者重视行动,经常实验,不惧怕失败。而理性模型是不承认实验价值的。

(4)决策者注重速度和数量,提倡立刻就干,事做得多,策略就越完善,他们不怕实践,也知道什么时候该放弃。

(5)拥有一个无形的有漏洞的体系,企业的重大突破来自对漏洞的改革。

这种决策模型没有一套理性的决策程序,属于非理性的模型。它尽管受到一些怀疑,但解决了来自组织的实际案例。

3. 社会模型

社会模型又称为社会心理学模型。弗洛伊德(Floyd)认为,人的行为大部分是由本身的潜意识指导的。按照弗洛伊德的观点,人们是没有能力作出理性决策的。不管对弗洛伊德的理论抱什么态度,人们几乎都同意社会因素对决策行为有深远影响,社会的压力和影响甚至会导致决策者做出完全非理性的决策。

每个人都生活在文化之中,文化对人的影响极深,不跳起来不知道地球重力的存在,不换一个文化环境往往意识不到文化对人根深蒂固的影响。文化的影响其实就是一种社会的压力,会有意无意地迫使决策者按照自己的文化传统去认知、决断和行动,这一切并不是建立在理性的基础之上的。父子在一个问题上认识不同,儿子如何决策呢?按中国文化,儿子应当洗耳恭听接受教育;按美国文化,家长尊重子女的个性与独创,不要求顺从,儿子可以与父亲争辩。那么,以上两种选择哪种是理性的呢?我们必须清醒地认识到决策是一种文化现象。

社会模型在某些条件下是适用的,但是人并不是完全非理性的,否则人类社会也不会得到发展。因此,我们不能简单地认为社会模型在大多数决策中起主要作用,但也不得不承认,社会因素和社会压力对决策行为的影响是十分重要的。

第三节 决 策 过 程

一、决策的过程

科学决策是一个动态的系统反馈过程,包括了一定的步骤和程序,由于客观世界的复杂性,决策的具体过程不可能全都相同,但在实践经验的基础上,具体可将决策过程划分为七个步骤,如图4—2所示。

1. 分析问题,确定决策目标

决策是为了解决管理过程中产生的问题,所以首先应诊断和确定问题的所在,即问题是什么?只有确切地找出问题及产生问题的原因,才能确定决策的目标。是否所有矛盾构成的问题都是决策问题呢?当然不是,只有当客观存在的问题变成人们主观能够清楚明白地表达出来的问题是,才能构成决策问题。那些大量的、尚未被人们认识的主客观之间的矛盾,就不能成为决策问题。明确决策所要解决的问题是进行决策的首要任务,如果问题确定错了,那么,在以后的分析和选择方案中,无论做何种努力,也无法达到预期的目标,解决不了问题。

信息是作出决策的原动力。没有信息,无法作任何决策。当问题确定后,必须收集和分析有关信息,这就是西蒙所说的情报活动。在收集和分析有关的信息时,应尽可能把注意力集中在相关和重要的信息上。虽然信息越多越能够了解问题的各个方面,但太多的信息可能分散决策者的注意力,并且在搜集和处理信息时费时费力。

合理的目标是科学决策的前提。决策目标的形成、目标的大小与决策者对目标的认识都会影响决策的顺利进行。提出目标是一切决策的起点,对诸多的决策问题进行分析、研究、归纳,开发出它们共同的实质,就构成了决策目标。所以,决策目标是决策问题的本质的概括与抽象。目标的确定,一是要力求准确;二是要具体,尽可能量化,否则会给抉择方案带来困难。一般而言,目标有三个特点:①可以计量其成果;②可以规定其时间;③可以确定其责任。否则,目标至少是模糊的。在这一步骤中需要采用"调查研究"与"预测技术"这两种科学方法。

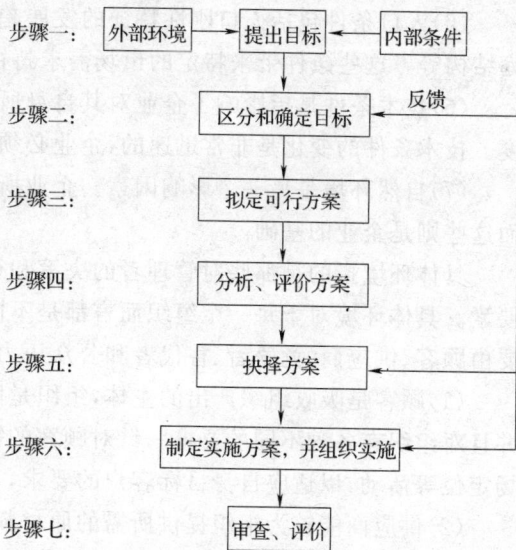

图 4-2 决策的过程

要得出合理的目标,主要依赖于环境分析。

任何一家企业都在一定的环境中经营,环境能够给企业带来机会,也会带来冲击。对环境的具体研究能够提高决策的准确性、及时性和稳定性。

企业面临的环境可以分为外部环境和内部环境。外部环境指的是能够对组织绩效造成潜在影响的外部力量和机构。外部环境主要由两个部分组成,即一般环境和具体环境。内部环境则是由组织内部的物质环境和文化环境构成。

一般环境是指对各类组织均可能产生影响的因素。包括经济条件、政治(法律)条件、社会文化条件、人口条件、技术条件、全球条件和自然环境。

(1)经济条件可以分为宏观经济条件和微观经济条件。宏观经济条件包括一定时期的利率、通货膨胀、可支配收入变动、股市波动以及一定的经济周期阶段。宏观条件能给企业带来好的机会也可能带来经营困难。例如,繁荣的经济周期企业或许会制定出增长的目标,而衰退、高通货膨胀率则会让企业选择保持甚至收缩的决策。微观经济条件则指企业所在服务地区的消费者收入水平、就业程度、消费偏好、储蓄情况等。这些情况直接决定企业目前及未来市场目标的大小。比如,在某地没有解决温饱问题时,企业不会去考虑发展环保产品的目标。

(2)全球条件对于全球经营的公司而言有着重要的意义。全球所处的经济周期,国际突发事件都是对企业制定目标决策的挑战。

(3)政治(法律)条件对于企业的目标有着双重影响。一方面,法律政策对于企业有着很强的约束性。如政府对反垄断法规限制了企业的兼并目标,劳动法规限制企业对员工的雇佣和解雇。另一方面,法律政策也会给企业带来发展契机,还以环境保护为例,政府对环境保护的推动,也会带来环保产品的大量需求增长。

(4)社会文化条件是每一个管理人员必须考虑的,管理者所制定的管理目标应当能够适应社会的期望和惯例。社会文化表现出来的购买者价值观、风俗习惯和品位及其变化都是管理者需要考虑的。

（5）人口条件包括人口刚性特征的发展趋势，如性别、年龄、教育程度、地理位置、收入、家庭结构等。这些条件带来特定的市场需求特征，管理者在制定企业目标时应当考虑。

（6）技术条件是指影响了企业对其自身所掌握的物质的使用水平以及使用技术的先进程度。技术条件的变化是非常迅速的，企业必须关注技术环节的变化并尽快作出反应。

（7）自然环境是另一个影响因素。企业所处的自然环境能够为企业提供所需的物质环境，而这些则是企业的基础。

具体环境指的是那些对管理者的决策和行动产生直接影响并与实现组织目标直接相关的要素。具体环境对于每一个组织而言都是不同的，并且随着条件的变化而改变。具体环境主要由顾客、供应商、竞争者、替代者和公众压力集团等因素组成。

（1）顾客是吸收组织产出的主体，组织是因为顾客的需求而存在的。顾客具有不确定性，并且对组织有各种不同的要求。针对顾客的需求，管理者应当对组织产品、组织类型、细分市场定位等活动，以适应自身目标客户的要求，从而更好地生存下去。

（2）供应商能够为组织提供所需的原材料、技术支持等。管理者总是努力寻求低成本、稳定的供应商。供应商谈判能力的强弱、供应系统的先进程度、供应产品的特性都对企业目标有着重要影响。例如：供应商若能够及时根据企业的需要生产出独特的零部件，将更能促使企业选择差异化战略，进而完成攻占某一细分市场的目标。

（3）几乎所有的组织都面临着竞争者的威胁。任何一个管理者都不应当忽略竞争者的影响。竞争者往往通过定价、新产品开发、提供配套服务等多种形式进行竞争，从而影响企业的市场占有率和市场目标。充分了解竞争对手的特点和动向，有利于企业尽早修正自己的目标，制定出好的防御或者进攻战略。

（4）产业的替代者决定了本产业所能获得的利润上限。产业替代者在技术上的创新等活动都会对本产业内的公司产生巨大的影响。

（5）公共机构是一些特殊利益集体，他们总是试图影响组织的行为。例如，环境保护组织总是要求工业企业安装各类环境保护设备。

组织的内部环境对于组织制定自己的目标也有着重大意义。组织的内部环境主要涵盖了其人力资源、有形资源和无形资源。

（1）人力资源是那些体现于组织个体成员身上、能够为组织提供服务的知识和技能。企业如果拥有充沛的人力资源，将能够带来竞争优势。同时也会影响企业在制定自身目标时自我定位。人力资源充沛、引入考核体系健全完整，也会使得组织制定目标时更为自信。

（2）有形资源是组织运营的物质基础。企业所拥有的物质资源限制了组织所能进行的经营活动，也限制了组织经营的范围。组织在进行管理决策时，如果不考虑组织是否有足够的资源来完成某项目标，那么所作出的决策将是不可行的。

（3）无形资源对企业的竞争优势贡献是多方面的。它一方面为组织提供直接的营业收入和降低运营成本，也可以构建进入壁垒，形成垄断竞争，塑造良好形象，培育客户忠诚度，还可实施法律权利，得到法律保护。也有利于组织更好地有针对性地制定目标。

系统的分析企业所处的内部和外部环境，分清主要影响因素和次要因素，能够使企业明晰自己的目标以更好的运营。

另外，决策目标往往不止一个，而且多个目标之间有时还会有矛盾，这就给决策带来了一定的困难,所以,还要处理好多目标的问题。有关多目标决策的具体问题将在以后的内容中涉及。

2. 价值准则

价值准则就是落实目标,作为以后评价和选择方案的基本判据。面对复杂多变的决策问题,确定明确的价值准则有时也相当复杂。如果对价值准则不能提出明确的、规范性的、科学的表述,那么,不但决策目标模糊不清,甚至连科学的决策也不存在了。对于同一事物,处在不同历史时期,不同认识水平,站在不同角度的人,就会拿起各自不同的"尺度"去衡量它的好坏、曲直、是非。因此,需要确定衡量事物的标准即"价值准则"。

由于构成决策过程的多因素,决策者主观意识的局限性,使得衡量决策系统的标准也形成了一个不断变化与发展的价值准则体系。现代管理学、系统工程学、系统动力学……对价值准则都进行了大量的研究。归纳起来有如下两个方面:物质性的价值准则与精神性的价值准则。

物质性的价值准则包括经济指标、技术指标、对环境影响指标等等,其中,经济指标又可分为耗费性指标、收益性指标,技术指标又可分为性能指标、可靠性指标、安全性指标、可扩展性指标等等。

精神性的价值准则包括对社会的影响及对精神的影响等方面的指标,如对人的心理、伦理、审美及道德规范的影响等等。由物质性与精神性价值准则构成了价值准则体系。

一般价值准则包括三方面内容:一是将目标分解为若干层次的确定价值指标,这些指标实现的程度就是衡量达到决策目标的程度;二是规定价值指标的主次、急缓以及在相互发生矛盾时的原则。因为,大多数情况下,要同时达到整个价值系统的指标是困难的;三是明确实现这些指标的约束条件。约束条件主要有各种资源条件、决策权利的范围以及时间限制等。

在决策活动中,决策者必须把握科学的价值准则并用其观察分析问题,才能有客观的标准与角度,才能对决策问题作出科学的判断,从而才能明确清晰地、定性与定量地描述出决策问题。

3. 拟定可行方案

在决策目标确定之后,决策活动必然进入到下一程序,即拟定解决问题的可行方案。对于任何一项行动来说,都有多种可行的方案存在。每个管理者都应记住一句格言:"如果事情似乎只有一种方法去做,那么这种方法通常是错误的,也是危险的。"

可行方案的提出需要决策者丰富的想像力、创造力和完善的技术知识。可广泛地运用智囊技术,如"头脑风暴法"、"哥顿法"等激发人的创造性、相互启发、集思广益的方法。在这一过程中,决策分析人员还要应用现代科学理论与技术对各种方案进行详细的技术设计与定量的论证,拟定出各种条件下的最佳对策。必要时,还要利用模型进行模拟实验,以便增强决策方案的科学性。在决策方案中,还应把附有价值分析、可行性分析、经济效益分析、潜在问题分析、应变措施、技术评估、风险度分析等的文件提供给决策者。应当指出,所得到的决策方案是根据某些特定的约束条件得到的,必须连同相应的约束条件一起提供给决策者。

4. 分析、评价方案

在拟订方案阶段得到的可行方案不止一个,而是多个可行方案,也就是说,在目标确定之后达到目标的手段与方法都不是唯一的,一定存在多种方式。根据目标的价值准则衡量,必然存在较好的一个方案。在不同的方案中,绝对最优是很难寻觅的,在多数情况下,令人满意就是一条适用的标准。因此,方案选择的最终结果并不是最优方案,而是根据决策目标的价值准则,选择出的"满意的可行方案"。在比较各备选方案时,应根据所要解决问题的性质,采用定量分析和定性分析相结合,考虑决策的目标、组织的资源和方案的可行性,对各备选方案的优劣进行综合评价,并初步确定各方案优劣顺序的排列。

评价分析不仅工作量相当大,而且难度较大。它需要具有高度分析能力的分析人员经过辛勤、长期的工作,才能分析、解决决策中各种各样的具体问题。有时常常要借助专门的机构来完成,西方现代管理学家称这种机构为"智囊团"或决策者的"外脑"。

在管理问题决策中,方案评估的标准包括方案的作用、效果、利益、意义等,应具有技术可能性和经济合理性,既要测算其预期效果,衡量其实现决策目标的程度,又要显示其可能产生的不良后果和潜在问题,否则是不全面的。同时,以"满意"标准代替"最优"标准。在复杂的决策问题中,评价所有的可行方案并不现实,因为决策者由于认识能力、信息资料等限制,也不可能做到对所有可行方案及其后果都无所不知。因此,方案选择中宜采取"有限合理原则"。

5. 抉择方案

这一步骤是从备选方案中选择一个最可能解决问题的方案,是决策者对方案进行"拍板定案"的工作。管理者从备选方案选择一个合理的方案,有三种基本方法:经验判断法、试验法、分析法。经验判断法是依靠决策者的经验进行判断、选择决策方案的一种方法。经验是一种实践性的知识,不管是成功的经验,还是失败的教训,管理者若能够恰当地对待,都是有用的。特别是在进行某些常规的、例行的决策,经验能够起很大的作用。但是,对于许多决策来说,仅凭过去的经验是不行的。因为,一方面多数人难从过去的经验中吸收其中的精华;另一方面,老经验不一定完全适用于新问题,新的问题具有新的特点,解决的方法也不一样。试验法是在决策中,特别是新方法的采用、新产品的试销、新工艺的试验等决策中常采用的一种选择决策方案的方法。但试验法也有其局限性:一是往往要支付较昂贵的费用;其次,并非所有的方案都能试验;再次,许多决策常常需要及时做出,没有时间进行试验;另外,从试验得出的可行方案未必能够适应于未来的环境。研究和分析法是通过对问题进行分析,特别是借助运筹学、计算机等手段,对解决问题的方案进行模拟、假设变量、建立数学模型,应用定量和定性分析法对各种可行方案进行论证。

为了防止和避免决策失误,在决策方案的抉择决策中必须遵循如下程序:①定性分析各种决策方案是否符合科学决策的检验准则;②确定评价准则与抉择方法;③确认决策目标,综合评价与抉择;④将审批结果整理成文作为决策的指令输出。

6. 实施决策方案

方案的实施是决策过程中非常重要的一步。如果没有把决策的方案付诸实施,与没做出决策是一样的;如果不能有效地执行,再好的方案也无法达到预期的目标。在方案选定以后,就可以制订实施方案的具体措施和政策。根据实施中可能遇到的问题,以及相关组织(如竞争对手)可能采取的措施等,制定相应的对策,以保证决策顺利实施。在实施过程,还要建立信息反馈制,将每一局部过程的实际效果同预期目标进行比较,发现差异,查明原因,采取必要措施,保证决策目标的实现。

7. 评价执行结果

决策实施后,应检查和评价实施的结果,检查是否达到预期的目的,并为今后的决策提供信息。这个步骤也就是西蒙所说的审查活动。

从上述决策的过程可以看出,从问题的提出到问题的解决,完成了一个决策的循环。研究决策的程序,主要是给决策者提供大致的思路,使之掌握科学的决策过程需要经过的几个阶段,特别是重大决策不要随意跳过某些必要的阶段。同时,也应强调在实际决策中,不能将这些步骤看成死板的公式,有时过分拘泥于步骤去做,反而会影响决策的效率。

另外,从决策的过程看,决策必须从若干个备选方案中选择一个较满意、较合理的方案。但是,人们在决策过程中所选择的方案常常不是最优方案。根据"经济人"所确定的模式,最优的方案选择应满足以下三个条件:①提出所有的备选方案;②预测这些备选方案的结果;③根据一定的价值体系比较这些结果。

但是,在现实中,要满足上述三个条件是非常困难的。其主要原因有:①人类理性的局限性。人们在提出备选方案时,只能提出有限的若干个方案,即使可以提出更多的方案,也是相当困难的。因为人们的认识是有限的,时间也是有限,费用也是有限的。相反,人们为了能够作出决策,减少问题的复杂性,常常只考虑很有限的几个方案,而放弃了继续寻找更佳方案的努力,只求较好,不求尽善尽美。②未来的不确定性。由于所选择的方案是涉及未来的行动,而未来行动的结果将会是什么,这是很难预测的。因为未来有许多因素是不确定的,很难预测各行动方案的结果。即使已经进行了科学的预测,仍然带有主观性和片面性。这说明要预测备选方案的结果是很困难的。③个人价值观的差异。选择方案时要根据一定的价值体系,判断各个方案的优劣。由于个人价值观的差异,评价和判断事物的标准不一样,且带有个人的偏好,具有主观性,很难对各备选方案作出客观的评价和选择。

由于上述原因,人们在选择方案时,一般是选择了满意(次优)方案,选择决策者认为合理的、较好的方案,很难选择最优方案。因此,人们所做的决策一般是满意决策。

二、决策的影响因素

在决策过程中,影响决策的因素有很多,但主要的因素可以归纳为以下几类。

1. 决策的重要性因素

决策对一个组织的重要性程度会影响决策的过程。一项决策所需投入的人力、物力、财力和时间越多,对组织的影响范围越广、影响越深远,决策的重要性程度就越大,在决策时所花费的时间、人力、费用也就越多。相反,一项决策如果相对不重要,一般所花费的时间、人力、费用也就较少。

2. 决策者的因素

在决策活动中起决定性作用的应该是决策者。虽然决策应按严格的科学程序进行,但是决策者素养的高低仍是决策成败的关键。决策者是决策活动的主体,决策者的个人行为特征和群体成员相互影响所产生的群体行为,对决策具有重要的影响。影响决策过程的行为特征有多种,但下列三个特征似乎是最重要的:

(1)个人对问题的感知方式。人们一方面通过感觉器官去感觉现象,另一方面通过大脑对感觉到的资料进行处理,这是借助于知识、经验来进行判断、分析、处理的一种连续过程。由于人们的知识和经验不同,对相同情况的感知会得出不同的认识。例如,一个企业由于管理不善而出现亏损,不同的管理者由于其知识和经验不同,就可能产生不同的认识:一个市场营销专家可能更多地认识到营销方面问题,如产品的包装、广告、促销渠道、企业形象等方面问题;一个生产管理专家可能更多地认识的生产效率的问题,如产品的设计、生产设备的选择和布置、生产流程的合理性、生产效率等方面的问题;一个财务专家可能更多地认识到资金的筹集和使用的合理性、成本控制等方面的问题。由于环境的复杂性及人们认识的局限性,不同的人由于其知识和经验的不同,常常从不同的角度去观察问题,形成不同的认识。特别是人们有选择性的感觉,甚至是偏见在起作用,他们可能自觉或不自觉地选择和调整其感觉,对问题的某一方面夸大了,而对另一方面忽视了。这就是个人对问题感知的方式不同,所认识到的问题也不同。

感知者的知识和经验,在决策过程的其他阶段中同样的起着作用。如在拟定可选择的方案时,由于强调某一方面的重要性就会在这方面拟订可行方案,而忽视其他可行的方案。如果在拟订方案时,过早地认为为某一方案比其他方案更为理想,其他可行方案就很可能得不到充分发展。因而,就会严重影响对问题的最后解答的质量。

(2)处理信息资料的能力。人们对所收集到的各种原始资料应进行加工、处理,形成有用的信息。由于每个人的知识结构、经验以及思维方式的不同,在处理信息资料时,会有很大的差别。某些人由于其知识结构不完善,或个人经验较少,或思想比较保守,对于新的,不熟悉的资料就感到无可适从,并尽量逃避,在拟订方案和评价方案的过程中就会有偏颇,甚至采取极端的态度。一个人知识结构越完善、经验越丰富、思想越开放,就越乐于接受新的观点,越容易理解新的问题。处理信息资料的能力越强,搜集到有用的资料就越多,拟定的备选方案也越多。

(3)个人价值系统。个人价值系统是一系列概念,而每一个概念都有一定程度的个人价值和意义。个人的价值观在认识问题、搜集信息、评价各备选方案和选择方案的决策过程中,都具有重要的影响。如果一个群体内,个人价值观念比较一致,就比较容易产生一致的看法,也较易协调。如果个人价值观差异较大,就有可能引起许多冲突。

3. 其他有关人员

如上所述,影响决策的最主要因素是决策者。但是,决策并非决策者个人的主观行为,它还受到来自各方面人员的影响,其中包括决策者上级、下属、同事、有关监督人员、观察人员等。决策者的上级对决策的影响程度和态度,决策者对该项决策的权力和责任是否一致,决策是作为个人决策还是由集体共同进行决策等都会影响有关决策行动。决策者的同事及下属在决策中的影响主要体现在决策方案的提出阶段,能否激发决策群体的创造性和想象力,充分考虑各种可行方案,是实现决策全面性优化的关键。监督及观察人员对决策的影响则主要体现在方案实施后的调整中。此外,决策组织在作出决策时,往往会考虑组织中有关人员的看法,从而改变和修改计划,特别是在群体决策中,每个人的地位不一样,地位较高、权力较大的决策者对决策过程有较大的影响。

4. 环境因素

决策除了受人员因素影响以外,还会受到周围许多因素的影响,通常表现为决策过程中的限制性因素。主要分为两个方面:组织外部的环境及组织内部的环境。环境因素对决策活动有广泛的影响,它左右决策目标的提出,限制探索的范围,约束决策方案的选择,并且作用于决策的执行。因此,在进行决策时,必须研究决策的内外部环境及其对决策的制约。决策的环境问题已在前面章节中涉及,这里就不再详述。

三、决策的原理

人们在长期实践中总结出了决策过程中的一些基本原理。

1. 参与同一决策的人数越多,每位决策者分担的责任越小。

任何一项决策,决策集体和决策个人都要承担相关的责任。这里面包含着2层含义:一是决策对组织生存和发展的影响越大,决策者的责任也越大,反之,决策对组织影响越小,决策者的责任也越小;二是决策者集体和个人对于这一项决策所承担的责任,在一定意义上是一个常数。因此,当某项决策由集体作出时,其责任也必然有决策参与者来共同承担,并且每个人的责任也与人数呈反比,人数越多,责任越小。

2. 在决策者素质一定的条件下,个人决策比集体决策失误的可能性大。

从决策分类中可以看到,当今的组织决策,特别是战略性决策,信息量大,需处理的关系复杂,管理工作难度大。在这种情况下,决策者个人的学识、造诣、经验、信息都是有限的。所以,从统计学的角度讲,决策者素质一定时,集体决策的失误可能性较小。

3. 决策的人数越少,决策成本越低。

任何管理活动都要消耗人力、物力和财力。决策作为管理的重要内容,也不例外,需要一定的成本。决策成本的高低,一方面受到决策对象复杂程度的影响,另一方面也与决策人员多少,相互交流信息交流所需的资料,协调讨论所需的时间有关。显然,在决策对象一定的情况下,决策人数越少,相互交流所需的资料和时间越少,成本也就越低。

4. 决策人数越少,决策"推销"成本越高。

决策需要付诸实践,顺利付诸实践首先需要决策执行者理解其内容、意义,达成共识。这种采取措施使决策被执行者接受的行动,就像产品被消费者认识接受一样,是一种"推销"活动。决策推销也是有成本的,即"推销"成本。决策"推销"成本的高低,主要决定于决策涉及的范围及其推销难度。决策涉及的范围越广,推销难度越大,成本越高,反之成本越低。例如,全局长远的战略决策,如果是由一个人来作出的,没有执行者——员工的参与,那么就要付出很大的"推销"成本,去说服执行者。

上述原理中存在着两对矛盾,一是决策人数越少,责任越集中,明确效率越高,但决策中容易出现失误和矛盾;二是决策者人数越少,决策成本越低,但同时决策的"推销"成本越高。实际应用中应当结合具体情况处理,追求综合效果的最佳。

四、决策的原则

决策类型多样化,要作出正确科学的决策,就需要遵循一定的原则。

1. 满意原则

满意原则针对的是"最优化"原则。由于"最优化"原则假设人是完全理性的人,决策是以"绝对理性"为指导的,按"最优化准则"形成结果。要做到绝对理性,决策者需要满足以下四个条件:

(1)决策者对一切信息能完全掌握。

(2)决策者对与未来的外部环境和内部条件的变化能准确预测。

(3)决策者对可选择的方案及其后果能完全知晓

(4)决策不受时间和其他资源的约束。

但是,在实际决策当中,决策者要受到很多制约,无法满足上述条件,故他们的决策不可能最优化,只能要求达到"满意"即可。满意决策就是能够满足目标要求的决策。具体讲,它包含以下内容:

(1)决策目标追求的不是使组织及其期望值达到理想的完美,而是使它们能够得到切实的改善,实力得到增强。

(2)决策备选方案不是越多越复杂越好,而是要达到能够满足分析对比和实现决策目标的要求,能够较充分的利用外部环境提供的机会,并较好的利用内部资源。

(3)决策方案选择不是要求避免一切风险,利用一切可以利用的机会,而是对可实现决策目标的方案进行权衡,做到"两利相权取其大,两弊相权取其轻",风险可以承受。

2. 层次原则

决策在组织内部需分级进行,这是组织业务活动的客观要求。这是因为:

(1)组织需要的决策通常广泛复杂并且多样,高层领导难以全部胜任,必须按照其重要程度分级决策。

(2)组织管理的重要原则是权责对等,以责定权。分级决策是分权管理的核心,是权责对等的客观要求。

(3)任何组织都建立有领导制度和层次管理机构。

决策分级,一方面要与组织内部的领导制度和管理层次相适应,另一方面在实行经济责任制的组织内,还要考虑目标分解的层次。无论决策分几级进行,在每一级中只能有一个决策的机构,避免"政出多门"。

3. 群体和个人决策相结合

决策既要充分利用机会,减少风险,又要有人敢于负责,抓住机会,当机立断。因此,必须坚持群体和个人决策相结合的原则,根据决策事务的轻重缓急,确定哪些事或则什么情况下实行群体决策,哪些实行个人决策。将两者结合起来,要注意发挥个人和群体的积极性,做到既保证决策的正确,又能够提高工作效率。

4. 整体效用原则

组织内部存在很多单元,这些单元与整体有着局部与整体的联系。但是,局部与整体的利益并不总是一致的。对局部有利的决策可能会影响整体的利益。决策者在处理组织与内部个单元、组织与其他组织的关系时,在充分考虑局部利益的基础上,要把提高整体效用放在首位,实现决策方案的整体满意。

决策还要兼顾长远利益和眼前利益。如果眼前利益同长远利益发生矛盾,应将长远利益放在首位,从某种意义上来讲,这就是坚持整体效用原则,追求实际上的整体效应。

第四节　决策分析方法与技术

现代决策的具体方法很多,概括起来有两类,即"硬方法"和"软方法"。硬方法是指决策时采用的基本方法属于自然科学方面的方法,这是现代社会迅速发展起来的数学化、模型化、计算机化的方法,如各种定量分析方法、仿真技术等。软方法是指决策采用的基本方法属于社会科学方面的方法,是一种在现代社会越来越高度受重视的、能发挥人的智慧和创造力的方法,如专家会议法、头脑风暴法等等。同时,在决策全过程中,人们还采用某些"软"、"硬"结合的综合方法,如系统分析法和系统设计等。决策过程的每一个阶段和步骤,都需要运用许多方法,包括各种预测方法。

一、战略决策方法

公司战略分析常见的工具有 SWOT 分析、BCG 矩阵和 PEST 分析等。下面,我们就对 SWOT 分析和 BCG 矩阵做一个详细的介绍。

1. SWOT 分析(图 4—3)

SWOT 分析首先需要管理者分析组织面临的优势(Strengths)、劣势(Weaknesses)、机会(Opportunities)和威胁(Threats),并根据分析制定企业的宏观战略。

稳定战略(Stability Strategy)的特征是基本不进行重大的变革,当管理者对组织的绩效满意,同时环境稳定而安全,或者公司存在一定的劣势时,很可能采取这种战略。其做法包括:通过提供同样的产品和服务,持续不断地服务与同样的客户,保持市场份额,维持公司的投资回报率等。但是,这样的情况是很难识别的,并且由于增长更有利于管理者的绩效评估,所以很少有管理者会承认自己采用稳定战略。

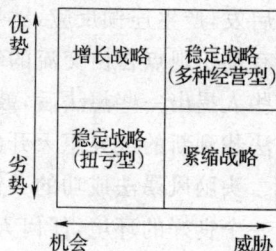

图 4—3　SWOT 分析与战略图

增长战略(Growth Strategy)的特征是寻求扩大组织的经营规模。企业的增长通常可以采用一些定量指标来表示,例如销售收入、雇员人数以及市场份额等。增长可以通过直接扩张、纵向一体化、横向一体化以及多元化来实现。

紧缩战略(Retrenchmnt Strategy)主要用于处理导致组织绩效下降的劣势。包括不少巨型公司在内的公司实行紧缩战略,如 P&G、AT&T、柯达和丰田等。当组织面临绩效困境时,紧缩战略有助于使之稳定经营,激活组织的资源和重新恢复竞争力。

2. BCG 矩阵(图 4—4)

业务组合矩阵是第一个广泛应用的业务组合矩阵,它由波士顿咨询集团(Boston Consulting Group)开发,故称为 BCG 矩阵。它将公司业务标在一个 2×2 的矩阵中,以便确定业务的性质。

(1)金牛业务:特征为低增长,高市场份额。落在这个象限的业务可以产生大量的现金,但是它未来增长的潜力是有限的。管理者应当尽可能多地从中收获现金并限制在这些业务上的新投资。

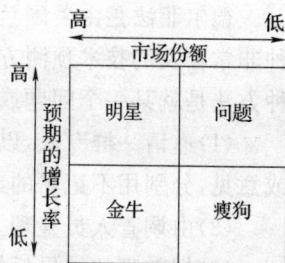

图 4—4　BCG 矩阵

(2)明星业务:特征为高增长,高市场份额。这些业务处于快速增长的市场中,并且占有主导的市场份额,他们对现金流动的贡献取决于投入的资源。对明星业务的大量投资将有助于这些业务的增长和市场份额的保持。随着市场的成熟和销售速度的放缓,明星将会演变成现金牛。

(3)问题业务:特征为高增长,低市场份额。这些业务处于有吸引力的市场中,但只占有较小的市场份额,具有增长的潜力。它是管理者最难做出决策的业务,有些业务有可能成长为明星,但也可能为出售。

(4)瘦狗业务:特征为低增长,低市场份额。这类业务不产生或不消耗大量现金,但它们的市场份额很低,增长潜力不大,通常将被出售或清算。

二、方案制订方法

制定决策方案要以预测资料为依据,常用的方法有:

1. 头脑风暴法

头脑风暴法或称奥斯本的震脑法(Bainstorming),是由亚历克斯·奥斯本为了帮助一家广告公司产生创意而制定的。这种方法问世后,被广泛应用到许多需要大量的新方案来回答某一具体问题的场合。这是用小型会议的形式,启发大家畅所欲言,充分发挥创造性,经过相互启发,产生连锁反应,然后集思广益,提出多种可供选择方案的办法。这种方法需要创造一种有助于观点自由交流的气氛,开始只注重提出可能多的设想,并且不过多地考虑其现实性,某些人提出一些想法后,鼓励其他人以此为基础或利用这些想法提出自由的设想。通过这种方法找到新的或异想天开的解决问题的方法。

头脑风暴法成功的关键有:一是选择好会议参加者;二是要有高明、机敏的主持人;三是创造一个良好的环境,任何人提出的任何意见都要受到尊重,不得指责或批评,更不能阻挠发言。

2. 哥顿法(Gordon Technique)

哥顿法是由威廉·J·J·戈登(William J. J. Gordon)为了解决技术问题而拟定的一种方法。它也是以会议形式请专家提出完成工作任务和实践目标的方案,但要完成什么工作,目标是什么,只有会议主持人知道,不直接告诉与会者,以免他们受到完成特定工作和目标的思维方式束缚,因此,可以把它看成是一种特殊形式的头脑风暴法。例如,企业要开发一种新型粉碎机,会议主持人不把此目标直接提出来,也不说明要说什么东西,而是请专家提出如何把东西破碎的方案。经过充分议论,主持人在适当的时候再把开发粉碎机的具体内容提出来,以形成更有吸引力的开发方案。

3. 德尔菲法(Delphi Technique)

德尔菲法是由美国兰德公司提出的,采用定量和定性相结合的方法进行决策,它已成为一种非常普及的技术预测方法。它既可以由群体成员来完成,也可以由分散的成员来完成。这种方法是就某一个问题或事项运用函询的方法,征求专家的意见,其过程如下:

(1)邀请一群专家,以某一问题为主,请他们就将来可能发生的重大结果提出各自的想法或意见,分别用不记名的方式进行预测。

(2)由调查人员整理上述专家意见。

(3)把整理的结果反馈给各成员,再次征求他们的意见,并以这种方式反复几个回合。通常是用逐次逼近法来集中对问题的解决方法和取得一致的意见,然后决策者利用这些预测资料来进行决策。

这种方法的最大的优点是能充分发挥专家作用,不论其地位如何,避免了从众行为。

三、定量分析方法

1. 定量决策技术的决策模型

定量决策技术包括一系列科学的处理过程,即决策模型的运用。决策模型大致可分为数学模型、闭合的模型及开放的模型。

数学模型:其目的在于运用数学方式简化问题及分析过程。在不同的决策问题中,数学模型有不同的表现形式,常见的模型有:线性规划、非线性规划、动态规划、马尔柯夫过程、存量控制、网络分析、博弈问题模型等。

闭合模型的特点主要是：已知重要的可行方案及采用该方案的后果；对各可行方案的选择有一定的准则，并可排定先后序列；决策的目标通常是寻求最佳答案，不是最大就是最小。如生产成本决策、销售利润决策等。

开放模型的特点主要是：决策者不可能寻找出所有可行方案；决策者也没有能力衡量所有的可行方案；决策者只能找出现阶段较满意的方案，然后选择较为满意的方案。如新产品开发决策等。

2. 定量分析方法

这是利用一定的数学模型，通过定量分析技术与计算来选择最优方案的方法。它属于"硬方法"，人们也往往直接称之为数学方法。具体的定量方法很多，主要可分为确定型、风险型、不确定型和多目标问题决策分析方法等。

（1）确定型决策分析法。主要有线性规划法、盈亏平衡分析法等。

（2）风险型决策分析法。主要有决策树、最大可能准则、期望值等方法。

（3）非确定型决策分析法。主要有悲观准则、乐观准则、乐观系数准则、等可能性法则、"后悔值"决策准则等。

（4）多目标问题决策分析方法。主要有层次分析法、费用效果分析法、效用系数法、重排次序法等。

下面将详细介绍这几种决策方法与技术。

四、确定型分析方法

所谓确定型决策也就是在进行这类决策时，决策者对未来情况已有完整的资料，没有不确定的因素。在确定型决策下，决策方案的选择简化为对每一个方案结果值进行直接比较的过程。一般常用的决策方法有：线性规划、盈亏平衡分析、非线性规划、整数规划、动态规划、投入产出数学模型、确定型贮存技术、网络分析技术等。下面介绍线性规划及盈亏平衡分析法。

1. 线性规划法

线性规划实际上是在满足一组已知的约束条件下，使决策目标达到最优。也就是在满足一组约束条件下，求目标函数的最大值（或最小值）的问题。它是一种为寻求单位资源最佳效用的数学方法，常用于组织（企业）内部有限资源的调配问题。

线性规划可用图解法、代数法、单纯形法等方法求解，在变量多时可利用计算机求解。

例 4—1　某公司生产三种产品：A 产品、B 产品和 C 产品，在生产过程中主要受到劳动力和原料这两种资源的限制，其基本参数见表 4—2 所示，那么应如何安排这三种产品的日产量，使企业获利最大呢？

表 4—2　三种产品的基本参数值

投入要素	每天能取得的总量	单位产品需要量		
		A 产品	B 产品	C 产品
劳动力（个）	100	1/3	1/3	1/3
原料（kg）	900	1	4	8
单位利润（元）		2	3	1

设 X_1 为 A 的日产量;X_2 为 B 的日产量;X_3 为 C 的日产量。则该决策问题的目标函数与约束条件分别如下：

目标函数 $Max\ Z = 2X_1 + 3X_2 + X_3$

$$约束条件\begin{cases} X_1/3 + X_2/3 + X_3/3 \leqslant 100 \\ X_1 + 4X_2 + 8X_3 \leqslant 900 \\ X_1 \geqslant 0, X_2 \geqslant 0, X_3 \geqslant 0 \end{cases}$$

利用单纯形法对上述线性规划问题进行求解,得 $X_1 = 100, X_2 = 200, X_3 = 0$,最大利润为 $Z = 800$ 元。

2. 盈亏平衡分析

盈亏平衡分析是在生产总成本划分为固定成本和变动成本的基础上,分析成本、产量和利润三者关系的计量方法。盈亏分析的关键在于找出盈亏平衡点。所谓盈亏平衡点是指在直角平面坐标系中企业利润为零的点,也即企业销售收入总额与成本总额相等的点,见图 4—5。

确定盈亏平衡点后,就能在此基础上作出一系列相应的决策判断。

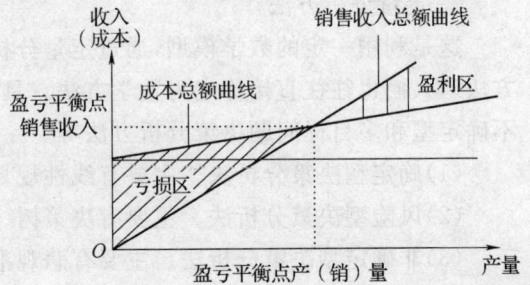

图 4—5　盈亏平衡分析图

五、风险型决策的方法

风险型决策问题也叫统计型决策问题,或称随机型决策问题。它一般应具备如下五个条件:

(1)存在着决策者希望达到的目标(利益大或损失小);

(2)存在着两个或两个以上的可供抉择的行动方案;

(3)存在着两个或两个以上不以决策者主观意志为转移的自然状态;

(4)决策者根据过去的经验和科学的理论可以预先估计和计算出自然状态的概率值;

(5)不同的行动方案在不同的自然条件下的相应损益值(损失和利益)可以计算出来。

由于概率是决策者根据历史统计资料和经验推断出来的,带有一定的主观性,所以决策存在一定的风险。风险型决策主要用于远期目标的战略决策或随机因素较多的非常规决策,如投资决策、筹资决策、组织发展决策等。常见的决策模型和技术主要有决策树、损益表和成本效益分析等。

1. 决策树

决策树是决策过程的一种有序的概率图解表示,因此,决策树分析决策方法又称概率分析决策方法,它是现代管理中常用而有效的决策方法之一。

用树状图表示由一系列决策环节构成的决策过程,决策树中的决策环节可分为两种:一种是决策者可以凭借主观意志选择的环节,称为主观抉择环节;另一种是不能由决策者主观意志抉择的决策环节,称为客观随机决策环节。

为了对决策树进行科学的系统分析,首先必须确定每一环节的概率估计,包括主观概率与客观概率。客观概率是指那些有明确历史先例和经验的概率,是对大量随机时间进行统计分析得到的。如一枚硬币多次投掷,落地时它出现正、反面朝上的概率各为 1/2,此即为客观概率。客观概率是由统计规律可循的,并可由统计规律求得。主观概率是指那些没有任何历史性先例,不是由统计规律确定的概率。例如乘车旅行出发前估计交通车拥挤程度,是否能买到当天的班机票,就属主观概率。主观概率是根据个人的知识和经验对某事件发生的可能程度进行的猜测。

决策树的要素有决策结点、状态结点（机会点）、方案分枝和概率分枝。绘制决策树时，首先要绘出决策结点，用方块表示；其次，按照不同方案数从决策结点绘出数根方案分枝；再次，在各方案分枝末梢画出状态结点，用圆圈表示；最后，由各个状态结点绘出若干概率分枝，每一根概率分枝代表一种自然状态。

决策树绘成后，就要计算损益期望值。期望值的计算要从左至右进行。先是根据不同方案在不同自然状态下的损益值计算方案的综合损益值，记在该方案的自然状态点（机会点）上；然后再比较各个方案的综合损益值，选出综合损益值最大的方案，其余方案可记上"不用"的符号，这叫做"剪枝"。

在比较综合损益值时，应把实施方案所花的费用扣除，最后可把最优方案的扣除实施费用后的综合损益值记在决策点上。

例 4－2 某集团为生产一种新品种考虑了两个方案，一是扩建厂房、增加一些新设备，需投资 500 万元，如投产后销路好，每年可盈利 150 万元，如销路差，则每年可获盈利 50 万元；二是对就厂进行技术改造，需投资 200 万元，如销路好，每年可盈利 100 万元，如销路差，则每年可获盈利 40 万元。假定销路好的概率为 0.6，销路差的概率为 0.4，而且两个方案都只考虑投产后 5 年时间（生产期）和盈利一个因素，哪个方案最好呢？

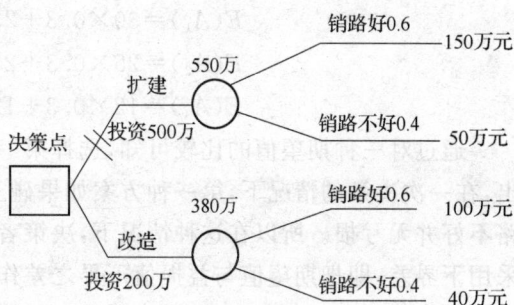

图 4－6 决策树

根据以上数据绘成的决策树如图 4－6 所示。

方案损益值计算：

扩建方案期望损益值为：$(150 \times 0.6 + 50 \times 0.4) \times 5 = 550$（万元）

改造方案期望损益值为：$(100 \times 0.6 + 40 \times 0.4) \times 5 = 380$（万元）

扩建方案综合损益值： $550 - 500 = 50$（万元）

改造方案综合损益值： $380 - 200 = 180$（万元）

改造方案由于其综合损益值大而成为最优方案，把扩建方案枝剪去。

2. 损益表

损益表主要用于解决单阶段决策问题，其优点是直观简洁。

例 4－3 某工厂虽已建成投产，但根据统计，产品的销路有好、一般、差三种可能情况发生，其概率分别为 0.3、0.5、0.2，可供选择的行动方案则有三个，大批量生产（A_1），中批量生产（A_2），小批量生产（A_3）。其损益值见表 4－3。面对这种情况，决策者应该如何选择行动方案？

表 4－3 损 益 值 表   单位：万元

自然状态 行动方案	销路好（Q_1）0.3	销路一般（Q_2）0.5	销路差（Q_3）0.2
大批量生产（A_1）	30	23	－15
中批量生产（A_2）	25	20	0
小批量生产（A_3）	12	12	12

这种问题,决策者可作如下两种考虑:

(1)采用最大可能准则

着眼点在于产品销路最大可能出现的概率。对于上例显然是产品销路"一般"出现的概率为最大。选取此种销路而不考虑其他两种情况,就将三种自然状态简化为一种自然状态,从而把风险型决策简化成确定型行决策问题。比较这三种行动方案,显然大批量生产获得的效益值最大,从而选择第一种的方案 A_1。

显然,在多自然状态中,当某个自然状态出现的概率比其他状态出现的概率越大时最大可能准则效果越好。如果出现的概率值相差不大,这种方法就较差了,甚至有时可能造成严重的失误。

(2)采用期望值为标准的方法

考虑每个月产品生产所获得的平均益损值,即期望值的大小。

$$E(A_1)=30\times0.3+23\times0.5+(-15)\times0.2=17.5$$
$$E(A_2)=25\times0.3+20\times0.5+0\times0.2=17.5$$
$$E(A_3)=12\times0.3+12\times0.5+12\times0.2=12$$

通过对三种期望值的比较可知,选择第一和第二种方案均可。但通过仔细分析还可以看出,在一次决策的情况下,第一种方案如果碰上销路不好,可能亏损 15 万元,而第二次碰上销路不好并无亏损。所以在这种情况下,决策者宁愿采取第二种方法。为了表示这种情况,一般采用下界差,即把期望值与益损值下界之差作为衡量指标,并记作:

$$D(A_j)=E(A_j)-\min[a_{ij}]$$

对上例,有 $D(A_1)=17.5-(-15)=32.5$
$$D(A_2)=17.5-0=17.5$$
$$D(A_3)=12-12=0$$

所以,在期望值相同的情况下,决策方案应选取下界差最小者。

此外,对于风险型决策,还有排队论、随机库存理论等方法,有兴趣者可参阅有关书籍或资料。

六、非确定型决策方法

所谓非确定型决策,是指对未来的情况虽有一定的了解,但又无法确定各种情况可能发生的概率,对这种问题的决策,称为非确定型决策。其特点为:①必须有明确的目标;②必须有两个以上的可行方案;③必须有两种以上的自然状态;④必须有不同方案的损益值。也就是说,当决策者所面临的决策问题,除了不能满足风险型决策问题中的预测和估计自然状态的概率条件外,其他风险型决策问题中的条件均能满足。由于概率的评定受决策者经验、认识能力的影响较大,因此,风险较大。非确定性决策的方法一般可采取悲观准则、乐观准则、乐观系数准则、等可能性法则、"后悔值"决策准则等。

1. 悲观准则(或称小中取大准则)

该准则代表一种保守的决策标准,它是按最小最大收益值来进行决策的方法。通过比较各方案所产生的最小收益,而选取其中最大的一个。采用这一准则可保证决策者至少可获得某一收益,因为不论实际发生的状态如何,都不会得到更差的结果。

例 4—4 某公司准备生产一种新产品,对未来的销售情况只能作大致的估计,市场可能出现高、中、低三种需求情况,公司有三套方案可执行:(1)新建一个车间;(2)扩建原有车间;(3)改造原有车间生产线。五年内的损益值如表4-4所示,试进行决策。

表4-4　产品 G 的损益值 单位:万元

状态 方案	高需求	中需求	低需求	最小收益值	最小收益值中的最大值
新建(A_1)	60	20	−25	−25	
扩建(A_2)	40	25	0	0	
改建(A_3)	20	15	10	10	10

对表4-4中的数据进行分析可以看出,各种方案的最小收益值分别为:方案 A_1 的最小损益值为−25,方案 A_2 的最小损益值为0,方案 A_3 的最小损益值为10。依悲观准则(小中取大准则),故应选 A_3(改建)方案。

2. 乐观准则

乐观准则也称大中取大准则,适用于乐观的决策者。即比较各方案所产生的最大收益,而选取其中最大的一个。采用此准则须冒一定的风险,但也可能有最大的收益。

如根据表4-4的数据,利用乐观准则可得:

$$\max A_1\{60,20,-25\}=60$$
$$\max A_2\{40,25,0\}=40$$
$$\max A_3\{20,15,10\}=20$$

方案 A_1 的最大值为60万元;方案 A_2 的最大值为40万元;方案 A_3 的最大值为20万元。因此,依据乐观准则应选择的方案为 A_1。

3. 乐观系数准则

乐观系数准则出于决策者对客观事物的估计,既不完全乐观,也不完全悲观,主张作折中的考虑。对这种折中考虑的观念,常用一个乐观权重系数 α 表示。α 取值期间为$[0,1]$,因而,悲观系数则为 $1-\alpha$。

α 是一个经验常数,其大小是根据不同的决策对象而定的。如果 α 接近于1,则比较乐观;如果偏于悲观,乐观系数值可取小一点。用乐观系数法进行决策时,选择各方案乐观期望值最大者作为决策方案。乐观期望值按下式计算:

乐观期望值=最高收益×α+最低收益×$(1-\alpha)$

例如,若取乐观系数值为0.7,则根据表4-4可得:

$$A_1\ 乐观期望值=60\times0.7+(-25)\times(1-0.7)=34.5$$
$$A_2\ 乐观期望值=40\times0.7+0\times(1-0.7)=28$$
$$A_3\ 乐观期望值=20\times0.7+10\times(1-0.7)=17$$

所以最佳方案选择 A_1。

这就是说,根据乐观系数准则,取乐观系数为0.7时,决策方案为 A_1。显然,当乐观系数取1时,过渡到乐观准则;当乐观系数为0时,过渡到悲观准则。所以,乐观准则和悲观准则是乐观系数准则的两个极端准则。

4. 等可能性准则

等可能性准则又称为拉普拉斯准则。在不确定情况下的方案选择时,出于决策者认为每种自然状态出现的概率均为等值的观念。即当有 n 种有限的自然状态时,则每种情况发生的概率为 $1/n$,然后计算各种行动方案的期望收益(期望损益值),选取期望收益(期望损益值)最大的方案。

引用表 4—4 中的数据,在拉普拉斯准则下,假定高需求(S_1),中需求(S_2),低需求(S_3)发生的概率各占 1/3,则:

$$A_1 \text{ 的期望值}:60×1/3+20×1/3+(-25)×1/3=18.3$$
$$A_2 \text{ 的期望值}:40×1/3+25×1/3+0×1/3=21.7$$
$$A_3 \text{ 的期望值}:20×1/3+15×1/3+10×1/3=15$$

应选择方案 A_2。

5.“后悔值”准则

“后悔值”准则也叫萨凡奇(Savage)准则。所谓后悔,也就是机会损失,这就是当某一种自然状态实际出现时,才能明确哪个方案的收益值最大,是最优的,如果决策者当初并没有采用这个方案,而是采用了其他方案,这时就会感到遗憾或后悔,最大收益值和所采取的方案的收益值之差,叫做后悔值。采用“后悔值”准则就是首先找出各方案的最大后悔值,然后选择最大后悔值为最小的方案作为最优方案。应用表 4—4 的数值计算的后悔值如表 4—5 所示。

表 4—5 新产品 G 的后悔值计算表   单位:万元

状态 \ 方案	高需求	中需求	低需求	最大后悔值	最大后悔值中的最小值
新　建(A_1)	0	5	35	35	
扩　建(A_2)	20	0	10	20	20
改　建(A_3)	40	10	0	40	

在各方案最大后悔值中,以方案 A_2 的最大后悔值为最小,所以,应选择 A_2(扩建)方案。

总之,通过以上分析可以看出,对于风险型决策问题和不确定型决策问题,采用不同的决策准则所得到的决策方案并非完全一致,而且客观上也难以判别究竟哪个准则较好,哪个准则不好,至于应采用哪个准则,还由决策者的心理素质而定。

七、其他决策方法

管理上还有许多决策方法。下面,简单介绍一下多目标决策方法和模拟决策方法。

1. 多目标决策方法

在实际生活中,常常需要考虑多个方面的目标,这个时候,用上面的单目标决策方法分析就会遇到问题。例如,安排产品生产时,既要考虑计划产量大,又要使得产品质量高,品种全,成本低。这些目标之间相互联系,相互制约。具有多个目标的决策问题就叫做多目标决策。

多目标决策问题最早是在 19 世界由意大利经济学家帕累托从政治经济学角度提出的,他试图将许多本质上不可比较的目标,设法变换成为一个单一的最优目标来进行求解。20 世纪 40 年代,冯诺曼等人又从对策论的角度提出了在彼此有矛盾的多个决策人之间如何进行决策。70 年代末,萨蒂提出的层次分析法(AHP),则是一种定性分析和定量分析相结合的方法。

多目标决策和单目标决策的根本区别在于目标的数量。解决多目标决策问题时，首先由决策分析人员从众多的待选方案中找出一组非劣解（可行解）的方案，然后由决策者和系统人员根据事先商定确定最优解（比较满意的方案）的权衡准则和方法，从一组非劣解中找出一个最优解。也可以采用有关人员不断对话（或人—机对话）的形式，不断交换对解的看法而逐步改善非劣解，直到最后找到使决策者比较满意的解。

2. 模拟决策方法

对于一项决策活动来说，决策活动与外部环境之间或其各个组成部分之间存在着一定数学或逻辑的关系，可以综合运用定性分析和定量分析的方法，建立一定的数学逻辑决策模型去正确表述这些数学逻辑关系。但是在许多情况下，数学模型十分复杂，用人工方法很难求解，这时就需要借助计算机系统模拟解决决策问题。

模拟决策方法决策过程如图4-7所示。

与传统的方法相比，模拟决策具有很大的灵活性，既可以用于宏观决策又可以用于微观系统。它具有已下几个特点：

(1)节省时间。运用计算机程序进行模拟试验，往往只需要几分钟甚至几秒钟时间。

(2)具有柔性。运用模拟技术建立模式，不受数学、逻辑、不可控变量及有关统计理论的限制。它可以运用于具有大量逻辑、随机关系的复杂系统中。

(3)具有可控性。模拟过程当中，可以随时根据需要停止运行，并可随时对数据进行分析。这种"停止"不会影响整个系统的运行结果，为决策提供了便利的手段。

但是，模拟决策技术也具有自身的局限性。模拟不是最优化技术，它只是针对各个不同的具体决策方案，提出相应的结论，并不能保证结果是所有可能决策方案中的最优者。另外，模拟决策存在系统误差。所以，它并不能完全替代分析方法。

3. 实际试验法

有些决策所要解决的是复杂的新问题，既没有过去的经验，又不能确切地评价各被选方案的好坏和执行后的效果，不便用其他方法进行方案选优，此时就只能采用几种方案同时进行实际试验的方法。根绝试验的效果，对各个方案进行系统全面地分析、比较和评价，从中选出最优方案。

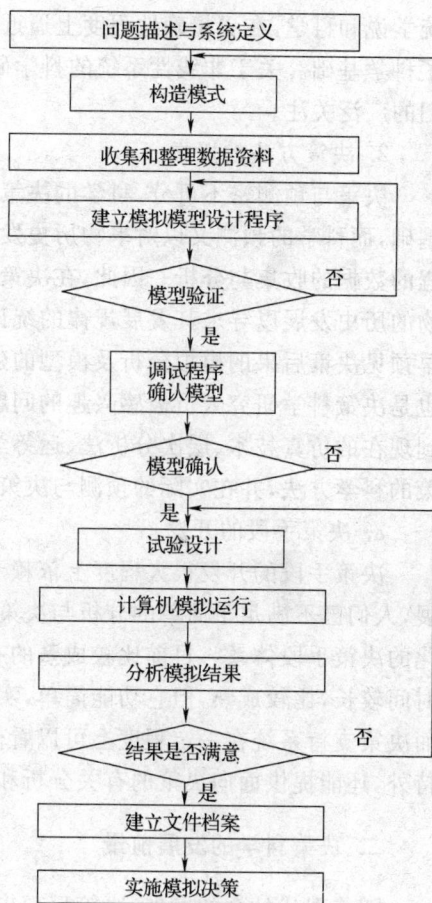

图4-7 系统模拟的步骤

管理决策中，一般来说，各种具体的决策方法都不是单个孤立的应用就可以奏效的，而必须相互结合，综合运用。

第五节　现代决策理论的发展

一、现代决策研究的重点

现代决策研究活动发展迅速，研究的重点主要集中在以下 3 个方面。

1. 决策的科学基础研究

这方面的工作主要表现为以现代系统科学为代表的一系列新科学的兴起。20 世纪 30 年代，美国学者 N·维纳率先建立了"控制论"科学，随后，申农在研究通信问题时建立了"信息论"框架，贝塔朗菲建立了"一般系统论"。这些理论的建立和广泛传播，表征着现代系统科学理论的形成和发展。然而，它们只提供了一些最基本的观点和思考问题的角度，还没有达到可操作的层次。近些年来发展起来的"协同学"、"耗散结构"、"超循环理论"、"混沌学"等新的系统学说和科学，在更精确地程度上逼近了非线性系统的行为，从而为进一步提高决策水平奠定了科学基础。关于非线性系统的科学研究已经成为一门发展迅速的学科，并且越来越引起人们的广泛关注。

2. 决策方法的探索

决策与预测密不可分，科学的决策必然要求科学的预测来支持，科学的预测是科学决策的基础，而科学的预测又以对事物历史发展的分析为前提，从而涉及对能够反映客观事物发展历程的数据的收集与分析。因此，在决策科学的方法中必然包括收集与整理数据的方法，分析事物的历史发展以寻求其发展规律的统计、分析方法，推测事物未来趋势的预测方法和尽可能及早预见决策后果的模拟分析及模型的建构方法。这些方法构成了现代决策方法的科学体系，也是决策科学研究人员极感兴趣的问题。从最早的概率论与数理统计、线性规划、网络模型，到现在的仿真技术、层次分析法、运筹学、对策论等科学领域的研究中，人们提出一系列用于决策的科学方法，并在实际的预测与决策过程中进行了应用和验证。

3. 决策手段的开发

决策手段的开发很大程度上依赖于电子计算机技术的发展。随着软件工程学的兴起与发展，人们已不满足于简单的分析与决策，而试图将现有的决策手段统一起来，建立系统化、一体化的决策手段体系。目前比较成熟的有管理信息系统和决策支持系统。管理信息系统发展的时间较长，比较成熟，但它功能简单，实质上并不提供决策功能，只提供决策相关的信息支持。而决策支持系统在一定程度上可以看做是管理信息系统的拓展与增强，除了提供相应信息支持外，还能提供面向决策的有关分析和支持。

二、决策科学的发展前景

随着现代社会的发展，决策呈现出了一些新的发展趋势，这种趋势主要表现在以下几个方面。

1. 个人决策向群体决策发展

人类已经步入以自动化、信息化为主要特征的知识经济时代。人们做出决策的行为方式是和社会的生产方式相适应的，并由社会的生产力发展水平所决定。因此，现代决策发展的一个必然趋势就是决策方式将逐步由个人决策发展到协同配合的群体决策，决策方式逐步发展为自动化决策方式。这就是说，今后要做出正确的科学决策，不但要求有高度自动化的能收集、归纳、处理和分析各种信息的电子计算机和其他现代通信设备,而且要求由协调合作的各方面专家组成的决策群体(智囊团)来发挥决策的主要职能。例如,世界著名的决策咨询公司——兰德公司就是世界第一个大型的智囊机构,为社会各界提供咨询服务。

2. 单目标决策向多目标决策发展

前面我们已经提到,决策的对象一般来说,涉及一个多方面利益的完整系统。这就使得决策的目标具有多样性,而不能单纯研究某一方面的目标。决策者在做出决策的过程时,要从多方面考虑各种利益在付诸实践时的综合效果,这就必然会促进决策科学向更多目标的综合决策发展。因此,随着社会、科技的进步,生产率的提高,社会物质财富的增加和人们智能水平的提高,越来越多的单目标决策将逐步为多目标决策所取代。

3. 向定性决策与定量决策相结合的方向发展

过去,决策者所做的绝大部分决策都取决于对决策对象的定性认识。随着时代的发展,人们的主观认识能力受到越来越多条件的限制,决策者在进行归纳分析和综合论证的过程中,往往不能严格的、科学的进行论断。另一方面,由于决策对象变得愈发庞大复杂,仅仅依靠定性分析来求得结论变得不太可能。决策更多的依赖计算机技术和现代科学知识。

采用定量的方法,人们可以把原来的不确定型决策,通过严密系统的理论分析,应用科学技术,转化成符合一定程序的确定型决策。这样,就可以对一些内容庞大复杂的决策系统进行有效和迅速的分析,从而做出更科学的结论,既提高了决策工作效率和质量,又大大节约了所花费的人力、物力和时间。因此,定型决策不断向定量决策发展,是一个必然趋势。

当然,一些非常规的战略性决策,例如国家政治、军事等方面的重大问题,难以规范化,需要参考诸如政治、经济、社会、文化、心理因素等方面的影响再做出全面的评价。如果仅仅依靠数学手段,会将所要研究的问题引入到繁琐的数学模式中,从而导致错误的结论。因此,今后的决策分析,人的主观逻辑思维和电子计算机系统的程序运算结合将越来越紧密。

从决策技术方面看,今后的决策科学将不再盲目追求决策方法的计算机化和数学模式化。过去实践当中,一些西方国家就曾因为过度热衷于建立电子数据处理系统,认为利用这一手段可以解决所有问题而耗费了大量人力、物力和时间。但是随着决策环境和条件的变化,这些系统失去了应有的效用。因此,今后的决策科学将更多的采用专项计算机模拟技术,即将更多地通过计算机模拟把大量客观事实用模拟模式表示,然后将不同的原始数据输入计算机,进行不同的动态模拟和计算求解,通过对比不同模拟结果,选择相对最优方案。

三、决策智能化

决策科学借助于新技术的开发和应用,正在发展成为一门智能科学,决策智能化是现代科学技术、计算机技术、信息技术、决策技术发展的必然结果。

1. 决策支持系统

决策支持系统(Decision Support System——DSS)是 20 世纪 80 年代迅速发展起来的新兴计算机学科。决策支持系统实质上是在管理信息系统和运筹学的基础上发展起来的,管理信息系统重点在于对大量数据进行处理,运筹学的重点在于运用模型进行决策,体现在单模型辅助决策上。随着新技术的发展,所需决策的问题会越来越复杂,所涉及的模型越来越多,模型类型也由数学模型扩充到数据处理模型。模型数量不仅是几个而是几十个,以至上百个。这样,对多模型辅助决策问题,在决策支持系统出现之前是靠人来实现模型间的联合和协调的。决策支持系统出现后就要求由计算机自动解决和协调多模型的决策问题,对数据库中的大量数据进行存取和处理,达到更高层次的辅助决策能力。

决策支持系统是综合利用大量数据,有机组合众多模型(数学模型与数据处理模型等),通过人机对话,辅助各级决策者实现科学决策的系统。决策支持系统几乎是人机合一的系统,它的结构如图4—8所示。

2. 智能决策系统

智能决策系统(IDSS)是在决策支持系统的基础上,集成人工智能的专家系统(ES)而形成的。

智能决策支持系统充分发挥了专家系统以知识推理形式解决定性分析问题的特点,又充分发挥了决策支持系统以模型计算和定量分析问题的特点,充分做到定性分析和定量分析的有机结合,使得解决问题的能力和范围得到了一个大的发展。

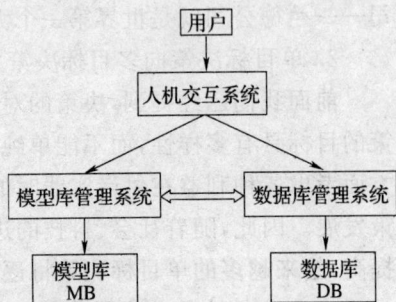

图4—8 决策支持系统结构图

复习思考题

1. 决策的基本要素与特点是什么?
2. 决策的类型(分类)包括哪些部分?
3. 简述科学决策的过程和原则。
4. 简述 SWOT 分析法的概念与运用方法。
5. 简述确定型、非确定型与风险型决策分析方法的具体应用方法。
6. 现代决策理论有什么新发展?

案 例

案例1 杰纳公司未来业务发展

杰纳设备制造公司位于华东某地,长期以来,作为专门从事 HT 型水电设备的生产制造厂家,杰纳对于该类型设备的设计能力与制造水平在业内首屈一指,受到同行及用户的肯定。杰纳公司的核心竞争能力在于以总工李明为代表的技术开发力量,以及公司所具备的在同行中独一无二的柔性机械加工中心。所以,一般情况下,业内有关项目的招标,杰纳公司只要参与,基本上是十拿九稳。但是近年来,随着我国市场经济的不断发展,杰纳公司内外部环境出现了一些新情况,从而使公司的进一步发展受到了前所未有的挑战。

首先,杰纳公司作为历史悠久的国有企业,受建厂初期决策的局限,厂址选在远离中心城市的山区县城。结果随着我国人事制度的改革,人才流动频繁,再加上同类企业竞争的加剧,使得厂内技术骨干人心浮动,仅最近两年来流失的科技人员就多达 20 余名。显然,那些有能力离开并被同行接受的往往都是在技术上能独挡一面挑大梁的骨干。也正因此,杰纳公司被国内同行戏称为培养行业技术设计人才的"黄埔军校",被竞争企业看作是挖墙脚、争人才的主要对象。目前人才流失已成为制约公司技术设计水平提高的心腹之患。

第二,杰纳公司作为大型国企,在企业运行机制上也存在着一些问题。主要是企业领导由上级主管部门任命,而由于长期来公司内部人事关系复杂,争权夺利现象严重,致使许多上任的领导关心自己位置甚于关心经营业绩。由于核心领导任期由上级决定,且变动频繁,使得领导不想也不能考虑公司长远发展,领导行为短期化。内部摩擦所耗费的精力过多,使得行政领导对技术、生产及市场关注不多,公司运作的好坏真的有点是建立在相关技术人员的个人良心与责任感基础之上了。目前这种情况受到了市场竞争的挑战,例如,最近一段时间来,公司在好几个原先看来胜券在握的大型项目竞标中败给了一些新近崛起的中外合资企业。这使得公司领导有点内外交困之感。

第三,作为一个技术性很强的大型水电设备生产企业,杰纳公司的产品销售通常都是由总工李明及相关核心技术人员出面,通过投标而承接项目的。这种运作方式的优势在于,技术与市场紧密结合,再依托公司很强的加工制造能力,从而保证了公司对于市场的快速响应。这种运作模式的问题在于,公司领导对公司运作实际上是失控的,因为市场与技术是一体的,市场关系主要体现在有关骨干技术人员身上,所以一旦技术人员流失,就会涉及公司的市场生存能力。这一问题,随着公司总工李明及有关骨干技术人员跳槽去了位于省城的一个同行民营GT 设计院,最近一段时间以来显得尤为突出,公司技术人员更出现了严重青黄不接的情况。

当然,这里值得一提的是,好在公司所在的HT 型水电设备的生产制造领域,用户比较看重公司的历史,也就是过去生产安装的设备的运行情况,这样使得一些新兴的国内同行企业至少在短期内在与杰纳公司的竞争上还处于劣势,一时还不易撼动杰纳公司的强者地位。也正因为如此,一些跳槽离开杰纳公司的技术人员,在业务开拓与个人发展上也面临新的挑战。一方面,在中心城市很难找到生产HT 型设备或同类设备的公司,即难以找到专业对口、能充分发挥自身技术特长的公司。另一方面,即使找到比较相近的公司,在试图通过相关拓展进入与杰纳公司同样的设备市场时,也遇到困难,主要是用户基于对杰纳公司的信任,一般不太愿意与其他历史较短的新公司打交道。鉴此,最近有几位原先从公司出去在省城工作的技术人员,提出与公司进行优势互补合作,在省城以民营的方式建立杰纳公司技术开发中心,将从杰纳公司跳槽出去滞留省城的那些技术设计与开发人员重新聚集到一起,与杰纳公司的生产制造能力结成互为依托的关系,共同迎接同行里的中外合资企业的竞争。

正是在这样的情况下,张滨走马上任,担任了杰纳公司的总经理。张滨1986 年大学毕业后,先后在杰纳公司担任过技术员、车间主任、技术中心副主任等职。尽管他性格上较为内向,但做事稳重且很有主见,在配合总工李明担任技术中心副主任期间,深得李明信赖。应该说,张滨的上任与李明的郑重推荐是有一定关系的,因为李明提出要调走时,正值公司上级准备考虑调整杰纳公司领导班子人选之际,公司的有关上级领导曾找他深谈过,并征求过他对公司新任领导人选的意见。新官上任,张滨当然希望能够带领公司走出目前的困境。他通过对公司发展前景的全面深入思考,提出了以下几点发展思路:

其一,考虑到杰纳公司目前地处距省城几百公里的山区县城,一方面,当地经济不发达,就业机会少,就地招聘的工人成本低,且稳定性高,比较容易管理。另一方面,公司成立以来,经过长期的投资,已形成了规模巨大的固定资产,特别是一些大型制造设备,要进行异地搬迁重建,代价高昂。当然,还有公司的许多干部也都在当地安家生根,真正要搬迁也不太现实。所以,未来需继续以此作为公司发展的“生产基地”。

其二,公司作为专业设备生产厂家,技术开发力量是其核心竞争力构建的关键。张滨看到,原公司总工程师李明所在GT 设计院,由于缺乏生产制造力量,在HT 水电设备项目承接方面也面临制约。拟与该设计院实现合作，并在吸收骨干技术人员个人参股的基础上，组建专门的民营水电设备研究所，作为公司的"技术中心"。这样，既可以利用李明对于原来流失的技术骨干的号召力，将在省城的技术人员重新吸引到"技术中心"，并采取措施留住优秀技术人才，增强公司产品的技术开发后劲；又可以使得李明等跳槽人员解决长期的生产制造能力弱的后顾之忧。显然，发展这种相互依托关系，可以实现双赢的结果，也是合作各方所共同希望的。

思路理清后，张滨首先在公司领导班子内部统一认识，使大家看到伴随着国企改革以及我国加入 WTO 的大趋势，未来企业发展如果不能按市场规律运作，提升自身竞争优势，必将面临大家都没有饭吃的局面，从而获得了班子对于发展思路的支持。接着，张滨就全力开始落实战略思路的工作，与李明接洽后，很快就在省城成立了公司的"技术中心"——民营水电设备研究所，并通过李明的努力，重新将许多原先从公司流失的技术人员召回到了技术中心，从而有效地解决了杰纳公司长期发展的技术开发后劲不足的问题。办完这些事，张滨的心情似乎一下子轻松了不少。

【案例思考题】

(1)你认为张滨总经理的决策正确吗？请说明理由。

(2)如果你是总经理，你有什么建议和措施来解决杰纳公司当前面临的问题。

案例 2　选定管理决策的规范模式

美国学者弗鲁姆在"管理决策新探"论文中，从决策的合理性、可接受性和时效性这三种不同的角度，将管理决策的过程区分为五种规范模式，即第一类专断式（AⅠ）、第二类专断式（AⅡ）、第一类协商式（C1）、第二类协商式（CⅡ）和群体参与式（GⅡ）。这五种决策模式和风格的界定如下：

AⅠ：管理者利用当时可得到的信息自己解决问题或作出决策。

AⅡ：管理者从下属那里得到必要信息，自己决定解决问题的方案。

CⅠ：管理者和有关下属个别地讨论问题，他作出的决策可以反映出下属的影响，也可以不反映。

CⅡ：管理者和作为一个群体的下属讨论问题，集体地征求他们的意见和建议。

GⅡ：管理者和作为一个群体的下属讨论问题，共同制定和评价解决问题的备选方案，并力求就解决方案达成一致意见。

弗鲁姆认为，每一种决策模式的有效性如何，取决于其应用的情景特性。可以从如下七个方面来明确所要决策问题的类型：

A：决策是否有某重质量上的要求，从而使某一解决方法可能比另一方案更为合理？

B：是否已经掌握了作出高质量决策的足够信息？

C：所做决策是否属于结构性问题？

D：下属对决策的认可是否对有效执行决策具有重要作用？

E：如果由个人作出决策，是否有适当的把握能得到下属的接受？

F：下属是否愿意参加所要解决问题的决策，以便实现既定的组织目标？

G：下属之间是否可能在编好方案方面产生冲突？

请用弗鲁姆所提出的这一理论来为如下四个案例情况分别确定一种最合适的决策模式。

案例 A

你是一家大电子厂的制造经理。该公司的管理部门最近安装了一些新机器,实行了一种简化的工作系统,使每一个人包括你自己在内感到惊讶的是,提高生产率的期望并未实现。实际上,生产开始下降,质量降低,离职的雇员数目增加。

你认为机器没有任何故障。你有使用这种机器的其他公司的报告,这些报告坚定了你的想法。你也曾要求制造这种机器的公司代表对机器进行过仔细检查,他们的报告说,机器运转正处于最高效率。你怀疑,问题可能出在新的工作系统上。但是,你的直接下属并非都持有这种看法,他们是四个基层主管人,每人负责一个科组,还有一个是你的物资供应经理。他们对生产率下降的原因看法不同,分别认为是操作工训练差、缺乏适当的经济刺激体制和士气低落。显然,这些问题说明各有各的想法,你的下属中存在着潜在的分歧。

这天早晨,你接到分部经理的一个电话。他刚刚得到你近 6 个月的生产数字,打电话表示他的关切。他指示说,你应以你认为的最好方式解决这一问题,他很想知道在一周内你计划采取什么步骤。你和部门经理同样关系生产率的下降,并且你知道,你的下属也同样关心。问题在于采取什么步骤扭转这种情况。

案例 B

你是总工长,负责一个铺设石油管道的大队,你必须估算预计的进展率,以便安排把材料运送到下一个作业地点。你了解你巡回的地形特点,并且有计算该地形铺设速率的平均数及方差所需要的历史数据。在给定了这两个变量时,计算把材料和设备运到下一地点所需的最快时间和最慢时间的问题已经十分简单了。重要的是,你的计算要有适当的准确性,估计过低,会使工长和工人闲着无事干,估计过高,会使材料在使用前有一段时间闲置无用。

铺设管道进展顺利,如果提前完成计划,你的 5 名工长和大队的其他成员可以得到很多奖金。

案例 C

你正在监督 12 名工程师的工作。他们受到同样的正规训练,工作经验也很类似,你可以在工程项目上相互交换他们的岗位。经理在昨天通知你,国外的分支机构要求 4 名工程师出国工作 6 至 8 个月。由于某种原因,他提出通过群体方式考虑这一要求,你也表示同意。

不管是从现在的工程项目,还是从未来的工程项目来看,你管理的所有工程师都有能力完成这些任务,没有任何理由可说明某个人比其他人更强。一般认为,此次出国的任务是不受人欢迎的,这种实际情况使问题变的多少有点复杂。

案例 D

你是分部经理所管的工作人员,工作涉及管理、技术等各种各样的问题。分配给你的任务是制定出一种分部所辖的五个工厂通用的标准方法,用于人工查看设备计数器、记录读数,并把评分传递到集中设置的信息系统。

到目前为止,查看和(或)传递数据的错误率很高。某些工厂的错误率明显比其他工厂高,各个厂之间用于记录和传递数据的方法出入很大。因此,有一部分错误率很有可能是具体的地方条件造成的,这给建立各厂通用的系统带来困难。你有错误率方面的信息,但是没有各地产生这些错误的实际工作情况的信息,也没有必然造成实际工作差别的地方条件方面的信息。

提高数据质量可以使每一个人都得到好处。某些重要决策要运用这些数据,你通过质量检查员和各个工厂保持联系,他们负责收集数据。他们诚心诚意地想把自己的工作做好,但是对高层管理部门干预他们的工作很敏感。任何解决方案,如果得不到各厂检查员的积极支持,都不可能明显地降低错误率。

【案例思考题】

(1)对以上四种情形,如果不进行分析,你个人会分别选定哪种管理决策模式?

(2)就每一种决策情形而言,决策的合理性与决策的可接受性,哪一个更重要?各项决策对时效性的要求如何?

(3)你作为案例中的管理者,针对每一种决策的情形,你认为应当分别选用何种决策模式最为合适?为什么?

(4)你经过细致分析后所选定的决策管理模式与你最初认定的决策模式是否相同?如果不相同,原因何在?

(5)你认为学习管理理论对管理实践有哪些作用?

案例3 步鑫生现象

从1983年11月起,改革的浪潮使"小镇能人"步鑫生成为闻名遐迩的新闻人物。

步鑫生,这位祖上承制过清朝官宦、商贾宝眷花衫旗袍的步家裁缝的后代,身材瘦削,目光机敏,显得颇为精明强干。当时由他担任厂长的海盐衬衫总厂,坐落在浙江省海盐县武原镇。该厂的前身是成立于1956年的红星成衣厂,一个仅有30多名职工的合作社性质的小厂。直至1975年,全厂固定资产净值只有少得可怜的2.2万元,全部自由资金不足5万元,年利润5千多元。改革开放使步鑫生得以施展才干,也使该厂发生了可观的变化。自1976年起,该厂由门市加工为主的综合性服装加工转为专业生产衬衫。此后,陆续开发出了双燕牌男女衬衫、三毛牌儿童衬衫和唐人牌高级衬衫等产品。到1983年,该厂已拥有固定资产净值107万元,600多名职工,当年工业总产值1 028万元,实现利润52.8万元。

成功容易却艰辛。步鑫生为厂里大大小小的事情操心,可谓"殚精竭虑"、"废寝忘食"。他性喜吃鱼,却忙得连吃鱼也顾不上了。有一次,食堂里没有别的菜,只有鱼。鱼颇鲜美,正合口味,可是他只吃了几口,因为太费时间,张口将未及咀嚼的鱼连肉带刺吐了出来,三口两口扒饭下肚,急匆匆地走了。他每天工作十五六个小时,从不午睡。每次出差,都是利用旅途小憩,到达目的地立即投入工作。

步鑫生对厂里职工说:"上班要拿出打老虎的劲头。慢吞吞,磨蹭蹭,办不好工厂,干不成事业。"他主持制订的本厂劳动管理制度规定:不准迟到早退,违者重罚。有位副厂长从外地出差回来,第二天上班迟到了3 min,也被按规定扣发工资。以1983年计,全厂迟到者仅34人次。步本人开会、办事分秒必争,今天要办的事绝不拖到明天。在他的带动下,全厂上下形成了雷厉风行的作风。只要厂内广播一通知开会,2 min内,全厂30名中层以上干部凡是在厂的全都能到齐。开会的时间一般不超过15 min。

办衬衫厂后,企业从作坊式小生产转变为工业化大生产。全厂管理人员占职工总数的7%。步本人任厂长,3位副厂长平均年龄36岁,最年轻的只有25岁。中层干部平均年龄31岁,都是从生产第一线选拔的,熟悉业务,责任心强。有个学徒工工作肯干、能干,进厂半年就被破格提升为车间副主任。

进入1984年,中国刮起了"西装热"。步鑫生先是不为所动,继而办起了一个领带车间。在与上级主管部门来人的一次谈话中,前后不过两小时,步鑫生作出了一个重大决策,兴办西装分厂。副厂长小沈闻讯提出异议:"不能这样匆忙决定,得搞出一个可行性方案。"然而,这一意见被步厂长一句"你懂什么"否定了。一份年产8万套西装、18万美元的估算和外汇额度的申请报告送到了省主管部门,在那里又加大了倍数,8万套成了30万套,18万美元成了80万美元。层层报批、核准,6 000 m²西装大楼迅速进入施工,耗资200万元。

无奈好景不长。宏观经济过热急剧降温,银根紧缩,国家开始压缩基建规模。海盐厂的西装大楼被迫停工。与此同时,市场上一度十分抢手的西装也出现了滞销迹象。在此之前,该厂匆匆上马的印染车间,尽管已耗资130万元,却未能带来起码的经济效益。领带分厂的经济效益也大幅度下降。而代销另一厂家的领带又使海盐厂平白损失了22万元。步鑫生是靠衬衫起家的,年产120万件的产量和"唐人"、"三毛"、"双燕"三大牌号的衬衫令他引为自豪。他曾声称要使本厂衬衫的质量赶超美国名牌,此刻不仅没有"当然"地赶超美国名牌,而且即便是代表本厂水平的"唐人"牌高级衬衫也在全国同行业产品评比中落选了。此外,因资金周转不灵,财务科已几次告急:无钱购进衬衫面料。

1985年入秋,步鑫生被选送浙江大学管理专业深造。他并不因此而稍有解脱,企业严峻的经营状况令他放心不下。他频频奔波于厂校两地,在厂的日子远多于在校。半年之后,他退学回厂,决心以三年时间挽回企业的颓势。

仍然是精明强干的步鑫生,他的助手多数也很能干,只是当他从早到晚忙着处理厂里的大事小事时,他的助手似乎插不上手。步鑫生备尝创业的艰辛,终因企业濒临于破产窘境而被免去厂长之职。

"我没有预感到会有这个结局,"步鑫生这样说。他进而补充了一句:"我是全心全意扑在事业上的。"副厂长小刘也不讳言:"到现在为止,我敢说步鑫生仍是厂里工作热情最高的人。"

【案例思考题】

(1)步鑫生失败的原因是什么?作为一个领导者应吸取的经验教训是什么?

(2)应如何评价步鑫生其人?

第五章 计 划

第一节 计 划 概 述

计划工作是全部管理职能中最基本的职能，与其他职能有着密切的关系。计划工作就是要确定组织的目标及实现这些目标的途径。主管人员围绕着计划规定的目标，去从事组织工作、领导工作和控制工作，以达到预定的目标。为使组织中各种活动能够有节奏地进行，必须有良好的计划工作。

一、计划的概念

1. 计划的含义

计划有广义和狭义之分，广义的计划概念包括制订计划、执行计划和检查计划执行情况的全过程。而狭义的计划概念仅指制订计划。

计划作为管理过程的起点，是在一定时间内对组织预期目标和行动方案所做出的选择和具体安排，即确定组织未来发展目标以及实现目标的方式，是一切管理活动的前提。可以说，离开了计划，其他管理职能就无法行使。有效的计划不仅为组织指明了发展的目标和方向、统一了组织的思想，同时也为组织制订行动步骤提供了衡量的基点，它是名副其实的第一职能。

计划可以分为三个步骤：① 决定组织将要追求的目标。② 决定为了实现这一目标需要采取的行动路线，也就是制订整体战略以实现这些目标以及将计划逐层展开，以便协调和将各种活动一体化。③ 决定如何配置组织资源来实现上述目标。

我们正处在一个新技术革命不断孕育、发生和发展的时代，变革和经济发展带来了机会，同时也带来了风险。环境在迅速变化（Change），竞争（Competition）日益加剧，顾客（Customer）在市场上日益占据主导地位，或者说是买方市场。在这样的环境下，计划工作就是要确定组织长期发展的方向，制订周密的长期计划和行动计划，充分利用机会，最大限度地降低风险，实现组织的目标。

2. 计划的性质

作为管理的基本职能之一，计划具有首要性、目的性、普遍性、效率性、创造性等特性。下面分别予以说明。

(1) 首 要 性

计划是进行其他管理职能的基础或前提条件。常言之，计划在前，行动在后。组织的管理过程首先应当明确管理目标、筹划实现目标的方式和途径，而这些恰恰是计划工作的任务，因此计划位于其他管理职能的首位。例如，在制订控制的标准时，必须以计划为主要依据，并且控制的目的就是为了更好地实现计划的目标，所以没有计划就谈不上控制。组织职能、领导职能也都与计划职能相关联。组织结构设计和组织权责的划分是以实现组织目标为目的的，由计划制订的组织目标往往会导致组织结构的调整和组织权责的重新划分。各级管理者在行使领导职能时,对员工进行引导、激励和约束(例如进行绩效评价、实施奖惩)也都是为了实现计划制订的组织目标,因此,计划具有首要性。图5—1概略地描述了这种相互关系。

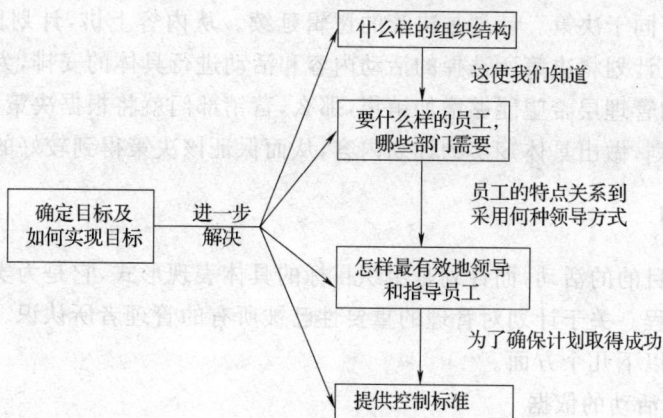

图5—1 计划工作领先于其他管理职能

(2)目 的 性

计划的目的性是非常明显的。任何组织或个人制订的各种计划都是为了促进组织的总目标和一定时期的目标的实现。

(3)普 遍 性

由于人的能力是有限的,现代组织中的工作是如此复杂,即使是最聪明最能干的领导人,也不可能包揽全部计划工作。因此,实际的计划工作涉及组织或企业中的每一位管理者及员工,上至高层管理者,下至基层管理者及员工。一个组织的总目标确定后,各级管理人员为了实现组织目标,使本层次的组织工作得以顺利进行,都需要制订相应的分目标和分计划。这些具有不同广度和深度的计划有机地结合在一起,便形成了一个多层次计划系统。因此,计划具有普遍性。

(4)效 率 性

计划的效率性主要是指时间和经济性两个方面。任何计划都有计划期的限制,也有实施计划时机的选择。计划的时效性表现在两个方面:一是计划工作必须在计划期开始之前完成计划的制订工作,二是任何计划必须慎重选择计划期的开始时间和截止时间。例如在企业中,一般会制订五年或十年期的长期规划、年度计划、季度计划、月度计划等,这些计划具有不同的计划期。经济性是指组织计划应该以最小的资源投入获得尽可能多的产出。

(5)创 造 性

计划工作总是针对需要解决的新问题和可能发生的新变化、新机会而做出的决定,因而它是一个创造过程。计划工作是对管理活动的设计,正如一种新产品的成功在于创新一样,成功的计划也依赖于创新。

二、计划与决策的联系和区别

计划是管理工作的一项职能,一个阶段;决策则贯穿于管理工作的全过程。二者之间存在着重要的联系和区别。理解计划与决策的关系对于管理者来说有着实际的意义。

从联系上来讲,决策是计划的核心,也是计划的前期工作。决策为计划的任务安排提供了目标和依据。没有决策,计划就失去了目标,这样做出来的计划是没有意义的。如果组织并没有做出研发产品的决策,那么做出产品的研发计划是毫无用处的。

但是,计划不等同于决策。计划是决策的逻辑延续。从内容上讲,计划比决策更为广泛、具体,也更为深入。计划将决策所选择的活动内容和活动进行具体的安排,为其提供实施上的保证。例如:公司的管理层希望能够增加销售,那么,营销部门就将根据决策目标,对某一具体产品的营销进行策划,做出具体翔实的计划内容,从而保证该决策得到较好的执行。

三、计划的作用

管理是人类有目的的活动,而计划是组织目标的具体表现形式,它是为实现组织目标而拟订方案和措施的过程。关于计划对管理的重要性已被所有的管理者所认识。归纳起来计划对管理的重要意义有以下几个方面。

1. 计划是管理活动的依据

计划为管理工作提供了基础,是管理者行动的依据。管理者要根据计划分派任务并确定下级的权利和责任,促使组织中全体人员的活动方向趋于一致,而形成一种复合的组织行为,以保证达到计划所设定的目标。国家要根据五年计划安排基本建设项目的投资,企业要根据年度生产经营计划安排各月的生产任务,并进行新产品开发和技术改造。计划使得管理者的指挥、控制、协调更有效,使管理工作的监督和检查、纠偏有了明确的依据。

2. 计划是合理配置资源、减少浪费、提高效益的手段

计划工作的重要任务就是使未来的组织活动均衡发展。预先进行认真的计划能够消除不必要活动所带来的浪费,能够避免在今后的活动中由于缺乏依据而进行轻率判断所带来的损失。计划可以使组织的有限资源得到合理的配置,通过各种方案的技术分析,选择最有效的方案用于实施。由于有了计划,组织中各成员的努力将合成一种组织效应,这将大大提高工作效率,从而带来经济效益。

3. 计划是降低风险、掌握主动的手段

未来的情况是不断变化的,计划是预期这种变化并且设法消除变化对组织造成不良影响的一种有效手段。组织如果对环境没有预先估计,就可能导致组织行为的失效,给组织带来各种风险。计划作为组织未来活动的一种筹划,必然会对未来的各种情况进行预测,针对各种变化因素制订各种应对措施,以最合理的方案安排达成目标的系列活动,使组织未来活动的风险大大降低。

4. 计划是管理者制订控制标准的依据

计划的重要内容是组织目标,它是制订控制标准的主要依据。有了控制标准才能衡量实际的实施的效果,发现偏差,即时纠正,使组织活动不脱离管理者所期望的发展方向。

四、计划的分类

计划有多种类型,下面是几种常见的划分方法及相应种类。

1. 根据时间跨度,计划可以分为长期计划、中期计划和短期计划

人们习惯于把时间跨度在五年以上的计划称为长期计划,时间跨度在一年以上、五年之内的计划称为中期计划,时间跨度在一年及一年以内的计划称为短期计划。长期计划主要围绕两方面的问题制订:一是组织的长远目标和发展方向,二是怎样达到组织的长远目标。例如,

一个企业的长期计划要指出该企业的经营目标、经营方针和经营策略等,一般包括企业的发展方向,企业的发展规模,科研方向和技术水平,主要的技术经济指标等;中期计划来自长期计划,比长期计划具体、详细,主要是协调长期计划和短缺计划之间的关系,长期计划以问题、目标为中心,中期计划则以时间为中心,具体说明各年应达到的目标和应开展的工作;短期计划比中期计划更为具体和详尽,它主要说明计划期内必须达到的目标,以及具体的工作要求,要求能够直接指导各项活动的开展,如企业中的年度利润计划、销售计划、生产计划等。在一个组织中,长期计划和短期计划之间应是"长计划、短安排"的关系,即为了实现长期计划中提出的各项目标,组织必须制订相应的一系列中期、短期计划,而中、短期计划的制订则必须围绕着长期计划中所提出的各项目标。

2. 根据计划所涉及的广度,计划可以分为战略计划和行动计划

战略计划体现了组织在未来一段时间内的总体发展目标和寻求组织在环境中的地位,以及实施的途径的计划。战略计划具有长远性、全局性和指导性,它决定在相当长时间内组织资源的运动方向,并将在较长时间内发挥指导作用;行动计划是在战略计划所规定的方向、方针、政策框架内,确保战略目标的落实和实现,确保资源的取得与有效运用的具体计划,它主要描述如何实现组织的整体目标,是战略计划的具体化或是战略实施计划。表5-1是战略计划与行动计划之间的比较。

表5-1 战略计划与行动计划

比较项目	战 略 计 划	行 动 计 划
时间跨度	三年或三年以上	三年以内(周、月、季、年)
范 围	涉及整个组织	限于特定的部门或活动
侧重点	确定组织宗旨、目标,明确战略和重大措施	明确实现目标和贯彻落实战略、措施的各种方法
目 的	提高效益	提高效率
特 点	全局性、指导性、长远性	局部性、指令性、一次性

3. 根据计划的对象和应用范围,计划可以分为综合计划、部门计划和项目计划

综合计划涉及的内容是多方面的,部门计划只涉及到某一特定的部门,项目计划则是为某项特定的活动而制订的计划。综合计划一般是指具有多个目标和多方面内容的计划,就其所涉及的对象而言,它关联整个组织和组织中的许多方面。习惯上人们把预算年度的计划称为综合计划,在企业中它是指年度的生产经营计划。部门计划是在综合计划的基础上制订的,它的内容比较专一,局限于某一特定部门或职能,一般是综合计划的子计划,是为了达到组织的分目标而制订的。某企业销售部门的年度销售计划,生产部门的生产计划等,都属于这一类型的计划。项目计划是针对组织的特定活动所做的计划,例如某项产品的开发计划,职工俱乐部建设计划等都属于项目计划。

4. 根据计划对执行者的约束力,计划可以分为指令性计划和指导性计划

指令性计划是由上级下达的具有行政约束力的计划,它规定了计划执行单位必须执行的各项任务,其规定的各项指标没有讨价还价的余地;指导性计划是由上级给出一般性的指导原则,具体如何执行具有较大的灵活性。

5. 根据计划的灵活性,计划可以分为应变计划和弹性计划

应变计划是指发生偶然事件或未预期事件出现时的计划。应变计划可以帮助组织中的人

员明了在这些事件出现时应该怎样做才能保持组织正常运转。例如,可以预先制订 A、B、C 三种计划,计划 A 预期产品可能被市场接受的程度及其具体的生产数量和成本;计划 B 可以是应付出现比预期更好的形势而制订;如果出师不利,则可采用计划 C。这样的计划如果能在事先制订好,一个企业就能更好地应付可能出现的各种结果,就能通过或增加资源、或消减资源来实现更为现实的目标。

弹性计划是指考虑到计划在执行中可能发生变化的因素而制订的,能适应变化的组织内外环境,有一定弹性的计划。

6. 根据计划的表现形式及所起作用的不同层次,计划可以分为宗旨、目标、战略和策略、政策、程序、规则、预算、规划

(1)宗　旨

宗旨描述组织的价值观、组织的抱负和组织存在的原因。宗旨就是着重表明社会对该组织的基本要求、组织的基本作用和根本任务的计划。宗旨对组织的各项任务只作最一般的表述,其重点是明确组织是干什么的、应该干什么和最终要达到的目的是什么。巨大成功的企业之所以能成功首先在于有明确的宗旨。如英特尔公司的宗旨是:在工艺技术和营业这两方面都成为并被承认是最好的、领先的,是第一流的。

一个好的宗旨是组织目标和计划的基础。如果没有明确的宗旨,组织的目标和计划就可能是随意决定的,并且不能使组织向它本应该的方向前进。通常的宗旨应该包括定义组织区别于其他类似组织的基本业务范围,宗旨的内容常常指向市场、顾客,并识别经努力可以达到的领域。一些宗旨描述了组织的特点,如合作价值、产品质量、设备地点和对雇员的态度。另外,宗旨常常揭示组织的文化和目标。

(2)目　标

宗旨是一个组织最基本的目的,它需要通过目标的具体化才能成为行动的指南。所谓目标是指一个组织在未来一段时间内要实现的目的。它着重表明一定时期的活动所针对的最终结果,一般需要用定量数据表述。组织一定时期的目标构成组织的基本计划,组织中的部门也可以有一定时期的目标,也就是说通常目标是分层次的。各层次的目标可能相同也可能不完全相同,高一级的、宏观的目标支配着低一级的目标,但不如低于一级的目标具体。

(3)战略和策略

战略和策略是着重为实现组织长远目标所选择的途径,主要是指出组织活动方向、工作重点和资源布置优先次序的总纲。战略和策略并不确切地概述组织怎样完成目标,而是为组织提供指导思想和行动框架。

(4)政　策

政策的作用是为组织建立活动的一般指南。政策是指明组织的活动范围和方针,表明组织鼓励什么和限制什么,以保证行动同目标一致的计划的一系列导向性规定。

政策的实质在于自主权,它为组织规定范围和界限,鼓励下级在规定的范围内自由处置问题。政策应有统一性、持久性、连续性,但是政策的表述往往不容易做到十分规范和精确,容易使人产生曲解,并且环境在不断变化,这些都将导致政策有时难以连贯和稳定。

(5)程　序

程序是制订处理未来活动必经步骤的计划,它规定了处理问题的例行方法和步骤。它是指导如何采取行动的工作步骤,而不是指导如何思考问题。一般是对大量例行的日常工作过

程及工作方法的提示。程序一般按照例行方法和步骤的时间顺序对必要的活动进行排列。

（6）规　　则

规则通常是一种简单形式的计划，它为组织的具体工作作出一系列限制和规定，详细阐明哪些是必需的行动，或者非必需的行动，并且没有酌情处理的余地。

人们经常把规则、政策和程序混淆。规则不是程序，规则虽然指导行动但却不标明时间顺序；政策的目的是指导决策，并给管理人员留有酌情处理的余地，规则也起指导的作用却没有自行处理的权力。

（7）规　　划

规划是综合性计划，包括目标、政策、程序、规则、任务分配、要采取的步骤、要使用的资源，以及为完成既定行动方针所需要的其他因素。规划可能很大，如某城市建设规划；也可能很小，如提高某公司财务部门工作人员士气的规划。并且，一个主要的规划可能需要很多的支持计划，以某城市建设规划为例，由于需要建设许多市政设施，如果要使投资得当，就需要很多支持计划，如必须详细制订城市土地使用规划，必须制订城市公共交通规划、城市环境规划、城市卫生规划、城市发展规划等等。

（8）预　　算

预算是用数字表示预期结果的报表，是一种"数字化"的计划。在许多公司型组织中，预算是基本的计划工作手段，它通常是为规划服务的，同时预算也是一种控制手段。不同的预算在精确性、详细性和目的性上是不同的。

五、计划的内容

计划工作的内容可以概括为六个方面，即做什么（What）？为什么做（Why）？何时做（When）？何地做（Where）？谁去做（Who）？怎么做（How）？简称为"5W1H"。这六个方面的具体含义如下：

"做什么"：要明确组织的使命、宗旨、战略、目标，以及行动计划的具体任务和要求，明确一个时期的中心任务和工作重点。例如，企业在未来五年要达到什么样的战略目标；企业年度生产计划的任务主要是确定生产哪些产品、生产多少，合理安排产品投入和产出的数量和进度，在保证按期、按质、按量完成订货合同的前提下，使生产能力得到尽可能充分的利用。

"为什么做"：要论证组织的使命、宗旨、战略、目标和行动计划的可能性和可行性，也就是说要提供制订的依据。实践表明，计划工作人员对组织和企业的宗旨、目标和战略了解越清楚，认识得越深刻，就越有助于他们在计划工作中发挥主动性和创造性。

"何时做"：规定计划中各项工作的开始和完成的进度，以便进行有效的控制和对能力及资源进行平衡。

"何地做"：规定计划的实施地点或场所，了解计划实施的环境条件和限制，以便合理安排计划实施的空间组织和布局。

"谁去做"：计划不仅要明确规定目标、任务、地点和进度，还应规定每个阶段由哪个部门、哪个人负责。

"怎么做"：制订实现计划的措施，以及相应的政策和规则，对资源进行合理分配和集中使用，对人力、生产能力进行平衡，对各种派生计划进行综合平衡等。

实际上，一个完整的计划还应包括控制标准和考核标准的制订，使组织中所有部门与成员不但知道组织的使命、宗旨、战略、目标和行动计划，而且还要明确本职工作的内容，如何去做，以及要达到什么标准。

第二节 计 划 工 作

计划工作是各级管理者所要完成的一项劳动。本节主要阐述计划工作的过程、影响计划的因素及编制计划的原则。

一、计划工作的过程

任何完整的计划，都要经过一个工作过程，这就是认识机会、确立目标、拟定前提条件、确定可供选择的方案、评价可供选择的方案、挑选方案、制订辅助计划、用预算使计划数字化。

1. 认识机会

根据市场、竞争、顾客的需要，组织的优点、弱点，初步看到机会，留意外界环境和组织内的机会是编制计划的真正起点。只有这样，管理人员才能了解将来可能出现的机会，并能清楚而全面地了解这些机会对组织的有利与不利、怎样解决将要出现的问题、为什么要解决这些问题以及能得到什么期望的结果。

2. 确定目标

计划应有明确的目标，目标规定预期结果，并说明组织要做哪些工作。战略计划主要侧重于目标的制订，而行动计划主要侧重于组织目标体系中必须进行的某项活动。组织应根据要在什么方向、需要实现什么目的和何时完成而确立目标。

3. 拟定前提条件

拟定前提条件就是关于组织实现计划的环境假设条件，即组织将在什么样的环境中（内部或外部）执行计划。由于未来极其复杂，要把计划的实施环境的每一个细节都作出假设是不切合实际的。因此，所考虑的前提条件仅限于那些对计划而言是关键性的或具有策略意义的假设条件，即那些最影响计划贯彻实施的假设条件。同时为了协调各个计划，并且为实现预期的目标作出最有效的贡献，需要有一致性的前提条件，即计划应保持前提条件的协调一致。

4. 确定可供选择的方案

同决策的过程一样，寻求为完成目标可供选择的、有希望的方案。不能因方案不引人注意而放弃，也不能使可供选择的方案过多。在确定可供选择的方案时，有必要通过初步考察或估算，排除希望较小的那些方案。

5. 评价可供选择的方案

在找出了各种可供选择的方案后，就应根据拟定的前提和目标，对方案进行评估。并使用各种定性的、定量的以及计算机模拟的方法进行此项工作。

6. 选择最终方案

被评估过的方案可能不止一个是可行的，应在可行的方案中，选择一个方案作为最终将要采取的行动方案。

7. 编制支持计划

支持计划就是针对组织选定的计划的辅助性计划，例如购买设备的计划、财务计划、培训和雇佣人员的计划、开发新产品的计划。一个综合性计划必然要有一系列的支持才能实现。

8. 编制预算

编制预算就是使计划数字化,其主要工作是根据选择的方案,对组织可利用的资源进行分配,涉及计划需要哪些资源、各需要多少及何时投入、各投入多少等问题。

二、影响计划的因素

在有些情况下,长期计划可能更重要,而在其他情况下可能正相反。类似地,在有些情况下指导性计划比具体计划更有效,而换一种情况却未必如此。那么决定不同类型计划有效性的因素有哪些呢?

1. 组织的层次

图5-2表明了组织的管理层次与计划类型之间的一般关系。在大多数情况下,基层管理者的计划活动主要是制订作业计划,当管理者在组织中的等级上升时,他的计划角色就更具战略导向。而对于大型组织的最高管理者,他的计划任务基本上都是战略性的。

2. 组织的生命周期

每个组织都要经历一个生命周期(Life cycle),即开始于形成阶段,然后是成熟,成长,最后是衰退。在组织生命周期的各个阶段上,计划的类型并非都具有相同的性质,正如图5-3所描绘的,计划的时间长度和明确性应当在不同的阶段上作相应调整。

当组织进入成熟期时,可预见性最大,从而也最适用于具体计划。而在组织的形成期,管理者应当更多地依赖指导性计划,因为处于这一阶段的组织要求具有很高的灵活性。在这个阶段上,目标是尝试性的,资源的获取具有很大的不确定性,辨认谁是顾客很难,而指导性计划使管理者可以随时按需要进行调整。在成长阶段,随着目标更确定、资源更容易获取和顾客的忠诚度的提高,计划也更具有明确性。当组织从成熟期进入衰退期时,计划也从具体性转入指导性,这时目标要重新考虑,资源要重新分配。

计划的期限也应当与组织的生命周期联系在一起。短期计划具有最大的灵活性,故应更多地用于组织的形成期和衰退期;成熟期是一个相对稳定的时期,因此更适合制订长期计划。

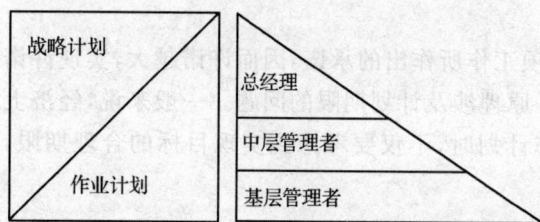

图5-2 组织等级结构中的计划

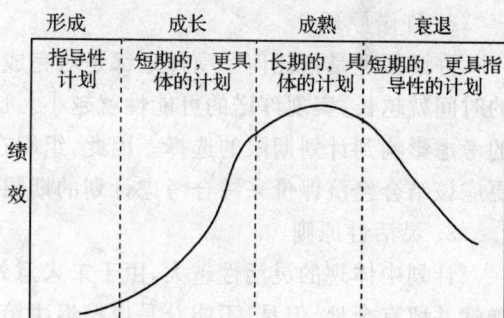

图5-3 计划和组织的生命周期

3. 环境的不确定性程度

环境的不确定性越大,计划更应当是指导性的,计划期限也应更短。

如果社会正在发生着迅速和重要的技术、社会、经济、法律或其他变化,则精确规定的计划实施路线反而会成为组织取得绩效的障碍。而且,变化越大,计划就越不需要精确,管理就越应当具有灵活性。

4. 未来许诺的期限

由于计划工作要求现在为不确定的将来做出承诺,要完成计划就是要完成承诺。因此承诺的大小就与计划的期限,即未来许诺的期限有关。这就是说,计划的期限应延伸到足够远,以便在此期限中,能够实现当前的许诺。如果计划的期限比其许诺能完成的期限短,计划就会失败。

5. 管理者对计划的态度

虽然从最高层到基层,大家普遍认识到计划的重要性,但是却有很多人宁愿去救火,也不愿去做计划,因为这些活动看起来似乎更重要,也更能引起人们的注意,也即人们常常推迟或拖延制订计划的工作;同时,有些管理者认为,如果对工作作了计划,工作就会顺利进行,因此,他们只作计划,而不去管计划的贯彻实施;更有些管理者把计划作为争取资源的手段,只强调它的有利一面,而不顾其可行与否。这些都是对计划的错误态度,会影响到计划的效果。

6. 经　　验

在缺少足够的控制技术和信息资料的情况下,制订者的经验对计划很重要,但计划是一个理性的过程,不能过分地依赖经验。

三、计划工作的原理

在制订计划的过程中,应遵循的主要原理有:限制因素原理、许诺原理、灵活性原理和导向变化原理。

1. 限制因素原理

所谓限制因素,是指妨碍组织计划实现的因素。在其他因素不变的情况下,仅仅改变这些因素,就可以影响组织计划的实现幅度与程度。例如,据全国家电行业协会的调查,DVD 产品的市场需求与其价格关系密切,当其单价降到 1 000 元以内时,将取代 VCD 类产品成为市场需求与消费热点,这时,对研究开发与生产 DVD 的企业而言,是否能以 DVD 为其今后一段时期的主导产品,关键看其 DVD 生产成本是否能降至 1 000 元以下。因此,在备选方案中进行选择时,人们越准确地识别并解决那些妨碍既定目标实现的限定性因素和关键性因素,也就会越能够有针对性地、有效地选定最有利的备选方案。这一原则又称木桶原理。

2. 许诺原理

许诺原理是指任何一项计划都是对完成各项工作所作出的承诺,因而许诺越大,实现许诺的时间就越长,实现许诺的可能性就越小。这一原理涉及计划期限的问题。一般来说,经济上的考虑影响到计划期限的选择。因此,组织在作计划时,不仅要考虑到实现目标的合理期限,更应该结合经济评价来综合考虑计划的期限。

3. 灵活性原则

计划中体现的灵活性越大,由于未来意外事件引起损失的危险性就越小,因此,计划要有弹性并留有余地,但是,不能总是以推迟决策的时间来确保计划的灵活性,同时,使计划具有灵活性是要付出代价的,因此,计划的灵活性的成本应当同它所带来的好处放在一起来权衡。另外,计划的制订应灵活,执行则不应灵活。而有些情况往往根本无法使计划具有灵活性。

4. 导向变化原则(又称为航道改变原则)

计划制订出来以后,计划工作者就要管理计划,促使计划的实施,而不能被计划所管理,不能被计划所束缚。由于计划不能面面俱到,情况在不断变化,因此计划赶不上变化,所以要定期检查计划、调整计划和重新制订计划。也就是说,计划的总目标不变,但实现目标的进程可以因情况的变化随时改变。

灵活性原则和导向变化原则是计划工作中的应急方法。灵活性是指计划本身应对变化有一定的适应性,涉及计划中所包含的变化的能力,而导向变化原则是指计划在执行的过程中应具有一定的应变能力,即要经常地检查计划工作的进行,并且如果事态变化和所期待发生的事情出现变化,就应重新起草计划。除非计划具有内在的灵活性,要么进行导向上的变化可能会很难和成本太大。

第三节 企业战略管理

一、企业战略概述

战略对于企业的生存已经变得越来越重要了。有效的管理者都深刻认识到企业战略计划对于提高组织绩效的作用。实际上,不同的企业可能采用了完全不同的战略计划。我们将战略计划分为三个层次:公司层、事业层和职能层,如图5—4所示。

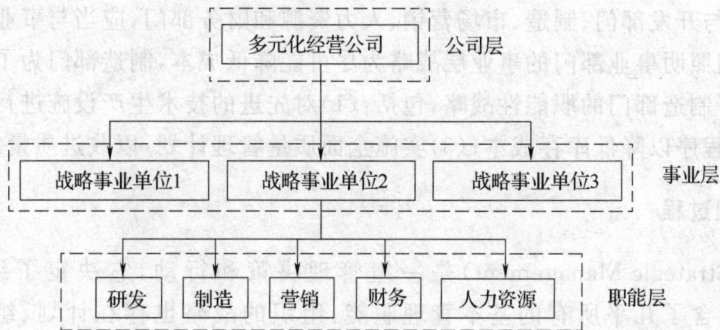

图5—4 战略的层次

1. 公司层战略

如果一个组织拥有多种事业,那么它将需要一种公司层战略(Corporate-level strategy)。这种战略寻求回答这样的问题:我们应当拥有什么样的事业组合?公司层战略寻求确定公司应该从事什么事业,以及希望从事什么事业,它决定组织的方向以及每一个事业部将在公司战略中扮演的角色。

2. 事业层战略

事业层战略(Business-level strategy)寻求回答这样的问题:在我们的每一项事业领域里应当如何进行竞争?因此,又被称为竞争战略或经营战略。对于只经营一种事业的小企业,或是不从事多元化经营的大型组织,事业层战略与公司层战略是一回事。对于拥有多种事业的组织,每一个经营部门会有自己的战略,这种战略规定该经营单位提供的产品或服务,以及向哪些顾客提供产品或服务,等等。当一个组织从事多种不同的事业时,建立战略事业单位更便于计划和控制。战略事业单位(Strategic Business Unit——SBU)代表一种单一的事业或相关的事业组合,每一个战略事业单位应当有自己独特的使命和竞争对手,这使得每一个战略事业单位有自己独立于组织的其他事业单位的战略。

迈克尔·波特(Michael Porter)构建了企业竞争战略的框架,阐明了管理者可以选择的3种一般的企业战略:成本领先战略、差异化战略和集中化战略。如何选择战略取决于组织及它的竞争对手的优势和核心能力。成本领先战略就是选择成为产业的低成本生产者的战略。这类公司积极寻求在生产、营销和其他运作领域的高效率,尽可能降低制造费用,削减成本。差异化战略是寻求提供与众不同的产品并获得顾客认同的战略。差异化可能来自卓越的质量、独特的服务、创新的技术、技术的潜在能力或者杰出的品牌形象。这种竞争战略的关键在于产品或服务有别于竞争对手,并且这种差异足以创造价格的溢价,溢价超出了由于产品差异化所造成的成本。集中化战略不同于前两种战略在广阔市场上的竞争,它的目的是在狭窄的市场区域上寻求成本优势(成本集中)或者差异化优势(差异化集中)。管理者选择的是产业中的特定的市场区域或者特定的目标客户。这种战略对于小型企业来说可能更为有效。组织如果不能开发成本优势或者差异化优势,那么就会被"夹在中间"(Stuck in the middle),兼有成本和差异化优势是困难的,但并不是完全不可能,例如英特尔、可口可乐公司等,它们的产品与众不同又保持了低成本。

3. 职能层战略

职能层战略(Functional-level strategy)寻求回答这样的问题:我们怎么支撑事业层战略?职能部门如研究与开发部门、制造、市场营销、人力资源和财务部门,应当与事业层战略保持一致。例如,某公司照明事业部门的事业层战略为尽可能降低成本,制造部门为了有力地支持事业层战略,提出了制造部门的职能性战略,包括:(1)对先进的技术生产设施进行投资;(2)引进先进的库存管理程序以降低库存成本;(3)实施全面质量管理计划,以改进质量,降低成本。

二、战略管理过程

战略管理(Strategic Management)是一组管理决策和行动,它决定了组织的长期绩效。战略管理包含了几乎所有的基本管理职能,组织的战略也存在计划、组织、实施和控制等环节。

战略管理对组织的重要性源自于它包含了许多重要的管理决策,绝大多数企业当前的重要事件都涉及战略管理。战略管理过程如图5-5所示,包括9个步骤,是一个战略计划实施和评估的过程。

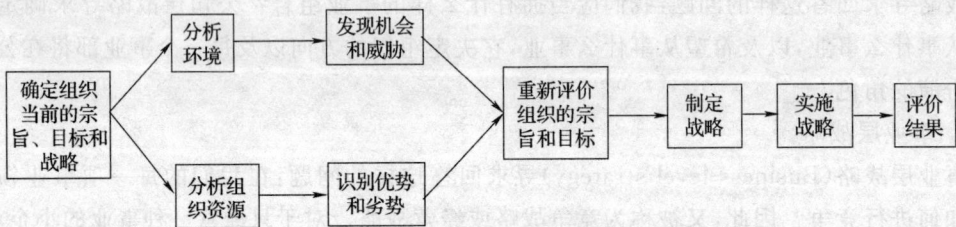

图 5-5　战略管理过程

1. 确定组织当前的宗旨、目标和战略

每个组织都有一个宗旨(Mission),它规定了组织的目的,回答了"我们到底从事的是什么事业?"宗旨表明组织是干什么的,应该干什么。定义企业的宗旨可促使管理者仔细确定企业的产品和范围。例如,联想集团提出的宗旨是:"为客户:提供信息技术、工具和服务,使人们的生活和工作更加简便、高效、丰富多彩;为社会:服务社会文明进步;为员工:创造发展空间,提升员工价值,提高生活质量;为股东:回报股东长远利益;未来:高科技的联想,服务的联想,国际化的联想。"

目标或各项具体目标是在宗旨指导下提出的,它具体规定了组织及其各个部门的经营管理活动在一定时期要达到的具体成果。从确定目标起,到目标分解,直至最终形成一个目标网络。

2. 分析环境

环境分析是战略过程的关键要素,因为组织的环境在很大程度上规定了管理当局可能的选择。成功的战略大多是那些与环境相适应的战略。

外部环境可以分为一般外部环境和产业环境。一般外部环境主要包括组织所处国家的政治法律环境、经济环境、技术环境、社会文化环境、自然环境等。按照美国战略管理学家迈克尔·波特的观点,产业环境可以从供应商、现有竞争对手、潜在进入者、用户、替代产品生产商五个方面来进行分析。每个管理者都需要分析它所处的环境,准确把握环境的变化和发展趋势及其对组织的重要影响。

3. 发现机会和威胁

分析了环境之后,管理当局需要评估有哪些机会可以利用,以及组织可能面临哪些威胁,捕捉良机,作出正确决策。但是,值得注意的是,即使处于同样的环境中,由于组织控制的资源不同,可能对某个组织来说是机会,而对另一些组织却是威胁。

4. 分析组织的资源

这里的组织资源是指组织内部的资源,即组织的人员拥有什么样的技巧和能力、组织的资金状况、公众对组织的看法等。

5. 识别优势和劣势

分析组织资源的目的是使管理者认识到本组织在资源方面的限制条件,并能识别出组织与众不同的能力,即决定作为组织竞争武器的独特技能和资源。

6. 重新评价组织的宗旨和目标

将步骤 3 和步骤 5 合并在一起,导致对组织的机会的再评价,通常称为 SWOT 分析(SWOT analysis),它把组织的优势(Strengths)、劣势(Weaknesses)、机会(Opportunities)、威胁(Threats)结合在一起分析,以便发现组织可能发掘的细分市场。

按照 SWOT 分析和识别组织的机会的需求,最高管理者需要重新评价公司的宗旨和目标,它们是实事求是的吗?它们需要修正吗?如果需要改变组织的整体方向,则战略管理过程可能要从头开始。如果不需要改变组织的大方向,最高管理者则应着手制订战略。

7. 制订战略

高层管理者需要在公司层、事业层、职能层三个层次上分别开发和评价不同的战略选择,然后选定一组符合三个层次要求的战略,使得这三个层次的战略能够形成很好的一体化网络,最好地利用组织的资源和充分利用环境的机会。

8. 实施战略

将制订的三个层次的战略在组织中进行恰当地实施。为了顺利地实施战略计划,应该保证组织结构与战略之间的匹配,也应该注意分析高层管理者的领导能力等因素对实施战略的影响。

9. 评价结果

在将战略予以实施之后,应该评价战略实施的效果如何?需要做哪些调整?

第四节 目标管理

任何社会活动都有自己的目标,目标是活动的最终结果。计划工作的首要任务就是要为组织确立合理的目标,没有目标,组织也就失去了存在的意义。组织的工作只有围绕着目标展开才能取得预想的成果。长期以来,人们在实践中探索着运用目标进行管理的方法。本节主要阐述目标与目标管理方法。

一、目标概述

1. 目标的作用

目标是根据组织的宗旨而提出的组织在一定时期内所要达到的预期成果,目标是宗旨的具体化。如 2001 年获得国家质量奖的青岛啤酒股份有限公司,为了实现"世界驰名品牌,建国际化大公司"的宗旨,提出了"2005 年销售量 500 万 t,进入世界啤酒十强;2010 年销售量 800 万 t,进入世界啤酒三强"的目标。

一般而言,目标的作用主要有以下几个方面:

(1)指明组织的方向

目标指期望的成果,一个在未来某一时间内要实现的成果。这些成果是个人、小组或整个组织努力要达到的结果,它是一定时间内管理的方向,使组织的所有活动、可获得的资源都用于目标的实现。

(2)激励和凝聚组织中的成员

组织目标是组织一定时期的目的,组织成员的个人目标是组织成员希望通过个人在组织中的努力所要达到的目的,管理者如果能使组织目标与组织成员个人目标相结合,则组织成员无需管理者的监督就会努力地去完成组织要求的工作,组织目标就成为激励组织成员的因素。

由于组织成员的工作都是以实现组织目标为基础的,共同的目的使组织成员之间存在相互协调和配合的基础,存在相互沟通的条件,因此组织目标有凝聚组织成员的作用。

(3)促进合理决策

管理者经常面临各种管理问题,在解决这些问题的过程中,管理者只有通过组织目标,才能明确组织应完成的任务,明确应选择什么方案达到组织所希望的合理结果。

(4)衡量组织绩效

组织绩效及组织成员绩效的高低是根据其行为是否符合组织目标及其对目标实现程度的估价,因此组织目标可以作为标准,用来衡量实际的绩效。

2. 目标的基本特性

(1)目标的多样性

一个组织的目标具有多样性,即使是组织的主要目标,一般也是多种多样的。例如,对工商企业来说,通常要在八个主要方面设立目标,它们是:①市场地位;②创新和技术进步;③生产率;④物质和财力资源;⑤利润率;⑥主管人员的绩效和发展;⑦员工的工作质量和劳动态度;⑧社会责任。每一个方面都还有更具体的目标,例如利润率方面,就至少应该有销售利润率、资金利润率、投资报酬率等目标。然而,尽管组织的目标是多种多样的,组织除了主要目标之外,还有一些次要的目标,但并非目标越多越好。相反,应当尽量减少目标的数量,尽量突出主要目标。

了解目标的多样性,有助于主管人员正确地确定目标和充分发挥目标的作用。

(2)包含关键结果

目标的多样性告诉我们,组织的目标不可能面面俱到,如果是面面俱到,那么组织的目标也会变得毫无意义。因此,管理者应该确定少数——大约涉及 4 到 5 个工作的关键结果。这些关键结果应是对组织贡献最大的活动。例如,一个在美国许多州都有业务的电话公司的市场部,就确定下述关键结果是它的目标:识别服务机会迅速增长的领域,用有意义的信息帮助区域的市场活动,开发一个基于客户需要、竞争和市场预测的市场战略。

(3)目标的层次性与网络性

目标是分层次的体系和网络。从组织的不同层次分析组织的目标,整个组织有一个总目标,而组织内的各部门、各层次又有自己的相应目标。例如,市场部有关于扩大销售量以及分享市场的目标;生产部有关与降低成本、提高产品数量和质量以及生产率的目标。而个人除了与自己所在单位的有关目标之外,还可能有各自的目标。例如,各人关于争取提高工资、提升和发展方面的目标等等。从层次上分析,组织的目标可以分为环境层目标、战略层目标、操作层目标等。环境层目标是社会加于组织的目标;战略层目标是作为一个利益共同体和一个系统的组织的整体目标,即取得组织资源的最大和谐一致;操作层目标是组织对组织成员的目标。组织中各级各类目标构成一个目标网络,各目标彼此协调、互相支援、互相连接,成为一个组织目标的有机体,如图 5—6 所示。

(4)明确和可衡量的目标

只要可能,目标应该用数量表示,如增加 2% 的利润、减少 1% 的废品率等。并不是所有的目标都能用数字表示,但不明确的目标对雇员没有什么激励作用。数量表示的目标是可考核的目标,即指在一段时间的努力之后,能够确定是否已经达到的目标。明确的可考核的目标,便于管理活动的效果与效率。

(5)具有挑战性但经过努力可以达到的目标

目标应具有挑战性,但不是不可及的。如果目标不可及,将导致工作效率低下和士气低落,如果目标太容易,则不能对员工产生任何激励。管理者必须知道,目标应建立在时间期限、设备及资金等现有资源的基础上。

(6)确定时间期限

目标必须确定实现的时间期限以便于检查。一般而言,组织内的各种目标的时间跨度也是不一样的。例如,一般来说每年增加销售量及股息方面的目标是短期的。组织内的层次越低其目标越具体,即时间跨度越短;中层的目标比较抽象,其时间跨度也比较长,大多数为一至五年;组织的总目标战略最抽象,时间跨度也最长。例如,开辟新产品市场,寻找新油田等都属于长期的目标,其时间跨度可能在五年以上。

(7)与奖励相联系

最后,对终极目标产生影响的是基于目标实现程度的工资的增长速度及奖励的情况。实现目标的员工应予以奖励。

3. 制订组织目标的基本原则

要确保制订的目标对组织有效,就应该遵循一定的制订目标的基本原则,并满足目标的基本特性,在确定组织目标时,应遵循以下的基本原则。

社会对组织的要求

生产用于机械制造的标准和非标准金属产品

战略目标

12%资金回报率
5%增长率
不裁员
对顾客优质服务

操作层（部门）目标

财务部
使应付款保持在1万元以下
保持银行借款低于12.5万元
提供一个逐月的预算计划
坏账不超过增量的2%

生产部
以单位成本19元生产120万件
废品率低于3%
以2%的速度增加产量
在3天内解决雇员的抱怨

操作层（个人）目标

售出5天内开出发票
在1个工作日内检查新客户的信用
仅允许5个月内的应收账款户
每周都要求支付应收款

以单位成本16元生产15万个
标准单位
使机器停用时间小于7%
达到废品率低于3%
24 h内回应雇员的抱怨

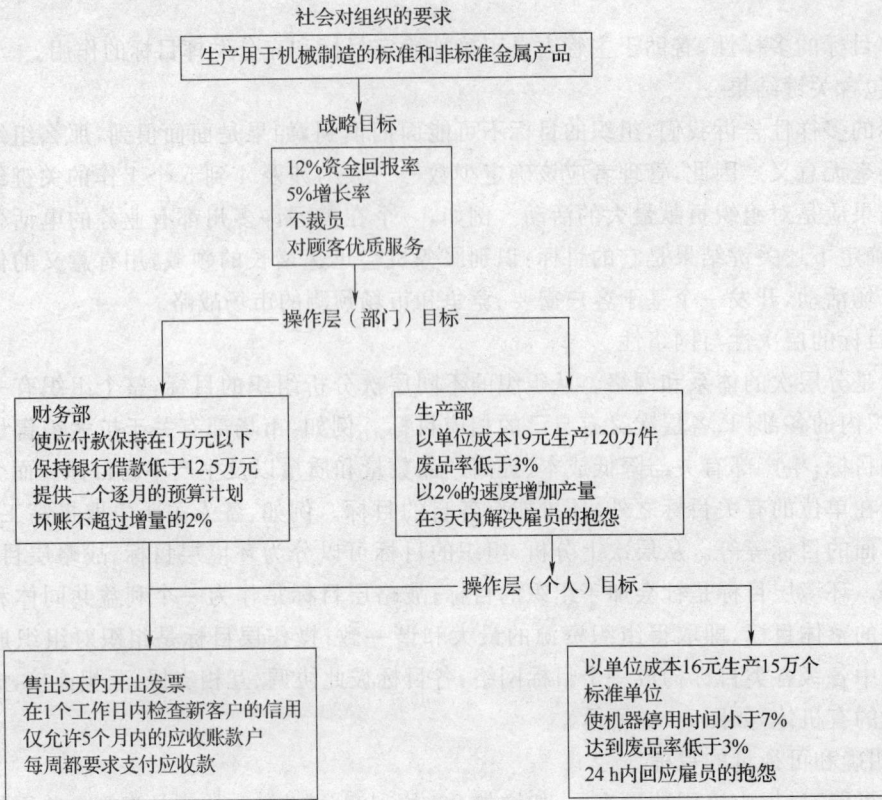

图 5—6 生产型企业的目标层次

(1)以满足社会或市场需求为前提

组织要生存,就必须对社会作出贡献,能满足一定的社会需求。在此前提下,才可能进一步考虑组织发展的需要和实现持续发展的可能性。因此,要把分析社会需求、满足社会需求作为制订组织目标的基础,只有这样,组织才有可能得到社会的承认并取得不断的发展。

从这个意义上看,组织的目的可以看作是组织最基本的目标。例如,美国的福特、日本的丰田和我国的上海大众这类制造公司的目的就是获取最大的利润;而大学的目的就是传授知识、培养人才;医院的目的就是提供医疗保健。上述各种组织的目的都是较为明显的。

管理者还必须选择最好的途径和办法使总目标付诸实施。必须选用的最佳途径和办法就是组织的任务。例如,上海摩托车有限公司和上海宝山钢铁集团公司为了实现各自的利润目标(总目标),他们就特别给自己选定了生产摩托车和钢铁的任务(实现总目标的战略)。

(2)以提高组织的绩效为出发点

由于任何组织所拥有的资源都是有限的,所以组织在选择目标方案时,要充分体现获取最大绩效的原则,即要选择能较好地使用有限的资源发挥最大效益的目标方案。这就要求在确定组织目标时,要全面、系统地分析影响组织效益的一切因素,在此基础上,设计多个目标方案,通过比较论证,择优确定。

(3)所制订的目标值应是经过努力有可能实现的

订立目标是为了实现目标,组织目标值的确定必须是切实可行性的。在制订目标时,要全面分析组织各种资源条件和主观努力能够达到的程度,即不能脱离实际,凭主观愿望把目标订

得过高,从而使组织成员的努力无法实现;也不要把目标订得过低,失去激励作用,并使社会对组织的需求无法实现。

(4)要考虑组织的社会责任

组织是社会的基本单位,要承担一定的社会责任和义务。因此,每个组织在考虑本身的组织目标时,都应考虑其应尽的社会责任。例如要符合法律、注意环境保护等等。

二、目标管理

1. 目标管理的产生及概念

(1)传统的目标设定方法

传统的设定目标方法是:目标由组织的最高层管理者设定,然后分解成子目标落实到组织的各个层次上。这是一种单向的过程,由上级给下级规定目标,是典型的"命令式管理"。其管理的特点是"非操作性"。即目标在从抽象性转化为具体性的过程中,不得不经过组织的层层过滤,在每一层加上可操作性含义,例如:

最高管理当局:我们需要改进公司的绩效。

事业部经理:我希望看到我们事业部利润显著增长。

部门管理者:增加利润,不管用什么方法。

雇员个人:不必担心质量,只管快干。

显然这种目标设定方法丧失了目标清晰明确以及一致性的特点,是不科学的,也是不好的。人们逐步发现,要使组织上下目标一致,且全体成员完全了解,应由组织成员亲自参加工作目标的制订,实现"自我控制",并努力完成目标。这样目标管理就产生了。目标管理提供了一种将组织的整体目标转换为每一单位和每个成员目标的有效方式。

(2)目标管理的形成与发展

目标管理(Management By Objectives——MBO)于 20 世纪 50 年代中期出现于美国,它以泰勒的科学管理和行为科学理论(特别是其中的参与管理)为基础。其形成与发展经历了一个阶段。

1954 年,彼得·德鲁克在《管理实践》一书中首先使用了这个概念,并在其后的论述中,提出了"目标管理与自我控制"的主张。德鲁克认为,一个组织的目的和任务,必须转化为目标,如果一个领域没有明确的目标,则这个领域必然被忽视。而目标管理最大的好处是,它使员工能够控制他们自己的成绩,这种自我控制会激励员工尽自己的最大力量把工作做好。因此,他提出,让每个员工根据总目标的要求,自己制订个人目标,并努力达到个人目标,就能使总目标的实现更有把握。在目标管理的实施阶段和成果评价阶段,应做到充分信任员工,实行权力下放和自我管理,发挥每个员工的主动性和创造性。德鲁克的分析在当时的管理领域产生了巨大的影响,并为目标管理的实际应用打下了坚实的基础。

几乎与德鲁克出版《管理实践》一书的同时,1954 年美国通用电气公司进行改组,在分散化的管理决策中,要求用具体的客观目标和目标实施进程的客观计量来代替主观的评价和个人的监督。在这里,公司使用了目标管理的各种要素,突出了目标的可考核性,并用定量的、客观的标准去衡量管理绩效和进行工作评价,从而丰富了目标管理的内容,使目标管理很快地成为工作评价的主要方法。

1957 年,美国著名的行为科学家道格拉斯·麦格雷戈在《哈佛商业评论》上发表文章,就工作绩效的评价问题批判了传统的主观评价法——把评价的焦点放在人的个性特征和品格上，主张应在目标的基础上进行客观的工作评价。这种客观评价法的核心是注重业绩。在目标管理的前提下，下属人员根据总目标为自己设置短期目标，并承担了实现这些目标的责任，最后下属人员对照预定的目标来评价业绩。这种以目标为基础的评价可以创造一种激励的环境，激发人们的工作热情，并在评价中注重个人能力的提高。从而使目标管理作为一种激励手段运用于业绩的评价。

目标管理自诞生之日起，已经发生了许多变化，而随着实践的发展，目标管理也逐步地完善。

（3）目标管理的概念与特点

目标管理是一种综合的以工作为中心和以人为中心的管理方法；是一个组织中上级管理人员、下级管理人员，以及职工一起共同制订的组织目标；使目标同组织内每个人的责任和成果相互密切联系，并明确地规定了每个人的职责范围，并用目标来进行管理、评价和决定对每个成员的贡献和奖励报酬等。因此目标管理就是一个组织的上下级管理人员和组织内的所有成员共同制订目标，共同实施目标的一种管理方法。

由此可见，目标管理有四个特点：

① 组织目标是上级与下级共同商定的，而不是上级下达指标，下级仅仅是执行者。

② 每个部门和个人的任务、责任及应该达到的分目标是根据组织的总目标决定的。

③ 每个部门和个人的一切活动都围绕着这些目标展开，这就使履行职责与实现目标紧密地结合起来。

④ 个人和部门的考核均以目标的实现情况为依据。

2. 目标管理的本质及过程

（1）目标管理的本质

目标管理的本质可以归纳为如下几个方面：

① 目标管理是以目标为中心的管理。目标管理强调，明确目标是有效管理的首要前提。明确的目标使组织有了协同行动的准则，可使每个成员的行动统一一致，以最经济有效的方式实现组织的目标。因此，在目标管理中，应注重目标的制订，各分目标都必须以总目标为依据，分目标是总目标的有机组成部分，计划的制订和执行以目标为导向，计划执行完成后又以目标的完成情况来进行考核。同时，由于目标管理把重点放在目标的实现上，这克服了只注重工作而忽略目标的旧式管理的弊端，有助于克服管理的盲目性、随意性，能够收到事半功倍的效果。

② 目标管理强调系统性。任何组织都有不同层次、不同要求的多个目标，如果各目标之间相互不能协调一致，组织规模越大、人员越多，发生冲突和浪费的可能性就越大；同时，组织总目标的实现有赖于组织各分目标的实现，这要求组织各目标之间应相互支持、相互保证，形成相互支援的目标网络体系，从而保证目标的整体性和一致性。

③ 目标管理强调人的因素。目标管理是一种参与式、民主式、自我控制的管理制度，也是一种把个人需求与组织目标结合起来的管理制度。目标管理强调以人为中心，通过目的性的、自我控制式的、个人创造性的目标进行管理。目标管理强调由管理者和下属共同确定目标和建立目标体系，下属不再只是做工作、执行命令，他们本身就是制订目标的参与者；目标是上下级人员共同协商研究的结晶，这不仅能使组织目标更符合实际、更具有可行性，而且能激发各级人员在实现目标时的积极性和创造性，能使员工发现工作的兴趣和价值，享受工作的满足感

和成就感。在这种制度下,上下级之间是平等、尊重、信赖和支持的关系,下级在承诺目标和被授权后是自觉、自主和自治的。

(2)目标管理的具体过程

一般而言,目标管理可以分为以下三个步骤,如图5—7所示。

① 建立一套完整的目标体系

实行目标管理,首先要建立一套完整的目标体系。这项工作总是从企业的最高主管部门开始的,然后由上而下逐级确定目标。上下级的目标之间通常是一种"目的—手段"的关系;某一级的目标,需要用一定的手段来实现,这些手段

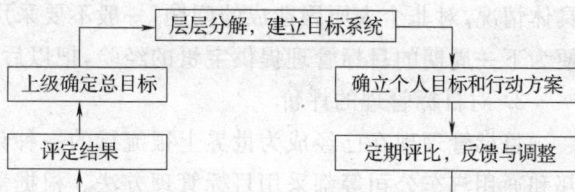

图5—7 目标管理的具体过程图

就成为下一级的次目标,按级顺推下去,直到作业层的作业目标,从而构成一种锁链式的目标体系。

这个过程比较复杂,实际操作中应该把握以下几个要点:一是目标管理必须被全体员工所理解,并真正得到上级领导的全力支持。因此,理想的目标管理应开始于组织的最高层,高层领导者在初始阶段要向下属人员解释什么是目标管理,为什么要搞目标管理,在评价业绩时它起什么作用。这项工作可以起到动员和宣传的作用,有利于形成一个实行目标管理的良好组织氛围。二是上下级共同参与制订目标,并对如何实现目标达成一致意见。下级参与目标的制订和执行是目标管理中一个非常重要的问题,它反映了目标管理的实质,有助于调动员工实现目标的主动性和积极性。三是目标的制订是一个反复的过程。由高层设置的目标是初步的,由下级拟定出整个可考核的目标系列时,根据它来进行修改。上级对下级的目标也有一个大体的设想,这个设想也随着与下级一起制订目标的进程而改变。管理人员应反复地与他的上级一起审查所有下级的工作目标和他自己的目标,直到部门中的每项工作都制订合适的目标。这样,目标的制订不仅是一个连续的过程,而且也是一个反复循环、相互作用的过程。四是最终形成的目标体系应既有自上而下的目标分解体系,又有自下而上的目标保证体系,从而保证总目标的实现。

② 目标的实施

通过各级授权,使每个人都明确在实现总目标的过程中自己应承担的责任,实行职责范围内的自主管理、自我监督、自我调整,以保证全面实现预定的绩效目标。

在此过程中要把握以下几个要点:一是实行充分授权。根据权责一致原则,若承担某一任务,必须拥有完成这一任务所需要的权力。组织的总目标落实到个人后,管理者要实行充分授权,创造个人自由完成目标所需要的条件。二是实行自我管理。管理者授权以后,员工按照自己所承担的目标责任,在实施目标中进行自主的管理。自我管理的最大成效就是使员工感到工作是出自内心愿望,从而能够发挥最大的积极性。三是要保持定期的或经常的成果反馈或检查。目标在实施的过程中一般来说主要靠员工自己管理或自我控制。但是,也必须定期地检查各项任务的进展情况。下级定期地向上级讨论实施目标的进展情况,上级则不断地将衡量的结果反馈给下级,以便他们能够调整自己的行动,与组织的整体保持一致。例如,如果一个目标和任务要在一年里完成,那么,管理人员和有关的下属人员最好每一季度检查讨论一次这项任务的进展情况,以便及时发现问题,采取相应的措施。

③ 对成果进行检查和评价

当目标管理一个周期结束时,领导必须与有关的下级或个人逐个地检查目标任务完成的情况,并与原订的目标进行比较,完成好的,要充分肯定成绩,对未能完成任务的,要分析和找出原因,并根据各人完成任务的情况给予相应的报酬和各种奖励。对未能完成任务的,应分析具体情况,对非个人原因造成的问题,一般不要采用惩罚措施,重点在于共同总结经验教训,以便为下一周期的目标管理提供宝贵的经验,把以后的工作做好。

3. 对目标管理的评价

目标管理现在已经成为世界上很流行的一种计划方法和管理制度。很多美国企业,如杜邦和通用汽车公司等都采用目标管理方法。根据美国《幸福》杂志最近的调查,在美国最大的五百家工业公司中有 40% 的公司采用了目标管理。当然,目标管理有优点也有缺点。

(1)优　　点

采用目标管理最突出的优点在于能调动广大管理人员和员工的积极性、主动性,提高士气。由于目标是经过商定的,他明确了自己的工作在整体工作中的地位和作用,他参与了讨论并做了许诺,有了授权,并受到支持。通过目标和奖励,将个人利益和组织的利益紧密联系在一起,这时他不再是只听从命令等待指示和决定的盲目的工作者,而是一个主动的自己能够掌握命运的可以在一个领域内施展才华的积极工作者。目标管理评价企业和个人的标准是目标的实现程度。这种评价比较公正、客观,目标完成后及时给予奖励和升迁,无形中也提高了士气。总而言之,目标管理实现了"三全"——全员参与、全员保证、全员管理,由压制人的管理变成以自我控制为主的管理,显著地提高了管理成效。

目标管理是比较科学和有效的管理方法,往往会带来良好的绩效,起到立竿见影的效果。如销售额的增加,成本的降低,利润的扩大。目标管理使各项活动的目的性很明确,有利于避免形式主义。目标管理是一种达成目标的科学周密的方法。目标锁链是由于对目标进行了分解,而目标分解是为了目标相互支持。如此环环扣紧,把各方面的力量、积极性和可能采取的措施都汇集起来了,从而使目标切实可行,易见成效。

目标管理有助于改进组织结构和职责分工。在建立完整的目标体系时,目标体系应与组织结构相吻合,从而使组织每个部门都有明确的目标,每个目标都有人明确负责。然而,组织结构与职责分工往往不是按组织在一定时期的目标而建立的,因此,在按逻辑展开目标和按组织结构展开目标之间,时常会存在差异。有时从逻辑上看,一个重要的分目标却找不到对此负全面责任的管理部门或员工,而组织中的有些部门或员工却很难为其确定重要的目标。这种情况的反复出现,可能最终导致对组织结构的调整和职责的重新分工。从这个意义上说,目标管理还有助于搞清组织机构和职责分工的作用。

目标管理表现出良好的整体性。组成一个完整的目标锁链和目标体系之后,将企业的所有任务和目标连成一个有机的整体:自上而下,目标层层分解;自下而上,目标层层保证。

(2)缺　　点

① 目标难以设定。德鲁克在《管理实践》中说:"真正的困难不是确定我们需要哪些目标,而是决定如何设立这些目标。"人们在设置目标时,真正可考核的目标很难确定,许多岗位工作难以使目标定量化。另外,由于过分强调定量化目标,可能导致忽视一些定量性不明显的目标,如只奖励高生产率而损害创造性。为了保证目标实现的可能性并使目标具有激励作用,目标必须既具有挑战性而又是可以实现的。这些都导致设置目标困难重重。

② 目标期限短。在多数实行目标管理的组织中,管理人员所确定的目标一般都是短期的。只追求短期目标极有可能牺牲长期目标。因此,为防止短期目标所导致的短期行为,上级主管人员必须从长期目标的角度提出总目标和制订目标的指导方针。

③ 目标管理的哲学假设不一定都存在。目标管理对于人类的动机作了过分乐观的假设:认为多数人都有发挥潜力、承担责任、实行自治和富有成就感的需要,都有事业心和上进心,而且只要有机会,他们就会通过努力工作来满足这些需要,把工作中取得成就看得比金钱更重要。这就是"自我实现人假设",即 Y 理论。而现实并不完全这样,特别是目标的考核和奖励搞在一起后,往往指标要低,出力要少,奖励要多。这样会破坏信任的气氛,形不成承诺、自觉、自治与愉快的感觉。

④ 缺乏组织内最高级领导人的支持。总目标、总战略虽然由最高管理层做出,但是它们常常把任务交给较低级的管理人员去负责执行,这样一些高层领导人实际上就没有为此而承担起自己的真正责任,其积极性自然也就没有得到发挥,这就必然会影响到目标管理的效果。

⑤ 目标的制订很浪费时间。目标的制订要几上几下,统一思想。而有些采用目标管理的公司过分强调了数量目标,要求报表和总结过多。有些管理人员忙于写总结、忙报表,对下级只是分派任务或提提建议,很少坐下来与下级共同研究问题。结果就造成个别人缺乏责任心。处理不好,可能会造成流于形式,达不到应有效果。

⑥ 不灵活的危险。目标管理要取得成效,就必须保持其明确性和肯定性,如果目标常变,就难以说明它是经过深思熟虑和周密计划的结果,这样的目标是没有意义的。但是,计划是面向未来的,而未来存在许多不确定因素,这又使得必须根据已经变化了的计划对目标进行修正。然而,修订一个目标体系与制订一个目标体系所花费的精力相差无几,结果可能迫使主管人员不得不在中途停止目标管理的过程。

总而言之,目标管理是管理体系中一种极为有用的方法,然而要使目标管理获得更佳的效果,管理者也必须注意克服缺点。

4. 如何推行目标管理

推行目标管理,除了要掌握具体的方法外,还要特别注意下面三个问题:

(1)推行目标管理要有一定的思想基础和科学管理基础。所谓思想基础是指要教育员工确立全局观念,长期利益观念,要正确处理好社会、组织、个人之间的关系。这是因为目标管理容易滋长急功近利本位主义的倾向,如果没有一定的思想基础,设定目标时就可能出现不顾整体利益和长远利益的现象。所谓科学管理基础是指各项规章制度比较完善,信息比较通畅,能够比较准确地度量和评估工作成果。

(2)能否推行目标管理关键在于领导。目标管理制度中的领导不是原则的领导,而是具体的实际的领导,对各项指标都要心中有数。因此实行目标管理不是对领导要求低了而是更高了。目标管理中的领导者与被领导者之间不是命令与服从的关系,而是平等、尊重、信赖和相互支持的关系。因此,要求领导改进作风,提高水平,发扬民主,善于沟通。另外,目标管理中的领导者应善于授权,因为没有分权就不能创造个人自由地达成目标的条件,这必然要导致目标管理的失败。

(3)目标管理要逐步推行,长期坚持。推行目标管理需要许多配套工作,如提高员工的素质,健全各种机制,做好其他管理的基础工作,制订一系列有关的政策等等。这些都是企业的长期任务,所以目标管理也只能逐步推行,先试点,在试点的基础上总结经验,再推广。因此,目标管理的推行需要长期坚持,不断发展和完善,这样才能收到良好的效果。我国从1978年开始,伴随着推行全面质量管理,在一些大企业中试行目标管理方法。例如,获得2002年全国质量奖提名的山东新华制药厂,从1980年开始实施目标管理,始终坚持不懈。新华制药厂每年都要把企业的总目标向下层分解,中层管理者要对本部门的目标与总目标的关系,以及实施本部门目标的依据和保证条件向由高层管理者组成的答辩委员会进行说明,每半年检查一次。由上到下,依此类推,形成了本企业的管理特色,取得了很好的成果。

第五节　时　间　管　理

时间作为一种不可再生的资源,对于每一个人来说都很重要,对于一个企业来说,同样重要。通过对时间的计划和管理,将有助于管理者有效的利用时间资源。

一、响应时间和自由时间

组织管理者的时间并不都是可控的,经常受到意外事件的影响。一般来讲,管理者的时间可以分成两部分:一部分为不可控时间,用于响应其他人提出的各种请求、要求和问题,这部分时间称为响应时间,管理者一天当中大部分的时间属于响应时间;另一部分时间是自由时间,大约占工作时间的1/4左右。自由时间是可控的,所以时间管理的重点就在于如何用好自由时间。

要了解每天的时间是如何运用的,可通过对一个短时期内每天活动的记录和对这些资料的分析评价获得。一般需要作两个星期左右的记录,在这两个星期里,每过15 min就记录一次。为了便于分析,可将活动实现分类,记录是在相应的条目下作记号,要注意实事求是,记录的是实际运用时间的情况,而不是希望出现的情况。

当完成记录后,就可以对时间和活动日志进行分析。将每件事按照表5－2中的标准标注出其重要性和紧迫性,如果所做事情大都是C类或者D类,那么说明时间运用有问题。

表5－2　时间运用状况分析表

类　别	区　分　标　准	
	重要性	紧迫性
A类	非常重要:必须做	非常紧迫:必须马上做
B类	重　要:应该做	紧　迫:应该马上做
C类	不很重要:有用但不必须	不很紧迫:可以稍后再做
D类	不　重　要:无关紧要	不　紧　迫:时间上没有限制

二、时间管理的过程

时间管理一般包括以下几个步骤:

1. 列出目标清单

列出管理者或者其管理部门在未来一段时间内所要实现的目标。运用目标管理方法,较容易确定目标。

2. 将目标按其重要程度排序

不同目标往往不是同等重要的,按照重要性和紧迫性标准进行排序。

3. 列出实现目标所要进行的活动

明确为了实现上述目标,应该开展哪些活动。

4. 对实现目标所需进行的活动安排优先顺序

应按照每一项活动的重要性和紧迫性程度排列。必须做的是非常重要或者非常紧迫的事情,应该做的是重要并且紧迫的事情,而不紧迫的事情可以留到有时间的时候再做,不重要的事情则可以授权他人来做。

5. 按所给出的优先顺序制订每日工作时间表或备忘录

每天早晨或前一天晚上,可根据第二天的事情按照重要性和紧迫性程度列出一个清单,并制订相应的时间表。所列事情不宜过多,以 15 件左右为宜。

6. 按照工作时间表开展工作

严格按照时间表进行工作,每做完一件事情都要查看下一件事情是什么,可以有多少时间去处理下一件事情。尽可能地按时完成,若不能按时完成,则要重新评价其重要性和紧迫性,并据此确定将此事退后或修改工作时间表。

7. 总结

每天工作结束后,要回顾一下当天的时间运用情况,并安排第二天的活动。通过不断总结,来提高管理者的工作效率。

三、时间管理中应注意的问题

在时间管理当中,管理者应注意以下 5 个问题。

1. 要掌握生物钟

在不同时间里,人的工作效率是不同的。管理者应当掌握自己的效率周期,并据此制订工作计划,合理安排时间。

2. 帕金森定律

帕金森定律指出,只要还有时间,工作就会不断扩展,直到用完所有的时间。所以,不要给一项工作安排过多的时间。如果给一项工作分配了较多时间,很可能会导致工作速度变慢,直到用完所有工作时间。

3. 把不太重要的事情集中处理

在每天的日程中,安排一段固定时间用于处理不太重要的事情,例如处理信函,接待下属,回答问题等,通常可以安排在生物钟处于低潮的时期。

4. 尽可能减少干扰

为充分利用时间,可以将生物钟处于高潮的时间安排为自由时间。这段时间要排除电话、下属等的干扰,静心处理重要的事情。通常高层较低层拥有更多的自由时间。

5. 提高会议效率

开会在管理者的时间表中占有较大份额,因此应当提高开会效率。事先拟定会议议程和会议时间并严格执行。

第六节 计划制订

计划工作的效率高低和质量的好坏在很大程度上取决于所采用的计划方法。现代计划方法为制订这种切实可行的计划提供了手段。在计划的质量方面，现代计划方法可以确定各种复杂的经济关系，提高综合平衡的准确性，能够在众多的方案中选择最优方案，还能够进行因果分析，科学地进行预测，在效率方面，由于采用了现代数学工具并以计算机技术作为基础，大大加快了计划工作的速度，这就使得管理者从繁杂的计划工作中解脱出来，能够集中精力考虑更重要的问题。总之，现代计划方法具有许多优点，已经逐渐为更多的计划工作所采用。下面介绍其中的几种主要方法。

一、滚动计划法

滚动计划法是一种定期修订未来计划的方法。这种方法根据计划的执行情况和环境变化情况定期修订未来的计划，并逐期向前推移，将短期计划、中期计划和长期计划有机地结合起来制订。由于在计划工作中很难准确地预测影响未来发展的各种因素的变化，而且计划期越长，这种不确定性就越大，因此，若硬性地按几年前制订的计划实施，可能会导致重大的损失。滚动计划法则可避免这种不确定性可能带来的不良后果。

滚动计划法的具体做法是，在计划制订时，同时制订未来若干期的计划，但计划内容采用近细远粗的办法，即近期计划尽可能地详尽，远期计划的内容则较粗；在计划期的第一阶段结束时，根据该阶段计划执行情况和内外部环境变化情况，对原计划进行修订，并将整个计划向前滚动一个阶段，以后根据同样的原则逐期滚动。图5-8就是一个五年的滚动计划制订方法。

图5-8 滚动计划法示意图

滚动计划法适用于任何类型的计划。其优点是：

(1)使计划更加切合实际,由于滚动计划相对缩短了计划时期,加大了对未来估计的准确性,能更好地保证计划的指导作用,从而提高了计划的质量。

(2)使长期计划、中期计划和短期计划相互衔接,短期计划内部各阶段相互衔接。这就保证了能根据环境的变化及时地进行调节,并使各期计划基本保持一致。

(3)大大增强了计划的弹性,从而提高了组织的应变能力。

滚动计划法的缺点是计划编制的工作量较大。

二、甘特图法

甘特图(Gantt chart)是在 20 世纪初由亨利·甘特开发的,它基本上是一种线状图,横轴表示时间,纵轴表示安排的活动,线条表示在整个期间上计划的和实际的活动完成情况。甘特图直观地表明任务计划在什么时候进行,以及实际进展与计划要求的对比。它虽然简单但却是一种重要的工具,它使管理者很容易搞清楚一项任务或项目还剩下哪些工作要做,并且能够评估工作是提前了还是拖后了,或是按计划进行。

图 5—9 绘出了一个图书出版的甘特图,时间以月为单位表示在图的上方,主要活动从上到下列在图的左边。计划需要确定书的出版包括哪些活动,这些活动的顺序,空白的线框表示活动的实际进度。甘特图可以作为一种控制工具,帮助管理者发现实际进度偏离计划的情况。给出这些信息,项目的管理者就可以采取纠正行动,或是赶出落后的 2 周时间,或是保证不再有延迟发生。

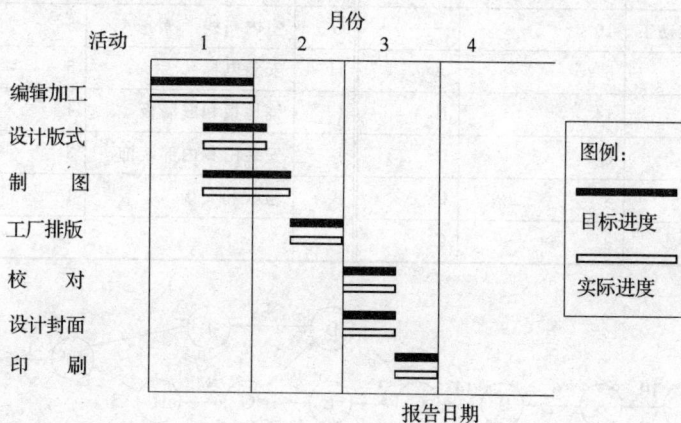

图 5—9 图书出版甘特图

三、计划评审技术

计划评审技术(Program Evaluation and Review Technique,通常称为 PERT 或 PERT 网络分析技术)是在 20 世纪 50 年代末开发出来的。PERT 网络是一种类似流程图的箭线图,它描绘出项目包含的各种活动的先后次序,标明每项活动的时间或者相关的成本。对于 PERT 网络,项目管理者必须考虑要做哪些工作,确定时间之间的依赖关系,辨认出潜在的可能出问题的环节,借助 PERT 还可以方便地比较不同行动方案在进度和成本方面的效果。因此,PERT 可以使管理者监控项目的进程,识别可能的瓶颈环节,以及必要时调度资源确保项目按计划进行。

为了运用 PERT 网络技术,应该掌握事件、活动和关键路线三个基本概念,也要掌握开发

PERT 网络的步骤。所谓事件,表示主要活动结束的那一点;所谓活动,表示从一个事件到另一个事件之间的过程,它要花费时间和资源;关键路线是 PERT 网络中花费时间最长的事件和活动的序列。另外,开发 PERT 网络可以按以下步骤进行:

1. 确定完成项目必须进行的每一项有意义的活动,完成每项活动都产生事件或结果。

2. 确定活动完成的先后次序。

3. 绘制活动流程从起点到终点的图形,明确表示出每项活动及与其他活动的关系,用圆圈表示事件,用箭线表示活动,结果得到一幅箭线流程图,这就是 PERT 网络。

4. 估计和计算每项活动的完成时间。在理想条件下完成活动所需的时间为乐观时间(t_0);以最可能时间(t_m)表示正常情况下活动的持续时间;以悲观时间(t_p)表示在最差的条件下完成活动所需的时间。则期望的活动时间(t_e)的计算公式为:$t_e = \dfrac{t_0 + 4t_m + t_p}{6}$。

5. 借助包含活动时间估计的网络图,管理者能够制订出包括每项活动开始和结束日期的全部项目的日程计划。沿关键线路的任何延迟都需要引起特别注意,因为它将延迟整个项目。

假定你是一家建筑公司的施工经理,你被分派监督一座办公楼的施工过程,你必须决定建这座办公楼需要多长时间。你仔细地将整个项目分解为活动和事件,表 5-3 概括了主要事件和你对完成每项活动所需时间的估计,图 5-10 画出了基于表 5-3 的数据 PERT 网络。

表 5-3 办公楼建设的主要事件及其时间估计

事件	描述	期望时间(周)	紧前事件	事件	描述	期望时间(周)	紧前事件
A	审查设计和批准动工	10	——	G	室内布线	5	D,E,F
B	挖地基	6	A	H	安装电梯	5	G
C	立屋架和砌墙	14	B	I	铺地板和嵌墙板	4	D
D	建造楼板	6	C	J	安装门和内部装饰	3	I,H
E	安装窗户	3	C	K	验收和交接	1	J
F	搭屋顶	3	C				

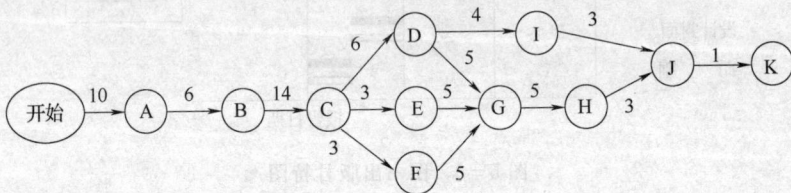

图 5-10 PERT 网络图

通过计算,我们得知关键线路为 A—B—C—D—G—H—J—K,完成这栋办公楼需要 50 周的时间。

通过分析,PERT 网络计划技术的优点有:

(1)能把整个工程的各项任务的时间顺序和相互关系清晰地表示出来。并指出完成工程的关键环节和路线,使管理人员在制订计划时既可统筹安排,又不失去重点。

(2)可对工程的时间进度与资源利用实行优化。通过调动非关键线路上的人力、物力与财力加强关键作业,既可节省资源,又能加快工程进度。

(3)可事先评价达到目标的可能性,指出实施中可能发生的困难点和这些困难点对整个任务产生的影响,以便准备好相应的措施,以减少完不成任务的风险。

(4)便于组织和控制,特别对于复杂的大项目,可分成许多子系统采取分别控制。

(5)简单易懂,具有中等文化程度的人就能够掌握,对复杂的多节点工作,可以利用已有的软件在计算机上优化。

(6)应用范围十分广泛,适用于各行各业。

复习思考题

1.简述计划的作用与内容;

2.按计划的表现形式,计划可分为哪些种类?

3.简述计划与决策的关系与区别;

4.计划工作的原理包括哪些因素?

5.简述时间管理的过程与注意问题。

6.简述德鲁克提出的目标管理的意义和过程。

案 例

案例1 小天鹅公司的战略性思考

近年来,越来越多的企业透过全球范围内出现的产品过剩、价格下滑现象,逐步认清我们所面临的虚拟经济社会是一个"合作第一"的时代,没有合作就没有竞争。兼并重组就是虚拟经济的一种主要形式,它是企业根据自身战略发展的需要,实现企业规模扩张的有效途径。当今许多闻名遐迩的跨国公司,他们的企业发展史也正是一部成功的兼并重组史。

众所周知,企业文化是一个"动态稳定"的概念,是二者辩证的统一。"动态"说明它是不断发展变化的,"稳定"则说明它有较强的延续性。文化重组成功与否,不仅要看企业的类别,领导的决心,更要看员工思想的转变,因为企业文化是生动活泼的,只有让每一个员工都认可,并在他们身上得以体现,才能成为一个有机的统一整体,才算完成文化重组。用钱可以收购成百上千个企业,可是却买不到优秀的企业文化。

"小天鹅"的崛起是因为企业内部有一种巨大的精神因素在起作用,这就是"小天鹅"的企业文化和企业精神。"小天鹅"在兼并重组的过程中注重文化重组,不断探索,逐步熟悉,并针对不同文化差异采取不同的策略,把握时机,出奇制胜,创造双赢。

"小天鹅"与武汉"荷花"的合作具有中国特色,这种合作是在跨地区的国有企业之间进行的,不仅仅是一种经济行为,更有丰富的文化内涵。

武汉荷花洗衣机厂是国内十大洗衣机厂之一,近几年来由于经营不善,成为武汉市亏损大户。李建民厂长针对当时"荷花"产品的市场萎缩、品牌声誉下降、企业资金短缺等具体问题几经思考,主动找出路,谋求与有实力的企业合作。"小天鹅"想壮大,"荷花"想发展,双方异曲同工,不谋而合。但是"小天鹅"与"荷花"毕竟各自有不同的出发点,产品也不仅仅是换牌子就行的,所以双方的合作首先要了解和磨合的是企业文化而不是产品。

"小天鹅"进驻"荷花"的工作组在调研中发现:"荷花"厂缺的是质量文化。要让大家都知道：只有健康的思想才能指导健康的行动，进而保证企业健康发展。如何控制质量，这要求所有人、所有过程、所有工作都必须围绕质量来完成。按"小天鹅"5 000次无故障运行的标准，他们对"荷花"产品进行测试，让"荷花"的产品接受严峻的考验，让"荷花"员工看到他们产品的问题，自然也就找到了努力的方向。工作组邀请"荷花"厂的领导一起考察市场，一起听取客户和用户的意见。"荷花"厂领导终于明白："荷花"的出路就是在企业内部做好质量基础工作，依法治厂。

"荷花"厂抽调70名大学生和中层干部到市场感受竞争；听取用户反映，并且在厂内设立了劣质零件曝光台。产品严格按"小天鹅"的5 000次无故障运行的高质量标准考核，可靠的产品质量为占领市场打下了扎实的基础。

"荷花"的员工也在合作中逐步接受"小天鹅"的质量文化：末日理念。倘若有一天，"荷花"没有了"小天鹅"对双缸机的订单，"荷花"厂将面临停产。

由于条件限制，"小天鹅"与"荷花"的产品外观相同，只有区分市场，避免冲突，才能形成一种协同作战、平等竞争的局面。如果市场冲突，同室操戈，势必影响双方合作。"小天鹅"所有的双缸机不在湖北露面。"小天鹅"信守诺言，让出部分国内市场，此举赢得了荷花员工的信任和当地政府的好感，为以后更大的发展打下了坚实的基础。

【案例思考题】

(1)"小天鹅"在进行合并时是如何进行战略性思考的？

(2)"小天鹅"与武汉"荷花"的合并属于哪一层的战略？制订这一层的战略需要考虑哪些因素？

案例2 机床厂的目标管理

某机床厂为了充分发挥各职能部门的作用，充分调动一千多名职能部门人员的积极性，首先对厂部和科室实施了目标管理。经过一段时间的试点后，逐步推广到全厂各车间、工段和班组。多年的实践表明，目标管理改善了企业经营管理，挖掘了企业内部潜力，增强了企业的应变能力，提高了企业素质，取得了较好的经济效益。

按照目标管理的原则，该厂把目标管理分为三个阶段进行。

1. 第一阶段——目标制定阶段

(1)总目标的制定。该厂通过对国内外市场机床需求的调查，结合长远规划的要求，并根据企业的具体生产能力，提出了2002年"三提高"、"三突破"的总方针。

所谓"三提高"，就是提高经济效益、提高管理水平和提高竞争能力；"三突破"是指在新产品数量、创汇和增收节支方面要有较大的突破。在此基础上，该厂把总方针具体化、数量化，初步制定出总目标方案，并发动全厂员工反复讨论，不断补充，送职工代表大会研究通过，正式制定全厂2002年的总目标。

(2)部门目标的制定。企业总目标由厂长向全厂宣布后，全厂就对总目标进行层层分解，层层落实。各部门的分目标由各部门和厂企业管理委员会共同商定，先确定项目，再制定各项目的指标标准：其制定依据是厂总目标和有关部门负责拟定、经厂部批准下达的各项计划任务，原则是各部门的工作目标值只能高于总目标中的定量目标值。同时，为了集中精力抓好目标的完成，目标的数量不可太多。为此，各部门的目标分为必考目标和参考目标两种。必考目标包括厂部明确下达目标和部门主要的经济技术指标；参考目标包括部门的日常工作目标或主要协作项目。其中,必考目标一般控制在 2~4 项,参考目标项目可以多一些。目标完成标准由各部门以目标卡片的形式填报厂部,通过协调和讨论最后由厂部批准。

(3)目标的进一步分解和落实。部门的目标确定了以后,接下来的工作就是目标的进一步分解和层层落实到每个人。①部门内部小组(个人)目标管理,其形式和要求与部门目标制定相类似,拟定目标也采用目标卡片,由部门自行负责实施和考核。要求各个小组(个人)努力完成各自目标值,保证部门目标的如期完成。②该厂部门目标的分解是采用流程图方式进行的。具体方法是:先把部门目标分解落实到职能组,任务级再分解落实到工段、工段再下达给个人。通过层层分解,全厂的总目标就落实到了每一个人身上。

2. 第二阶段——目标实施阶段

该厂在目标实施过程中,主要抓了以下三项工作。

(1)自我检查、自我控制和自我管理。目标卡片经主管副厂长批准后,一份存于企业管理委员会,一份由制定单位自存。由于每一部门、每一个人都有具体的、定量的明确目标,所以在目标实施过程中,人们会自觉地、努力地实现这些目标,并对照目标进行自我检查、自我控制和自我管理。这种"自我管理"能充分调动各部门及每一个人的主观能动性和工作热情,充分挖掘自己的潜力。因此,这一措施完全改变了过去那种上级只管下达任务、下级只管汇报完成情况,并由上级不断检查、监督的传统管理办法。

(2)加强经济考核。虽然该厂目标管理的循环周期为一年。但为了进一步落实经济责任制,及时纠正目标实施过程中与原目标之间的偏差,该厂打破了目标管理的一个循环周期只能考核一次和评定一次的束缚。坚持每一季度考核一次和年终总评定。这种加强经济考核的做法,进一步调动了广大职工的积极性,有力地促进了经济责任制的落实。

(3)重视信息反馈工作。为了随时了解目标实施过程中的动态情况,以便采取措施及时协调,使目标能顺利实现,该厂十分重视目标实施过程中的信息反馈工作,并采用了两种信息反馈方法。①建立了"工作质量联系单"及时反映工作质量和服务协作方面的情况。尤其当两个部门发生工作纠纷时,厂管理部门就能从"工作质量联系单"中及时了解情况,经过深入调查,尽快加以解决,可以大大提高工作效率,减少部门之间的不协调现象。②通过"修正目标方案"来调整目标。工作内容包括目标项目、原定目标、修正目标以及修正原因等,并规定在工作条件发生重大变化需修改目标时,责任部门必须填写"修正目标方案",提交企业管理委员会,由该委员会提出意见,交主管副厂长批准后方能修正目标。

该厂在实施过程中由于狠抓了以上三项工作,因此,不仅大大加强了对目标实施动态的了解,更重要的是加强了各部门的责任心和主动性,从而使全厂各部门从过去等待问题找上门的被动局面,转变为积极寻找和解决问题的主动局面。

3. 第三阶段——目标成果评定阶段

目标管理实际上是根据成果来进行管理的,故成果评定阶段显得十分重要,该厂采用了"自我评价"和上级主管部门评价相结合的做法,即在下一个季度第一个月的 10 日之前,每一部门必须把一份季度工作目标完成情况表报送企业管理委员会(在这份报表上,要求每一部门自己对上一阶段的工作做一恰如其分的评价);企业管理委员会核实后,也给予恰当的评分;如必考目标为 30 分,一般目标为 15 分。每一项目标超过指标 3% 加 1 分,以后每增加 3% 再加 1分。一般目标有一项未完成而不影响其他部门目标完成的,扣一般项目中的 3 分,影响其他部门目标完成的则扣分增加到 5 分。加 1 分相当于增加该部门基本奖金的 1%,减 1 分则扣该部门奖金的 1%。如果有一项必考目标未完成则扣至少 10% 的奖金。

该厂在目标成果评定工作中深深体会到:目标管理的基础是经济责任制,目标管理只有同明确的责任划分结合起来,才能深入持久、才能具有生命力,达到最终的成功。

【案例思考题】

(1)在目标管理过程中,应注意一些什么问题?

(2)目标管理有什么优缺点?

(3)增加和减少员工奖金的发放额是实行奖惩的最佳方法吗?你有哪些建议?

(4)你认为实行目标管理时培养完整严肃的管理环境和制定自我管理机制哪个更重要?

案例 3　华润——多元化之路

华润的历史最早可以追溯到 1938 年“联和行”在香港的成立,1948 年“联和行”更名为“华润公司”。1983 年,改组为华润(集团)有限公司,总部位于香港。今天,华润集团已发展成为一家多元化控股企业,总资产达 1 400 亿港元,营业额达 800 亿港元。主营业务包括日用消费品制造与分销、地产及相关行业、基础设施及公用事业三块领域。华润的整体战略是“集团多元化,利润中心专业化,在主营行业拥有领导地位”。

1. 华润的多元化发展思路

在计划经济时代,华润集团是中国各出口公司在香港和东南亚地区的总代理。在该公司贸易业务的鼎盛时期,其代理的进出口总曾占到了全国的三分之一。随着改革开放后贸易体制的改革,众多内地企业纷纷获得自营进出口权,华润的外贸代理地位日益衰弱。因此,寻找新业务就成了华润谋求进一步发展的必由之路,华润集团选择了多元化发展。由于其特殊的背景,具有国内并购活动中其他企业难以企及的优势,于是通过并购活动展开多元化发展成为了华润进一步发展的道路。华润的并购优势集中体现于资金实力与政府资源两个方面。

从资金实力来看,华润集团现有资产 600 亿元,每年产生利润近 40 亿元,手中握有 170 亿元的现金,可支配金额达 300 亿元,此外每年通过股票增发亦可筹资 10 亿~40 亿元。这使得华润可以通过香港这个融资平台,为国内的并购及并购企业的再重组提供充足的资金支持。从这一意义而言,华润整合内地产业的过程,其实就是不断开拓国际资本流回中国传统产业的渠道,再依靠整合改造后企业的良好业绩表现,取得国际资本市场的进一步信任,将国际资本源源不断地引入内地市场的过程。

此外,华润在政府资源上的独特优势使它可以在国内展开大刀阔斧的并购活动。华润作为前外经贸部在香港的窗口企业,同时兼有外资与国有企业的双重身份,在华润香港的管理层中有 500 人是曾在内地工作过的,其中还有做政府官员的经历,如其董事长陈新华就曾担任过对外经济贸易部副部长。这种与政府的联系,使华润在并购内地的国有企业时易于掌握企业的真实状况,也使得并购过程能够顺利进行,从而降低了并购成本。

华润的这种政府资源优势使其在众多并购活动中能轻易战胜对手。例如,青啤在同华润的收购争夺战中,原老总彭作义曾坦言,青啤不仅要面对华润巨大的资本力量,同时华润这种与政府间的特殊关系常使青啤在争夺战中无奈败下阵来。又如,华润收购华晶时,能够轻易绕过已全面接管华晶的信达资产管理公司,直接通过国家计委与财政部将华晶欠信达的债务由 8.6 亿元缩减至 6 亿元。

同时,政府资源优势还进一步加强了其融资能力。据了解,直至目前,华润虽然已在国内开展了庞大的并购活动,在内地的投资额高达 200 亿元,但真正来自境外的资金仅仅 30 亿元左右,国内的银行给了华润极大的支持。从某种程度而言,这也正是其政府资源优势的另一种体现。

正是有着强大资金实力为后盾、政府资源为基础的独特优势,华润在国内的并购活动才能顺利展开。

2. 华润的多元化之路

华润的多元化道路从香港开始,先后涉足零售、地产、食品等诸多业务,之后很快进入内地市场,依靠资金与政府背景在国内收购不同行业的各种企业,从而形成了业务庞杂的企业集团。

多年的发展中,华润集团似乎一直没有做深某个产业的情结,而是哪个产业有机会就经营哪个产业。华润提出的是"产业整合"战略:选择那些市场集中度较差、缺少行业领导者、没有市场标准的产业进行大刀阔斧的并购。因此,这样的行业存在着巨大的整合机会。华润对某些行业进行大规模的收购,并利用这些被收购公司间的协同效应重新整合与重组,进而取得一定的行业垄断优势,以期获取更高收益。

目前,华润的业务从第一产业到第三产业,涉及的行业非常广泛。除去一些策略性投资之外,华润的主要业务包括地产、食品、啤酒、石化、零售、纺织、水泥、电力、微电子九个大类。

最能体现华润"产业整合"思路的是啤酒行业。从 1994 年并购雪花啤酒开始,十余年间,华润连续并购了 37 家啤酒企业,实现了啤酒行业的全国布局,与青岛啤酒一起并列中国啤酒行业的龙头。此外,纺织行业也体现出了华润的"产业整合"理念。2000 年,华润斥资 1.1 亿元连续收购了 6 家纺织厂。2001 年 9 月,华润又以中国华润总公司的名义斥资 1.5 亿元收购四川锦华(000810)51% 的股份,成为其绝对控股股东。至此,华润已经拥有 70 万锭纱锭生产能力,年产纱线 48 000 t。

3. 华润的整合困境

在华润集团的九大业务类别中,能够较好体现华润"产业整合"理念的行业却不多。除去啤酒和纺织,其余的如地产、食品、零售、石化、水泥、电力、微电子等行业,华润还没有对这些行业产生真正的影响力。

华润的多元化首先是依靠其特有的优势,以较低成本收购公司,在收购完成后,华润一般会向被收购公司提供发展资金与新的管理团队,以提高公司的效率与管理水平,将被收购公司的战略纳入华润在这一产业的整体战略之中,以期获得高于行业平均的利润率。

多元化战略如果执行得力,应能为公司带来较好的收益。不过,现实的情况却不乐观。以整合啤酒行业为例,华润的盈利能力远低于青岛啤酒、燕京啤酒等竞争对手;而在零售行业华润并购万佳超市后就一直亏损。华润虽在国内并购了大量的企业,但并购后的发展却差强人意。

华润收购的公司往往与华润集团在行业发展战略与企业文化上存在冲突。华润收购万佳超市后,由于其"未来五年内,投资 50 亿元,实现营业额 500 亿元,年度利润 5 亿元"的"四个五工程"的战略目标与万佳原有"稳扎稳打"的战略发生严重冲突,并且华润的企业文化也很难与万佳原有的企业文化融合在一起,最终导致了以徐钢为代表的万佳原有管理团队大批离去,而华润万佳也从一家业绩优异的公司陷入了不断亏损的境地。

另一个失败的例子是其对深圳万科与北京华远地产的整合。华润在控制这两家公司以后，非常欣赏万科的经营理念，希望按照万科的方式重塑华远，但这遭到了华远原有管理层的强烈抵制，最终以华远原总裁任志强赎回华远品牌，离开华润另起炉灶而告终结。

【案例思考题】

(1) 华润为什么选择多元化经营？有什么优劣势？

(2) 华润的多元化发展遇到的问题是什么？你认为应如何解决？

第六章 组　　织

一般管理理论的创始人法约尔曾认为组织是管理中最重要的职能。法约尔尽管也认为计划工作十分重要，但他一再强调组织是一切管理活动的基础。现在一个普遍接受的观点是，组织是管理的基本职能之一，是在计划职能之后的第二项重要的基本职能。在管理的计划职能确定了组织的具体目标，并对实现目标的途径作了大致的安排之后，为了使人们能够有效地工作，还必须设计和维持一种组织结构，它包括组织机构，职务系统和相互关系。具体地说，就是要把达到组织目标而必须从事的各项工作或活动进行分类组合，根据管理幅度原理，划分出若干管理层次，划分出若干部门；对人员进行选聘、考评和培训，为组织结构中的每个职位配备合适的人员，并把监督每类工作或活动所必需的职权授予各个管理层次、各部门的主管人员，以及规定上下左右的协调关系。此外，还需要根据组织内外诸要素的变化，不断地对组织结构作出调整和变革，以确保组织目标的实现。这就是管理学中组织工作职能的范围。

第一节　组　织　设　计

一、组织的概念

组织存在的基础是人们活动的社会性。社会的发展使人们的需求日趋复杂化、多样化，要不断满足这种需求，单靠个人努力是无法实现的，因此不得不依靠众多人的共同努力，为此人们形成了组织。在组织当中统筹安排人力、物力和财力，力求用尽可能小的消耗取得尽可能大的成果。这种统筹效用将成倍增加。在一些情况下，组织的作用并不明显，而在另外一些情况下，组织的作用却非常显著。这两种情况我们都能很容易地在周围发生的活动当中找到范例。金刚石和石墨，其化学成分都是碳，但结构不同，其物理性能就相差极大；训练有素的军队同普通群众相比，即使双方使用一模一样的武器，打起仗来，一支很小的部队就可能征服与控制很大的人群，可见组织的威力有多么强大。但无论如何，组织存在本身就足以说明，它对人类的生存起着重要的作用。管理人员的主要任务之一就是要使组织不断发展、完善，使之更加富有成效。

组织理论是管理科学的一个重要组成部分，现在已成为管理科学中的一个独立的研究领域。组织理论实质上就是研究如何合理、有效地进行分工，这里的分工包括业务工作的分工、工作量的分配、职责和权限的划分，分工之后为每一个职位配备合适的人员以及相互之间的配合与协作等等。

组织从不同的角度来理解，可以有不同的定义，本书认为组织大致可以有这样两方面的含义。

(1)一般意义的组织。这是人们进行合作活动的必要条件。一般泛指各种各样的盈利或非盈利的社会组织，如企业、政府、学校、医院等等。美国管理学家巴纳德认为：由于生理的、心理的、物质的、社会的限制，人们为了达到个人的和共同的目标，就必须进行合作，于是形成群体,而社会群体的集合即组织。

(2)管理学意义的组织。这是按照一定目的和程序,人们进行分工协作的过程及由此组成的一种权责角色结构系统。巴纳德认为:组织不是集团,而是相互协作的关系,是人们相互作用的系统。正式组织是人们自觉地、有意识、有目的地加以协调的两个或两个以上人的活动或力量的系统。

组织作为一个系统,一般包含四个重要要素:①目标。因为任何组织都是为目标而存在的,不论这种目标是明确的了还是模糊的,目标总是组织存在的前提。没有目标,也就没有组织存在的必要性。②人员与职务。人既是组织中的管理人员,又是组织中的被管理人员,建立良好的人际关系,是建立组织系统的基本条件和要求。明确每个人在系统中所处的位置以及相应的职务,便可形成一定的职务结构。③职责与职权。职责是指某项职位应该完成某项任务的责任,它反映了上下级之间的一种关系。下级有向上级报告自己工作绩效的义务或责任;上级有对下级的工作进行必要指导的责任。这是每个人员所在岗位职务的一种义务。职权是指经由一定的正式程序所赋予某项职位的一种权力。居其位者,可以承担指挥、监督、控制,以及惩罚、裁决等等工作。这种权力是一种职位的权力,而不是某特定个人的权力。④信息。组织内部及内部与外部的联系,主要是信息联系。只有信息沟通,才能保证组织的有效运转。

组织也可以理解为是一些职位和一些个人之间的关系网络式结构。组成结构的要素是人、职位、任务以及它们之间的特定关系网络,这是静态的一面。结构有助于我们对组织进行观察和比较。结构是所有学科中的一个基本概念。一般来说,正式组织结构都是经过认真考虑后才建立起来的。管理人员把任务进行分工,再按一定关系使它们联结起来而形成组织结构。这种结构相对来说是稳定的、连续的、逐渐变化的。大的变化都发生于剧烈变革的时代,例如政治的、经济的、社会的、技术的剧烈变革。经济体制改革和政治体制改革必然要引起有关的组织结构产生较大的变化。虽然决定组织基本结构是组织中高、中层主管人员的责任,但所有管理人员在他们职权范围内都对结构产生影响。另外,由于组织结构相对稳定,所以它一经建立,就形成一种框架,这种框架或者方便了管理人员的工作,或者阻碍管理人员的工作。因此,要不时地对组织结构进行检查和调整,使之有利于达到组织目标。

二、组织设计的过程和任务

组织设计就是对组织开展工作、实现目标所必需的各种资源进行安排,以便在适当的时间、适当的地点把工作所需的各方面力量有效地组合到一起的管理活动过程。组织设计的直接结果是形成一种关系网络,用现代管理理论创始人巴纳德的话来说,就是"有意识地加以协调的两个或两个以上的人的活动或力量的协作系统"。在许多情形下,这种协作系统或关系网络,通常被称做"组织结构"。

组织设计工作包括以下三项具体的任务:

1. 职务分析与设计

职务分析与设计是组织设计的最基础工作。它是在对组织目标进行逐级分解的基础上,具体确定出组织内各项作业和管理活动开展所需设置的职务的类别与数量,以及每个职务所拥有的职责权限和任职人员所应具备的素质。

2. 部门划分和层次设计

根据各个职务所从事工作的性质、内容及职务间的相互联系,采取一定的部门化方式,依照一定的原则,将各个职务组合成被称为"部门"的作业或管理单位。这些部门单位又可以按一定的方式组合成上一层级的更大的部门,这样就形成了组织的"层次"。

3.结构形成

通过职责权限的分配和各种联系手段的设置,使组织中的各构成部分(各职务、各部门、各层次)联结成一个有机的整体,使各方面的行动协调配合起来。

组织设计工作的结果通常体现在两份书面文件上:

一是组织机构系统图,亦称组织图或组织结构图。它一般是以树形图的形式简洁明了地展示组织内的机构构成及主要职权关系。绘图时常以"方框"来表示职位或部门,方框的垂直排列位置说明该职位或部门在组织层级中所处的位置,而上下两方框间相连的"直线"则体现这两个职位或部门之间的隶属和权力关系。

二是职务说明书,有时亦称作职位说明书。它一般是以文字的形式规定某一职位的工作内容、职责和职权,与组织中其他职务或部门的关系,以及该职务担当者所必须具备的任职条件,如基本素质、学历、工作经验、技术知识、处理问题的能力等。

三、组织设计的依据

管理职务及其结构的设计是为了合理组织管理人员的劳动,而需要管理的组织活动总是在一定的环境中利用一定的技术条件,并在组织总体战略的指导下进行的,组织设计不能不考虑到这些因素的影响。此外,组织的规模及其所处阶段不同,也会要求与之相应的结构形式。

1. 战　　略

组织结构必须服从组织所选择的战略的需要。适应战略要求的组织结构,为战略的实施,从而为组织目标的实现,提供了必要的前提。为实现同一目标,组织可在多种战略中进行挑选。比如,作为盈利性经济组织的企业,为实现利润、求得成长的目标,既可以生产低成本、低质量的产品,以廉价去争取众多的低收入用户,以求得数量优势,亦可利用高精技术和材料生产优质产品,争取高收入消费者,以求得质量优势;在同一类商品的生产中,既可制造适应各类消费者需要的不同规格、不同类型的产品,也可专门制造某一类用户有特殊需求的产品;在产品的销售市场上,遇到无力抗争的竞争对手时,企业既可通过开发新产品来避开,也可通过市场转移来寻求生机。

战略选择的不同,在两个层次上影响组织结构:不同的战略要求不同的业务活动,从而影响管理职务的设计;战略重点的改变,会引起组织的工作重点、从而各部门与职务在组织中重要程度的改变,因此要求各管理职务以及部门之间的关系作相应的调整。

2. 环　　境

如第一章所述,任何组织作为社会的一个单位,都存在于一定的环境中,组织外部的环境必然会对内部的结构形式产生一定程度的影响。这种影响主要表现在三个不同的层次上。

(1)对职务和部门设计的影响

组织是社会经济大系统中的一个子系统,组织与外部存在的其他社会子系统之间也存在分工问题。社会分工方式的不同决定了组织内部工作内容,从而所需完成的任务、所需设立的职务和部门不一样。

(2)对各部门关系的影响

环境不同,使组织中各项工作完成的难易程度以及对组织目标实现的影响程度亦不相同。

（3）对组织结构总体特征的影响

外部环境是否稳定,对组织结构的要求也是不一样的。稳定环境中的经营,管理部门与人员的职责界限分明,工作内容和程序经过仔细的规定,各部门的权责关系固定,等级结构严密;而多变的环境则要求组织结构灵活,各部门的权责关系和工作内容需要经常做适应性的调整,等级关系不甚严密,组织设计中强调的是部门间的横向沟通而不是纵向的等级控制。

3. 技　　术

组织的活动需要利用一定的技术和反映一定技术水平的物质手段来进行。技术以及技术设备的水平不仅影响组织活动的效果和效率,而且影响组织活动的内容划分、职务的设置和任职者的素质要求。例如,信息处理的计算机化必将改变组织中的会计、文书、档案等部门的工作形式和性质。

4. 规模与组织所处的发展阶段

规模是影响组织结构的一个不容忽视的因素:组织的规模往往与组织的发展阶段相联系。伴随着组织的发展,组织活动的内容日趋复杂,人数逐渐增多,活动的规模越来越大,组织的结构也需随之而经常调整。

美国学者汤姆森(J. Thomas Cannon)提出了组织发展五阶段的理论,认为组织的发展过程中要经历"创业"、"职能发展"、"分权"、"参谋激增"和"再集权阶段",指出发展的阶段不同,要求有与之相适应的组织结构形态。

（1）创业阶段。在这个阶段,决策主要由高层管理人员个人作出,组织结构相当不正规,对协调只有最低限度的要求,组织内部的信息沟通主要建立在非正式的基础上。

（2）职能发展阶段。这时决策越来越多地由其他管理人员作出,而最高管理人员亲自决策的数量越来越少,组织结构建立在职能专业化的基础上,各职能间的协调需要增加,信息沟通变得更重要,也更困难。

（3）分权阶段。组织采用分权的方法来对付职能结构引发的种种问题,组织结构以产品或地区事业部为基础来建立,目的是在企业内建立"小企业",使后者按创业阶段的特点来管理。但随之而来出现了问题,各"小企业"成了内部的不同利益集团,组织资源转移用于开发新产品的相关活动减少,总公司与"小企业"的许多重复性劳动使费用增加,高层管理人员感到对各"小企业"失去了控制。

（4）参谋激增阶段。为了加强对各"小企业"的控制,公司一级的行政主管增加了许多参谋助手。而参谋的增加又会导致他们与直线的矛盾,影响组织中的命令统一。

（5）再集权阶段。分权与参谋激增阶段所产生的问题可能诱使公司高层主管再度高度集中决策权力。同时,信息处理的计算机化也使再集权成为可能。

四、组织设计的基本原则

设计和建立合理的组织结构,根据组织内外部要素的变化适时地调整组织结构,其目的都是为了更有效地实现组织目标。在对新的组织结构进行设计或进行组织变革时,要仔细研究组织设计的基本原则。不合理的组织结构轻则使组织效率降低,重则使组织解体。组织结构的好坏对于组织的成功具有举足轻重的作用。进行有效的组织结构设计一般应遵循以下基本原则。

1. 目标至上、职能领先原则

组织结构只是实现组织目标的手段,组织机构只是落实组织机能或职能的器官或工具。因此,管理者在进行组织设计工作时,无论是决定选取何种形式的组织结构,还是决定配置哪些职位、部门与层次,都必须服从于组织目标的实现。组织在一定时期内所要实现和开展的战略目标和关键职能,往往对组织结构的形式与构成起着决定性作用。对组织特定目标和职能的关注应该贯穿到组织设计和变革工作的全过程中。

2. 统一指挥原则

统一指挥指的是组织中的每个下属应当,而且只能向一个上级主管直接汇报工作,以避免多头领导。可以说,组织内部的分工越是细致深入,统一指挥原则对于保证组织目标实现的作用就越重要。政出多门、命令不统一,一方面会使真正想做事的下属产生无所适从的感觉,另一方面,也会给一些不想做事的下属利用矛盾来逃避责任的机会。

3. 权责对等原则

权责对等原则就是职权和职责必须相等。在进行组织结构的设计时,既要明确规定每个管理层次和各个部门的职责范围,又要赋予完成其职责所必需的管理权限。职责与职权必须协调一致,要履行一定的职责,就应该有相应的职权,这就是权责对等原则的要求。只有职责,没有职权或权限太小,则其职责承担者的积极性、主动性必然会受到束缚,实际上也不可能承担起应有的责任;相反,只有职权而无任何责任,或责任程度小于职权,将会导致滥用权力和无人负责,产生官僚主义等等。因此,在实际的组织设计中应尽量避免这两种倾向。科学的组织结构设计应该是将职务、职责和职权形成规范,订出章程,使无论什么人,只要担任该项工作就得有所遵从。

4. 均衡性原则

这一原则可表述为:同一级机构、人员之间在工作量、职责、职权等方面应大致平衡,不宜偏多或偏少。苦乐不均、忙闲不均等都会影响工作效率和人员的积极性。任务过多,要将一部分工作分配给其他人员或部门去做;而在任务过少的情况下,要加大任务量,或进行合并。

5. 因事设职与因人设职相结合的原则

组织中每个部门、每个职务都必须由一定的人员来完成规定的工作任务。组织设计必须确保实现组织目标活动的每项内容都能落实到具体的职位和部门,做到"事事有人做",而不是"人人有事做"。这样,组织设计中自然就要求从工作特点和需要出发,因事设职,因职用人。但这并不意味着组织设计可以忽视人的因素,忽视人的特点和人的能力。组织设计必须在保证有能力的人有机会去做他们真正胜任的工作的同时,使工作人员的能力在组织中获得不断提高和发展。一句话,"人"与"事"的要求应该得到有机的结合。

6. 机构精简原则

无论任何一种组织结构形式,都必须将精简原则放在重要地位。精简原则可表述为:在服从由组织目标所决定的业务活动需要的前提下,力求减少管理层次,精简管理机构和人员,充分发挥组织成员的积极性,提高管理效率,更好地实现组织目标。一个组织只有机构精简,队伍精干,工作效率才会提高。如果组织层次繁多、机构臃肿、人浮于事,则势必导致浪费人力资源,滋长官僚主义,办事拖拉、效率低下。因此,一个组织是不是具备精干高效的特点,这是衡量其组织结构是否合理的主要标准之一。

7. 稳定性与适应性相结合原则

这一原则可表述为:组织结构及其形式既要有相对的稳定性,不要总是轻易变动,但又必须随组织内外部条件的变化,根据长远目标作出相应的调整。

任何组织都是一个开放的社会子系统,在其活动过程中,都与外部环境发生一定的相互联系和相互影响,并连续不断地接受外来的"投入"而转换为"产出"。一般地说,组织要进行实现目标的有效的活动,就要求必须维持一种相对平衡的状态,组织越稳定,效率也将越高。组织结构的调整和各部门职权范围的重新划分,都会给组织的正常运行带来有害的影响。因此,组织结构不宜频繁调整,应保持相对稳定。但是,不但组织本身是在不断运动的,而且组织赖以生存的大环境也是在不断变化的,当组织结构相对地呈现僵化状态,组织内部效率低下,而且无法适应外部的变化或危及生存时,组织的调整与变革就是不可避免的了。因为只有调整和变革,才会给组织重新带来效率和活力。

另外,还有分工与协调、管理幅度、集权与分权相结合等原则,这在后面再详细论述。

第二节　组织设计的基本问题

一、分工与协调

分工与协调原则是组织结构设计的基本原则。分工就是按照提高管理专业化程度和工作次序的要求,把组织的目标分成各级、各部门以至各个人的目标和任务,使组织的各个层次、各个部门、每个人都了解自己在实现组织目标中应承担的工作职责和职权。有分工就必须有协调,协调包括部门之间的协调和部门内部的协调。分工与协调原则就是组织结构的设计和组织形式的选择越是能反映目标所必需的各项任务和工作的分工,以及彼此间的协调,委派的职务越是能适合于担任这一职务的人的能力与动机,其组织结构和形式就越是有效。组织结构中的管理层次的分工、部门的分工及职权的分工及各种分工之间的协调就是这个原则的具体体现。

对工作分工与协调关系的处理,是组织设计中的一个重要问题。传统的组织设计强调工作的专业化分工,认为分工是大生产的标志,不仅作业活动要进行分工,管理活动也要实行分工,通过分工提高各方面工作的质量和效率。专业化分工成为传统组织设计的一条基本原则。但是随着生产力水平的提高,分工的缺点也日益暴露出来,如分工带来了本位主义,助长了专业管理人员的片面观点;分工造成了工作的单调乏味,影响了员工的工作热情和创造性思维;分工还引起办事程序和手续的繁琐复杂,增大部门之间的协调工作量,等等。因此,分工并不是越细致越好,而应该有一个合适的"度"。对这个"度"的把握,就需要全面考虑分工带来的益处是否足以抵补员工工作积极性下降和工作过程协调成本上升等缺陷。

基于对过细分工所产生问题的认识,现代组织设计中出现了机构职能综合化和业务流程整合化的改革趋向。以事业部制取代直线职能型结构,就标志着企业中间管理层的直线管理机构由过去强调专业职能分工转变为将特定事业领域内的生产经营过程集中在一个相对封闭的单位内完成,增强单位内部的协调性。参谋职能机构设置中将职能相似程度高、相互关联较强的工作合并在一起,由"综合部"来负责多项职能管理工作,这样也有利于实现相关业务的归口统一管理。比如,有些钢铁企业改变过去技术处与质量处分设的做法,设立了集技术管理与质量管理于一身的技术部,不仅把工艺质量标准的制定与质量标准的监督检查放在同一部门内,而且变按工艺阶段为按产品类别来设置全工艺过程一贯到底的质量管理科室(如板钢科、条钢科、钢管科等),使产品质量标准的制定与其监督执行整合到了一个科室内部。这种强化协调、削弱分工的做法,在 20 世纪 90 年代兴起的"业务流程重组"热潮中得到了最鲜明的体现。

业务流程重组,亦称业务流程再造(英文简称为"BPR"),指的就是利用现代信息技术手段,对业务流程作根本的重新思考和彻底的重新设计,以取得质量、成本和业务处理周期等绩效指标的显著改善。重组、再造的实质是打破分工,将协调注入到业务流程开展中。业务流程重组最初是由两位有丰富企业咨询经验和计算机技术背景的美国学者迈克尔·哈默和詹姆斯·钱皮提出的,后来在世界范围迅速传播开来,引起了企业组织设计和运作方式的根本改变。

业务流程重组概念中包含着四方面关键的内涵:

(1)显著。即着眼于使企业绩效获得戏剧性的、大幅度的改善,而不是微小的进步。

(2)根本。即要抛弃原有的一切,从零开始,追根溯源,进行彻底的改革,而不是现有状况的改良。

(3)流程。指重组改革针对的是一系列相互关联的业务工作活动所形成的过程或流程,而不是支离破碎、彼此孤立的单项工作活动及其承担的部门或单位。

(4)重新设计。指通过业务流程的重组、重建或者再造,使业务工作方式产生飞跃性变化,从而达到大幅度提高绩效的目的。

在以分工为导向的传统组织中,一项业务活动的开展过程往往需要由许多专业化职位或职能化部门来共同承担,从而产生了频繁的跨部门联系和协调的需要。为此,配备了层层叠叠的管理人员,并制定了细致严密的程序规则,企图通过这些上级指挥和程序规范等措施来确保整个流程的工作能按部就班地进行。然而,这种"先分后合"的传统组织设计方式导致了组织中各职位、各部门的人员只是习惯于"对内"向各自所承担的局部工作负责,"对上"遵照老板的指示执行,可就是没有人能在工作中以全局的、外向的眼光对整个业务流程及其所服务的顾客负起全面责任,结果上级主管疲于协调、文山会海不断升级,也终究改变不了整个流程效率低下,顾客满意度低,对市场变化反应迟缓等问题。所以,哈默等人提出,面临顾客日益挑剔、竞争日益激烈、变化日益频繁这三股力量冲击的现代企业,必须彻底改变传统的工作组织方式,从更好满足内部和外部顾客需求出发,将流程涉及的一系列跨职能、跨边界的活动集成和整合起来,亦即以首尾相连的、完整连贯的一体性流程来取代以往的被各部门割裂的、片段粘合式的破碎性流程。

以 IBM 公司属下信用公司进行的融资业务流程重组为例,这家为客户提供购买 IBM 电脑、软件及服务所需贷款的信用分支机构,最初在融资业务流程上采取的是专业化分工的组织方式:当 IBM 地方销售员打电话要求提供融资时,首先会有 14 个经办员负责将他们的要求记录在一张申请单上;接着,这些融资申请单被送到楼上的信用部,由其审核该顾客的信用状况;然后,信用部会将审查结果写在融资申请单上传递至商务部,由该部门负责订立融资契约条款;之后,申请书被转到估价部,由其估算顾客的贷款利率;最后,所有的材料连同融资申请单一并转交给文书组,写成正式信贷文件后签发给地方销售员。一般情况下,整个流程平均需要六天时间,有时还可能拖至两个星期。这样耗时长久的融资申请过程很容易使地方销售员在竞争中丢失即将到手的生意。进行流程再造以后,IBM 信用公司撤换了信用审核员、估价员、契约专家及文书等专门职能的部门和人员,而代之以一个通才的"专案员",负责每笔融资交易的整个过程,结果使流程总处理时间缩短至四个小时,从而带来了公司融资业务量上百倍的增长。

当然,并不是所有整合以后的业务流程都可以由一个像 IBM 信用公司"专案员"那样的通才人员来承担。在大多数的情况下也许企业仍然需要配备各式各样的专门人才,但在流程再造后的组织中,这些专门人才不再是作为相对独立的个体,而是作为"专案组"性质的流程工作团队中的一个成员,相互协作和密切配合地完成整合设计后的某类业务流程的全部工作。这样围绕流程而组建的工作团队,需要的不单单是专门人员间的互补技能,更需要成员之间的整体意识和相互依存、相互影响的关系。实践表明,成员对团队的忠诚奉献和责任感,成员间相互的信任和良好的沟通,教练式的领导,全体参与、协商一致的决策风格,以及有益的组织内部和外部支持环境,这些对以工作团队为基本业务单元的组织的成功运作起着至关重要的作用。

从协调整合的角度构建了组织基本业务单元后,企业的整体结构也将随"再造"改革的深化而逐渐从以往的纵向金字塔型的层级制结构转变为一种横向的水平型结构。在这种新的结构中,企业内部部门之间、职能之间、专业之间的界限被打破,企业与供应商、顾客等外部单位间也建立起广泛而密切的联系、合作甚或联盟,从而在企业内外呈现出低分化程度的"无边界组织"形态。而且,再造后的企业往往授予跨职能、跨组织边界的团队以高强度的自主决策、自我管理的权利,并随着这种管理权限的授放(通常称为"授权于员工"),管理层的队伍得到大幅压缩,从而管理层次趋于扁平化。在文化价值观方面,管理者不再将员工视为"车轮上的轮齿"而视为"工作伙伴",也不再将外部的供应商、顾客乃至同业制造商视为"竞争对手",而看做是"商业伙伴",因此,信任、互动、合作成为新型组织运作的主旋律。所以,"企业再造"的倡议者们相信,以面向顾客需要为出发点的围绕工作流程而不是部门职能来构建的水平型组织,将给面临迅速多变环境的企业提供一种前所未有的灵活适应变化的敏捷性、创新性和组织学习能力。

二、部门的划分

要提高工作效率,必须对整个组织的工作进行充分细致的分析,并进行明确的分类。在此基础上进行科学的综合,就形成我们通常所指的部门。部门是指组织中主管人员为完成规定的任务有权管辖的一个特定的领域。部门的划分是组织的横向分工。

部门划分的目的,在于确定组织中各项任务的分配与责任的归属,以求分工合理、职责分明,有效地达到组织的目标。正如法约尔所指出的,它是"为了用同样多的努力生产更多和更好的产品的一种分工。"

1. 部门划分的原则

(1)确保目标的实现。必要的职能均应具备,以确保目标的实现。在企业中,其主要职能是生产、销售和财务等,在医院里,主要职能是医疗服务等,像此类的职能都必须要有相应的部门。当某一个职能与两个以上部门有关联时,应将每一部门所负责的部分,加以明确规定。

(2)组织机构应具有弹性。划分部门应随业务的需要而增减。在一定时期划分的部门,没有"永久"性的"商标",其增设和撤销应随业务工作而定。可设立临时部门或工作组来解决临时出现的问题。

(3)力求维持最少部门。组织机构是由管理层次、部门结合而成的。组织机构要求精简,部门必须力求最少,但这是以有效地实现组织目标为前提的。

总之,部门的划分,解决了因管理幅度的限制而约束组织规模扩大的问题,同时把业务工作安排到各个部门中去,有利于组织目标的实现。由于业务工作的划分难以避免地带来部门间不协调的问题,因此在划分部门的同时,也必须考虑到这种不协调所带来的消极影响。

2. 部门划分的主要标志、方法及特点

组织活动的特征,随着目标的不同而千差万别。但大量的实证研究表明,部门划分的标志与方法却具有普遍适用性。这些标志与方法主要有:

(1)按人数划分。单纯地按人数多少来划分部门可以说是一种最原始、最简单的划分方法,军队中的师、团、营、连即是用此方法划分的。这种按人数划分部门的方法是抽取一定数量的人在主管人员的指挥下去执行一定的任务。一般来讲,这种划分方法的特点是仅仅考虑人力,因此在现代高度专业化的社会中有逐渐被淘汰的趋势。当然并不排除在现代社会的某些场合,尤其是在基层的部门划分中仍然适用。

(2)按时间划分。这种方法多见于组织的基层,它是在正常的工作日不能满足工作需要时所采用的一种划分部门的方法。例如许多工业企业按早、中、晚三班制进行生产活动,那么部门设置就可以是三个。此外,交通、邮电、医院等组织也采用这种轮班制的方法来进行部门的划分。这种划分方法给管理带来的主要问题是增加了监督控制的难度、效率降低以及中晚班的费用比较高。

(3)按职能划分。按职能划分部门是许多现代组织最广泛采用的一种方法。这种方法是根据生产专业化的原则,以工作或任务的性质为基础来划分部门的。

按职能划分部门的优点在于,它遵循分工和专业化原则,因而有利于充分发挥专业职能,使主管人员的注意力集中在组织的基本任务上,有利于目标的实现,同时它简化训练工作,为上层主管部门提供了进行严格控制的手段。但是这种划分,容易使各职能部门的专业人员产生"隧道视野",即除了自身领域外,其他什么也看不见,从而给各部门之间的横向协调带来一定的困难。

(4)按地区划分。对于分散在不同地区的组织来说,按地区划分部门是一种比较普遍采用的方法。这种方法是当组织的地理位置分布于不同地区,各地区的政治、经济、文化等因素影响到组织的经营管理时,把某个地区或区域内的业务工作集中起来,委派一位经理来主管其事。其目的是为了调动各个地区的积极性,采取有针对性的经营策略,从而取得地方化经营的优势效益。

这种按地区划分部门的方法,责任下放到基层,有利于改善地区内部的协调,取得地区经营的经济效益,同时也有利于主管人员的培养和训练。但是,这种方法的缺点是,需要更多的具有全面管理能力的人员,增加了最高主管部门控制的困难,而且地区之间往往不易协调,集中的经济服务工作也不容易进行等等。

(5)按产品划分。按产品划分部门是按产品或产品系列来组织业务活动的一种方法,例如大学里的系、研究所,就是按照不同领域里的课程和研究而设置的。

这种按产品划分部门的方法一般能够发挥个人的技能和专长,发挥专业设备的效率,有利于部门内的协调。同时,它还使各部门的主管人员把注意力集中在产品上,这对产品的改进和发展是十分重要的。但是,这种方法要求更多的人具有全面管理的能力,各产品部门的独立性较强而整体性则较差,这就加重了主管部门在协调和控制方面的困难。

(6)按服务对象划分。这是一种多用于最高主管部门以下的一级管理层次中的划分部门的方法。它根据服务对象或顾客的需要,在分类的基础上来划分各个部门。这种方法也是许多不同类型的组织中所普遍采用的,例如一所大学的学生,可以分为研究生、本科生、专科生、进修生、函授生、夜大学生等类型。那么,对这些不同类型的学生的安排,就形成了学校的不同部门。

这种按服务对象划分部门的方法,最大的优点就是能满足各类对象的要求,社会效益比较好。但按这种方法组织起来的部门,主管人员常常要求给予特殊的照顾,从而使这些部门和按照其他方法组织的各部门之间的协调发生困难。此外,这种方法有可能使专业人员和设备得不到充分的利用。

(7)按设备划分。这也是一种划分部门的基本方法,这种方法常常和其他划分方法结合起来使用。例如医院的放射科、心电图室、脑电图室、超声波室等部门的形成,就是按这种方法划分的。又如现在许多组织都已建立起来的电子计算机站或信息处理中心,也是这种划分方法的一个例子。这种划分方法的优点在于,能够经济地使用设备,充分发挥设备的效益,使设备的维修、保管以及材料供应等更为方便,同时也为发挥专业技术人员的特长以及为上级主管的监督管理提供了方便。

以上介绍的是一些划分部门的主要的基本方法,除此之外,还有一些方法如按市场销售渠道划分、按工艺划分等等。总而言之,设计组织的横向结构,即划分各层次的业务部门,是为保证组织目标的实现而对业务工作进行安排的一种手段。所以,在实际的运用中,每个组织都应根据自己的特定条件,选择能取得最佳效果的划分方法。但应该指出的是,划分方法的选择不是唯一的,并不一定要求各层次的业务部门都整齐划一。在很多的情况下,常常采用混合的方法来划分部门,即在一个组织内或同一组织层次上采用两种或两种以上的划分方法。例如一所大学,在中层这个管理层次上,就可以按领域划分为各个系、所;按职能划分为总务处、财务处、保卫处、教务处、人事处、外事处等;按服务对象划分为研究生院、成人教育学院;按设备划分为电化教育中心、计算中心等等。这种混合划分部门的方法,常常能够更有效地实现组织的目标。

三、管理幅度与管理层次

随着生产力的发展,科技的进步,以及经济的增长,组织规模越来越大,管理人员与被管理人员的关系随之复杂化。为处理这些错综复杂的关系,管理人员需要花费大量的时间和精力,而对于一个主管来讲,其能力、精力和时间都是有限度的。因此,任何主管能够直接有效地指挥和监督的下属数量总是有限的,这个有限的直接领导的下属数量被称作管理幅度,又称"管理跨度"或"管理宽度"。当超过这个限度时,管理的效率就会随之下降,就必须增加一个管理层次,可以通过委派工作给下一级主管人员而减轻上层主管人员的负担。如此下去,便形成了有层次的结构。委托的结果是减少了主管必须直接从事的工作量,但与此同时,也带来了监督协调下一级主管人员怎样执行的工作负担,而监督也需要时间和精力。所以,增加管理层次节约出来的时间,一定要大于用于直接监督控制的时间,这是衡量增加一个管理层次是否合理的重要标准。

一个组织究竟设有多少级的管理层次比较合理?这需要考虑组织规模和管理幅度的影响。在管理幅度给定的条件下,管理层次与组织规模大小成正比,组织的规模越大,作业人员数量越多,那么所需要的管理层次就越多。在组织规模给定的条件下,管理层次与管理幅度成反比,每个主管所能直接领导的下属人数越多,所需的管理层次就越少。

任何组织在进行结构设计时都必须考虑每个主管人员直接指挥与监控的下属人数以多少为宜这一管理幅度问题。一般来说，即使在同样获得成功的组织中，每位主管直接管辖的下属数量也不一定相同。有效管理幅度的大小受到管理者本身的素质及被管理者的工作内容、能力、工作环境与工作条件等诸多因素的影响，每个组织及组织中的每一个管理者都必须根据自身的情况来确定适当的管理幅度，在此基础上再确定组织的管理层次数。

有效管理幅度的影响因素主要有以下几种。

（1）工作能力

主管人员的综合能力、理解能力和表达能力强，则可以迅速地把握问题的关键，对下属的工作提出恰当的指导建议，并使下属明确地理解，从而可以缩短与每一位下属接触所占用的时间。同样，如果下属人员的工作能力较强，受到良好的系统培训，则可以在很多问题上根据自己的符合组织要求的主见去解决，不但所需的监督比较少，而且不必时时事事都向上级请示汇报，从而可以减少向上级主管请示的次数和占用上司的时间。这样，主管人员的管理幅度便可适当宽些。

（2）工作内容和性质

① 主管所处的管理层次。主管人员的工作主要在于决策和用人，但处在管理系统中不同层次的主管人员，决策与用人的比重各不相同。决策的工作量越大，主管人员用于指导和协调下属的时间就越少。所以，越是接近组织高层的主管人员，其决策职能越重要，管理幅度较中层和基层管理人员就越小。

② 下属工作的相似性。同一主管领导下的下属人员，如果所从事工作的内容和性质相近，则对每人工作的指导和建议大体相同。在这种情况下，主管人员就可指挥和监督更多的下属人员。

③ 计划的完善程度。任何工作都需要在计划的指导下进行。由下属执行的计划如果制定得非常详尽周到，下属对计划的目的和要求有十分清楚的了解，这样，需要主管人员亲自指导的情形就减少。反之，如果下属要执行的计划本身制定得并不完善，或者需要下属做进一步的分解，那么，主管对下属指导、解释的工作量就要增加，其有效的管理幅度就势必要缩小。

④ 非管理性事务的多少。主管人员作为组织不同层次的代表，往往需要花费相当的时间去从事一些非管理性事务。处理这些事务所需的时间越多，则用于指挥和领导下属的时间越少，此时管理幅度就越不可能扩大。

（3）工作条件

① 助手的配备情况。如果有关下属工作中遇到的所有问题，都不分轻重缓急需要主管亲自去处理，那么，主管人员所能直接领导的下属数量就会受到一定限制。但是，如果给主管配备必要的助手，由助手去和下属进行一般的联络，并直接处理一些明显的次要问题，这样就可以大大减少主管的工作量，增加其有效的管理幅度。

② 工作地点的接近性。同一主管人员领导下的下属，如果工作岗位在地理上的分布较为分散，那么，下属与主管以及下属与下属之间的沟通就相对比较困难，从而该主管所能领导的直接下属数量就要减少。

③ 信息手段的配置情况。掌握信息是进行管理的前提。利用先进的信息技术去收集、处理和传输信息，一方面可以帮助主管人员更及时、全面地了解下属的工作情况，从而提出有用的忠告和建议，另一方面下属人员也可以更多地了解到与自己工作有关的情况，从而更好地自

主处理分内的事务。这显然有利于扩大主管人员的管理幅度。

（4）工作环境

组织面临的环境是否稳定，会在很大程度上影响组织活动内容和政策的调整频率与幅度。环境变化越快，变化程度越大，组织中遇到的新问题就越多，下属向上级的请示就越有必要、越经常；而此时上级能用于指导下属工作的时间和精力就越少，因为他必须花更多的时间去关注环境的变化，考虑应变的措施。因此，环境越不稳定，各层次主管人员的管理幅度就会越小。

按照管理幅度的大小及管理层次的多少，组织可分成两种结构类型：扁平型结构和高耸型（锥型）结构。所谓扁平型结构，就是管理层次少而管理幅度大的结构，而高耸型结构的情况则相反。

扁平型结构与高耸型结构各有利弊：①扁平型结构缩短了上下级间的心理距离，密切上下级关系，信息纵向流通快，管理费用低，而且由于管理幅度较大，被管理人员有较大的自主性、积极性、满足感，同时也有利于更好地选择和培训下层人员。但由于不能严密地监督下级，上下级协调较差，管理幅度的加大，也加重了同级间相互沟通联络的困难。②高耸型结构具有管理严密、分工明确、上下级易于协调的特点。但层次增多，带来的问题也越多。这是因为层次越多，需要从事管理的人员迅速增加，彼此之间的协调工作也急剧增加。管理层次的增加，会使上下的意见沟通和交流受阻，最高层主管人员所要求实现的目标、所制定的政策和计划，不是下层不完全了解，就是层层传达到基层之后变了样。管理层次增多后，上层管理人员对下层的控制变得困难，易造成一个单位整体性的破裂。同时由于管理严密，而影响下级人员的主动性和创造性。因此，一般来说，为了达到有效，应尽可能地减少管理层次。

随着经济的发展、技术的进步，面对竞争激烈、复杂多变的外部环境，现在组织的发展趋势是扁平化，它通过增大管理幅度，减少组织层次来提高组织信息收集、信息传递和组织决策的效率，最终发挥组织的内在潜力和创新能力，从而提高组织的整体绩效，完成组织的战略目标。

四、集权与分权

1. 组织中的职权及其分布

所谓"职权"，就是指组织设计中赋予某一管理职位的做出决策、发布命令和希望命令得到执行而进行奖惩的权力。职权与组织内的一定职位相关，而与占据这个职位的人无关，所以它通常亦被称为制度权或法定权力。

职权在整个组织中的分布可以是集中化的，也可以是分散化的。所谓"分权"，即职权的分散化，也就是决策权在很大程度上分散到处于较低管理层次的职位上。所谓"集权"，即职权的集中化，也就是指决策权在很大程度上向处于较高管理层次的职位集中的组织状态和组织过程。

在现实中，既不存在绝对的分权，也不存在绝对的集权。因为绝对的集权意味着职权全部集中在一个人手中，这样的人不需要配备下级管理者，管理组织设计也就成为多余；而绝对的分权也不可能，因为上层管理者一旦没有了监督和管理的权利与义务，那也就没有必要设置这样的职位。管理组织的存在必然意味着某种程度的分权。集权和分权是两个彼此对立但又互相依存的概念，它们只能存在于一个连续统一体中。

2. 影响集权与分权程度的主要因素

集权或者分权不能简单地用"好"或"坏"来加以判断。在成功的企业中，既有许多被认为是相对分权的企业，也有许多被认为是相对集权的企业。就是在同一个企业的不同发展阶段，其集权和分权的程度也不完全相同。因此,并不存在着一个普遍的标准,可以使管理者依据它来判断应当分权到什么程度,或是应当集权到什么程度。确定一个组织中职权集中或分散的合理程度,需要考虑如下几方面影响因素:

(1)经营环境条件和业务活动性质。如果组织所面临的经营环境具有较高的不确定性,处于经常变动之中,组织在业务活动过程中必须保持较高的灵活性和创新性,这种情况就要求实行较大程度的分权。反之,面临稳定的环境和按常规开展业务活动的组织,则可以实行较大程度的集权。

(2)组织的规模和空间分布广度。组织规模较小时,实行集权化管理可以使组织的运行取得高效率。但随着组织规模的扩大,其经营领域范围甚至地理区域分布可能相应地扩大,这就要求组织向分权化的方向转变。

(3)决策的重要性和管理者的素质。一般而言,涉及较高的费用支出和影响面较大的决策,宜实行集权,重要程度较低的决策可实行较大的分权。组织中管理人员素质普遍较高,则分权具备比较好的基础。

(4)方针政策一致性的要求和现代控制手段的使用情况。鉴于集权有利于确保组织方针政策的一致性,所以在面临重大危机和挑战时,组织往往会采取集权的办法。另外,拥有现代化通信和控制手段的组织,在职权配置上经常会呈现两个方向的变动:一是重要和重大问题的决策可以实行更大程度的集权,而次要问题的决策则倾向于更大程度的分权。

(5)组织的历史和领导者个性的影响。严格地说,这些是对组织集权或分权程度的现实影响因素。如果组织是在自身较小规模的基础上逐渐发展起来,并且发展过程中亦无其他组织的加入,那么集权倾向可能更为明显。因为组织规模较小时,大部分决策都是由最高主管(层)直接制定和组织实施的,这种做法可能延续下来。同样,组织中个性较强和自信、独裁的领导者,往往喜欢其所辖部门完全按照自己的意志来运行,这时集权就是该类组织经常会出现的状态。对这些影响组织职权配置状态的现实因素,应该辨证地加以看待。现实的未必就是合理的,但现实的往往是不得不遵从的。

3. 过分集权的弊端

正确地处理集权与分权关系对于组织的生存和发展至关重要。从国内企业的实际情况来看,许多组织都普遍地存在一种过分集权的倾向。集权过度会带来一系列弊端,主要表现在:

(1)降低决策的质量和速度。在规模相对比较大的组织中,高层主管距离生产作业活动的现场较远,如果管理权力过于集中,现场发生的问题需要经过层层请示汇报后由高层人员做出,这样做出来的决策,不仅难以保证其应有的准确性,而且时效性也会受到影响。

(2)降低组织的适应能力。过分集权的组织,可能使各个部门失去自我适应和自我调整的能力,从而削弱组织整体的应变能力。

(3)致使高层管理者陷入日常管理事务中,难以集中精力处理企业发展中的重大问题。

(4)降低组织成员的工作热情,并妨碍对后备管理队伍的培养。管理权力的高度集中,不仅会挫伤下层管理人员和作业人员的工作主动性和创造性,而且也使他们丧失了在实践中锻炼和提高自己能力的机会,从而可能对组织的长远发展造成不利的影响。

4. 分权的标志

考察一个组织集权或分权的程度究竟多大,最根本的标志是要看该组织中各项决策权限的分配是集中的还是分散的。具体地说,判断组织集权或分权程度的标志主要有:

（1）所涉及决策的数目和类型。如果组织中低层管理者可以自主做决定的事项数目越多，则组织分权程度就越大。同时，低层管理者所做的决策越具有重要性，影响范围越广泛，组织的分权程度也越大。趋于将较多和较大的决策权集中到高层的组织是集权化的，而只集中少量重大问题决策的组织则是相对分权化的。

（2）整个决策过程的集中程度。组织中如果有不同的部门参与了决策信息的收集，或者决策方案的拟订和评价工作与决策方案的选择工作是相对分离的，这种组织中的决策权限相对来说是比较分散的。而如果所有这些决策步骤都由某主管一人来承担，这样的决策就较为集权。在决定做出之后、付诸执行之前，如果必须报请上级批准，那么分权程度就降低。而且，被请示的人越多且其所处层次越高，分权程度就越小。

（3）下属决策受控制的程度。主管人员如果对下属的活动进行高密度的监督和控制，则分权程度比较低。如果组织制定出许多细致的政策、程序、规则来对成员的决策行为施加前提影响，这样分权程度也降低。反之，如果约束人们行为的规章制度较少，或者虽有规章制度，但内容较粗，给予人们的自由度比较大，则组织的分权程度就较高。

5. 分权的实现途径

分权可以通过两种途径来实现：一是组织设计中对管理权限的制度分配；二是主管人员在工作中的授权。

前者是对组织中职权关系的一种再设计，是在组织变革过程中实现的；后者则是在组织运行中，通过各层领导者的权力委让行为，系统地将决策权授予中下层管理者，使他们切切实实地得到组织制度所规定的权力。

制度分权与授权的结果虽然相同，都是使较低层次的管理人员行使较多的决策权，即权力的分散化，许多教科书也因此对它们不作区分，然而实际上，这两者是有重要区别的。

制度分权，是在组织设计时，考虑到组织规模和组织活动的特征，在工作分析进而职务和部门设计的基础上，根据各管理岗位工作任务的要求，规定必要的职责和权限。而授权则是担任一定管理职务的领导者，在实际工作中，为充分利用专门人才的知识和技能，或在出现新增业务的情况下，将部分解决问题、处理新增业务的权力委任给对其直接报告工作的某个或某些下属。授权的本质含义就是：管理者不要去做别人能做的事，而只做那些必须由自己来做的事。任何一个管理者，其时间、精力、知识和能力都是有限度的，一个人不可能事必躬亲去承担实现组织目标所必需的全部任务。授权可以使管理者的能力在无形中得以延伸。真正的管理者必须知道如何可以有效地借助他人的力量去实现组织的目标。

制度分权与授权的含义不同，决定了它们具有下述区别：

（1）制度分权是在详细分析、认真论证的基础上进行的，因此具有一定的必然性；而工作中的授权则往往与管理人员个人的能力和精力、下属的特长、业务发展情况相联系，因此具有很大的随机性。

（2）制度分权是将权力分配给某个职位，因此，权力的性质、应用范围和程度的确定，需根据整个组织结构的要求来进行；而授权是将权力委任给某个下属，因此，委任何种权力、委任后应作何种控制，不仅要考虑工作的要求，而且要依据下属的工作能力。

（3）分配给某个管理职位的权力，如果调整的话，不仅影响该职位或部门，而且会影响与组织其他部分的关系。因此，制度分权是相对稳定的。除非整个组织结构重新调整，否则制度分权不会收回。相反，由于授权是某个主管将自己担任的职务所拥有的权限因某项具体工作的需要而委任给某个下属,这种委任可以是长期的,也可以是临时的。长期的授权虽然可能制度化,在组织结构调整时成为制度分权,但由于授权不意味着放弃权力,在组织再设计之前,不管是长期或是临时授予的权力,授权者都可以重新收回,使之重新集中在自己手中。

(4)制度分权主要是一条组织工作的原则,以及在此原则指导下的组织设计中的纵向分工;而授权则主要是领导者在管理工作中的一种领导艺术,一种调动下属积极性、充分发挥下属作用的方法。

另外,有必要指出,作为分权的两种途径,制度分权与授权是互相补充的:组织设计中难以详细规定每项职权的运用,难以预料每个管理岗位上工作人员的能力,同时也难以预测每个管理部门可能出现的新问题,因此,需要通过各层次领导者在工作中的授权来补充。

科学、合理的授权过程由四个有机联系的环节构成:

(1)任务的分派。管理者在进行授权的时候,需要确定接受授权的人即受权人所应承担的任务是什么。正是从实现组织目标而执行相应任务的需要出发才产生了授权。

(2)职权的授予。即根据受权人开展工作、实现任务的需要,授予其采取行动或者指挥他人行动的权力。授权不是无限制地放权,而是委任和授给下属在某些条件下处理特定问题的权力,所以,必须使受权者十分明确地知道所授予他们的权限的范围。

(3)职责的明确。从受权人这一方来说,他在接受了任务并拥有了所必需的权力后,相应地就有责任和义务去完成其所接受的任务,并就任务完成情况接受奖励或处罚。有效的授权必须做到使受权者"有职就有权,有权就有责,有责就有利",并且授权前要遵循"因事择人,施能授权"和"职以能授,爵以功授"的原则正确地选择受权者,做到职、责、权、利、能相互平衡。

(4)监控权的确认。授权者应该明白自己对授予下属完成的任务执行情况负有最终的责任,为此需要对受权者的工作情况和权力使用情况进行监督检查,并根据检查结果调整所授权力或者收回权力。可以说,建立反馈机制、加强监督控制,这是确保授权者对受权者的行为保持监控力的一项重要措施,也是授权区别于"放任自流"做法的一个重要方面。

第三节　组织结构的类型

对于不同性质、不同规模的组织来说,组织结构多种多样,但都是由一些基本的类型组合而成的。各种组织结构其实没有绝对的优劣之分。不同环境中的企业或同一企业中不同单位的管理者,都可根据实际情况选用其中某种最合适的组织结构。

一、直线制组织结构

直线制组织结构是最早、最简单的一种组织结构形式,如图6-1所示。它的特点是:组织中各种职务按垂直系统直线排列,各级主管人员对所属下级拥有直接的一切职权,企业的一切生产经营活动均由企业的各级主管人员直接进行指挥和管理,不设专门的参谋人员和机构。其优点是结构比较简单,权力集中,责任分明,命令统一,联系简捷。其缺点是在组织规模较大的情况下,所有的管理职能都集中由一人承担,往往由

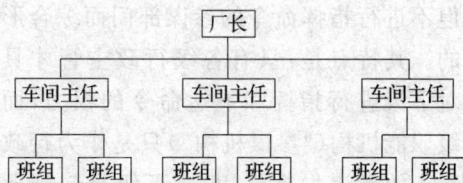

图6-1　直线制组织结构示意图

于个人的知识及能力有限而感到难于应付,顾此失彼,可能会发生较多失误。此外,每个部门基本关心的是本部门的工作,因而部门间的协调比较差。一般地,这种组织结构形式只适用于那些没有必要按职能实行专业化管理的小型组织,或者是现场的作业管理。

二、职能制组织结构

职能制组织结构实际上是在提倡管理工作分工的"科学管理之父"泰勒所提出的职能工长制基础上演化而来的,如图6-2所示。其主要特点是:组织内除直线主管外还相应地设立一些组织机构,分担某些职能管理的业务。这些职能机构有权在自己的业务范围内,向下级单位下达命令和指示,因此,下级直线主管除了接受上级直线主管的领导外,还必须接受上级各职能机构的领导和指示。它的优点是能够适应现代组织技术比较复杂和管理分工较细的特点,能够发挥职能机构的专业管理作用,减轻上层主管人员的负担。但其缺点也比较明显,即这种结构形式妨碍了组织必要的集中领导和统一指挥,形成了多头领导,使基层无所适从。因此,不利于明确划分直线人员和职能科室的职责权限,容易造成管理的混乱。

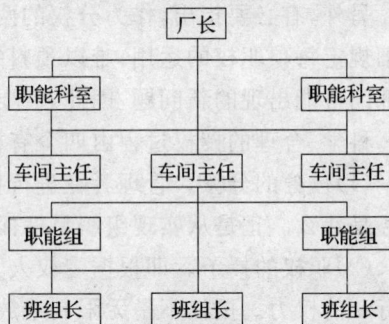

图6-2 职能制组织结构示意图

三、直线职能制组织结构

直线职能制组织结构是对职能制组织结构的一种改进,如图6-3所示。其特点是设置了两套系统:一套是按命令统一原则组织的指挥系统,另一套是按专业化原则组织的管理职能系统。直线职能制组织与职能制组织一样,也对管理工作按照职能部门化方式进行了专业化分工(正是因为这两种组织结构都采用了按职能划分部门这相同的部门化方式,所以它们通常被统称为"职能型组织")。但是在直线权力的分配方面,直线职能制组织结构与职能制组织结构有着实质性的区别。具体表现就是,直线职能制对只负责某一特定专业领域管理工作的职能部门和职能主管的权限进行了严格限定,使之仅具有出谋划策的建议权,而无直接向直线系统下级人员发布指示命令的指挥权。

直线职能制,严格地说,应该称为"直线参谋制"。因为这种组织结构以直线制为基础,在保持直线制组织统一指挥的原则下,增加了为各级行政主管领导出谋划策但不进行指挥命令的参谋部门而综合形成的。其特点是:只有各级行政主管才具有对下级进行指挥和下达命令的权力,而各级职能机构("参谋机构")只是作为行政负责人的参谋发挥作用,对下级只起到业务指导作用。虽然有些机构如人事、外事、财务等部门,当行政负责人授予他们直接向下级发布指示的权力时会拥有一定程度的指挥命

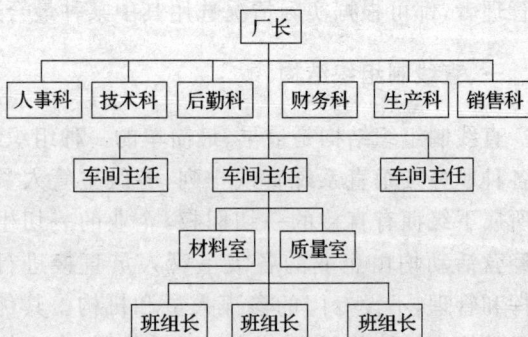

图6-3 直线职能制组织结构图

令权(这种由参谋部门人员行使的直线权力称作"职能职权",从而这样的参谋部门也变成为"职能部门"),但这种情况通常只是少数的例外。而如果夹杂有行使职能职权的职能部门,企业的组织结构实际上就演化为直线参谋制与职能制的混合形态。这种时候,为明确起见,我们常常将之称为"直线职能参谋制"。

直线职能制组织结构是在综合直线制和职能制各自优点的基础上形成的,因而既有利于保证集中统一的指挥,又可发挥各类专家的专业管理作用。它的缺点是,各职能单位自成体系,往往不重视工作中的横向信息沟通,加上狭窄的隧道视野和注重局部利益的本位主义思想,可能引发组织运行中的各种矛盾和不协调现象,对企业生产经营和管理效率造成不利的影响。而且,如果职能部门被授予的权力过大、过宽,则容易干扰直线指挥命令系统的运行。

另外,按职能分工的组织通常弹性不足,对环境变化的反应比较迟钝。同时,职能工作不利于培养综合型管理人才。尽管直线职能制组织结构有这些潜在的缺点,它目前在我国绝大多数企业尤其是面临较稳定环境的中小型企业中得到了广泛采用。

四、事业部制组织结构

事业部制组织结构是在多个领域或地域从事多种经营的大型企业所普遍采用的一种典型的组织结构形式,如图6—4所示。这种组织结构最初由美国通用汽车公司总裁斯隆创立,故被称作"斯隆模型"。有时也称为"联邦分权制",因为它是一种分权制的企业内部组织结构。

事业部制是在一个企业内对具有独立产品市场或地区市场并拥有独立利益和责任的部门实行分权化管理的一种组织结构形式。其具体做法是,在总公司下按产品、地区、销售渠道或顾客分设若干事业部或分公司,使它们成为自主经营、独立核算、自负盈亏的利润中心。总公司只保留方针政策制定、重要人事任免等重大问题的决策权,其他权力尤其是供、产、销和产品开发方面的权力尽量下放。这样,总公司就成

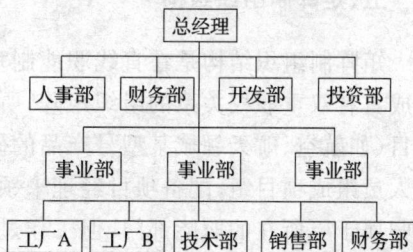

图6—4　事业部制组织结构图

为投资决策中心,事业部是利润中心,而下属的生产单位则是成本中心,并通过实行"集中政策下的分散经营",将政策控制集中化和业务运作分散化思想有机地统一起来,使企业最高决策机构能集中力量制定公司总目标、总方针、总计划及各项政策。事业部在不违背公司总目标、总方针和总计划的前提下,充分发挥主观能动性,自主管理其日常的生产经营活动。

事业部制组织结构的优点是:公司能把多种经营业务的专门化管理和公司总部的集中统一领导更好地结合起来,总公司和事业部间形成比较明确的责、权、利关系;事业部制以利润责任为核心,既能够保证公司获得稳定的收益,也有利于调动中层经营管理人员的积极性;各事业部门能相对自主、独立地开展生产经营活动,从而提高了管理的灵活性和适应性,有利于培养综合型高级经理人才;使组织最高层管理者摆脱了具体的日常管理事务,有利于集中精力作好总公司的战略决策和长远规划。

事业部制形式的主要缺点是:对事业部经理的素质要求高,公司需要有许多对特定经营领域或地域比较熟悉的全能型管理人才来运作和领导事业部内的生产经营活动;各事业部都设立有类似的日常生产经营管理机构,容易造成职能重复,管理费用上升;各事业部拥有各自独立的经济利益,易产生对公司资源和共享市场的不良竞争,由此可能引发不必要的内耗,使总

公司协调的任务加重;总公司和事业部之间的集分权关系处理起来难度较大也比较微妙,容易出现要么分权过度,削弱公司的整体领导力,要么分权不足,影响事业部门的经营自主性。

事业部制组织结构在欧美和日本大型企业中得到了广泛采用。成功的经验表明,采用事业部制应当具备以下一些基本条件:

(1)公司具备按经营的领域或地域独立划分事业部的条件,并能确保各事业部在生产经营活动中的充分自主性,以便能担负起自己的盈利责任。

(2)各事业部之间应当相互依存,而不能互不关联地硬拼凑在一个公司中。这种依存性可以表现为产品结构、工艺、功能类似或互补,或者用户类同或销售渠道相近,或者运用同类资源和设备,或具有相同的科学技术理论基础等。这样,各事业部门才能互相促进,相辅相成,保证公司总体的繁荣发达。

(3)公司能有效保持和控制事业部之间的适度竞争,因为过度的竞争可能使公司遭受不必要的损失。

(4)公司要能利用内部市场和相关的经济机制(如内部价格、投资、贷款、利润分成、资金利润率和奖惩制度等)来管理各事业部,尽量避免单纯使用行政的手段。

(5)公司经营面临较为有利和稳定的外部环境。可以说,事业部制组织结构利于公司的扩张,但相对不利于整体力量的调配使用,因此不适宜在动荡、不景气的环境下使用。

五、矩阵制组织结构

矩阵制组织结构是在直线职能制垂直指挥链系统的基础上,再增设一种横向指挥链系统,形成具有双重职权关系的组织矩阵,所以称之为矩阵制组织,如图6-5所示。为了完成某一项目(如航空、航天领域某型号产品的研制),从各职能部门中抽调完成该项目所必需的各类专业人员组成项目组,配备项目经理来领导他们的工作。这些被抽调来的人员,在行政关系上仍旧归属于原所在的职能部门,但工作过程中要同时接受项目经理的指挥,因此他实际上拥有两个上级。项目组任务完成以后,便宣告解散,各类人员回到原所属部门等待分派新的任务。此时,原项目组不复存在,但新的项目组随时都可产生,所以矩阵制组织通常亦被称为"非长期固定性组织"。

矩阵制组织的主要优点是:加强了横向联系,克服了职能部门相互脱节、各自为政的现象;专业人员和专用设备随用随调,机动灵活,不仅使资源保持了较高的利用率,也提高了组织的灵活性和应变能力;各种专业人员在一段时期内为完成同一项任务在一起共同工作,易于培养他们的合作精神和全局观念,且工作中不同角度的思想相互激发,容易取得创新性成果。

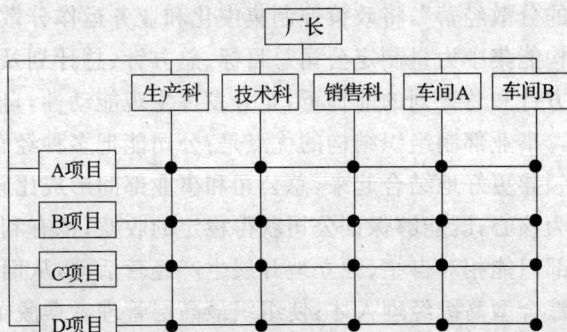
图6-5 矩阵制组织结构示意图

矩阵制组织的缺点在于:成员的工作位置不固定,容易产生临时观念,也不易树立责任心;组织中存在双重职权关系,出了问题,往往难以分清责任;组织关系较复杂,对项目负责人的要求较高。

六、三维立体型组织结构

三维立体型组织结构是矩阵制组织结构形式和事业部制组织结构形式的综合发展。这种结构形式由三方面的管理系统组成：①按产品（或项目或服务）划分的部门（事业部），是产品利润中心；②按职能如市场营销、生产、技术、财务管理等划分的专业参谋机构，是职能工作中心；③按地区划分的管理机构，是地区利润中心。在这种组织结构形式下，每一系统都不能单独作出决策，而必须由三方代表，通过共同的协调才能采取行动。因此，三维立体型组织结构能够促使每个部门都能从整个组织的全局来考虑问题，从而减少了产品、职能、地区各部门之间的矛盾。即使三者之间一旦有摩擦，也比较容易统一和协调。这种类型的组织结构形式最适用于跨国公司或规模巨大的跨地区公司。

七、集团控股型组织结构

现代企业的经营已经超越了企业内部边界的范围，开始在企业与企业之间结成比较密切的长期的联系。这种联系在组织结构上的表现就是形成了控股型和网络型组织结构。

控股型组织是在非相关领域开展多种经营的企业所常用的一种组织结构形式。由于经营业务的非相关或弱相关，大公司不对这些业务经营单位进行直接的管理和控制，而代之以持股控制。这样，大公司便成为一个持股公司，受其持股的单位不但对具体业务有自主经营权，而且保留独立的法人地位。

控股型结构是建立在企业间资本参与关系的基础上。由于资本参与关系的存在，一个企业（通常是大公司）就对另一企业持有股权。这种股权可以是绝对控股（持股比例大于50%以上）、相对控股（持股比例不足50%但可对另一企业的经营决策发生实质性的影响）和一般参股（持股比例很低且对另一企业的活动没有实质性的影响）。

基于这种持股关系，对那些企业单位持有股权的大公司便成为了母公司，被母公司控制和影响的各企业单位则成为子公司（指被绝对或相对控股的企业）或关联公司（指仅被一般参股的企业）。子公司、关联公司和母公司一道构成了以母公司为核心的企业集团。

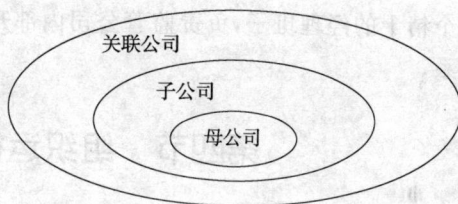

图6-6 控股型组织结构

如图6-6所示，母公司（亦称为集团公司）处于企业集团的核心层，故称之为集团的核心企业。相应地，各子公司、关联公司就是围绕该核心企业的集团紧密层和半紧密层的组成单位。此外，企业集团通常还有一些松散层的组成单位，即协作企业，它们通过基于长期契约的业务协作关系而被联结到企业集团中。对这种契约关系，将在后面的"网络型组织"中予以介绍。

集团公司或母公司与它所持股的企业单位之间不是上下级之间的行政管理关系，而是出资人对被持股企业的产权管理关系。母公司作为大股东，对持股单位进行产权管理控制的主要手段是：母公司凭借所掌握的股权向子公司派遣产权代表和董事、监事，通过这些人员在子公司股东会、董事会、监事会中发挥积极作用而影响子公司的经营决策。

八、网络型组织结构

网络型组织是科用现代信息技术手段而建立和发展起来的一种新型组织结构。现代信息技术使企业与外界的联系加强了,利用这一有利条件,企业可以重新考虑自身机构的边界,不断缩小内部生产经营活动的范围,相应地扩大与外部单位之间的分工协作。这就产生了一种基于契约关系的新型组织结构形式,即网络型组织。

网络型结构是一种只有很精干的中心机构,以契约关系的建立和维持为基础,依靠外部机构进行制造、销售或其他重要业务经营活动的组织结构形式,如图 6-7 所示。被联结在这一结构中的两个或两个以上的单位之间并没有正式的资本所有关系和行政隶属关系,但却通过相对松散的契约纽带,

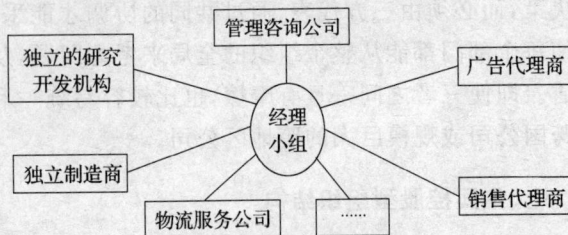

图 6-7 网络型组织结构

透过一种互惠互利、相互协作、相互信任和支持的机制来进行密切的合作。卡西欧是世界有名的制造手表和袖珍型计算器的公司,却一直只是一家设计、营销和装配公司,在生产设施和销售渠道方面很少投资。20 世纪 80 年代初,IBM 公司在不到一年的时间内开发 PC 机成功,依靠的是微软公司为其提供软件,英特尔公司为其提供机芯。网络型结构使企业可以利用社会上现有的资源使自己快速发展壮大起来,因而成为目前国际上流行的一种新形式的组织设计。

网络型结构不仅是小型组织的一种可行的选择,也是大型企业在联结集团松散层单位时通常采用的组织结构形式。采用网络型结构的组织,它们所做的就是创设一个"关系"的网络,与独立的制造商、销售代理商及其他机构达成长期协作协议,使它们按照契约要求执行相应的生产经营功能。由于网络型组织的大部分活动都是外包、外协的,因此,公司的管理机构就只是一个精干的经理班子,负责监管公司内部开展的活动,同时协调和控制与外部协作机构之间的关系。

第四节　组织运行中各种关系的处理

设计合理的组织机构中的各个要素要能协调地为组织目标的实现作出贡献,这就要求组织的全体成员能和谐一致地进行工作。为此,需要整合组织中的各种力量,建立高效的信息沟通网络,处理好组织的不同成员之间、直线主管与参谋之间以及高层管理人员之间的各种关系,使分散在不同层次、不同部门、不同岗位的组织成员的工作,朝向同一方向、同一目标努力。

一、直线与参谋

组织中的管理人员是以直线主管或参谋两类不同身份来从事管理工作的。这两类管理人员,或更准确地说与此相应的管理人员的两种不同作用,对组织活动的展开和目标的实现都是必需的。然而,在现实中,直线与参谋的矛盾经常是组织缺乏效率的重要原因。因此,正确处理直线与参谋的关系,充分发挥参谋人员的合理作用,是组织力量整合的一个重要内容。

1. 直线、参谋及其相互关系

企业中的最高主管,由于时间和精力的限制,不可能直接地、面对面地安排和协调每一个成员的活动,需要委托若干副手来分担管理的职能,各个副手又需委托若干部门经理或车间主任、后者再委托若干科长或工段长来分担自己受托担任的管理工作。依此类推,直至组织中的基层管理人员能直接安排和控制员工的具体活动。这种由管理幅度的限制而产生的管理层次之间的关系便是所谓的直线关系。

从直线关系形成的过程来看,由于低层次的主管是受高层次主管的委托来进行工作的。因此,必须接受他的指挥和命令。所以说,直线关系是一种命令关系,是上级指挥下级的关系。这种命令关系自上而下,从组织的最高层,经过中间层,一直延伸到最基层,形成一种等级链。链中每一个环节的管理人员都有指挥下级工作的权力,同时又必须接受上级管理人员的指挥。这种指挥和命令的关系越明确,即各管理层次直线主管的权限越清楚,就越能保证整个组织的统一指挥。直线关系是组织中管理人员的主要关系,组织设计的重要内容便是规定和规范这种关系。

参谋关系是伴随着直线关系而产生的。组织的规模越大,活动越复杂,参谋人员的作用就越重要,参谋的数量就越多,从而参谋与直线的关系就越复杂。

随着先进的科学技术和现代化的生产方法和手段在企业中的运用,企业活动的过程越来越复杂。组织和协调这个活动过程的管理人员,特别是高层次的主管人员越来越感到专门知识的缺乏。由于企业很难找到精通各种业务的"全才",直线主管也很难使自己拥有组织本部门活动所需的各种知识,人们常借助设置一些助手,利用不同助手的专门知识来补偿直线主管的知识不足,来协助他们的工作。这些具有不同专门知识的助手通常称为参谋人员。因此,参谋的工作首先是为了方便直线主管的工作,减轻他们的负担。虽然随着组织规模的扩大,参谋人员的数量会不断增加,参谋机构会逐渐规范化,为了方便这些机构的工作,直线主管也许会授予它们部分职能权力,但是,它们的主要职责和特征,仍然是同层次直线主管的助手,主要任务仍然是提供某些专门服务,进行某些专项研究,以提供某些对策建议。

从上面的分析中可以看出,直线与参谋主要是两类不同的职权关系。直线关系是一种指挥和命令的关系,授予直线人员的是决策和行动的权力;而参谋关系则是一种服务和协助的关系,授予参谋人员的是思考、筹划和建议的权力。

区分直线与参谋的另一个标准是分析不同管理部门和管理人员在组织目标实现中的作用。人们把那些对组织目标的实现负有直接责任的部门称为直线机构,而把那些为实现组织基本目标协助直线人员有效工作而设置的部门称为参谋机构。根据这个标准,人们通常把企业中致力于生产和销售产品与劳务的部门称为直线机构,而把采购、人事、会计等列为参谋部门。

这种分类方法虽然有直观明确的好处,而且可在一定程度上与职权关系角度的分类有某种吻合。比如,企业中生产、销售部门的主管,他们的主要工作内容是组织所辖部门的生产或销售活动,因此,主要精力是处理部门内与直线下属的关系;而会计、人事等部门及其主管人员的主要活动内容则是记录生产与销售部门的资金运动或制定指导这些部门活动中的财务、人事政策,因此,主要精力是处理与这些直线部门发生的关系,为他们提供建议或服务。但是,根据在组织目标实现中的作用来分类,可能会引起某些混乱。比如,企业中的物资采购、仓库保管、设备维修以及后勤、食堂等部门,显然不是企业的主要部门,不直接参与企业的产品制造或销售服务活动。因此,根据在目标实现中的作用的标准来衡量,它们不能列为直线部门。毫无疑问,这些部门是为直线部门服务的。但把它们列为参谋部门也是不适宜的,因为它们只是提供工作或生活上的服务,并无参谋与建议的任务。为了避免这种混乱,应该主要从职权关系的角度来理解直线与参谋:直线管理人员拥有指挥和命令的权力,而参谋则是作为直线的助手来进行工作的。

2. 直线与参谋的矛盾

从理论上来说,设置作为直线主管的助手的参谋职务,不仅可以保证直线的统一指挥,而且能够适应管理复杂活动需要多种专业知识的要求。然而在实践中,直线与参谋的矛盾往往是组织缺乏效率的原因之一。考察这些低效率的组织活动,通常可以发现两种不同的倾向:或者虽然保持了命令的统一性,但参谋作用不能充分发挥;或者参谋作用发挥失当,破坏了统一指挥的原则。因此,在实际工作中,直线与参谋都有可能产生对对方不满的情绪。

从直线人员这方面说,他们需要对自己所辖部门的工作结果负责。因此,对那些必须在工作中与之商量、倾听意见的参谋人员和部门,当他们对与自己有关的工作指手画脚、喋喋不休地议论和评论时,就有可能认为是干预了自己的工作,闯进了自己的领地,从而可能对他们产生不满。由于参谋人员只有服务和建议的权力,对直线人员的工作没有任何约束力,因此后者对他们的建议完全可以不予重视,只根据自己的认识和判断行事,并以所谓的"参谋不实际"、"参谋不了解本部门的特点"、"参谋们只知纸上谈兵"等作为借口。直线人员对参谋作用的敌视和忽视而导致参谋不满。由于专门从事研究和咨询的参谋人员往往要比同层次的直线管理人员年轻,且受过更高水平的正规教育,组织重视他们的目的是为了利用他们的某些专业知识,因此,他们理所当然地希望通过提出有见解的、能够被采纳的建议来证明自己的价值,作为进取的途径。当有人告诉他们,决策是直线管理的职能,他们的作用只是支持性的、辅助性的,从而是第二位的时候,他们自然会感觉到受了挫折、甚至侮辱,从而会产生对直线人员的不满。

参谋人员为了克服来自低层直线管理人员的抵制,往往会不自觉地寻求上级直线经理的支持。在许多情况下,他们能够得到这种支持,并使之产生一定作用。上级主管会对直线下属施加一定压力,要求他们认真考虑参谋人员的建议。这样,有可能使得直线与参谋的矛盾朝向有利于参谋的方面变化。但是,这时可能会出现另外一种倾向,参谋们借助于上级直线主管的支持,不是向低层次的直线管理人员推荐自己的建议,"推销"自己的观点,却是以指挥者的姿态指手画脚,发布命令,强迫他们接受自己的观点,从而可能重新激起低层直线管理人员的不满,重新激化直线与参谋的矛盾。这时,高层次的直线主管可能会面临这样一个两难选择:是支持自己在工作中必须依赖的主要直线下属负责人,还是继续支持没有把活动限于调查研究、提供咨询的参谋人员。在这个两难问题的解决中,参谋人员往往是牺牲者,因为高层主管几乎只有选择支持直线下属的可能。

引起直线与参谋矛盾的另一个可能原因是参谋人员过高估计了自己的作用。某些正确的建议被直线经理采纳并取得了积极的成果以后,参谋人员会沾沾自喜,认为组织活动的成绩主要应归功于自己。相反,如果建议在实施过程中遇到困难,没有取得预计的有利结果,这时有些参谋人员又会迫不及待地推诿责任,声明之所以未能取得有利结果,是因为直线主管曲解了他们的建议,或者没有完全按照他们的说法去做:建议是合理的,方案是正确的,但执行过程中变了样。既然这样,成绩要归功于参谋,失误要怪罪于直线,那么直线漠视参谋的建议与作用也就不足为怪了。

3. 正确发挥参谋的作用

解决直线与参谋的矛盾,综合直线与参谋的力量,要在保证统一指挥与充分利用专业人员的知识这两者之间实现某种平衡。解决这对矛盾的关键是要合理利用参谋的工作,参谋的作用发挥不够或过分,都有可能影响直线甚至整个组织活动的效率。根据前面的分析,我们认为,合理利用参谋的工作,要求明确直线与参谋的关系,授予参谋机构必要的职能权力,同时,直线经理为了取得参谋人员的帮助首先必须向参谋人员提供必要的信息条件。

(1)明确职权关系

无论是直线经理或是参谋人员都应认识到,设置参谋职务、利用参谋人员的专业知识是管理现代组织的复杂活动所必需的。但是,直线与参谋的职责、权限以及工作目的是不同的:直线经理需要制定决策,安排所辖部门的活动,并对活动的结果负责;而参谋人员则是在直线经理的决策过程中,进行研究,提供建议,指明采用不同方案可能得到的不同结果,以供直线经理在运用决策权力的过程中参考。

只有明确了各自工作的性质与职权关系的特点,直线与参谋才有可能防止相互之间矛盾的产生或以积极的态度去解决已产生的矛盾。

对直线经理来说,只有了解参谋工作,才有可能自觉地发挥参谋的作用,利用参谋的知识,认真对待参谋的建议,充分吸收其中合理的内容,并勇于对这种吸收以及据此采取的行动的结果负责,而不是在行动中出现了问题后去责怪参谋人员由于缺乏经验而制定了理论脱离实际的计划。对参谋人员来说,只有明确了自己工作的特点,认识到参谋存在的价值在于协助和改善直线的工作,而不是去削弱他们的职权,才有可能在工作中不越权争权,而是努力地提供好的建议,推荐自己的主张,宣传自己的观点,以说服直线经理乐于接受自己的方案,并在方案实施、取得成绩以后不居功自傲,而是认识到没有直线经理的接受,再好的方案也只能是纸上谈兵,而直线经理采纳何种方案,采取何种行动,是要担负一定风险的,因此活动的成绩应首先归功于直线的经营管理人员。

总之,直线与参谋,越是明确各自的工作性质,了解两者的职权关系,就越有可能重视对方的价值,从而自觉地尊重对方,处理好相互间的关系。

(2)授予必要的职能权力

明确了参谋人员对管理复杂活动的必要性以后,直线经理会在理智上意识到必须充分利用参谋的专业知识和作用。但是,人并不是单纯的理性动物,也不是在任何时候、任何条件下都是理智的,影响人的行为的还有许多非理性的因素。为了确保参谋人员作用的合理发挥,授予他们必要的职能权力往往是必须的。

职能权力是指直线主管把原本属于自己的指挥和命令直线下属的某些权力授给有关的参谋部门或参谋人员行使,从而使这些参谋部门不仅具有研究、咨询和服务的责任,而且在某种职能范围内具有一定的决策、监督和控制权。

组织中参谋人员发挥作用的方式主要有以下四种:

① 参谋专家向他们的直线上司提出意见或建议,由后者把建议或意见作为指示传达到下级直线机构。这是纯粹的参谋形式,参谋与低层次的直线机构不发生任何联系;

② 直线上司授权参谋直接向自己的下级传达建议和意见,取消自己的中介作用,以减少自己不必要的时间和精力消耗,并加快信息传递的速度;

③ 参谋不仅向直线下属传达信息、提出建议,并告诉后者如何利用这些信息,应采取何种活动。这时,参谋与直线的关系仍然没有发生本质的变化。参谋仍然无权直接向直线下属下

命令,只是就有关问题与他们商量,提出行动建议。如果直线下属不予理睬或不予重视,则需要由直线上司来发出行动指示;

④ 上级直线主管把某些方面的决策权和命令权直接授予参谋部门,即参谋部门不仅建议下级直线主管应该怎么做,而且要求他们在某些方面必须怎么做。这时参谋的作用发生了质的变化,参谋部门不仅要研究政策建议或行动方案,而且要布置方案的实施、组织政策的执行。这些职能权力通常涉及人事、财务等领域。

必须指出,参谋部门职能权力的增加虽然可以保证参谋人员专业知识和作用的发挥,但也有带来多头领导、破坏命令统一性的危险。参谋部门有了职能权力以后,企业中的分厂厂长或事业部经理除了有一个直线上司以外,可能同时还要接受好几个职能部门负责人的指导甚至是领导。这些职能上司的存在虽然是由解决复杂问题所必需的专业知识所决定的,但同样不可忽视的是,多头领导往往会造成组织关系的混乱和职责不清。因此,组织中要谨慎地授予职能权力。

谨慎地使用职能权力,包括两个方面的含义,首先要认真地分析授予职能权力的必要性,只在必要的领域中使用它,以避免削弱直线经理的地位;其次要明确职能权力的性质,限制职能权力的应用范围,规定职能权力主要用来指导组织中较低层次的直线经理怎么干,而不是用于决定干什么的,主要用于解决"如何"、"何时"等问题,而不能用于解决"什么"、"何地"、"何人"等问题。为了避免命令的多重性,组织中较高层次的直线主管还应注意,在授予某些职能权力后,要让相应的参谋人员放手展开工作,而不能仍然频繁地使用已经授予的权力。

(3)向参谋人员提供必要的条件

虽然直线与参谋的矛盾往往主要是由于参谋人员的过分热心所造成的,因此缓和他们之间的关系首先要求参谋人员经常提醒自己"不要越权"。但同时直线经理也应认识到,参谋人员所拥有的专业知识正是自己所缺乏的,因此必须自觉地利用他们的工作。要取得参谋人员的帮助,必须首先帮助参谋人员的工作,向参谋人员提供必要的工作条件,特别是有关的信息情报,使他们能及时地了解直线部门的活动进展情况,从而能够提出有用的建议。一方面埋怨参谋部门不了解直线活动的复杂性,提出的建议不切实际,同时又不愿为参谋人员研究情况、获得信息提供必要的方便,这显然是直线经理们应该注意避免的态度。

二、正式组织与非正式组织

1. 正式组织与非正式组织的产生

组织设计的目的是为了建立合理的组织机构和结构,规范组织成员在活动中的关系。设计的结果是形成所谓的正式组织,这种组织有明确的目标、任务、结构、职能以及由此而决定的成员间的责权关系,对个人具有某种程度的强制性。合理、健康的正式组织无疑为组织活动的效率提供了基本的保证。

但是,不论组织设计的理论如何完善,设计人员如何努力,人们都无法规范组织成员在活动中的所有联系,都无法将所有这些联系都纳入正式的组织结构系统。一般在社会经济单位中,还都存在着一种非正式的组织。

非正式组织是伴随着正式组织的运转而形成的。在正式组织展开活动的过程中,组织成员必然发生业务上的联系,这种工作上的接触会促进成员之间的相互认识和了解。他们会渐渐发现在其他同事身上也存在一些自己所具有、所欣赏、所喜爱的东西,从而相互吸引和接受,并开始工作以外的联系。频繁的非正式联系又促进了他们之间的相互了解。这样,久而久之,一些正式组织成员之间的私人关系从相互接受、了解逐步上升为友谊,一些无形的、与正式组织有联系、但又独立于正式组织的小群体便慢慢地形成了。这些小群体形成以后,其成员由于工作性质相近、社会地位相当、对一些具体问题的认识基本一致、观点基本相同,或者在性格、业余爱好以及感情相投的基础上,产生了一些被大家所接受并遵守的行为规则,从而使原来松散、随机性的群体渐渐成为趋向固定的非正式组织。

形成过程和目的的不同,决定了它们的存在条件也不一样。正式组织的活动以成本和效率为主要标准,要求组织成员为了提高活动效率和降低成本而确保形式上的合作,并通过对他们在活动过程中的表现予以正式的物质与精神奖励或惩罚来引导他们的行为。因此,维系正式组织的主要是理性原则;而维系非正式组织则主要以感情和融洽的关系为标准。它要求其成员遵守共同的、不成文的行为规则,不论这些行为规范是如何形成的,非正式组织都有能力促使其成员自觉或不自觉地遵守。对于那些自觉遵守和维护规范的成员,非正式组织会予以赞许、欢迎和鼓励,而那些不愿就范或犯规的成员,非正式组织则会通过嘲笑、讥讽、孤立等手段予以惩罚。因此,维系非正式组织的,主要是接受与欢迎或孤立与排斥等感情上的因素。

由于正式组织与非正式组织的成员是交叉混合的,由于人们感情的影响在许多情况下要甚于理性的作用,因此非正式组织的存在必然要对正式组织的活动及其效率产生影响。

2. 非正式组织的影响

非正式组织的存在及其活动既可对正式组织目标的实现起到积极促进的作用,也可能对后者产生消极的影响。

(1)非正式组织的积极作用

① 可以满足职工的需要。非正式组织是自愿性质的,其成员甚至是无意间加入进来。他们之所以愿意成为非正式组织的成员,是因为这类组织可以给他们带来某些需要的满足。比如,工作中或作业间的频繁接触以及在此基础上产生的友谊,可以帮助他们消除孤独的感觉,满足他们"被爱"以及"爱人"的需要;基于共同的认识或兴趣,对一些共同关心的问题进行谈论、甚至于争论,可以帮助他们满足"自我表现"的需要;从属于某个非正式群体这个事实本身,可以满足他们"归属"、"安全"的需要等。组织成员的许多心理需要是在非正式组织中得到满足的。而我们已经知道,这类需要能否得到满足,对人们在工作中的情绪,从而对工作的效率是有着非常重要的影响的。

② 人们在非正式组织的频繁接触会使相互之间的关系更加和谐、融洽,从而易于产生和加强合作的精神。这种非正式的协作关系和精神如能带到正式组织中来,则无疑有利于促进正式组织的活动协调地进行。

③ 非正式组织虽然主要是发展一种工余的、非工作性的关系,但是它们对其成员在正式组织中的工作情况也往往是非常重视的。对于那些工作中有困难的人员、技术不熟练者,非正式组织中的伙伴往往会给予自觉地指导和帮助。同伴的这种自觉、善意的帮助,可以促进他们技术水平的提高,从而可以帮助正式组织起到一定的培训作用。

④ 非正式组织也是在某种社会环境中存在的。就像对环境的评价会影响个人的行为一样,社会的认可或拒绝也会左右非正式组织的行为。非正式组织为了群体的利益,为了在正式组织中树立良好的形象,往往会自觉或自发地帮助正式组织维护正常的活动秩序。虽然有时也会出现非正式组织的成员犯了错误互相掩饰的情况,但为了不使整个群体在公众中留下不

受欢迎的印象,非正式组织对那些严重违反正式组织纪律的害群之马,通常会根据自己的规范,利用自己特殊的形式予以惩罚。

⑤ 非正式组织有十分畅通的信息渠道。这是正式组织重要的信息补充的来源。当然这种信息也有两面性,错误的信息有可能形成流言飞语的传播。

(2)非正式组织可能造成的危害

① 非正式组织的目标如果与正式组织冲突,则可能对正式组织的工作产生极为不利的影响,并能扩大抵触情绪。比如,正式组织力图利用职工之间的竞赛以达到调动积极性、提高产量与效益的目标,而非正式组织则可能认为竞赛会导致竞争,造成非正式组织成员的不和,从而会抵制竞赛,设法阻碍和破坏竞赛的展开,其结果必然是影响企业竞赛的气氛。

② 非正式组织要求成员一致性的压力,往往也会束缚成员的个人发展。有些人虽然有过人的才华和能力,但非正式组织一致性的要求可能不允许他冒尖,从而使个人的才智不能得到充分发挥,对组织贡献不能增加,这样便会影响整个组织工作效率的提高。

③ 非正式组织的压力还会影响正式组织的变革,导致组织的惰性。这并不是因为所有非正式组织成员都不希望改革,而是因为其中大部分人害怕变革会改变非正式组织赖于生存的正式组织的结构,从而威胁非正式组织的存在。

3. 对待非正式组织的策略

不管我们承认与否、允许与否、愿意与否,上述影响总是客观存在的。正式组织目标的有效实现,要求积极利用非正式组织的贡献,努力克服和消除它的不利影响。

(1)利用非正式组织,首先要认识到非正式组织存在的客观必然性和必要性,允许、乃至鼓励非正式组织的存在,为非正式组织的形成提供条件,并努力使之与正式组织吻合。比如,正式组织在进行人员配备工作时,可以考虑把性格相投、有共同语言和兴趣的人安排在同一部门或相邻的工作岗位上,使他们有频繁接触的机会,这样就容易使两种组织的成员基本吻合。又如,在正式组织开始运转以后,注意展开一些必要的联欢、旅游等旨在促进组织成员间感情交流的联谊活动,为他们提供业余活动的场所,在客观上为非正式组织的形成创造条件。

促进非正式组织的形成,有利于正式组织效率的提高。人通常都有社交的需要,如果一个人在工作中或工作之后与别人没有接触的机会,则可能心情烦闷,感觉压抑,对工作不满,从而影响效率。相反,如果能有机会经常与别人聊聊对某些事情的看法,摆摆自己生活或工作中的障碍,甚至发发牢骚,那么就容易卸掉精神上的包袱,以轻松、愉快、舒畅的心理状态投身到工作中去。

(2)通过建立和宣传正确的组织文化来影响非正式组织的行为规范,引导非正式组织提供积极的贡献。非正式组织形成以后,正式组织既不能利用行政方法或其他强硬措施来干涉其活动,又不能任其自由发展,因为这样有产生消极影响的危险。因此,对非正式组织的活动应该加以引导。这种引导可以通过借助组织文化的力量,影响非正式组织的行为规范来实现。

(3)注意做好非正式组织领导人物的工作,充分发挥他们的作用,使他们成为正式组织的重要助手。

许多管理学者在近期的研究中发现,不少组织在管理的结构上并无特殊的优势,但却获得了超常的成功,成功的奥秘在于有一种符合组织性质及其活动特征的组织文化。所谓组织文化是指被组织成员共同接受的价值观念、工作作风、行为准则等群体意识的总称,属于管理的软件范畴。组织通过有意识地培养、树立和宣传某种文化,来影响成员的工作态度,使他们的个人目标与组织的共同目标尽量吻合,从而引导他们自觉地为组织目标的实现积极工作。

如果说合理的结构、严格的等级关系是正式组织的专有特征的话,那么组织文化则有可能被非正式组织所接受。正确的组织文化可以帮助每一个成员树立正确的价值观念和工作与生活的态度,从而有利于产生符合正式组织要求的非正式组织的行为规范。

三、委员会管理

委员会可以解释为从事执行某些方面管理职能的一组人。在现代社会的各种组织中,委员会正在作为一种集体管理的主要形式而被广泛地采用,在管理中,尤其是在决策方面扮演着愈来愈重要的角色。

存在于各种组织中的委员会,其形式和类型可以说是多种多样的。它可以是直线式的,也可以是参谋式的;可以是组织结构的正式组成部分,有特定的职权和职责,也可以是非正式的,虽未授予职权,但常常能发挥与正式委员会职能相同的作用;此外,委员会既可以是永久性的,也可以是临时性的,达到特定目的后就予以解散。在组织的各个管理层次都可以成立委员会。在公司的最高层,一般叫做董事会。他们负责行使制定重大决策的职权。在中、下层,也有类型不同的各种委员会,负责贯彻落实上级决策,切实保证任务的完成。

尽管委员会的形式与种类比较多,但是在对于诸如这样的一些问题,如委员会管理的利弊、如何成功地利用委员会等方面则是相通的,下面我们将就这些问题展开论述。

1. 委员会管理的优点

(1)集思广益。成立委员会的最重要的理由,是为了取得集思广益的好处。委员会由一组人组成,其知识、经验与判断力均较其中任何一个个人为高。因此,通过集体讨论、集体判断可以避免仅凭主管人员个人的知识和经验所造成的判断错误。

(2)协调作用。部门的划分,可能会产生"职权分裂",即对某一问题,一个部门没有完全的决策权。只有通过几个有关部门的职权结合,才能形成完整的决策,解决此类问题当然可以通过提交给上一级主管人员解决,但也可以通过委员会把具有决策权的一些部门召集来解决。这样既可减轻上层主管人员的负担,又有利于促进部门间的合作。此外,委员会可以协调各部门间的活动,各部门的主管人员可通过委员会来了解其他部门的情况,使之自觉地把本部门的活动与其他部门的活动结合起来。

(3)避免权力过于集中。委员会作出的决策一般都是对组织前途有举足轻重影响的重大决策。通过委员会作出决策,一方面可得到集体判断的好处,另一方面也可避免个人的独断专行、以权谋私等弊端,委员之间起了权力互相制约的作用。

(4)激发主管人员的积极性。委员会可使下级主管人员和组织成员有可能参与决策与计划的制订过程,这样做可以激发和调动下级人员的积极性,以更大的热情去接受和执行这些决策或计划。

(5)加强沟通联络。委员会对传送信息有好处,受共同问题影响的各方都能同时获得信息,都有同等的机会了解所接受的决策,这样可以节约信息传递过程中的时间。

2. 委员会管理的局限性

委员会是由一组人来执行某项管理职能的,在带来优越性的同时,无疑也有它的局限性。

(1)时效较差。委员会召开会议讨论问题,一般都要花费很多的时间和经费。委员会成员既然是平等的,所有成员都有发言和质询的机会与权力,这种组织形式决定了只有在每一个人都充分发表意见的基础上才可能形成集体决议。因此,综合大家的正确意见又常常是与决策的迟缓、时间的延误共存的。又由于各成员的地位、经历、知识、角度均不同,许多问题争论不休、议而不决,结果有可能使最好的行动机会就在这争论不休和议而不决中悄悄丧失。

(2)决策妥协。委员会既然是不同部门、不同层次的代表,代表着各自不同的利益,委员会内部意见的争论和分歧是难以避免的。当意见分歧较大时,常常为照顾各方利益,尊重各委员的意见,决策时不得不相互妥协,采用折中的方法,影响决策的质量。所以,有的管理人员说决策的完善性与决策的局限性在机会上几乎是同等的。

(3)权责分离。委员会有一定的权限,它必须对权力使用的结果负责,这在理论上讲是没问题的,然而,在实际执行中委员会管理并不完全如此。由于委员会的决策是各种利益妥协的结果,因此,决策不可能反映委员会中每个人的意见,也不会反映每个人的全部意见,可以想象,任何人都不愿意对那些只体现自己部分利益的决策及其执行结果负责,不仅一般成员如此,即使委员会主席也会如此。这是委员会管理的一个重要缺陷。

3. 科学运用委员会管理

上面的分析表明,委员会管理有许多优点,但也有不少缺陷,怎样成功地运用,方能卓有成效地提高管理效率呢?

(1)职权和范围要科学。委员会的职权究竟是决策直线职能,还是建议参谋职能,要根据目标与任务的需要来确定。职能不明确、不合理,无论是"决断机构"还是"自由论坛",盲目地赋予委员会过多的职能,都会给委员会管理带来混乱和低效率。

从实际执行情况看,委员会的工作消耗时间和费用均较多,对那些繁杂、琐碎、具体的日常事务工作,不宜采用委员会的管理方式去处理,迟缓的决策常常会耽误日常工作。那些长远的、全局性的、战略性的问题,则适宜委员会的方式来决策,它对时间要求较宽松,需要运用各种专业知识详细论证,这与委员会的长处正好合拍。

(2)规模要适当。委员会的规模非常重要,人数太多,委员会开会时,每个人难以有足够的时间和机会充分阐明自己的观点和意见,听取其他委员的观点和意见。因为人数以算术级数增加的,而关系的复杂程度是以几何级数增加的,委员之间的信息沟通质量与委员会的人数成反比,成员越多,信息沟通难度越大,信息沟通质量就越差,决策也就越困难。

委员会规模越小,信息沟通效果越好,那么,似乎规模倾向于小一点。但有时也不能太小,规模过小与委员会本身原有的优越性相违背。人数过少的委员会,不可能集合各种专业知识,不可能真正集思广益,不可能广泛代表各种利益。因此,委员会的规模要在"沟通难度"和"广泛"这两者之间取得平衡。

(3)成员要选择。委员会的组成成员要根据委员会的工作目的和工作性质来确定,比如,委员会的主要任务是提供咨询意见和建议方案,委员会成员就要尽可能选择与委员会研究问题所涉及专业知识相关的理论研究人员和实际工作者。如果委员会的主要目的是协调各方面的利益,那么,委员会的成员应该选择能代表各方利益的负责人。

不管委员会的目的和任务有何区别,其成员一般都要求具备独立思考和综合分析的才能,有较强的理解能力和表达能力,并富有合作精神。还要注意成员间的组织级别比较接近,这样有利于他们在委员会中畅所欲言,广开思路,相互取长补短,形成正确的结论。

(4)主席要发挥好作用。委员会的主席非常重要,他的工作才能直接影响到委员会作用的发挥,因此,委员会主席的选择一定要慎重。一个好的委员会主席,会前他会精心计划会议内容、安排会议议程、检查会议材料、控制会议进程、引导会议讨论,直至形成正确的会议决议。由于主席引导得法,决议建立在大家集思广益、不偏不倚的基础上,从而也就易于为委员们所接受,委员会的工作效率就比较高。

第五节　组织中的人员配备

组织设计仅为系统的运行提供了可供依托的框架。框架要能发挥作用,还需由人来操作。因此,在设计了合理的组织机构的基础上,还需为这些机构的不同岗位选配合适的人员,人员配备是组织设计的逻辑延续。人员配备的直接任务是为组织结构中的各个职位配备合适的人员,其内容包括选拔、考评、培训等几个方面。组织中任何一项管理职能的实施,任何一项任务或工作的完成都是经由人来进行的,可以说,人是组织目标实现的直接推动力。因此,组织结构中各个职位的人员配备是每一组织都应十分关心的问题,因为它直接关系到组织的活动是否有效、组织目标能否实现。

人员配备除了是人事部门的具体工作以外,主管人员在这方面负有不可推卸的责任。主管人员是否用人得当,是否能增强组织的凝聚力,都直接影响着自己的工作绩效以及组织的生存发展。因此,从管理是一个系统的观点来看,人员配备作为管理的一项职能是构成管理系统完备的不可缺少的组成部分。

组织结构中需要配备的人员大体上可分为两类:一是各级主管人员;二是一般员工。由于这两类人员的配备所采用的基本方法和原则是相似的,而主管人员在组织的作用更重要,所以我们将着重论述有关主管人员配备的内容、原则和方法。

一、人员配备

1. 人员配备的概念

人员配备,即根据组织结构中所规定的职务的数量和要求,对所需人员进行恰当而有效的选择、考评和培训,其目的是为了配备合适的人员去充实组织中的各项职务,以保证组织活动的正常进行,进而实现组织的既定目标。

2. 人员配备的重要性

人是组织中最重要的资源,是构成组织要素中最重要的要素。组织活动的进行,组织目标的实现,无一不是由人所决定的。因此,人员配备主要涉及的是对人的管理,其重要性是显而易见的。

(1)人员配备是组织有效活动的保证

对于一个组织来说,组织目标的确定为组织活动明确了方向,组织结构的建立,又为组织活动提供了实现目标的条件。但是,再好的组织结构,如果人员的安排不合理,那么这个组织结构也是不能发挥正常功能的。由于人员配备不适当而导致组织结构不仅不能成为实现组织目标的保证,而且还会干扰组织的有效活动,阻碍和破坏目标的实现。因此,人员配备无疑具有更大的重要性。主管人员是组织中对他人及其工作负责的管理人员,他们的基本任务是设计和维持一种环境,使身处其间的其他成员能在组织内一起工作,以完成预期的任务和目标。由此可见,主管人员在组织活动中居于主导地位,是实现组织目标的关键人物。因而组织的有效活动往往在很大程度上取决于主管人员的配备情况,取决于主管人员的质量高低。

(2)人员配备是组织发展的准备

组织发展是相应于组织内外环境的变化而作出的反应。一个组织只有不断地发展,不断地获得新的生命力,才能适应内外环境的变化而立于不败之地。组织发展的能动因素是人,其中主管人员又是起决定作用的。因此,人员配备工作为从事组织活动所需的各类人员做好了准备。所以说,人员配备是组织发展的准备。

国外许多学者认为,19世纪是经济学人才的盛世,20世纪是管理人才的天下,这种看法不无道理。在当代,随着社会的不断进步,科学技术的飞速发展,组织之间的竞争将越来越集中到人才的竞争上来,而管理人才不能不说是竞争的热点之一。日本早在20世纪50年代经济起飞的准备阶段,就曾把选拔管理人才、培养企业经营者作为与"中兴"日本经济的战略分不开的大事来抓,为当时日本的"十年倍增计划"的实现,以及后来经济的高速发展奠定了雄厚的人才基础,这一经验是值得借鉴的。

3. 人员配备过程

人员配备是一个系统的逻辑过程,这个过程受组织内外许多因素的影响。内外影响因素互相交织在一起,使得人员配备这个过程显得格外复杂。尽管如此,仍可以按一定的系统的逻辑步骤来描述这一活动过程。

(1)主管人员需要量分析

一个组织中未来主管人员的需要量,基本上取决于组织的计划、组织结构的规模与复杂程度,以及组织的扩充发展计划和主管人员的流动率。在计划工作确定了组织的目标,以及实现这一目标的大致安排之后,随之而来就要求建立一个与之相适应的组织结构,以创造一个有利于实现组织目标的工作环境。组织结构有了以后,其中所设计的各个主管职位,就是组织所需的主管人员数。然而这只是从静态的方面来考察未来主管人员的需要量。在现实生活中,由于组织随着所处环境的不断变化而需要不断调整,组织环境的变化,要求组织随时修正其目标和计划,与之相适应,所需的主管人员数也不是一成不变,而是随着组织结构的变化而增减的。此外,主管人员的流动率,即由于退休、病休或降级、调离等原因造成的主管职位上人员的空缺,需要有新的主管人员来填充,这也是影响主管人员需要量的一个重要的动态因素。一个组织中未来主管人员需要量通过以上几个方面的分析是可以基本确定出来的。

当然,对主管人员的需求分析除了数量以外,在质量上也应有要求,即每一主管职位所要求的资格,二者结合起来,才能选出最合适的主管人员。

(2)主管人才的开发

当主管人员的需要量确定之后,下一步考虑的便是这些所需的主管人员从哪里能获得,这就涉及到一个主管人才的开发问题。

首先是调查组织内部现有人员的状况,包括他们的能力、工作资历、工作表现、年龄等,了解一下是否有符合条件的备选人才。

未来主管人员的获得途径除了组织内部之外,还有一条重要的途径就是组织外部。因此,绝不能忽视在组织外部对组织所需的主管人才的开发工作。组织外部的人才开发多是借助于一些就业服务机构以及各种专业的管理协会等来进行的,通过与这些社会部门的联系,可以了解有无自己所需的主管人才。

(3)主管人员的选拔

选拔的主管人员包括能够胜任未来某种职务的主管人员,也包括那些具有某种潜力、有可能胜任某种职务要求的各种后备主管人员。其过程就是从候选人中选择最合适者。

(4)主管人员的考评

通过对主管人员的实际工作绩效进行考评，上级可以了解下属的实际工作能力以及执行任务的情况，下属也可以知道上级对他们工作的认可或满意程度。对主管人员的考评可以说既是主管人员培训的基础，又是主管人员培训的终结，因为只有客观地考核和评价了一个人的长处和短处之后，才有可能因材施教，取长补短，而考评又是衡量培训是否收到预期效果的唯一尺度。

(5)主管人员的培训

管理能力的提高是一个循序渐进的过程，只有不断地学习，不断地接受培训，才能积累起必要的知识和技能。因此，主管人员的培训应该是人员配备工作中一项长期的日常任务。

二、主管人员的选聘

主管人员的选聘是人员配备职能中最关键的一个步骤，因为这一工作的好坏，不仅直接影响到人员配备的其他方面，而且对整个管理过程的进行乃至整个组织的活动，也都有着极其重要和深远的影响。主管人员的质量是任何一个组织不断取得成功的最重要的决定因素。"得人者昌，失人者亡"，这是古今中外都公认的一个组织成功的要诀。因此，组织能否选拔和招聘到合适的主管人员是关系到组织活动成败的关键。

1. 选聘的依据

选聘主管人员，首先必须明确选聘的依据是什么，也就是根据什么标准来选聘。总的说应该是德才兼备。但是从具体担任管理职位来说，选聘的依据可以概括为以下两个方面：职位本身的要求及主管人员应具备的素质和能力。

(1)职位的要求

为了有效地选聘主管人员，首先必须对职位的性质和目的有一个清楚的了解。通常，组织结构设计的职位说明书，对各职位已有了总的规定。在选聘主管人员时，我们还可以通过职务分析来确定某一职务的具体要求。

① 职位范围应该适当。一个职位范围如果规定得过窄就没有挑战性，没有成长的机会，也没有成就感，优秀的主管人员会因此感到厌烦和不满意。当然，职位范围也不能过宽，否则会使主管人员无法有效地进行工作。

② 职位工作量应饱和。如果某一职位的工作量不饱满，将会使主管人员感到自己没有被充分利用，结果就可能导致他们过多地干预下属人员的工作，给下属执行自己的任务带来一定的麻烦。

③ 职位应当反映所要求的主管的工作技能。一般要以所要完成的各项任务为出发点来规定。因此，职位的具体要求除了在工作方面作出清楚的规定外，还要具有某些灵活性以发挥个人特长。

(2)主管人员应具备的素质和能力

① 个人素质

对于一个主管人员来说，个人素质如何是很重要的，因为个人素质与管理能力密切相关，它虽然不是管理能力的决定因素，但管理能力的大小是以素质为基础的。这在后面的领导部分将有更详尽的论述。

② 管理能力

管理能力即完成管理活动的本领,它的涉及面非常广。主管人员应该具备的管理能力包括三类:ⓐ规划决策能力,指遇到问题能从大处着眼,认清形势,统筹规划,果断地作出正确决策的能力。ⓑ技术能力,指在业务方面的知识和掌握的熟练程度。ⓒ人事能力,指同员工共事的能力,它是组织协作、配合,以及创造一个能使其员工安心工作,并自由发表意见的环境的能力。

2. 选聘的途径、程序和方法

(1)选聘的途径

选聘主管人员的途径有两种:一是从组织内部提升(内升制),二是从组织外部招聘(外求制)。

① 内部提升

从内部提升是指从组织内部提拔那些能够胜任的人员来充实组织中的各种空缺职位。它意味着组织中的一些人将从较低的职位被选拔到较高的职位,担负更重要的工作。实行内升制一般要求在组织中建立起详尽的人员工作表现的调查登记材料,以此为基础绘制出主管人才储备图,以便在一些主管职位出现空缺时,能够据此进行分析研究,从而选出合适的未来主管人员。

a. 内部提升的优点

ⓐ 由于对组织中人员有比较充实和可靠的资料供分析比较,候选人的长处和弱点都看得比较清楚。因此,一般来说,人选比较准确。

ⓑ 被提升的组织内成员对组织的历史、现状、目标以及现存的问题比较了解,能较快地胜任工作。

ⓒ 可激励组织成员的上进心,努力充实提高其本身的知识和技能。

ⓓ 组织成员感到有提升的可能,工作有变换的机会,可提高员工的兴趣和士气,使其有一个良好的工作情绪。

ⓔ 可使组织对其成员的培训投资获得回报,获得比当初投资更多的培训投资效益。

b. 内部提升的缺点

ⓐ 当组织对未来所需主管人员的供需缺口比较大,即组织存在较多的主管空缺职位,而组织内部的主管人才储备或者是在量上不能满足需要,或者是在质上不符合职务要求时,如果仍然坚持从内部提升,就将会使组织既失去得到一流人才的机会,又使不称职的人占据主管职位,这对组织活动的正常进行以及组织的发展是极为不利的。

ⓑ 容易造成"近亲繁殖"。由于组织成员习惯了组织内的一些既定的做法,不易带来新的观念,而不断创新则是组织生存与发展的不可缺少的因素。

ⓒ 因为提升的人员数量毕竟有限,若有些人条件大体相当,但有的被提升,而有的仍在原来的岗位,这样,没有被提升的人的积极性将会受到一定程度的挫伤。

② 外部招聘

从外部招聘是指从组织外部得到急需的人员,尤其是那些起关键作用的主管人员。外部招聘的渠道很多,可以通过广告、就业服务机构、一些管理协会或学校、组织内成员推荐等途径来进行。要使外部招聘得以有效实施,就必须将组织空缺职位的有关情况,事先真实地告诉应聘者,例如职位的性质和要求、工作环境的现状和前景、报酬以及福利待遇等等。

a. 外部招聘的优点

ⓐ 有较广泛的人才来源满足组织的需求,并有可能招聘到第一流的管理人才。

ⓑ 可避免近亲繁殖,给组织带来新的思想、新的方法,防止组织的僵化和停滞。

ⓒ 可避免组织内没有提升的人的积极性受挫,避免造成因嫉妒心理而引起的情绪不快和组织成员之间的不团结。

ⓓ 大多数应聘者都具有一定的理论知识和实践经验,因而可节省在培训方面所耗费的大量时间和费用。

b. 外部招聘的缺点

ⓐ 如果组织中有胜任的人未被选用,则从外部招聘会使他们感到不公平,因而可能产生与应聘者不合作的态度。此外,这些人由于对自己的前途失去了信心,因此,他们的士气或积极性将会受到影响。

ⓑ 应聘者对组织的历史和现状不了解,需要有一个了解和熟悉的过程。

ⓒ 由于不太了解应聘者的实际工作能力,因而在招聘过程中不可避免地会过多地注重其学历、文凭、资历等等,有时将会导致对应聘者产生很大的失望。

从以上对主管人员选聘途径的讨论来看,主管人员的选聘无论是"内升制"还是"外求制",都不是十全十美,而是各有其优缺点的。但在实际工作中,还是有一些一般的规律可循的。一般说来,当组织内有能够胜任空缺职位的人选时,应先从内部提升,当空缺的职位不很重要,并且组织已有既定的发展战略时,应当考虑从内部提升。然而,当组织急缺一个关键性的主管人员,而组织内又无能胜任这一重要职位的人选时,就需从外部招聘,不然的话,勉强提拔内部人员将是不可思议的,它将会导致组织处于停顿甚至后退状态。在通常情况下,选拔主管人员往往是采用内部提升和外部招聘相结合的途径,将从外部招聘来的人员先放在较低的岗位上,然后根据其表现再行提升。

总之,一个组织选聘主管人员究竟是采用"内升制",还是采用"外求制",要根据组织的具体情况而定,随机制宜地选择选聘的途径。

(2) 选聘的程序和方法

在组织未来所需主管人员的数量和要求已经明确,并且制订了选聘政策之后,就要开始实施具体的选聘工作。选聘可在组织内由各级负责人员配备的主管人员和人事部门主持进行,也可委托组织外的机构或专家对候选人进行评价。

选聘的具体程序应包括哪些步骤,这是随着组织的规模和性质,以及空缺主管职位的特殊性和要求的不同而不同的。不过在设计步骤时,应考虑到实施这些步骤的诸如时间、费用、实际意义以及难易程度等因素。选聘过程的主要程序如下:

① 负责人员配备的主管人员和人事部门,根据组织的主管人才储备图和组织外部的应聘者初步筛选出可作为候选人的名单。

② 获取有关的参考资料。候选人参考资料的获得有两条途径:ⓐ从候选人的申请表中获得,亦可从候选人的档案以及推荐信、证明书、工作鉴定等一些他人提供的资料中获得。ⓑ面谈。面谈可以获得许多候选人的直接的第一手材料,例如仪表举止、表达能力、思维是否敏捷、是否灵活等等。面谈可以举行一次,也可举行多次,以便进一步了解情况。面谈的内容一般可以分为三类,即事先拟定的、半拟定的和未拟定的。事先拟定好的问题大多是:在最近担任职位的具体工作任务和职责是什么? 在这个职位中取得了哪些成绩? 这些成绩在多大程度上是

由于自己的努力？别人的贡献是什么？对于你过去的职位,哪些喜欢,哪些不喜欢？为什么要变换职位？等等。对半拟定和未拟定的问题,与候选人面谈的主管人员主动性比较大,可随机地提一些问题。面谈的优点是直接简便,可以淘汰那些显然不合格的候选人,但其不足之处是容易受候选人表面现象的影响。

③举行测验。为进一步了解候选人各方面的素质和能力,通常的测验有四大类:ⓐ智力测验,目的是衡量候选人的记忆力、思考的速度和观察复杂事物相互关系的能力;ⓑ熟练程度和才能测验,目的在于发现候选人的兴趣所在,现有的技能以及进一步掌握技能的潜力和能力;ⓒ业务测验,目的是发现候选人最适宜担任的职务;ⓓ个性测验,目的是衡量候选人在管理才能方面的潜力。

3. 选聘过程中应遵循的基本原则

(1)公开竞争原则

公开竞争原则可以表述为:组织越是想获得高质量的主管人员,提高自己的管理水平,就越应在选拔和招聘未来主管人员的过程中鼓励公开竞争。按照这一原则,就是要将组织的空缺职位向一切最适合的人选开放,而不管他们是组织内部还是组织外部的,大家都机会均等,一视同仁,这样才能保证组织选到自己最满意的人员。

(2)用人之长原则

用人之长原则可以表述为:在主管人员的选聘过程中,要根据职务要求,知人善任,扬长避短,为组织选择最合适的人员。人无完人,每个人都有其长处和短处,只有当他处在最能发挥其长处的职位上,他才能干得最好,组织也才能获得最大的益处。因此,选聘主管人员,关键在于如何根据职位要求,发挥人的长处,既使候选人能够各得其所,各遂其愿,人尽其才,又能使组织得到最合适的人选。

三、主管人员的考评

主管人员的考评,即对主管人员的考核和评价,是人员配备工作的一项重要内容,也是整个组织管理体系中的一个重要的组成部分。只有了解了一个主管人员在计划、组织、领导、控制等方面的工作做得如何,才能确知那些占有主管职位的人是否有效地进行着管理工作。这是组织中的一个十分重大的问题,关系到组织目标的实现,关系到组织的生死存亡。因此,任何组织要想有效地实现其目标,就必须十分重视和切实搞好主管人员的考评工作。

1. 考评的要求

做好考评工作,明白对考评工作本身的要求很重要,因为它直接关系到考评结果的质量。

(1)考评的指标要客观

考评,是以考评的内容为基础的,在内容的基础上,需要设计一系列指标,才能具体地衡量主管人员在各方面的工作绩效。指标设计的重要标准之一就是客观。

(2)考评方法要可行

方法可行是指考评的方法要为人们所接受并能长期使用,这一点对考评是否能真正取得成效是很重要的。方法的可行与否,同方法本身的难易繁简有很大关系。

(3)考评时间要适当

因为组织内处于不同层次、不同职务的主管人员,他们的活动和要求,以及与上下左右的关系等等都不一样,因此,考评的时间也不可能相同。具体确定考评时间的长短,需视其主管人员个人情况以及主管职位的相对重要性而定。由于管理的效果总是要经过一段较长的时间才能表现出来,如果时间太短,则两次考评结果可能没有什么差别,而时间太长,则既不利于纠正偏差,也不利于鼓励工作出色的主管人员。

(4)考评结果要反馈

考评的结果应该告诉被考评者,这是为了使被考评者能够及时知道自己的优缺点,知道自己在哪些方面做得比较好,在哪些方面还有欠缺,以使能在今后的工作中发扬长处,克服不足。此外,反馈也可促使被考评者通过别人的考评,对自己有一个正确的评价,例如自己有没有能力胜任工作?工作中出现漏洞或缺点,是由于自己知识和能力的欠缺所引起的,还是由于疏忽大意而引起的?如果是知识、能力的不足,能否通过培训来弥补?等等。

2. 考评的内容

一般来说,为确定工作报酬提供依据的考评着重管理人员的现时表现,而为人事调整或组织培训而进行的考评则偏向技能和潜力的分析。然而,组织具体进行的人事考评,往往不是与一种目的有关,而是为一系列目的服务的。因此,考评的内容不能只侧重于某一方面,而应尽可能地全面。

(1)贡献考评

贡献考评是指考核和评估管理人员在一定时期内担任某个职务的过程中对实现企业目标的贡献程度,即评价和对比组织要求某个管理职务及其所辖部门提供的贡献与该部门的实际贡献。

贡献往往是努力程度和能力强度的函数。因此,贡献考评可以作为决定管理人员报酬的主要依据。贡献评估需要注意以下两个问题:

① 应尽可能把管理人员的个人努力和部门的成就区别开来,即力求在所辖部门的贡献或问题中辨识出有多大比重应归因于主管人员的努力。这项工作可能在实践中是非常困难的,但也是非常重要的。因为在个人提供的努力程度不变的情况下,外部完全有可能发生不可抗拒的、内部无能为力的、但对内部的部门目标的实现起着重要的促进或阻滞作用的变化。在这种情况下,需要考察和分析的不是管理人员的表现和能力,而是组织机构的合理性。

② 贡献考评既是对下属的考评,也是对上级的考评。贡献考评是考核和评价具体人员和部门对组织的贡献,往往是根据组织的要求来提供的。因此,只有在被考评时期开始以前,组织对每个部门和管理岗位的工作规定具体的目标和要求,考评才可以进行。否则,不仅使下级不能了解努力的方向,从而不能提供有效的贡献,而且使考评失去了客观的标准。在这种情况下,下级不能提供积极贡献的原因不在他们自己,而在上级。所以说,对下级贡献的考评,也是对上级进行考评,考评上级组织下属工作的能力。

(2)能力考评

贡献虽可在一定程度上反映管理人员的工作能力,但不仅仅取决于工作能力。能力的大小与贡献的多少并不存在着严格的一一对应关系。所以为了有效地指导企业的人事调整或培训与发展计划,还须对管理干部的能力进行考评。

能力考评是指通过考察管理人员在一定时间内的管理工作,评估他们的现实能力和发展潜力,即分析他们是否符合现任职务所具备的要求,任现职后素质和能力是否有所提高,从而能否担任更重要的工作。

根据对管理人员的工作要求来进行能力考评,不仅具有方便可行、能够保证得到客观结论的好处,而且可以促使被考评者注重自己的日常工作,根据组织的期望注意改进和完善自己的管理方法和艺术,从而能起到促进管理能力发展的作用。

3. 考评的方式

（1）自我考评

自我考评就是主管人员根据组织的要求定期对自己工作的各个方面进行评价。这种方式有利于主管人员自觉地培养和提高自己的政治素质、业务水平和管理能力,增强工作的责任感,其评价结果还可用来作为上级对下级评价时的参考,从而减少被考评者对考评的不信任感。自我考评很易受个性的强烈影响,此外被考评者由于担心上级考评不能客观地评价自己,因而会过多地谈论自己的成绩,而较少涉及自己的不足。一般而言,自我总结是自我考评方式常采用的一种形式。

（2）上级考评

上级考评是对主管人员的考评中最常见的一种方式。一方面由于他是被考评者的直接上级,与被考评者的直接联系较多,因而能够从对被考评者的直接经常性的接触和观察中了解其各方面的状况;另一方面,作为上级来讲,一般比较理解考评的目的,熟悉考评的标准,而且责任心也比较强。这两方面结合起来,就使得上级考评一般能够对被考评者作出比较客观和公正的评价。但上级考评有时也不免带有主观成分。

（3）同事考评

同事考评,即与被考评者一起工作的同事对其进行考评。由于工作关系,同事之间是互相最了解的人。因此,同事考评的结果也较为客观和可信,这种方式常用的形式是小组评议。但同事考评受人际关系的影响比较大,容易出现“你好我好大家都好”的现象。

（4）下级考评

下级考评是从另一个角度对主管人员进行评价。下级更熟悉被考评者的领导方式、领导作风等等方面,因而在这些方面的评价也是比较客观和准确的。我们常说的“民意测验”就是这种考评方式的一种具体形式。下级考评的缺点是下级可能由于怕被“穿小鞋”,而不愿讲真话。

四、主管人员的培训

在现代化大生产的条件下,对任何一个组织来说,无论是主管人员,还是一般员工,都只有通过不断的学习、进步、充实和提高,才能适应组织内外环境的日新月异的变化,才能胜任要求不断提高的各项工作。这一点,随着社会的不断发展,已为世界上越来越多的人所认识。近几十年来,世界各国都把组织人员培训提到越来越重要的地位,认为这方面的投资是最重要的投资。不仅各类组织都非常重视培训工作,将其作为一项长期的工作内容,而且国家也对这方面的工作给予积极的鼓励和支持。

主管人员的培训是人员配备中的一个重要的方面,其目的是要提高组织中各级主管人员的素质、管理知识水平和管理能力,以适应管理工作的需要,适应新的挑战和要求,从而保证组织目标的实现。由于主管人员是组织活动的主导力量,主管人员管理水平的高低,直接决定着组织活动的成败。因而每一组织都应将对主管人员的培训工作看做是一项关系组织命运、前途的战略性工作来对待。应当把培训工作作为组织的一项长期活动的内容,建立起有效的培训机构和培训制度,针对各级各类主管人员的不同要求,采用各种方法进行培训,切实做好培训工作。

1. 培训的对象

主管人员的培训对象就是主管人员,这似乎是不言自明的,但这样说未免太笼统。主管人员作为培训对象,根据其培训特点的不同,可以分为两大类:①任职的主管人员;②刚刚选拔出来准备任职的主管人员,他们虽然也可能现正任职,但却是准备提升到更高的职务上的。这一类又可细分为两种情况:一是准备立即提升的;二是还须进一步锻炼提高之后才能提升的。对于第一类任现职的主管人员来说,人们往往认为培训的主要对象是较低层次的主管人员,特别是那些基层的主管人员。实际上,这种看法是片面的。每一个现职的主管人员,无论是上层的、中层的还是基层的,为了更好地履行现行职责,做好现任工作,都有提高自己各方面素质和能力的要求。因此,培训的对象不仅仅主要是中下层的主管人员,也应包括上层的主管人员。而且,上层主管人员还应该首先受到培训,这是由他所在的重要的岗位所决定的。其次是因为在整个培训过程中,他负有培训下级主管人员的不可推卸的责任。作为教员,他自己必须对管理学科的基本原理有比较深刻的理解,必须率先学习和运用管理的一些新观点、新方法和新技术,必须理论联系实际,现身说法,这样才能在理论上总结自己的经验,不断地丰富管理理论的内容。总之,无论上层、中层、基层,凡是任现职的主管人员,其培训的重点都是提高现有的各方面素质和能力,圆满地做好现任工作。对于第二类新选拔出来的主管人员,并且将被马上提升的人来说,他们即将离开熟悉的现任职位,奔赴新的、责任更重大、风险和机会也更多的陌生的职位。所以,其培训的重点应是尽快地了解和熟悉新的环境,以使他们能够迅速地胜任新的本职工作。而对于那些也是新选拔出来的,但目前还不具备提升条件的主管人员,他们的培训重点则是分别根据各自的弱点和不足,通过各种方式尽快地补课,以达到拟提升职务对主管人员的要求。

2. 培训的内容

无论哪种类型的培训对象,其培训的具体内容一般都包括以下三个方面。

(1)政治思想教育

政治思想教育是我国这样的社会主义条件下任何组织的主管人员都必须接受的一种思想教育,其目的是要培养主管人员的政治素质,力求通过学习,使主管人员懂得马克思主义的基本原理,掌握和理解党和国家在某一时期的方针政策,遵纪守法,培养高尚的道德情操,树立远大的理想,从而端正各类各级组织活动的指导思想。

(2)管理业务知识

这里所说的管理知识是指广义的管理知识。作为一个主管人员来说,没有广博的知识是不可能搞好管理的。对于这一点,主管人员所处的管理层次越高,其体会就越深。管理科学是一门边缘学科,涉及社会科学和自然科学的许多领域,例如社会科学的社会学、政治学、伦理学、哲学、史学、法学等等,自然科学中的数学、物理、化学、天文学、海洋学、心理学、生物学、材料科学、能源科学、空间科学、农业科学、医学科学,以及系统论、信息论、控制论等应用科学技术。管理科学可能涉及这么多学科,但并不是每一个主管人员都必须掌握这些学科的内容,这既无必要,也不可能。作为一个主管人员,需要掌握的只是一些必要的管理学知识——管理的基本原理,以及与组织业务活动有关的科学技术知识,在此基础上,各方面的知识面要尽可能地宽。这就是我们常说的T形知识结构。因此,组织在进行具体的培训时,应重点要求主管人员掌握管理的基本原理和方法,掌握与组织业务活动相关的必要的科学技术知识,同时,也要尽可能多地学一些与以上相联系的其他知识。

（3）管理能力

管理能力是管理知识运用到管理实践中的反映。管理是一门科学，也是一门艺术，具有很强的实践性。因此，管理能力的培训就是要让主管人员运用管理科学的基本原理和方法，提高在实际工作中认识问题、分析问题和解决问题的能力和技巧。但是不同层次的主管人员，由于他们的工作性质、职责和职权范围等都不一样，因此所需的管理能力和技巧等等也就都不一样。所以，培训时还要注意根据层次的不同特点来进行。基层主管人员是第一线的管理人员，在他们的工作中，技术能力、人事能力，包括沟通和人际关系的才能是很重要的。此外，他们大多以前没有系统地学习过管理的基本理论，因此，对基层主管人员培训的重点应该是技术培训和管理基本理论及方法的学习。中层主管人员一般是由有若干年经验的基层主管人员提拔上来的，对于管理的基本理论不仅有了了解，而且有了成功的实践。此外，中层主管人员一般是部门负责人，他们有大量的信息沟通、人际交往、组织协调和决策等项工作要做，这些工作都要求有较高的领导艺术和管理技能。因此，中层主管人员培训的重点是领导艺术和管理技能的提高。上层主管人员是处于组织最高领导层的主管人员，他们要照顾全局的利益，正确分析环境的变化，为组织未来的发展做出决策。为了做好这些工作，就需要有较高的战略分析和规划决策的能力。因此，上层主管人员培训的重点是提高战略分析和规划决策的能力。

3. 培训的方法

（1）理论培训

理论培训是提高主管人员理论水平的一种主要方法。尽管主管人员当中有些已经具备了一定的理论知识，但总还需要在深度和广度上接受进一步的培训。理论培训有助于提高受训者的理论水平，有助于他们了解某些管理理论的最新的发展动态，有助于在实践中及时运用一些最新的管理理论和方法。

（2）职务轮换

职务轮换是使受训者在不同部门的不同主管位置或非主管位置上轮流工作，以使其全面了解整个组织的不同的工作内容，得到各种不同的经验，为今后在较高层次上任职打好基础。职务轮换包括非主管工作的轮换、主管职位间的轮换等。

① 非主管工作的轮换。非主管工作的轮换主要是在组织的基层第一线进行的。目的在于使被培训者了解组织最基层的各类业务活动；了解这些活动的基本特点、基本过程；了解基层非主管人员的工作情况和精神状态。这种轮换的时间一般不要求太长，参加轮换的人多为刚从组织外部招聘来的人员以及一些基层主管人员。目前，我国大部分组织都采用这种方法作为培训的一种基本方法。它的优点是通过轮换，主管人员可以对组织内的各类业务活动有所了解，密切同基层非主管人员的关系，为今后在领导岗位上从事管理打下了一定的基础。缺点是这种方法在时间上不易掌握，时间长了费用太大，而且也会影响受训者的情绪；时间短了，犹如走马观花，不容易了解和把握各类业务活动的实质。

② 在主管职位间轮换。这种轮换是在组织的同一层次上的各个不同部门的主管职务上进行的。这种轮换的目的是要使将要提拔到较高层次的主管人员，在不同的职务上根据各部门的不同特点，学习实际的管理经验。这种方法不要求主管人员对部门活动有很深的了解，而是强调他们全面管理技能的提高，使他们积累在不同管理部门的经验，以胜任较高层次上的管理工作。这种轮换的优点是可以开阔主管人员的视野，了解各部门的特点及其相适应的能力

和实际的管理能力。缺点则是这种轮换会影响各个部门的相对稳定性。

(3)提　升

① 有计划的提升。这种方法有助于培养那些有发展前途的,将来拟提拔到更高一级职位上的主管人员。它是按照计划好的途径,使主管人员经过层层锻炼,从低层逐步提拔到高层。这种有计划的提升,不仅上级主管人员知道,而且受训者本人也知道,因此不仅有利于上级领导对下级进行有目的的培养和观察,也有利于受训者积极地学习和掌握各种必备知识,为将来的工作打下较为扎实的基础。

② 临时提升。临时提升是指当某个主管人员因某些原因,例如度假、生病或因长期出差而出现职务空缺时,组织便指定某个有培养前途的下级主管人员代理其职务。代理者在代理期间做出决策和承担全部职责时所取得的经验是很宝贵的。与此相反,如果他们只是挂名,不做决策,不真正进行管理,那么在此期间能得到的锻炼就是很有限的。

(4)设立副职和助理职务

副职的设立是要让受训者同有经验的主管人员一道密切工作,后者对于受训人员的发展给予特别的注意。这种副职常常以助理等头衔出现。有些副职是暂时的,一旦完成培训任务,副职就被撤销,有些副职则是长期性的。无论是长期的还是临时的,副职对于培训主管人员都是很有益的。这种方法可以使配有副职的主管人员起到教员的作用,通过委派受训者一些任务,并给予具体的帮助和指导,由此培养他们的工作能力。而受训者来说,这种方法又可以为他们提供实践机会,并观摩和学习现职主管人员分析问题、解决问题的能力和技巧。

(5)研讨会。研讨会是指各有关人员在一起对某些问题进行讲座或决策。通过举行研讨会,组织中的一些上层主管人员与受训者一道讨论各种重大问题,可以为他们提供一个机会,观察和学习上级主管人员在处理各类事务时所遵循的原则和具体如何解决各类问题,取得领导工作的经验。同时,也可以通过参加讨论,通过参与组织一些大政方针的讨论,了解和学习利用集体智慧来解决各种问题的方法。

第六节　组 织 变 革

任何设计得再完美的组织,在运行了一段时间以后也都必须进行变革,这样才能更好地适应组织内外条件变化的要求。组织变革实际上是而且也应该成为组织发展过程中的一项经常性的活动。也许正因为组织变革要经常进行的缘故,有人甚至认为"组织"的准确名称其实应该叫"再组织"。组织变革是任何组织都不可回避的问题,而能否抓住时机顺利推进组织变革则成为衡量管理工作有效性的重要标志。

一、组织变革的动力和阻力

1. 组织变革面临两种力量的对比

在现代社会,越来越多的组织面临着一种复杂、动态的多变性。如果说以前的管理特点是长期的稳定伴随着偶尔的短期的变革,今天的情形正好相反,往往是长期的变革伴随着短期的稳定。在这种情况下,管理者必须比以往任何时候都应更加关注变革和变革管理,帮助员工更好地适应不断变革中的工作环境,并采取措施激发变革的动力,克服变革的阻力,使组织在变革中求得繁荣和发展。

组织变革时常面临着动力和阻力这两种力量的较量。对待组织变革所表现出来的推动和阻止这两种不同的态度以及由此产生的方向相反的作用力量及其强弱程度的对比，会从根本上决定组织变革的进程、代价，甚至影响到组织变革的成功和失败。

组织变革的动力，指的就是发动、赞成和支持变革并努力去实施变革的驱动力。总的说来，组织变革动力来源于人们对变革的必要性及变革所能带来好处的认识。比如，企业内外各方面客观条件的变化，组织本身存在的缺陷和问题，各层次管理者（尤其是高层管理者）居安思危的忧患意识和开拓进取的创新意识，变革可能带来的权力和利益关系的有利变化，以及能鼓励革新、接受风险、赞赏失败并容忍变化、模糊和冲突的开放型组织文化，这些都可能形成变革的推动力量，引发变革的动机、欲望和行为。

组织变革中的阻力，则是指人们反对变革、阻挠变革甚至对抗变革的制约力。这种制约组织变革的力量可能来源于个体、群体，也可能来自组织本身甚至外部环境。组织变革阻力的存在，意味着组织变革不可能一帆风顺，这就给变革管理者提出了更严峻的变革管理的任务。成功的组织变革管理者，应该既注意到所面临的变革阻力可能会对变革成败和进程产生消极的、不利的影响，为此要采取措施减弱和转化这种阻力；同时变革管理者还应当看到，人们对待某项变革的阻力并不完全都会是破坏性的，而是可以在妥善的管理或处理下转化为积极的、建设性的。比如，阻力的存在至少能引起变革管理者对所拟订变革方案和思路予以更理智、更全面的思考，并在必要时做出修正，以使组织变革方案获得不断的完善和优化，从而取得更好的组织变革效果。

2. 组织变革阻力的主要来源

（1）个体和群体方面的阻力。个体对待组织变革的阻力，主要是因为其固有的工作和行为习惯难以改变、就业安全需要、经济收入变化、对未知状态的恐惧以及对变革的认知存有偏差等而引起。群体对变革的阻力，可能来自于群体规范的束缚，群体中原有的人际关系可能因变革而受到改变和破坏，群体领导人物与组织变革发动者之间的恩怨、摩擦和利益冲突，以及组织利益相关群体对变革可能不符合组织或该团体自身的最佳利益的顾虑等。

（2）组织的阻力。来自组织层次的对组织变革的阻力，包括现行组织结构的束缚、组织运行的惯性、变革对现有责权利关系和资源分配格局所造成的破坏和威胁集以及追求稳定、安逸和确定性甚于革新和变化的保守型组织文化等，这些都是可能影响和制约组织变革的因素。此外，对任何组织系统来说，其内部各部门之间以及系统与外部之间都存在着强弱程度不等的相互依赖和相互牵制的关系，这种联系是组织作为系统所固有的特征。然而，在一定期间内进行的组织变革，一方面出于克服和化解变革阻力的需要，另一方面也由于组织问题错综复杂很难一蹴而就，这样，具有一定广度和深度的组织变革就通常只宜采取分阶段有计划地逐步推进的渐进式变革策略。在这种策略下，每一计划期内的变革都只能针对有限的一些组织问题，这就难以避免地会导致系统内外尚未予以变革的要素对现有计划范围内的变革构成一种内在的牵制和影响力。这种制约力量需要变革管理者在设计组织变革方案时就事先予以周密的考虑，以便安排合适的变革广度、深度和进度。

（3）外部环境的阻力。组织的外部环境条件也往往是形成组织变革力量的一个不可忽视的来源。比如，与充分竞争的产品市场会推动组织变革相对比，缺乏竞争性的市场往往造成组织成员的安逸心态、束缚组织变革的进程；对经理人员经营企业之业绩的考评重视不足或者考评方式不正确，会导致组织变革压力和驱动力的弱化；全社会对变革发动者、推进者的期待和支持态度及相关的舆论和行动,以及企业特定组织文化在形成和发展中所根植的整个社会或民族的文化特征,这些都是重要的影响企业组织变革成败的力量。

二、组织变革的过程

成功而有效的组织变革,通常需要经历解冻、改革、冻结这三个有机联系的过程。

1. 解　冻

由于任何一项组织变革都或多或少会面临来自组织自身及其成员的一定程度的抵制力,因此,组织变革过程需要有一个解冻阶段作为实施变革的前奏。解冻阶段的主要任务是发现组织变革的动力,营造危机感,塑造出改革乃是大势所趋的气氛,并在采取措施克服变革阻力的同时具体描绘组织变革的蓝图,明确组织变革的目标和方向,以形成可实施的比较完善的组织变革方案。

2. 变　革

变革或改革阶段的任务就是按照所拟订变革方案的要求开展具体的组织变革运动或行动,以使组织从现有结构模式向目标模式转变。这是变革的实质性阶段,通常可以分为试验与推广两个步骤。这是因为组织变革的涉及面较为广泛,组织中的联系相当错综复杂,往往"牵一发而动全身",这种状况使得组织变革方案在全面付诸实施之前一般要先进行一定范围的典型试验,以便总结经验,修正进一步的变革方案。在试验取得初步成效后再进入大规模的全面实施阶段,还有另一个好处,那就是可以使一部分对变革尚有疑虑的人们能在试验阶段便及早地看到或感觉到组织变革的潜在效益,从而有利于争取更多组织成员在思想和行动上支持所要进行的组织变革,并踊跃跻身于变革的行列,由此实现从变革观望者、反对者向变革的积极支持者和参加者转变。

3. 冻　结

组织变革过程并不是在实施了变革行动后就宣告结束。涉及人的行为和态度的组织变革,从根本上说,只有在前面有个解冻阶段、后面又有个冻结阶段的条件之下,改革才有可能真正地实现。现实中经常出现,组织变革行动发生了之后,个人和组织都有一种退回到原有习惯了的行为方式中的倾向。为了避免出现这种情况,变革的管理者就必须采取措施保证新的行为方式和组织形态能够不断地得到强化和巩固。这一强化和巩固的阶段可以视为一个冻结或者重新冻结的过程。缺乏这一冻结阶段,变革的成果就有可能退化消失,而且对组织及其成员也将只有短暂的影响。

三、促进组织变革的对策

1. 加强对组织变革的宣传教育和沟通工作。大力加强舆论宣传,使员工认识到组织变革的意义,实现思想意识和价值观的改变,积极投身于组织变革工作中。

2. 管理者要成为组织变革的积极推动者和坚强后盾。

3. 科学地组织实施步骤,尽量实现渐进式变革。

4. 平衡各方面员工的利益,减少对组织变革的疑虑和阻力。

5. 合理运用各种有效的管理手段(如激励机制和约束机制),巩固组织变革的成果。

第七节　组织文化与学习型组织

20世纪80年代,整个世界处于经济高速发展时期,科学技术日新月异,各种文化相互渗透、融合,市场竞争日益激烈。在全球新的竞争条件下企业如何生存和发展,成了管理学者和企业家们共同关注的课题,在新的形势下,形成了一些新的管理思想和理论,以下就当前研究的两大热点——组织文化和学习型组织在本书中作一概括性的介绍。

一、组织文化

1. 组织文化的概念

日本在二战后所取得的经济奇迹,引起了世界各国尤其是美国的关注。管理学者们对日本企业的成功进行了深入的考察和研究,通过对比和分析后发现,日本之所以能在短时间内崛起,一个重要的原因是日本的文化对日本的经济发展起着主要作用,在企业竞争发展的过程中,文化力量发挥着重要而独特的作用。因此在进入20世纪80年代后,美国管理学界连续推出了四本有关组织文化的经典著作:威廉·大内的《Z理论——美国企业界怎样迎接日本的挑战》、理查德·帕斯卡尔和安东尼·阿索斯的《日本企业管理艺术》、特伦斯·迪尔和爱伦·肯尼迪的《企业文化》、托马斯·彼得斯和小罗伯特·沃特曼的《追求卓越——美国管理最佳公司的经验》,掀起了对组织文化研究的高潮,标志着组织文化理论的诞生。

正如每个人都有其独特的个性一样,一个组织也具有自己的个性,这种个性称为"组织文化"。文化的一般含义是指人类社会智力发展的证据、文明,相对于国家文化、民族文化、社会文化而言,组织文化是一种微观文化。由于文化本身内涵的丰富性,理论界对组织文化的定义有多种解释,归纳起来,组织文化是指组织在长期的生存和发展过程中所形成的,为本组织所特有的,且为组织多数成员共同遵循的组织宗旨、价值观念、基本信念和行为规范等的总和。

2. 组织文化的特征

组织文化可以通过评价一个组织具有的10个特征的程度来加以识别,这10个特征是:

(1)成员的同一性。雇员与作为一个整体的组织保持一致的程度,而不是只体现出他们的工作类型或专业领域的特征。

(2)团体的重要性。工作活动围绕团队组织而不是围绕个人组织的程度。

(3)对人的关注。管理决策要考虑结果对组织中的人的影响程度。

(4)单位的一体化。鼓励组织中各单位以协作或相互依存的方式运作的程度。

(5)控制。用于监督和控制雇员行为的规章、制度及直接监督的程度。

(6)风险承受度。鼓励雇员进取、创新及冒险的程度。

(7)报酬标准。同资历、偏爱或其他非绩效因素相比,依雇员绩效决定工资增长和晋升等报酬的程度。

(8)冲突的宽容度。鼓励雇员自由争辩及公开批评的程度。

(9)手段一结果倾向性。管理更注意结果或成果,而不是取得这些成果的技术和过程的程度。

(10)系统的开放性。组织掌握外界环境变化并及时对这些变化作出反应的程度。

组织文化是这10个特征的一种复合体,这些特征综合在一起,就能创造出高度多样化的组织。

3. 组织文化的内容和结构

组织文化的基本内容主要包括以下几方面：

(1)组织的宗旨和使命:任何组织的存在,都是为了追求某种目的或目标,组织宗旨(或使命)就是关于组织存在的目的和理由的一般性陈述,说明组织的业务范围、服务对象及其理由。

(2)价值观:所谓价值观就是人们评价事物重要性和优先次序的一套标准。共同的价值观是组织文化的核心和基石,它为组织全体成员提供了共同的思想意识、信仰和行为准则,体现了全体员工对组织的生产、服务、经营活动的一般看法和基本观点,是组织取得成功的必要条件。

(3)作风及传统习惯:组织文化从本质上讲是员工在共同的工作中所产生的一种共识和群体意识,这种群体意识与组织长期形成的工作作风和传统习惯有很大的关系,工作作风和传统习惯是为达到组织最高目标的价值观念服务的。

(4)行为规范和规章制度:如果说组织文化中的宗旨、价值观、作风和传统习惯是软件的话,那么行为规范和规章制度就是组织文化中的硬件部分,它配合软件部分,使组织文化得以在组织内部贯彻实施。

(5)组织文化的物质载体:诸如标识、包装、纪念物、环境等,属于物质文化,是组织文化抽象内容的外在显现。

组织文化的结构大致可分为三个层次:物质层、制度层和精神层,如图6－8所示。

(1)物质文化:这是组织文化的表层部分,是形成制度文化和精神文化的条件,它能够反映出组织的经营思想、经营管理哲学、工作作风和审美意识,主要包括:①企业面貌,如工作环境的绿化、美化,建筑风格,车间、办公室的设计、布置方式等;②产品的外观和包装;③纪念物;④技术工艺设备的特性等。

(2)制度文化:这是组织文化的中间层次,主要是指对组织成员和组织行为产生规范性、约束性影响的部分,它集中体现了组织文化的物质层和精神层对员工和组织行为的要求。制度层主要是规定了组织成员在共同的工作活动中所应当遵循的行动准则,主要包括工作制度、责任制度、特殊制度、风俗习惯、典礼仪式等。

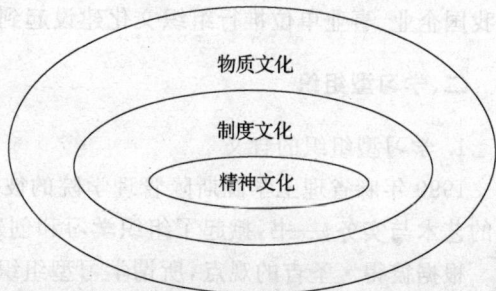

图6－8　组织文化结构层次图

(3)精神文化:这是组织文化的深层,主要是指组织的全体员工共同信守的基本信念、价值标准、职业道德及精神风貌,它是组织文化的核心和灵魂,是形成组织文化的物质层和制度层的基础。有没有精神层是衡量一个组织是否形成了自己的组织文化的主要标志。精神文化主要包括:组织的经营哲学、组织精神、组织风气、组织目标、组织道德等。

4. 组织文化的功能

组织文化作为一个对组织的生存发展产生多方面影响和作用的因素,其功能归纳起来,可分成以下几个方面:

(1)导向功能。组织文化反映了组织整体的共同追求、共同的价值观和共同的利益,对组织管理者和员工的思想、行为产生指引方向、坚定信念、引导行为的作用,使全体成员为实现组织的目标而共同奋斗。

（2）规范功能。通过制度文化和道德规范对全体成员的行为产生规范、约束作用，使其符合组织的价值观念和组织发展的需要。

（3）激励功能。在组织文化创造的尊重人、理解人、关心人的氛围中，激发和调动全体成员的积极性、主动性和创造性，团结在一起为实现组织目标而拼搏。

（4）凝聚功能。使全体成员产生对组织目标、准则和观念的认同感、使命感、归属感和自豪感，对组织产生强烈的向心力和凝聚力，使组织能充分发挥出整体优势。

（5）融合功能。组织内部的各个部门和个人都有各自的价值观、利益要求和作风习惯等，相互间难免会产生矛盾和冲突。通过组织文化的建设，可把不同群体、个人的异质文化同化到一个统一的组织文化中，保证整个组织在文化上的同质和统一。组织只有实现文化上的同质结构，才能成为坚强有力的组织。

（6）守望功能。组织文化具有维持自身基本价值观纯洁性、连续性和一贯性，防止外部异质文化的干扰、渗透的功能，这就是组织文化的守望或防守功能。

（7）辐射功能。一个组织一旦形成强有力的组织文化，那么这种强组织文化不仅会在组织内部发挥作用，对本组织员工产生影响，而且还会通过各种渠道，对其他组织甚至整个社会产生影响，它所倡导的价值观念、伦理道德、精神作风等会成为其他组织、社会学习、借鉴的榜样。

发达国家在组织文化建设方面积累了许多丰富的经验。在我国，一些优秀的企业如联想集团、海尔集团等，在组织文化建设方面也都取得了丰硕的成果，形成了独特的个性特征，为今后我国企业、事业单位推行组织文化建设起到了积极的促进作用。

二、学习型组织

1. 学习型组织的含义

1990 年麻省理工学院斯隆管理学院的彼得·圣吉教授出版了《第五项修炼——学习型组织的艺术与实务》一书，掀起了组织学习和创建学习型组织的热潮。

根据彼得·圣吉的观点，所谓学习型组织，就是组织和个人通过自我超越、改善心智模式、建立共同愿景、团体学习和系统思考五项基本修炼来构建的，通过获取、加工、整理、创新和利用知识来指导和改善自身的思想和行为，从而达到增强适应环境和影响环境的能力的组织。简而言之，就是一种能够不断学习、不断自我创造未来的组织。

2. 学习型组织的五项修炼

关于如何建立学习型组织，彼得·圣吉提出了五项修炼：

（1）自我超越。这要求组织中的每个成员都要全身心投入，充满将组织目标变为现实的动力。管理者必须赋予员工一定的自主权，允许他们根据自己的想法进行试验、研究和创造，鼓励每一个人进行自我超越。

（2）改善心智模式。心智模式是指那些深深固结于组织成员心中，影响组织成员如何采取行动的一些假设、见解和印象。对心智模式的检视是学习型组织的重要工具，作为促进自我超越的一部分，组织要鼓励员工发展和使用复杂心智模式——一种可以激励员工寻找新的、更好的完成任务的方式的复杂思维方式。通过这一模式的使用，能够加深员工对于其特定工作的理解。圣吉认为，管理者必须鼓励员工形成一种试验和冒险的偏好。

（3）进行团队学习。团队是学习型组织的基本工作单位和学习单位，团队学习是学习型组织的基本学习方式,是构建学习型组织的基本过程。团队学习要求组织成员之间能够敞开心灵,充分交流,相互启迪,共同提高,使大家都能在相互学习中提升工作、学习和创新的能力。

(4)建立共同愿景。所谓"共同愿景"是指能鼓舞组织成员共同努力的愿望和远景,是学习型组织的动力基础。它可以创造出众人一体的感觉,并渗透到所有的组织活动中,使组织的各种不同活动融为一体,起到协调、统一各个部门和个人的行为的作用。

(5)系统思考。系统思考是学习型组织的灵魂,它要求组织成员从系统的角度思考问题,而不是片面的和零碎的思考问题,形成整体意识、全局观念和动态平衡的思想。

彼得·圣吉十分重视第五项修炼——系统思考,并认为它高于其他四项修炼。他认为系统思考是整合其他各项修炼成一体的理论与实务,防止组织在真正实践时,将各项修炼列为互不相干的名目或一时流行的时尚。少了系统思考,就无法探究各项修炼之间如何互动。同时他认为系统思考的宗旨是:"将组织变成一个具有生命的有机体,面对任何复杂的外界变化,能灵活伸展,能随机而变"。其核心观点是学习:个人和组织一起学习,组织在个人通过学习完成不断超越自我的基础上,进行团队学习,从而使组织变成学习型组织,将组织成员与工作持续地结合起来,使组织在个人、工作团队和整个组织系统三个层次上得到共同发展。一旦组织走上了学习型组织之路,它便成了具有生命的有机体,它便具有系统思考的能力,从而具备了无限生机的能力,随机而变的能力,适应现在并能预控和创造未来的能力。

3. 学习型组织的八个特征

(1)组织成员拥有一个共同的愿景。组织共同的愿景是组织全体员工的共同理想,它能使不同个性的人团结在一起,朝着组织共同的目标前进。

(2)组织由多个创造性团队组成。在学习型组织中,团队是最基本的学习单位,团队是彼此需要他人配合的一群人。组织的所有目标都是直接或间接地通过团队的努力来达到的。

(3)善于不断学习。这是学习型组织的本质特征。主要包括四层含义:一是强调"终身学习",即组织成员均应养成终身学习的习惯,这样才能形成组织良好的学习气氛,促使成员在工作中不断学习;二是强调"全员学习",即组织的所有管理者和基层员工都要全身心地投入学习,尤其是经营管理决策层,他们是决定组织发展方向和命运的重要阶层,因而更需要学习;三是强调"全过程学习",即学习必须贯彻于组织系统运行的整个过程之中;四是强调"团队学习",即不但重视个人学习和个人智力的开发,更强调组织成员的合作学习和群体智力的开发。

(4)"以地方为主"的扁平式结构。传统的组织其结构通常是金字塔式的,而学习型组织的结构是扁平式的。扁平式组织结构尽最大可能将决策权向组织的下层移动,让基层单位拥有充分的自主权,并对产生的结果负责,从而形成"以地方为主"的扁平式组织结构。

(5)自主管理。学习型组织理论认为,自主管理是使组织成员能边工作边学习并使工作和学习紧密结合的方法。通过自主管理,组织成员可以自己选择伙伴组成团队,可以自主地进行现状调查、发现问题、分析原因、选定进取的目标,可以自主地制定对策、组织实施并自己检查效果、评定总结。团队成员在自主管理的过程中,能形成共同的愿景,能以开放求实的心态相互切磋,不断学习新知识,不断创新,从而增加组织快速应变、创造未来的能力。

(6)组织的边界被重新界定。学习型组织边界的界定,建立在组织要素与外部环境要素互动关系的基础上,超越了传统的根据职能或部门划分的边界。

(7)员工家庭与事业的平衡。学习型组织努力使组织成员丰富的家庭生活与充实的工作生活相得益彰。组织承诺支持员工充分的自我发展,而员工也以承诺对组织的发展尽心尽力作为回报。这样,个人与组织的界限将变得模糊,工作与家庭之间的界限也将逐渐消失,两者之间的冲突也必将大为减少,从而提高组织成员家庭生活的质量,达到家庭与事业之间的平衡。

(8)领导者的新角色。在学习型组织中,领导者是设计师、仆人和教师。领导者的设计工作是一个对组织要素进行整合的过程,他不只是设计组织的结构和组织政策、策略,更重要的是设计组织发展的基本理念;领导者的仆人角色表现在他对实现共同愿景的使命感,他自觉地接受共同理想的召唤;领导者作为教师的首要任务是界定真实情况,协助组织成员对真实情况进行正确、深刻的把握,提高他们对组织系统的了解能力,促进每个人的学习。

学习型组织理论具有不同凡响的作用和意义:学习一方面是为了保证组织的生存和发展,使组织具有不断改革发展的能力,提高组织的竞争力;另一方面更是为了实现个人与工作的真正融合,使人们在工作中活出生命的意义。通过迈向学习型组织的种种努力,引导出一种不断创新、不断进步的新观念,从而使组织日新月异,不断创造未来。

学习型组织的基本理念,是在组织文化建设和团队建设的基础上发展起来的,它不仅有助于企业的改革和发展,而且对其他组织的创新和发展也有启示,人们可以运用学习型组织的基本原理,去开发各自组织创造未来的潜力,反省当前存在于整个社会上的种种学习障碍,思考如何使整个社会早日向学习型社会迈进,这才是学习型组织所产生的更深远的影响。

复习思考题

1. 组织结构设计的基本原则有哪些?
2. 影响管理幅度的因素有哪些?试分析扁平型结构和高耸型结构的优缺点。
3. 分权的途径有哪些?有何区别?
4. 直线职能制组织结构的优缺点是什么?
5. 事业部制组织结构适合于什么样的组织?有什么优缺点?
6. 矩阵制组织结构有什么优缺点?适合于什么样的组织?
7. 什么是非正式组织?管理者如何正确处理与非正式组织的关系?
8. 人员配备的作用和内容是什么?主管人员选聘的"内升制"和"外求制"各有什么优缺点?
9. 什么是组织文化?组织文化的功能与内容是什么?

案例

案例1 销售部经理人选

S实业公司是一家电子计算机芯片的销售公司。它是美国一家知名公司在中国的总代理,也是欧洲其他两家著名公司在中国的分销商。该公司的总部设在广州市,其销售网点遍及北京、上海、武汉等地,用户达八千余家,每年的销售业务以50%以上的速度递增。S公司设有产品、销售、服务、人事等部门,其中销售部在武汉、南京、西安等地设有分部,负责当地的销售业务。

S公司总经理邵刚现在面临一个难题:公司的销售部需要改组。上星期,销售部经理杨帆向公司提交了辞呈，理由是另外一家公司给他的薪水更加优厚。公司几次挽留杨帆，但仍没有改变他的决定。现在，急需任命一位销售部经理来代替杨帆。同时，邵刚从这件事中得出教训：为公司长远利益着想，必须从现在起着手培养后备力量，这样才能形成人才梯队，使公司不至于出现一个人走整个部门都得进行大变动的局面。因此，邵刚决定再确定一两个作为销售经理未来接班人的人选。可是，问题并没有想象的那么简单。邵刚和公司其他部门几位负责人在一起讨论了半天，也没有形成明确的意见，怎不让人焦急！

邵刚首先考虑销售部经理人选，他私下认为现任副经理于多不错，可以接杨帆的班。但邵刚的这个想法遭到其他几个人的反对。他记得前天开会的情景，当时他把想法向公司其他部门负责人宣布时，这些人表情怪异。邵刚不解地望着他们："你们该不会反对他吧？你们都是有目共睹的，他的表现堪称一流。"人事部经理周林发言道："于多这个人能力的确不错，他才思敏捷，语言犀利过人，对问题分析透彻，对于外在变化永不畏缩，也能立刻适应新情况，但我认为他担任销售部经理恐怕不合适。他实在太咄咄逼人，他不喜欢听别人的意见，目中无人。如果提拔他当经理，我担心他日后和下属关系搞不好而导致下属辞职而去。如今我们公司销售部有很多大学毕业生，他们会不会对让这样一个没有什么学历的人来担任经理表示不服气呢？另外，现在单位任命主管干部都考虑知识化，一般主管干部都要求有较高的学历。我们这样做，会不会自毁公司形象呢？"

产品部负责人插言："我认为于多是个很称职的销售员，但我总认为他的过分热心和乐观态度令人感到有点儿不安。他可能无法进行正确而实际的市场调查和研究工作，而这一点对于我们公司销售部门及其他部门的发展是非常重要的。我也认为他不宜出任公司销售主管。"其他几个人也同意这种看法。

邵刚几乎不相信自己的耳朵，他没想到他一向欣赏的于多竟受到如此批评。虽然可以坚持己见任命于多，但其结果必然是于多处处树敌，公司的管理阶层会面目全非，往后利害斗争更是没完没了。更何况邵刚一向看重公司的和谐，尊重下属意见。为了公司的长远发展着想，他或许应该换一个人选？可是于多会不会因此愤而辞职离开公司呢？如果真是这样，对公司是一个损失呀！想到这些，邵刚就觉得心绪难平。

邵刚又想到销售部另一位副经理胡波。胡波与于多属于完全不同类型的人。胡波外表很不显眼，但他生性平和，善于团结下属，能让手下一群人很好的结合在一起。办起事来毅力十足，百折不挠，名利也看得很淡，做事不喜欢张扬。比如去年，胡波授命代表 S 公司与欧洲一家公司谈判分销事宜，事后邵刚从这家公司代表口中听到他们对胡波的赞扬："我们开始并不想与贵公司合作，因为我们认为贵公司在这一方面经验不足，但你们的代表胡波先生把我们说服了。而结果也证明，合作对大家都有利。"如果让胡波出任销售部经理，似乎顺应民心，可邵刚还是犹豫不定。胡波有时做事不够果断，缺乏领导魄力。他有时心太软，在他手下有几位表现欠佳的销售员，按理说应该把这几个人辞掉，可胡波不忍心这样做，他让这些人继续留在销售部，干些不重要的事情。关于这件事，财务主管已向邵刚反映过，公司不能容纳吃闲饭的人，但胡波据理力争，这件事只好搁下。究竟胡波适不适合担任销售部主管呢？邵刚没有想好，既然如此，再考虑其他人选吧。

邵刚下一个想到的是现任西安分部负责人张庆。张庆计算机专业毕业，懂技术，头脑聪明，从事销售工作以来进步神速，积累了不少管理经验。去年被公司任命为西安分部的负责人。他上任以来，西安分部销售业绩突飞猛进，大大改变了以前那种奄奄一息的局面。但是，就在公司决定对销售部进行改组的这几天,邵刚收到了几封检举信,这几封信与张庆有关。信的主要内容是检举张庆利用公款大吃大喝,在吃喝中拉拢客户,他的业绩都是用吃喝堆出来的。邵刚拿着信,觉得棘手。虽说不排除有人想趁此机会给张庆"使绊子",但张庆也的确让人家抓到了"小辫子",现在居然闹得满城风雨。我们的公司毕竟同西方国家的公司有所不同,在提拔干部时不能不顾及到社会影响。此外,虽然公司每月都要给销售人员一定的费用,用于必要的业务开支,但张庆这种做法是不是太明目张胆,不太妥当呢?难道就没有比吃喝更好的方式吗?

正当邵刚沉思时,周林走了进来。他兴冲冲地对邵刚说:"经理,既然我们对现有的公司人选拿不定主意,为什么不把目光投到别的公司呢?M公司销售部经理王颖的能力我们都十分清楚。我听说最近她与公司老板闹翻了,要辞职不干。我们何不趁此机会把她挖过来?让她来接受销售部可以解决我们选人的矛盾。同时,我们也可把握时机,击败M公司呀!"

邵刚听后,觉得这也不失为一个解决问题的办法。但他认真考虑后,又觉得不太妥当。真如周林所说的那样,王颖的确是一位难得的人才,公司应不应该把她挖过来?把她挖过来后,公司又如何解决她的工作呢?这方面失败的例子比比皆是,外来的和尚不一定就会念经。再说,这样做很可能会挫伤本公司销售人员的积极性。于多、胡波等人并非平庸之辈,如何向他们解释?有可能出现这种局面:挖来一个人,走了一批人,公司得不偿失。此事必须三思而后行……

【案例思考题】

(1)如果你处于邵刚的位置,怎样处理眼前的问题?请给出有说服力的解决方案。

(2)为了避免今后再出现这种被动局面,邵刚应在主管人员的配备上做哪些工作?

案例2 联想新文化

1996年联想给自己提出的奋斗目标是到2000年"达到100万台产销量"。现在这一目标已经远远超过了。

联想从无到有,从小到大,其转变过程中唯一不变的就是联想一种创新的文化。

1. 从做事到做人的转变

小公司做事,大公司做人。联想企业文化的发展也是循着这一路子。

1994~1995年,联想刚起步时,常说的一句话就是"要把5%的可能变成100%的现实"。这是联想在当时的环境下所表现出来的一种非常坚定的目标导向。因为这个时期联想面对的是关系到能否生存的竞争压力,联想人必须关注客户需要什么,什么产品好卖,怎样控制成本才能赚钱,考虑如何打出自己的牌子,经营意识就这样一步步地建立起来了。所以,这个时期目标导向清楚地显示,在公司里做事远远大于做人。

当联想把自己领进了市场的大门,完成了"做学问"向"做市场"的转变后,就开始想怎么为"长跑"做好准备。于是,联想开始讲"管理三要素",讲"做事三原则"。一切围着目标转就逐渐转变成了"围着规则转",从目标导向变成了规则导向。诚如杨元庆所言:"一个企业要长远发展,员工的行为需要规范,业务怎么开展需要规范,企业怎么管理也需要规范。"联想向规则要的是"精准和效率",把很多事情都放到一个个流程制度里去规范它。比如用"入模子"来统一新员工的价值观,比如把总经理室的沟通变成固定的"早餐会"。所以,1996~1998年,联想由"求生存"的目标转移到了"求发展、求规模、求效益"上,为了做到更好地把握与控制,这时期的文化目标是强调内部管理的规范性,强调对目标负责,于是强调"严格文化"。

当公司发展越来越大,部门也越来越多的时候,联想意识到,更大的发展不仅仅来自于规范的作用,更需要沟通协调,需要理解信任,需要增强企业亲和力、向心力和凝聚力,于是他们讲的更多的是团队意识,告诉员工"小公司做事,大公司做人"的道理,多讲支持,提倡"互为客户"的理念,并推行矩阵式管理模式,要求各部门和层次之间互相配合,资源共享。所以,1999~2000年联想提出了"亲情"文化——平等、信任、欣赏、亲情。此时,员工个人的追求开始转向更深层次的人生价值、社会尊重和精神满足层面上来,联想对做人的要求显然已经超过任何时期。

2. 创造湿润的空气

联想从小到大的发展过程中,成功的一个重要原因是年轻气盛,公司于是在不断的出错和改错中成长起来,因此在工作中强调严格管理。但是,由于企业发展得太快,很多、很重要、很大的事情都是由年轻人去做。年轻人尽管有朝气,但在管理和做事方面更多地体现出刚性有余、柔性不足,勇往直前的干部和员工比较多,造成整个公司的湿润度不够。

增加公司的湿润度就是增强员工之间的亲情。联想的亲情文化,并没有一个特别清晰的定义,但亲情并不一定是很大的事情,事实上,越小的事情越容易让人感动。联想的员工讲了这样一件事情:公司在香港有个活动,电脑公司的人到了香港都自己转自己的去了。杨元庆在后来的一次总结会上对这件事发表了自己的看法:"很多人到过香港很多次,但有的只去过一次,去过的为什么不能带着没有去过的同事转一转?"

据说联想内部实行"称谓无总",不听从者,罚款50元,亲情可见一斑。在联想,掌门人杨元庆将亲情文化总结为"要谦虚",并用"树大招风"来警告自己的员工:几年前,你做的事得到的是支持和掌声,而现在以同样的方式做事你可能得到的是批评和非议。因为联想是著名企业,从用户到媒体对企业的产品和形象提出了更严格甚至是苛刻的要求。在这个竞争的市场中,当然也会含有攻击的成分。但想想这是养育联想的本土市场,是联想赖以生存的本土市场,自然也就会小心谨慎、兢兢业业地对待它。

3. 危机意识和创新意识

进入新阶段同时也意味着要面临新的挑战。创业精神再次成为联想重点倡导的企业文化,只不过此一时已非彼一时,以前联想面临的是能否突出重围、能否生存下去的问题,而今天的联想已经在国内市场取得了一定的优势,业务也已经发展壮大,联想现在提倡的创业精神必然要赋予更新的含义:危机意识和创新意识。

联想在业务增长的同时,也清醒地认识到来自联想内外两个方面的危机。从外部环境来看,新世纪刚开始,伴随着美国股市的暴跌,包括宝洁、韩国大宇、摩托罗拉、思科等几乎所有的公司都开始在大规模裁员,世界经济面临着一场前所未有的风暴,以前几乎被神话的新经济似乎变成了垃圾;在美国和欧洲,PC已陷入市场饱和、利润降低、竞争空前残酷的境况。与之形成鲜明对比的是,PC在中国仍是规模巨大且还将迅速增长的产业,这就使得几乎所有的外国IT公司都把中国市场设定为自己取得增长的一块肥肉,国内企业将要面对国内市场上前所未有的激烈竞争。作为走在市场前沿的联想不得不思考自身核心业务的增长是否足以维护对新业务的拓展,毫无疑问,多元化发展就势必意味着面临更多的风险。联想正是处于这样的一个发展时期。

据了解,联想的绝大部分员工来到联想不过两三年的时间甚至更短,而这段时间正是联想发展最为迅速的时候。在联想的成绩被别人津津乐道的今天,联想的员工是否能够融入新的企业文化,是否也能够居安思危,具备了危机到来之后的心理素质?这的确是联想现在所亟待解决的问题。这样看来,联想现在所倡导的"危机文化"不无理由。"我们能坦然地面对裁员、减少开支、降低薪酬吗?盲目的乐观、看不清我们面临的压力和挑战,将成为来自我们自身的最大危机。"杨元庆的忧虑无疑也间接反映出了国内其他企业的忧虑。

不久前,杨元庆与英特尔公司的高级副总裁在中央电视台有一个对话,主持人称两个企业皆为成功的企业,杨元庆连忙打断:英特尔公司应该毫无疑问是一个成功的企业了,而联想只能算是到目前为止还比较成功的企业,因为联想还没有经历过太大的挫折和风浪的洗礼,成功的企业应该是九死一生后的成就。

杨元庆是聪明人,这般言语只能说明他是一个理智的人。因为只有思危是不够的,关键的是还要想办法去避免危机的产生,去寻找解决危机的办法。来自外部的竞争压力要求联想必须加速巩固并扩大自身业已在中国市场取得的优势,要求联想在正在进行的和即将开展的业务当中不断创新、学习、成长、开拓,主动适应经营环境,去获取外部资源和支持。

联想把应对新业务、新目标和新挑战,视为联想人的第二次创业,这作为一个国有大型企业的确难能可贵。

【案例思考题】

(1)联想新文化在理念和内容方面有哪些新特点?

(2)为什么现代企业如此重视企业文化建设?

第七章 领　　导

领导是管理活动的重要方面,管理过程学派认为:领导职能是管理职能的基本组成部分,它侧重于对组织中人的行为施加影响,发挥领导者对下属的指挥、协调、激励和沟通作用,以便更加有效地完成组织的目标与任务。领导工作具有人与人互动的性质,领导者正是通过他与被领导者的双向互动过程,促使组织成员更有效地实现组织的目标。

第一节 领　导　概　述

一、领导的含义

"领导"一词在现实生活中有多方面的含义。作为名词,领导指的是人,即领导者。领导者有两种类型:一种是居于领导职位的人,组织中所有被称为"上级"的人,包括全部的直线管理人员以及配有下属的职能部门的负责人,都属于这一类的领导者。这些人是组织所正式任命的,拥有合法的权力(即职权),可对被领导者进行指挥命令和奖励处罚。另一种是从一个群体中自然产生出来的,他们虽然并不拥有正式的职位和职权,但却能对他人的活动产生实质性的影响,他们同样也是领导者。

作为动词,领导指的是一个领导者的行为,也就是在与其部属相处中指导和动员他人行为与思想的过程。领导过程包含了确定一批人应当前进的方向,以及带领人们朝着这个方向前进以实现预期目标两方面的内容。这是对领导职能的一种广义理解,它在很大程度上与该领导者作为一名正式组织的管理者围绕人的因素所开展的管理全过程相当。

领导职能还有一种较为狭义的概念,仅指在目标既定的条件下如何影响一个组织或群体的成员去实现目标。在组织的各种生产要素中,人的因素在很大程度上能直接或间接地决定组织目标的实现及其实现程度。因此,如何正确地领导组织成员,调动组织成员的积极性,实现领导与组织成员间良好的信息沟通,就成为管理工作中的一大关键问题。一个有效的领导者能够有力地影响其下属,使下属现有的技能、才智和技术水平得到最充分的发挥,从而使组织取得更高的绩效。

我们将领导职能定义为指导和影响群体或组织成员的思想和行为,使其为实现组织目标而做出努力和贡献的过程或艺术。

这一定义包含以下四个方面的含义:

(1)领导者一定要与所领导的群体或组织的其他人员发生联系。这些人可能心甘情愿地服从或被迫无奈地屈服于该领导者的权力,使自己处于被领导者的地位。

(2)权力在领导者和其他成员中的分配是不平等的。领导者拥有相对强大的权力,使他得以影响组织中其他成员的行为,而其他成员却没有这样的权力,或者拥有的权力并不足以改变其被领导的地位。

(3)领导者能对被领导者产生各种影响。领导者具有引导和指挥下属思想和行动的权力,他不仅能够指导他人"如何去做",而且能够影响其"去做什么"。领导者能够通过影响被领导者,使其表现出某种符合组织期望的行为。

(4)领导的目的是影响被领导者去为实现组织目标做出努力和贡献。与其他管理职能一样,领导工作也具有明确的目的性。这种目的一是为了使组织目标得以更好地实现,二是使组织成员能在工作中得到发展和进步。组织需要建立领导的权威,但领导的目的决不应该是为了体现领导者个人的权威。有效的领导者应当赋予被领导者在执行组织任务的过程中发挥主动性和创造性的一定自由度。

二、领导和管理

领导与管理是人们通常容易混淆的概念。事实上,领导职能与管理职能、领导者与管理者是既相互联系,又相互区别的,主要表现在:

(1)领导职能是管理职能的一部分,可以说管理职能的范围要大于领导职能。

(2)领导和管理活动的特点和着重点有所不同。领导活动是与人的因素密切关联的,侧重于对人的指挥和激励,更强调领导者的影响力、艺术性和非程序化管理,而管理活动更强调管理者的职责以及管理工作的科学性和规范性。

(3)如果把组织中的工作人员划分为管理人员和作业人员,则从理论上分析,所有的管理者都应该是领导者。因为不管他们处在什么层次,都或多或少地肩负着指挥他人完成组织目标的任务,因此都应成为拥有管理权力并能影响或促使组织成员努力实现既定目标的人。但是,现实中的管理者并不都能使自己成为这样的领导者,尽管他们表面上都处于领导的职位。这类管理者也许会在计划、组织和控制等职能方面做得非常出色,但只要不能有效地发挥对他人的领导作用,不能既居领导之"职"同时亦行领导之"能",那么他就不可能是名副其实的领导者。

另一方面,一个人可能是领导者,却并非是管理者。这是因为除正式组织外,社会上还存在着各种各样的非正式组织。作为非正式组织的领袖,他们并没有正式的职位和权力,也没有义务确立完善的计划、组织和控制职能,但是他们却能对其成员施加影响,起到激励和引导的作用,因此他们也被称为领导者。

三、领导权力的构成

1. 权力的实质

领导者在领导工作中所拥有的影响力大小,与其权力的形成与运用有着密切的关系。

权力本身是一个中性的概念,它可以帮助管理者更好地实现组织的目标,也可以被利用来达到不良的目的。权力是组织生活的现实,永不会消失。

所谓权力,指的是一个人(A)借以影响另一个人(B)的能力。这个定义中实际上假设B对自己的行为有一定的自主权,但出于对A在某方面资源的依赖,使得A能借此影响B去做他不一定能做的事。可见,依赖关系是一个人可以对另一个人行使权力的基础。B对A的依赖性越强,则在他们的相互关系中A所拥有的权力就越大。所以,如果说"影响"是权力的表现和权力使用的结果,那么从权力的来源来看,权力就是对资源拥有者的一种依赖性。

依赖和权力关系的建立,是与A相对于B所拥有的重要而且稀缺资源的不可替代性相关联的。首先,如果B不对A掌握的资源感兴趣,那就谈不上什么依赖和权力关系。其次,这种被看重的资源是否相对稀缺,也是形成权力关系的另一个条件。假如某种资源非常充足,则拥有这种资源实际上并不会增加这个人的权力。譬如,要是大家都极富有智慧,那某人的智慧就没有特殊价值了。同样,对富豪来说,金钱就不是一种能影响他的行为的权力基础。因此,稀缺的资源才能使他人依赖于你。权力关系形成的再一个条件,就是资源的不可替代性。一种资源越是没有替代物,则该资源的控制者所拥有的权力就越大。如果一个员工相信除了目前的工作外,他在别的地方还有许多满意的就业机会,在这种情况下他就不用担心被解雇,而他的主管人员就会发现,此时以解雇作为威胁手段试图影响这位下属的行为就一定是不可能的。由此说明,资源的重要性、稀缺性和不可替代性,三者共同决定了权力与依赖关系的性质和强度。

2. 权力的类型

现实中,一个人掌握的资源往往不止一种,因而权力的来源也就可能相当广泛。根据权力来源的基础和使用方式的不同,美国管理学家弗兰奇(John R. P. French)和瑞文(Bertram Raven)认为可以将权力划分为 5 种类型:

(1)法定权,指组织内各管理职位所固有的法定的、正式的权力。这种权力来自于领导者在组织中担任的职务,来自于下级传统的习惯观念,即下级认为领导者拥有的职务权力是合理、合法的,得到了社会公认的,他必须接受领导者的影响。

(2)奖赏权,指提供奖金、提薪、表扬、升职和其他任何令人愉悦的东西的权力。一个人假如能给他人以特殊的利益或奖赏,你就知道与他关系密切是大有益处的。在组织中,下级认识到,如果按照上级的指示办事,上级就会给予一定的奖赏,满足自己的某些需要。总之,它是来自上级对下级在金钱和非金钱方面的诱感力。

(3)强制权,也称为惩罚权,指可施加扣发工资奖金、批评、降职乃至开除等惩罚性措施的权力。这种权力建立在下级的恐惧感上,下级认识到如果不按照上级的指示办事,就会受到上级的惩罚。强制权力恰好是奖赏权力的反面。与奖赏权力一样,一个人不一定非要成为管理者才拥有强制权力。

(4)专家权,也称为专长权,指由个人的特殊技能或某些专业知识而产生的权力。一个人由于具有某种专业知识、特殊技能和经验,并且由此而带来了杰出的工作业绩,因而赢得了你的尊敬,你就会在一些问题上服从于他的判断和决定。

(5)感召权,也称为模范权,这是与个人的品质、魅力、经历和背景等相关的权力。一个拥有独特的个人特质、超凡魅力和思想品德的人,会使你认同他、敬仰他、崇拜他,以至达到你要模仿他的行为和态度的地步,这样他对你就有了感召权。

上述五种权力可归纳为两大类:

一类是制度权,即与职位有关的权力,亦称行政性权力。这种权力是由上级和组织所赋予的,并由法律、制度明文规定。制度权不依任职者的变动而变动,有职者就有制度权,无职者就无制度权。制度权的基本内容包括对组织活动的合法的决定和指挥权,以及对组织成员的奖赏和惩罚权。组织成员往往由于压力而不得不服从于这种权力。

另一类是与领导者个人有关的权力。这种权力不是由领导者在组织中的职位产生的,而是领导者由于自身的某些特殊条件才具有的。例如,领导者具有高尚的品德、丰富的经验、卓越的专业能力、良好的人际关系、特殊的个人经历和背景,以及善于创造一个激励的工作环境,以满足组织成员的需要等等。这种来自于个人的权力通常是在组织成员自愿接受的情况下产生影响力的,因而易于赢得组织成员发自内心的长时期的敬重和服从。

显然,有效的领导者不仅要依靠制度权,还必须具有个人内在的影响力,这样才会使被领导者心悦诚服,才能更好地进行领导。

四、领导的内容与作用

领导意味着组织成员的追随与服从。正是来自其下属和组织其他成员的追随与服从,才使领导者在组织中的地位得以确立,并使领导的过程成为可能。而下属和组织的其他成员追随和服从某些领导者的原因,就在于这些被他们所信任的领导人能够满足他们的愿望和需求。正是在充满艺术性的领导过程之中,领导者巧妙地将组织成员个人愿望和需求的满足与组织目标的实现结合了起来。当然,要实现这种结合,领导的过程就不可避免地要与沟通、激励等发生关系,这也揭示了领导工作实际上包含了其他与人的因素相关的活动内容,如激励、沟通、营造组织气氛和建设组织文化等内容。

领导活动对组织绩效具有决定性的影响。领导的这种决定性作用具体体现在以下三个方面:

(1)沟通协调作用。组织的目标是通过许多人的集体活动来实现的。即使组织制定了明确的目标,但由于组织中的成员对目标的理解、对技术的掌握和对客观情况的认识因他们个人知识、能力、信念等方面的差异而不同,人们在思想认识上发生分歧、在行动上出现偏离目标的现象都是不可避免的,因此需要领导者来协调人们的关系和活动,使组织成员步调一致地朝着共同的目标前进。

(2)指挥引导作用。在组织的集体活动中,领导者应当通过引导、指挥、指导或先导活动,帮助组织成员最大限度地实现组织的目标。尽管引导、指挥、指导和先导等活动在形式上略有差异,但共同的要求都是:领导者不是站在组织成员的后面去推动、督促,而是作为带头人来引导他们前进,鼓舞人们去奋力实现组织的目标。领导者只有站在群众的前面,用自己的行动带领人们为实现组织的目标而努力,才能真正起到指挥的作用。

(3)激励鼓舞作用。任何组织都由具有不同需求、欲望和态度的个人所组成,组织成员的个人目标与组织目标不可能完全一致。领导活动的目的就在于把个人目标与组织目标结合起来,引导组织成员满腔热情地为实现组织目标作出贡献。领导工作的作用在很大程度上表现为调动组织中每个成员的积极性,使其以高昂的士气自觉地为组织作出贡献。如果领导不具备激励、鼓舞的能力,那么即便组织内拥有再多的优秀人才,也很难发挥其整体作用。

五、领导有效性的影响因素

领导不是单方面的领导者行为,而是领导者与被领导者之间在特定情境下发生相互作用的过程。领导行为能否产生预期的效果,取决于以下三方面的因素:

(1)领导者。领导者是领导工作的主体,领导者本身的背景、经验、知识、能力、个性、价值观以及对下属的看法等,都会影响到组织目标的确定、领导方式的选择和领导工作的效能。因此,领导者是影响领导工作有效性的重要因素。

(2)被领导者。被领导者是领导工作的客体,被领导者的背景、经验、知识和能力,他们的要求、责任心和个性等,都会对领导工作产生重大影响。被领导者的情况不仅影响领导方式的选择,也影响领导工作的有效性。

(3)领导工作的情境。领导工作是在一定的环境中进行的。一般而言,特定的情境条件包括群体的规模与类型,工作任务的性质与目标,形势的压力与时间的紧迫性,上级领导的期望与行为,与下级员工的关系,以及组织的文化与政策等等。与特定情境相适应的领导方式才可以成为有效的,与情境不相适应的领导方式则往往是无效的。

总之,领导的有效性是领导者、被领导者和领导工作的情境三方面因素综合作用的结果,即领导的有效性＝f(领导者,被领导者,情境)。

第二节 激 励 理 论

激励是领导工作的重要方面。在生产经营活动中,只有使所有参与企业活动的人都保持高昂的士气和工作热情,才能取得最好的效果。激励能使人的潜力得到最大限度的发挥,所以,激励和激励理论常常是国内外学者研究的重点,也是本章所阐述的重点内容之一。

一、动机、行为和激励

1. 激　励

所谓激励,主要是指激发人的动机,使人有一股内在的动力,朝着所期望的目标前进的心理活动过程。简而言之,激励是调动人的积极性的过程。

为了引导组织成员为组织目标的实现做出有益的贡献,管理者不仅要根据组织活动的需要和个人素质与能力的差异,将不同的人安排在不同的工作岗位上,为他们规定不同的职责和任务,还要分析他们的行为特点和影响因素,有针对性地开展工作,创造并维持一个良好的工作环境,以调动他们的工作积极性,改变和引导他们的行为,使之符合实现组织目标的要求。这正是管理者的激励工作所需完成的任务。

激励是针对人的行为动机而进行的工作。企业领导者通过激励使下属认识到,用符合要求的方式去做需要他们做的事会使自己的需求得到满足,从而表现出符合组织要求的行为。

为了进行有效的激励,收到预期的效果,领导者必须了解人的行为规律,知道职工的行为是如何产生的,产生以后会发生何种变化,这种变化的过程和条件有何特点,等等。

2. 需要、动机和行为

人的行为是由动机决定的,而动机则是由需要引起的。当人们产生某种需要而未能满足时,就会引起人的欲望——想满足这种需要,它促使人处在一种不安和紧张状态之中,从而成为做某件事的内在驱动力。心理学上把这种驱动力叫做动机。动机产生以后,人们就会寻找、选择能够满足需要的策略和途径,而一旦策略确定,就会进行满足需要的活动,产生一定的行为。

活动的结果如果未能使需要得到满足,则人们会采取新的行为,或重新努力,或降低目标要求,或变更目标从事别的活动。

如果活动的结果使作为活动原动力的需要得到满足,则人们往往会被自己的成功所鼓舞,产生新的需要和动机,确定新的目标,进行新的活动。因此,从需要的产生到目标的实现,人的行为是一个周而复始、不断进行、不断升华的循环过程,如图7—1所示。

二、激励理论

有关激励的理论可分为两大类:内容型激励理论和过程型激励理论。内容型激励理论研

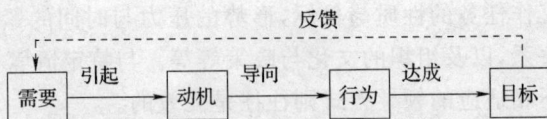

图 7-1 需要、动机与行为的关系

究的是"什么样的需要会引起激励"这样的问题,它说明了激发、引导、维持和阻止人的行为的因素;过程型激励理论则研究"激励是怎样产生的"问题,解释人的行为是怎样被激发、引导、维持和阻止的。

(一)内容型激励理论

1. 马斯洛的"需要层次理论"

美国心理学家马斯洛(A. Maslow)在 1943 年出版的《人的动机理论》一书中,提出了需要层次理论。他把人的需要归纳为五个层次(图 7-2),由低到高依次为生理需要、安全需要、社交需要、尊重需要和自我实现需要:

(1)生理需要:是指一个人为维持生存所需的衣、食、住等基本生活条件的需要以及对性和生育的需要。在一切需要中,生理需要是最基本、优先的,当一个人什么也没有时,首先要求满足的就是生理需要。

(2)安全需要:是指对人身安全、就业保障、工作和生活的环境安全、经济保障等的需要。当一个人生活或工作在惊恐和不安之中时,其积极性是很难调动起来的。

(3)社交需要:是指人希望获得友谊和爱情及归属的需要,希望得到别人的关心和爱护,希望成为社会的一员,在他所处的群体中占有一个位置,否则就会郁郁寡欢。

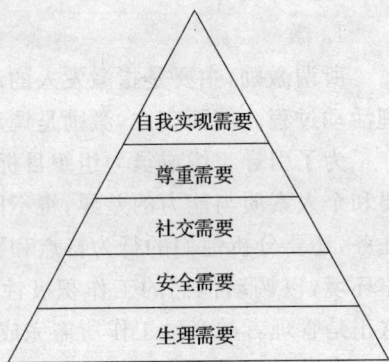

图 7-2 马斯洛的"需要层次理论"

(4)尊重需要:是指希望自己保持自尊和自重,并获得别人的尊敬,得到别人的高度评价。这种需要可分为两类:一类是那种要求力量、成就、信心、自由和独立的愿望;另一类是要求名誉和威信(别人对自己的尊敬和尊重)、表扬、注意、重视和赞赏的愿望。每一个人都有一定的自尊心,这种需要得到满足,就会使人感到自信、有价值、有力量、有能力并适于生存,对世界有用而必需;若得不到满足,就会产生自卑感、软弱无能感,从而导致情绪沮丧,失去自信心。

(5)自我实现需要:是指促使自己的潜在能力得以实现的愿望,即希望成为自己所期望的人。一个人能够做什么,他就必须要做什么,这样才能最终感到愉快。当人的其他需要得到基本满足以后,就会产生自我实现的需要,它会产生巨大的动力,使人努力尽可能地去实现自己的愿望。

马斯洛需要层次理论的基本观点可归纳为:

(1)人的需要是分层次等级的,一般按照由低层次到高层次的循序发展。生理需要是人最基本、优先的需要,自我实现是最高层次的需要。一般来说,人们首先追求满足较低层次的需要,只有在低层次的需要满足以后,才会进一步追求较高层次的需要,而且低层次需要满足的程度越高,对高层次需要的追求就越强烈。

(2)人在不同的时期、发展阶段,其需要结构不同,但总有一种需要发挥主导作用。因此,管理者必须注意当前对员工起主要作用的需要,以便有效地加以激励。

(3)五种需要的等级循序并不是固定不变的,存在着等级倒置现象。一种情况是,有些人的愿望可能永远保持着僵化或低下的状态,也就是说,有些人可能只谋求低层次的需要而不再追求高层次的需要;另一种情况是,有些人可能牺牲低层次的需要而谋求实现高层次的需要,那些具有崇高理想、人生价值观的人,即使低层次的需要尚未得到满足,仍会追求高层次需要。一般来说,人的各种需要的出现往往取决于本人的职业、年龄、性格、受教育程度、经历、社会背景等。

(4)各种需要相对满足的程度不同。实际上,绝大多数人的需要只有部分得到满足,同时也有部分得不到满足,而且随着需要层次的升高,满足的难度相对增大,满足的程度逐渐减小。

马斯洛的需要层次理论,揭示了人类心理发展的一种普遍特性,它简单明了、易于理解、具有内在的逻辑性,因此得到了普遍认可,特别是实践中的管理者。但也存在着一些不足之处,例如满足的含义不够明确,一种需要得到满足后很难预测哪种需要会成为下一个必须满足的,等等。虽然如此,该理论仍不失为一种重要的激励理论,对管理工作具有重要的指导作用。

2. 阿尔德弗的"生存、关系、发展理论"

阿尔德弗(C. Alderfer)通过大量的调查研究,于20世纪70年代初提出了"生存、关系、发展理论",它是对马斯洛理论的一种修正。他把人的需要归结为生存(Existence)、相互关系(Relatedness)和成长(Growth),简称为"ERG理论"。

(1)生存的需要是人最基本的需要,包含了人的一切生理上的物质需要,人的衣食住行、报酬、工作环境等基本条件都包括在此种需要当中。

(2)相互关系的需要是指人际关系(社会交往)方面的需要,包括安全感、归属感、友情、受人尊重等方面的需要。

(3)发展的需要是指发展自己,使自己在事业、能力上有所成就和提高的需要。

阿尔德弗的ERG理论和马斯洛的需要层次理论比较起来,既有相似之处,又有不同之处。其相似之处如表7—1所示。

表7—1　ERG理论与需要层次理论的比较

需要层次理论	ERG理论	需要层次理论	ERG理论
生理需要	生存需要	社交需要	相互关系需要
安全(对物的)需要		尊重(受之于他人的)需要	
安全(对人的)需要		尊重(自己确认的)需要	发展需要
		自我实现需要	

但同时,阿尔德弗还提出了如下观点:

(1)人的各种需要一般来说是由低向高逐步发展的,而且低层次需要的满足程度越高,对高层次需要就越渴望,这是一种"满足——前进"的逻辑。但同时还存在着"受挫——倒退",即当较高层次的需要受到挫折时,需要的重点就可能退到较低的层次。而且,各种需要也可能同时出现。

(2)人的所有需要并不是生来就有的,有些需要是通过后天的学习、培养之后才产生的,尤其是较高层次的需要。

由此可见,阿尔德弗对人的需要的研究,并没有超出马斯洛的需要层次理论的范畴,只是马斯洛的理论揭示的是带有普遍意义的一般规律,而阿尔德弗的观点更侧重于带有特殊性的个体差异,二者对实际工作都具有一定的指导意义。

3. 麦克利兰的"社会需要理论"

美国著名心理学教授戴维·麦克利兰(David C. McClelland),在 1955 年对马斯洛理论的普遍性提出了挑战,对该理论的核心概念"自我实现"有无充足的根据也表示怀疑。

他经过 20 多年的研究得出结论说,人类的许多需要都不是生理性的,而是社会性的,而且人的社会性需求不是先天的,而是后天的,得自于环境、经历和培养教育等。很难从单个人的角度归纳出共同的、与生俱来的心理需要;时代不同、社会不同、文化背景不同,人的需求当然就不同,所谓"自我实现"的标准也不同。马斯洛的理论过分强调个人的自我意识、内省和内在价值,忽视了来自社会的影响,失之偏颇。

麦克利兰通过试验研究,归纳出三大类社会性需要:对成就的需要、对(社会)交往的需要和对权力的需要,尤其对成就需要和权力需要进行了较为详细的论述。他的理论观点主要体现在其代表作《渴求成就》(1966)和《权力的两面性》(1970)两篇论文中。

麦克利兰认为,具有强烈成就需要的人往往具有如下三种性格特征:

(1)谨慎地设定挑战性的目标。他们对成功有强烈的需要,但同时也担心失败,倾向于设定与自己能力相当的、中等难度的目标,对风险采取了一种现实主义的态度。因为如果目标过低,伴随着成功的是较少的成就满足感;而目标过高,则风险很大,成功的机会过于渺茫,会使他们难以体会到成功的喜悦。

(2)喜欢通过自己的努力解决问题,不依赖偶然的机遇坐享成功。高成就需要的人,重视的是个人成就而不是成功或报酬本身。他们喜欢独自解决问题,一有时间就考虑如何把事情做得更好些,在工作中相信自己的能力,敢于作出决断,愿意承担责任。希望通过自己的努力获得成功,这样他们才会有成就感。

(3)希望尽快得到工作绩效的反馈。他们对工作的结果非常关注,希望立即得到信息反馈,因此他们不愿意从事成果要很长时间以后才见分晓的工作。

麦克利兰指出,人的成就需要是可通过后天培养而得到加强的,成就需要可以创造出富有创业精神的人物,他们会促进社会经济的发展,因此全社会都应当认识到这一问题的重要性,鼓励人们努力建功立业,取得成就。

麦克利兰还分析了人们对权力的需要。成就需要和权力需要都会使人们有杰出的表现,但二者还是有区别的。人们对权力需要的基本特点是希望影响他人,希望控制向下、向上的信息渠道,以便施加影响、掌握权力。他们对政治感兴趣,而不像高成就需要的人那样关心改进自己的工作。

高成就需要的人当中,很少产生率领众人前进的领导者,原因非常简单:成就需要强烈的人习惯于独自解决问题,无须他人。一个高成就需要的人,未必能领导企业取得成就,因为经理的责任是激励众人取得成功,而不是只顾自己的工作成就。激发他人的成就感需要有完全不同的动机和技巧。如果说成就需要对应着创业精神,那么权力需要就对应着各种领导,因为领导者的首要任务是影响别人,对权力的需要显然是他们的主要性格特征之一。

权力具有两面性,即社会化权力和个人化权力,前者的出发点在于为他人着想,后者则以实现个人统治为核心。

权力的消极面或者说个人化的权力,其主要特征是"统治—服从"的关系,征服、侵犯他人,把被领导者看成工具而不是动力。自认为工具的人只能被动地遵守命令,这种统治只能给领导者带来肤浅的满足。

权力的积极面或者说社会化的权力,主要特征是通过深切了解群众的需要和愿望,帮助群体确定共同的目标和意志,并主动提供达到目标的途径,让群体成员感到自己是强者,有能力实现目标,把被领导者当作动力而不是工具。社会化的权力,能最大限度地调动被领导者的积极性,有益于整个社会。

总之,麦克利兰的理论是马斯洛理论的重要发展和补充,对指导组织的激励工作,更具有现实的意义。

4. 赫茨伯格的"双因素理论"

美国心理学家赫茨伯格(F. Herzberg)等人于20世纪50年代末期在匹兹堡地区对200名工程师和会计师进行了大规模的访问谈话试验,调查被访者使他们对工作感到满意和不满意的原因各是什么,试验的目的在于验证以下假设:人类在工作中有两类性质不同的需要,即作为动物要求避开和免除痛苦,以及作为人要求在精神上不断发展、成长。赫茨伯格根据试验研究的成果,提出了"双因素理论",主要反映在《工作的激励因素》(1959年)和《工作与人性》(1966年)两部著作中。

赫茨伯格通过调查发现,使员工感到不满的往往是公司政策与管理方式、上级监督、工资、人际关系和工作条件等五种因素,是属于工作环境和工作条件方面的因素。这类因素不具备或强度太低,容易导致员工不满意,但即使充分具备、强度很高也很难使员工感到满意,因此赫茨伯格将这类因素称为"保健因素",又称作"维持因素",因为这些因素有点儿类似卫生保健对身体健康所起的作用:卫生保健不能直接提高健康状况,但有预防效果。同样,保健因素不能直接起激励员工的作用,但能预防员工的不满情绪。

另一方面,使员工对工作感到满意的往往是成就、赞赏、工作本身、责任和进步等五种因素,是属于工作本身和工作内容方面的因素。这类因素具备后,可使员工感到满意,但员工感到不满时却很少是因为缺少这些因素,因此赫茨伯格将这类因素称为"激励因素",因为只有这些因素才能激发起人们在工作中的积极性、创造性,产生使员工满意的积极效果。

进一步的分析表明,保健因素之所以能导致人们的不满意,是因为人们具有避免不满意的需要;激励因素之所以能导致人们的满意,是因为人们具有成长和自我实现的需要。但这两类性质不同的因素,是彼此独立而不同的。

与此相关,赫茨伯格认为,满意的对立面不是不满意,而是没有满意;不满意的对立面也不是满意,而是没有不满意。保健因素是否具备、强度如何,对应着员工"没有不满意"和"不满意",因为保健因素本身的特性,决定了它无法给人以成长的感觉,因此它不能使员工对工作产生积极的满意感;激励因素是否具备、强度如何,对应着员工"满意"和"没有满意",因为人的心理成长取决于成就,而取得成就就要工作,激励因素代表了工作因素,所以它是成长所必需的,它提供的心理激励,促使每个人努力去达成自我实现的需要。

双因素理论在实际工作中得到了广泛的应用,最主要的形式就是工作丰富化,其中心思想就是通过增加工作中的激励因素,来充分发挥员工的积极性和创造性。

赫茨伯格的双因素理论与马斯洛的需要层次理论有密切的联系,其保健因素相当于生理、安全、社会交往等低层次需要,激励因素相当于尊重、自我实现等高层次需要。需要层次理论研究人的需要是什么,双因素理论研究需要的满足对人带来的效果,二者之间兼容并蓄。

双因素理论也有一些不足之处,最主要的是赫茨伯格所调查的对象代表性不够。在美国,工程师和会计师的工资、安全、工作条件等方面都比较好,因此这些因素对他们自然不会起激励作用,但这并不能代表一般员工的情况。实际上,对于激励因素和保健因素,人们的反应是不一样的,对一个人起激励作用的因素,对另一个人可能起保健作用,反之亦然。因此,在实际工作中要根据各人的不同情况,具体分析。

(二)过程型激励理论

1. 亚当斯的"公平理论"

该理论是由美国心理学家斯戴西·亚当斯(Stacy Adams)于1956年提出的,又称为社会比较理论,其目的是研究在社会比较中个人所作出的贡献与他所得到的报酬之间如何平衡的问题,研究报酬的公平性对人们工作积极性的影响。

公平理论认为,当一个人作出了成绩并取得报酬以后,他不仅关心自己所得报酬的绝对量,而且关心自己所得报酬的相对量。也就是说,每个人都会自觉不自觉地把自己所获的报酬与投入的比率同他人的收支比率或本人过去的收支比率相比较,如下所示:

$$(O/I)_A \longleftrightarrow (O/I)_B$$

其中,O(Outcome)代表报酬,如工资、奖金、提升、赏识、受人尊敬等,包括物质方面和精神方面的所得;I(Input)代表投入,如工作的数量和质量、技术水平、努力程度、能力、精力、时间等;A代表当事人;B代表参照对象。

参照对象通常是自己的同事、同行、邻居、亲朋好友(一般是与自己状况相当的人)等,也可能是自己的过去。

与他人的比较称为社会比较或横向比较,结果分三种情况:

如果$(O/I)_A = (O/I)_B$,当事人会觉得报酬是公平的,他可能会因此而保持工作的积极性和努力程度;

如果$(O/I)_A < (O/I)_B$,这时当事人就会感到不公平,此时他可能会要求增加报酬,或自动地减少投入以便达到心理上的平衡;

如果$(O/I)_A > (O/I)_B$,说明当事人得到了过高的报酬或投入较少。在这种情况下,一般来讲当事人不会要求减少报酬,而有可能会自觉地增加投入量。但过一段时间后他就会因重新过高估计自己的投入而对高报酬心安理得,于是其投入又会恢复到原先的水平。还有另外一种情形,当事人开始可能心里一阵暗自高兴,但高兴之余,又会担心,担心这种不公平会影响工作伙伴对自己的评价,从而影响自己在正式组织或非正式组织中的人际关系,因此会在以后的工作中谨慎小心,同样不利于调动其积极性。

与自己的过去比较称为历史比较或纵向比较,也分三种情况:

如果$(O/I)_A = (O/I)_B$,当事人就会认为基本公平,积极性和努力程度可能会保持不变;

如果$(O/I)_A < (O/I)_B$,当事人会感到不公平,其工作积极性会下降(减少投入),除非给他增加报酬;

如果$(O/I)_A > (O/I)_B$,一般来讲当事人不会觉得所获报酬过高,因为他可能会认为自己的能力和经验有了进一步的提高,其工作积极性不会因此而提高多少。

总之,当事人会采取多种方法来减小和消除与参照对象比较的差异,使之相等。

一般情况下,人们使用横向(社会)比较为多。

尽管公平理论的基本观点是普遍存在的,但在实际运用中很难把握。因为个人的主观判断对此有很大的影响,人们总是倾向于过高估计自己的投入,而过低估计自己所得的报酬,对别人的投入和所得报酬的估计则与此相反。因此,管理者在运用该理论时应当更多地注意实际工作绩效与报酬之间的合理性,同时应帮助当事人正确认识自己与别人的投入和报酬。

西方的许多企业,依据公平理论,为了避免职工产生不公平感,往往采取各种手段,在企业中造成一种公平合理的气氛,使职工产生一种主观上的公平感。或采用秘密单独发奖的办法,使职工相互不了解彼此的收支比率,以免职工互相比较而产生不公平感。公平理论对于国内外均有着较强的现实意义。

2. 弗鲁姆的期望理论

美国心理学家弗鲁姆(V. H. Vroom)于 1964 年在他的著作《工作与激励》一书中首先提出了比较完备的期望理论,成为这一领域的主要理论之一。弗鲁姆认为,一种激励因素(或目标),其激励作用的大小,受到个人从组织中所取得的报酬(或诱因)的价值判断以及对取得该报酬可能性的预期双重因素的影响,前者称为效价,后者称为期望值(期望概率),可用下式表示:

$$激励力(M)=效价(V)\times期望概率(E)$$

其中:激励力是指一个人受激励的程度,是愿意为达到目标而努力的程度。效价是指一个人对行动的结果能满足其需要的程度的估计,其取值范围可由+1 到-1。结果对个人越是重要,效价值越接近于+1;结果对个人无关紧要、是无所谓的事,效价值就接近于 0;个人很不希望发生而要尽力避免的结果,其效价值就接近于-1。期望概率是指个人对行动会导致某一预期结果的概率的估计,其取值范围由 0 到+1。

弗鲁姆认为,效价和期望值都是个人的一种主观判断,即对人的行为的激励力涉及三部分心理过程:

(1)报酬本身是否能够吸引人们去为之付出努力?

(2)付出努力的行为是否能够取得预期的结果?

(3)努力和工作绩效的结果能否带来期望的报酬?

期望理论揭示出对人的行为的激励实际上是一种很复杂的过程。管理者在向员工下达任务时,必须考虑工作本身的挑战性,使其效价能产生重要的刺激作用。同时,也要考虑任务的合理性,使人们通过努力可以完成,以及员工在取得绩效之后奖励又能及时得以兑现,这样才能使激励与绩效之间形成良性循环。

3. 波特和劳勒的期望模式

1968 年美国管理学家波特(L. W. Porter)和劳勒(E. E. Lawler)在他们合著的《管理态度与工作绩效》一书中,提出了一个综合的激励模式,如图 7-3 所示。

该模式包括四个变量:努力程度、工作成果、报酬和满足。

(1)努力程度:相当于弗鲁姆模式中的激励力。努力程度一方面取决于个人对报酬价值的主观评价(效价),另一方面还决定于个人对可能获得报酬的期望概率(期望值)。

(2)工作成果:主要依赖于个人的努力程度,同时还决定于个人的工作能力、对所承担角色的理解力,即个人对在某项工作中应发挥的作用的认识以及所处环境的限制。

如果由于个人的努力取得了预期的工作成果,通过信息反馈,就会提高其对此项目标的期望概率,进而提高此项目标对个人的激励力(虚线Ⅰ)。

(3)报酬:分为内在报酬和外在报酬两种,前者指工作本身产生的报酬,如尊重、自我实现

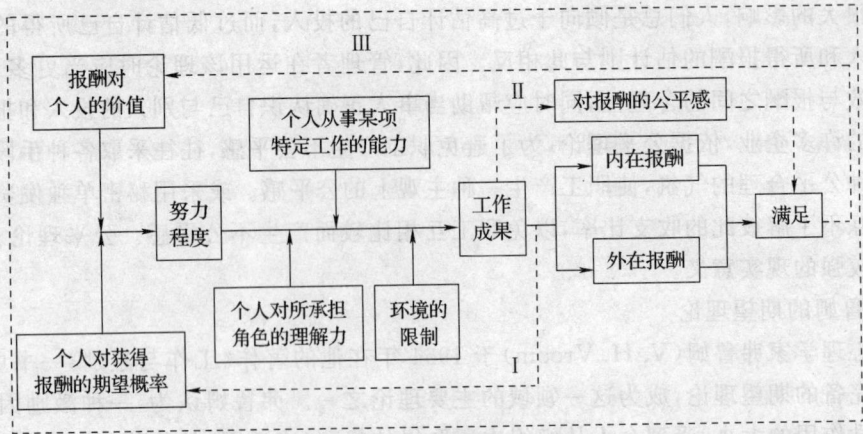

图 7-3　波特-劳勒期望模式

等需要的满足,后者指工作之外的如工资、工作条件、职业的保障等方面需要的满足。

(4)满足:是个人的一种内在的认知状态,表明个人在实现了预期的目标和报酬后所得到的满意感觉。

内在报酬与外在报酬同个人对报酬的公平感结合在一起(虚线Ⅱ),影响着个人的满足,其中公平感又受个人对工作成果自我评价的影响。

同时,一个人最后得到的满意程度又将影响以后的价值判断。当个人从实现目标和报酬中得到了满足时,就会使其对此项目标所得报酬的评价提高(虚线Ⅲ),进而又会提高此项目标对个人的激励力,使其对此项目标更加努力。

该模式综合了个体的外部刺激、内部条件、行为表现和行为后果的相互作用等各种因素,把整个激励过程——从激励的激起、绩效的达成、报酬的获得一直到满足的实现——表述得比较完备,将前述弗鲁姆的模式与公平理论有机地结合起来,使其更加具体而系统化。

4.斯金纳的"强化理论"

由美国心理学家斯金纳(B. F. Skinner)于 20 世纪 50 年代提出。斯金纳通过试验研究得出结论,认为人的行为可分为三类:

(1)本能行为,这是人生来就有的行为;

(2)反应性行为,这是环境作用于人而引起的反应;

(3)操作性行为,这是人为了达到一定目的而作用于环境的行为。

操作性行为的产生是来自环境的刺激反复作用的结果。人具有学习的能力,如果以前的某种行为满足了其某种需要,那么在以后,人们为了满足同类需要,便会根据学到的经验重复此种行为,使这种行为的频率增加。这种状况即称作强化刺激。能增强这种行为发生频率的刺激物称作强化物。

这种操作性行为会随着强化刺激的增强而增强,也会随着强化刺激的减弱而减弱。这样,人们就可以通过控制强化物来控制行为,引起行为的改变。由于这一理论的中心思想在于通过强化刺激来改变人们的行为方向,故又称作行为塑造理论。

斯金纳提出了四种行为塑造方式:

(1)正强化。这是指通过给予被强化者适当报酬的方式,借以肯定某种行为,使其重复此种行为。报酬的内容可以多种多样,如增加薪金、提升职位、对其工作成果的承认和赞赏等。

（2）负强化。这是指预先告知人们某种不符合要求的行为可能引起的不良后果，以使人们采取符合要求的行为或回避不符合要求的行为，从而避免或消除不良后果。通过这种强化方式能从反面促使人们重复符合要求的行为，达到与正强化同样的目的。

（3）自然消退。这是指对某种行为取消正强化，不采取任何奖励措施，以表示对该种行为的某种程度的否定。人的操作性行为都是有目的性的，一种行为如果长期得不到正强化，个人的目的实现不了，就会逐渐自然消退。

（4）惩罚。这是指以某种强制性和威胁性的后果来表示对某种行为的否定，借以消除此种行为重复发生的可能性。惩罚的方式也是多种多样的，如批评、降职、降薪、解雇等。

在管理工作中运用强化理论时，应遵循以下原则：

（1）要明确强化的目的或目标，明确预期的行为方向，使被强化者的行为符合组织的要求。

（2）要选准强化物。每个人的需要不同，因而对同一种强化物的反应也各不相同。这就要求具体分析强化对象的情况，针对他们的不同需要，采用不同的强化措施。可以说，选准强化物是使组织目标同个人目标统一起来，以实现强化预期要求的中心环节。

（3）要及时反馈。为了实现强化的目的，必须通过反馈的作用，使被强化者及时了解自己的行为后果，并及时兑现相应的报酬或惩罚，使有利于组织的行为得到及时肯定，促使其重复；而不利于组织的行为能得到及时的制止。

（4）要尽量运用正强化的方式，避免运用惩罚的方式。斯金纳发现，"惩罚不能简单地改变一个人按原来想法去做的念头，至多只能教会他们如何避免惩罚"。事实上，过多地运用惩罚往往会造成被惩罚者心理上的创伤，引起对抗情绪，乃至采取欺骗、隐瞒等手段来逃避惩罚。

但是，有时又必须运用惩罚的方式。为了尽可能避免惩罚所引起的消极作用，应把惩罚同正强化结合起来。在执行惩罚时，应使被惩罚者了解受到惩罚的原因和改正的办法，而当其一旦有所改正时，即应给以正强化，使其符合要求的行为得到巩固。

三、人性理论

人既是管理的主体即管理者，又是管理的客体即管理对象。作为管理者，他的人性观以及他对被管理者人性方面的基本认识，决定着他将追求的目标，为实现目标所可能采取的行为以及对被管理者所采取的基本态度。因此，人性观历来是管理学中的一个重要课题。关于人性假设的理论很多，归纳起来主要有如下四种：

1. "经济人"假设

英国古典政治经济学的创始人之一亚当·斯密，在其名著《国富论》(1776)中提出了利己主义的人性观，他把资本主义社会看成是一个人们相互交换的联合体，认为交换是"人类的本性"，而人们交换的动机都是利己主义的，因此利己主义是"人类的本性"。作为管理者的资本家，其本性都是追求最大利润的，而作为被管理者的工人，其本性都是追求最高工资的。

斯密上述对于人类本性的分析，对西方资产阶级早期的管理理论产生了广泛而深远的影响，很长一个时期被奉为西方管理上的一项基本指南。后来，美国行为科学家道格拉斯·麦格雷戈(Douglas M. McGregor)于1957年在其《企业中的人性面》一文中提出了著名的"X－Y理论"，对当时西方社会对人性的两种主要认识进行了分析研究，其中的"X理论"就代表了"经济人"的人性假设。

"X理论"的主要观点如下：

(1)一般人都生性懒惰,尽可能地逃避工作。

(2)一般人都缺乏雄心壮志,不愿承担责任,宁愿被人领导。

(3)一般人都天生以自我为中心,对组织需要漠不关心。

(4)一般人都天生反对变革,安于现状。

(5)一般人都不怎么机灵,缺乏理智,易于受到欺骗和煽动。

在人际关系运动开始以前,X理论被广泛接受,所以管理者对下属的管理方式往往处在两个极端:一是"严厉、强硬的"管理方法,包括强迫和胁迫(通常采用隐蔽的方式),严密的监督和控制;另一极端是"温和、软弱的"管理方法,包括宽容、顺从下属的要求,以求相安无事。事实证明,管理方法不论是强硬的还是软弱的,都不能取得理想的效果。采用强硬的管理方法,会导致各种反抗行为,如限制产量、敌对情绪、怠工、组织工会等;采用软弱的管理方法,则常常导致放弃管理,对工作绩效漠不关心等等。人们进而采用"胡萝卜加大棒"的方法,但随着人们对追求更高层次需要的强烈,"胡萝卜"已不能激发起人们的行为动机。因此,"经济人"的观点已经过时了。

2."社会人"假设

"社会人"的人性假设是由梅奥通过霍桑试验提出来的。他认为,人是"社会人",影响人的生产积极性的因素,除了物质金钱外,还有社会和心理的因素,包括人们对归属、交往和友谊的追求。人们在工作中形成的社会关系,对工人的士气起着重大的影响,而工人的士气又直接影响着生产效率的高低。因此,作为管理者不能只把目光局限在完成任务上,而应当注意对工人的关心、体贴、爱护和尊重,改变对工人的态度和监督方式,建立起相互了解、团结融洽的人际关系和友好的感情,重视非正式组织的存在,鼓励上下级之间的意见沟通,以消除不满和争端。

无疑,"社会人"假设的提出,是对人性认识的一大进步。

3."自我实现人"假设

"自我实现人"的人性假设,是以马斯洛的"需要层次理论"和阿吉瑞斯(Chris Argyris)的"不成熟——成熟理论"为基础的。

美国哈佛大学教授克里斯·阿吉瑞斯,对人的个性与组织的关系问题做过较多的研究,于1957年出版了《个性与组织:系统与个人之间的冲突》一书,提出了一种新的人性假设理论——"不成熟-成熟"理论,又称"人性成熟"理论或"个性与组织"理论。

阿吉瑞斯认为,人是一个发展着的有机体,因而健康的个性都具有成长的倾向,这种个性成长的倾向包含多方面的内容,并且如同婴儿成长为成人一样,是一个从不成熟到成熟(即从被动到主动、从依赖到独立、从有限的行为方式到多样复杂的行为方式、从肤浅短暂且经常变化的兴趣到浓厚且持久专一的兴趣、从目光短浅到有长远打算、从服从附属地位到平等优越地位、从缺乏自觉到自觉自制)的连续发展过程。随着个性的成长,个人的自我世界扩大了,这就是自我的形成过程,就是自我实现的过程。一个人在这个发展过程中所处的位置,标志着他的个性的成熟程度,也体现出他的自我实现的程度。

但是,由于传统组织在专业化分工、等级制度、统一指挥、管理幅度等方面的严格控制和呆板规定,使组织成员处于不成熟状态,致使其自我实现的要求得不到满足,引发了种种消极后果。因此,阿吉瑞斯主张,必须改善组织设计,为组织的每个成员创造更多的成功机会,实现组织目标与个人目标的统一。

麦格雷戈在此基础上,提出了"Y理论",他认为人的本性并非像传统的"X理论"认为的那

样,而需要一种新的理论做指导,这就是"自我实现人"的人性假设,其主要内容如下:

(1)人们并非天生就厌恶工作,人们在工作中的体力和脑力的消耗,就像游戏或休息一样自然,工作对人来说是一种满足。

(2)在适当的条件下,人们不但接受,而且能主动地承担职责。

(3)如果提供适当的机会,人们就能将个人目标与组织目标统一起来。个人自我实现的要求和组织目标的要求之间并不是对立、矛盾的。

(4)人们并非天生就对组织的要求采取消极或抵制的态度,人们愿意、也能够通过自我管理和自我控制来完成自己认同的组织目标。严格的控制和处罚,并不是使人们努力达到组织目标的唯一手段,它甚至妨碍了个人的发展和成熟。

(5)大多数人都具有较高的解决组织问题的想象力和创造性,但在现代工业社会条件下,人们的智慧潜力只得到了部分的发挥。

麦格雷戈提出的"Y理论",要求管理者改变自己的管理方式和对员工的态度,应当相信:人是可以信赖的,是能够自我管理的。组织应当创造一种环境条件,不断发掘员工的潜力,激励员工自觉发挥他们的积极性和创造性,在完成组织目标的同时也达到了自己的个人目标,实现个人目标与组织目标的统一。"Y理论"在实践中的运用,提出了很多的具体管理方法,如授权、工作扩大化和丰富化、目标管理等,都收到了一定的成效。

4."复杂人"假设

对于马斯洛、阿吉瑞斯、麦格雷戈等人主张的人性假设,西方有些管理学家也提出了不同的看法。例如,有些管理学家认为,他们把工作中的满足作为人们唯一的生活乐趣,而忽略了人们的经济动机。实际上,对人的本性是不能一概而论的,有的人适合于X理论,有的人则适合于Y理论。因此一些管理学家指出,人的内心世界是复杂多变的,要因人而异,简单地把人性划归一种类型是不现实的。

美国心理学家约翰·莫尔斯(J. J. Morse)和杰伊·洛希(J. W. Lorsch)应用X理论和Y理论分别在两个工厂和两个研究所进行试验,结果是:在工厂里,采用X理论能取得较好的效果;而在研究所里,运用Y理论进行管理效果较好。这说明,X理论不见得一无是处,根本就不可取;Y理论也不见得一切都好,可以到处应用。

根据这一结果的分析研究,莫尔斯和洛希提出了"复杂人"的人性假设,即所谓的"超Y理论"或权变理论。它认为,人的需要是复杂的,既不是纯粹的"经济人",又不是纯粹的"社会人"或"自我实现人"。这种复杂性主要表现为下列几点:

(1)不同的人有不同的需要结构。有的人追求低层次的需要,有的人追求高层次的需要;有的人要求参与决策,愿意承担更大的责任;有的人则宁愿接受正规的组织结构及其规章制度的约束,而不愿意参与决策和承担责任。而且,各个需要层次之间又是相互作用的,例如:金钱意味着社会地位,地位又意味着尊重的需要得到满足,因而人们便认为,金钱的满足也是地位、尊重等需要的满足。

(2)人的很多需要不是生来就有的,而是在后天的环境影响下形成的。由于人的工作和生活环境总是不断变化的,因而人们已有的需要结构受环境的影响也会不断变化。可以说,人在一定时期的需要结构是已有的需要结构与环境条件相结合的产物。

(3)人对不同的组织或组织的不同部门会有不同的需要。例如,有的人在正式组织里满足物质利益的需要,而在非正式组织里满足人际关系方面的需要。

(4)一个人在组织中是否感到满足、肯于奉献,关键在于该组织的状况是否同他的需要结构相一致。如果两者是一致的,从而使他能在该组织中得到需要的满足,他便会为该组织效力。否则,就不会效力。因此,组织状况对人的工作态度、积极性影响很大。

(5)由于每个人的需要和能力各不相同,因而他们对一定的管理方式就会产生不同的反应。也就是说,不存在一种符合任何人、任何环境的万能的管理方式,运用管理方式只能因人、因地、因时制宜。

根据上述人性假设,管理者必须具体了解不同员工之间在需要和能力方面存在的差异,并按照不同人的不同情况,采取相应的管理方式,才能取得预期的效果。管理方式必须灵活,富有弹性,保证管理方式同组织目标、工作性质和职工的个人条件相适应,以使每个员工都能获得胜任感。管理方式越是能达到这种适应,员工的胜任感就越强,工作效率也就越高。

由于"复杂人"的假设强调对人性的认识要根据具体情况具体分析,因此对实际工作具有更强的实用价值。

第三节 领 导 理 论

一、领导特质理论

西方管理学界关于领导问题的研究大体经历了三个阶段,第一阶段是从 20 世纪初到 20 世纪 40 年代。研究的重点在于领导者个人的素质、品质和个性特征,形成了领导的特质理论(Trait theories)。按照领导特质理论的观点,领导者之所以成其为领导者,都是由于他们具有与众不同的优秀品质和特殊能力,而他们的与众不同的优秀品质,有的是由于他们的特殊生活经历造成的,有的则是与生俱来的。领导的特质理论认为,一个领导者只要具备了某些优秀的个人特性或素质,就能有效地发挥其领导作用,研究领导问题主要就是研究领导者应当具有哪些优秀品质和能力,并试图以此来培养、选拔和考核领导者。其研究的一般方法是调查、归纳那些优秀的领导者在各个方面(包括身体、知识和能力、性格、社会背景等)所具有的共同特性。

特质理论在早期的领导研究中占有主导地位,许多学者提出了各自的观点,例如:巴纳德认为,领导者应具有:①活力和持久力;②决断力;③说服力;④责任感;⑤知识和技能。厄威克认为,领导者应具有:①自信心;②个性;③活力;④潜力;⑤表达力;⑥判断力。

行为科学家亨利于 1949 年在调查研究的基础上,归纳出了一个成功的领导者应具备的 12 条品质:

(1)成就需要强烈,把工作成就看成是最大的乐趣,置于金钱报酬和职位晋升之上,因此愿意完成艰巨的工作任务;

(2)干劲大,工作积极努力,希望承担富有挑战性的新工作;

(3)用积极的态度对待上级,认为上级水平高,经验多,能帮助自己上进和提高,因而尊重上级,与上级关系较好;

(4)组织能力强,能把混乱的事物组织得很有条理,并有较强的预测能力,能从有限的资料中预测出事物的发展动向;

(5)决断力强,能在较短的时间内对各种备选方案加以权衡并迅速作出决断;

(6)自信心强,对自己的能力有充分的自信,对自己的目标坚定不移,不受外界的干扰;

(7)思维敏捷,富于进取心;

(8)竭力避免失败,因而不断地接受新的任务,树立新的奋斗目标,驱使自己前进;

(9)讲求实际,重视现在,而不大关心不确定的未来;

(10)眼睛向上,对上级亲近而对下级较疏远;

(11)对父母没有情感上的牵扯,而且一般不同父母住在一起;

(12)忠于组织,尽力职守。

美国管理学家埃德温·吉赛利(Edwin E. Ghiselli)在20世纪60年代就指出领导者的个性因素同领导效率有关,凡自信心强而魄力大的领导者,成功几率较大。20世纪70年代,他又进一步提出影响领导效率的八种品质(个性)特征和五种激励特征。

八种品质或个性方面的特征是:①才能智力大小;②独创性(创造与开拓),是否能开拓新方向;③果断性,决断能力强弱;④自信心强弱;⑤指挥能力大小;⑥成熟程度高低;⑦是否受下级爱戴和亲近;⑧男性或女性。

五种激励方面的特征是:①对职业成就的需要;②自我实现的需要;③对权力的需要;④对金钱报酬的需要;⑤对安全(工作稳定性)的需要。

吉赛利认为,影响领导效率最重要的因素有指挥能力、职业成就与自我实现的需要、才能、自信心、决断能力等,其次是对工作稳定性和金钱报酬的需要、同下级亲近、创造和开拓、成熟程度等,至于性别则关系不大。

然而,有关领导特质的理论对领导及其有效性的解释是不完善的,受到了许多人的批评和质疑,因为各研究者所提出的领导特质包罗万象,说法不一,甚至互有矛盾,而且几乎每一种特质都有很多的例外,况且任何人都不可能具备所有这些特质。同时一些管理学家如美国的费德勒以其试验研究结果表明,领导者并不一定都具有比被领导者高明的特殊品质,实际上他们与被领导者在个人品质上并没有显著的差异。此外,特质理论并不能使人明确,一个领导者究竟应在多大程度上具备某种特质。

虽然领导特质理论不能从根本上解决领导的有效性问题,但是这方面的研究却一直没有间断过,因为在一些成功的领导者身上,我们确实看到了其鲜明的个性特征,譬如一些学者研究发现,领导者有六项特质不同于非领导者,即进取心、领导愿望、正直与诚实、自信、智慧和工作相关知识,如表7-2所示。

表7-2 区分领导者与非领导者的六项特质

1. 进取心	领导者表现出高努力水平,拥有较高的成就渴望。 他们进取心强,精力充沛,对自己所从事的活动坚持不懈,并有高度的主动精神
2. 领导愿望	领导者有强烈的愿望去影响和领导别人,他们表现为乐于承担责任
3. 诚实与正直	领导者通过真诚与无欺以及言行高度一致而在他们与下属之间建立相互信赖的关系
4. 自信	下属觉得领导者从没缺乏过自信。领导者为了使下属相信他的目标和决策的正确性,必须表现出高度的自信
5. 智慧	领导者需要具备足够的智慧来收集、整理和解释大量信息,并能够确立目标、解决问题和作出正确的决策
6. 工作相关知识	有效的领导者对于公司、行业和技术事项拥有较高的知识水平。广博的知识能够使他们作出富有远见的决策,并能理解这种决策的意义

总而言之,领导特质理论的研究意义在于,它为组织提供了一些选拔领导者的依据,但同时特质理论也难以充分说明领导的有效性问题。

二、领导行为理论

如果说早期有关领导有效性的研究着重于领导者的个人特质方面,那么从 20 世纪 40 年代至 60 年代,随着行为科学的兴起,领导研究的重点开始从领导者应具备哪些特质转向领导者应当如何行为方面,形成了领导行为理论(Behavior theory)。领导行为理论认为,领导是群体中的一种现象,所谓领导就是领导者推动和影响群体成员或下属,引导他们的行为按领导者预期的方向发展,为共同的目标而努力。因此,它必然涉及领导者与其下属成员之间的相互关系,这就要求人们不要仅仅考察领导者的个人特性,而必须着重考察领导者的行为对其下属成员的影响,找出领导行为中的哪些因素在影响着下属成员的行为和群体的工作成效。也就是说,领导的作用是通过领导者的特定行为表现出来的,因而应把研究的重点转到领导行为上来。

由此可见,与领导特质理论不同,领导行为理论试图用领导者做什么来解释领导现象和领导效能,并主张评判领导者好坏的标准应是其外在的领导行为,而不是其内在的素质条件。由于领导有效性取决于领导者所实际表现出的领导行为,那么人们就可以通过培训和学习而成为有效的领导者。

不同的人在领导行为的表现上会有很大的不同,所谓领导方式、风格或作风就是对不同类型领导行为形态的概括。领导风格的差异,不仅因为领导者的特质存在着不同,更由于他们对权力运用的方式及对任务和人员之间的关系有不同的理解、态度和实践。不同的领导人,以及同一个领导人在不同的时期和场合,都可能表现出不同的领导风格。

那么究竟具有哪些领导方式,哪一种的效果更好?从 20 世纪下半叶开始的领导行为研究,就着眼于对领导者领导被领导者的具体方式或风格进行分类和评判。但不同的研究者对领导行为有不同的分类角度,而且对哪一种领导方式更好也持有不同的主张,主要分为两大类:一是基于权力运用的领导方式分类,主要包括勒温的"三种领导方式理论"和利克特的"支持关系理论";二是基于态度和行为倾向的领导方式分类,主要包括"四分图理论"和"管理方格理论"。

1. 勒温的"三种领导方式理论"

心理学家勒温在实验研究的基础上,把领导者的行为方式分为专制式、民主式和放任式三种基本类型:

(1)专制式,亦称专权式或独裁式。这类领导者是由个人独自作出决策,然后命令下属予以执行,并要求下属不容置疑地遵从其命令。专制式领导行为的主要特点是:①个人独断专行,从不考虑别人的意见,组织的各种决策完全由领导者独自作出;②领导者预先安排一切工作内容、程序和方法,下级只能服从;③除了工作命令外,从不把更多的信息告诉下级,下级没有任何参与决策的机会,只能奉命行事;④主要靠行政命令、纪律约束、训斥惩罚来维护领导者的权威,很少或只有偶尔的奖励;⑤领导者与下级保持着相当的心理距离。

(2)民主式。在民主式领导风格下,领导者在采取行动方案或作出决策之前会主动听取下级意见,或者吸收下级人员参与决策的制定。比如,民主式的销售经理往往允许并要求销售员参与制定销售目标,而专制式的销售经理则仅仅向各销售员分配指标。民主式领导行为的主要特征是:①领导者在作出决策之前通常都要同下属磋商,得不到下属的一致同意不会擅自采取行动;②分配工作时,尽量照顾到组织每个成员的能力、兴趣和爱好;③对下属工作的安排并不具体,个人有相当大的工作自由,有较多的选择性和灵活性;④主要运用个人的权力和威信,而不是靠职位权力和命令使人服从;⑤领导者积极参加团体活动,与下级无任何心理上的距离。

(3)放任式。放任式领导者的主要特点是极少运用其权力影响下属,而给下级以高度的独立性,以致达到放任自流和行为根本不受约束的程度。

以上三种领导方式下的领导行为各有优缺点。勒温根据实验得出的结论是:放任式的领导方式工作效率最低,只能达到组织成员的社交目标,但完不成工作目标;专制式的领导方式虽然通过严格管理能够达到既定的任务目标,但组织成员没有责任感,情绪消极,士气低落;民主式领导方式工作效率最高,不但能够完成工作目标,而且组织成员之间关系融洽,工作积极主动、富有创造性。

2. 利克特的"支持关系理论"

以伦西斯·利克特(Rensis Likert)为首的美国密执安大学社会调查研究中心,从1947年开始,通过对大量企业的调查访问和长期试验研究,提出了领导行为的理想类型和与此相关的三种基本概念。这些研究成果后来写进了《管理的新模式》(1961)和《人群组织》(1967)两部著作当中,他们的研究成果人们又称为"密执安研究"。

在《人群组织》一书中,利克特提出了描述领导类型的八个方面的特征。这些特征包括:领导过程、激励过程、交流沟通过程、相互作用过程、决策过程、目标设置过程、控制过程、绩效目标,并根据上述八个方面的特征,归纳出以下四种类型的领导方式:

(1)专制—权威型。这种领导方式的特征是:权力集中于最上层,下属人员没有任何发言权。上级对下属人员没有信心、缺乏信任,解决问题时根本不听取他们的意见。上级经常以威胁、恐吓、惩罚以及偶尔的奖赏来激发下属人员的工作意识,因而下属人员对组织目标没有责任感。组织内部极少沟通,只有自上而下的单向信息流,信息易受歪曲,因而上级对下属人员的情况既不了解,也不理解。人们通常怀有恐惧的心理,因而在这类组织中几乎不存在相互作用和协作。一切决策都由领导人单独制定,不采纳下属人员的意见,下属人员根本不能参与决策。组织的一切目标都作为命令下达,因而人们表面上接受,背地里对抗。控制职能集中于上层领导。机构中如果存在非正式组织,它通常对正式组织的目标持反对态度。

(2)开明—权威型。这种领导方式的特点是:领导者仍然是专制的,但采取了家长制的恩赐式领导方式。权力控制在最上层,但也授予中下层部分权力。领导人对下属有主仆之间的那种信赖关系,采取较谦和的态度,在解决问题时偶尔也能听取下属人员的意见。运用奖励和有形、无形的惩罚等手段调动下属人员,因而下属人员对组织目标也几乎没有责任感。组织内部较少沟通,并且大体上多属自上而下单向的信息流,上级只接受自己想听到的情报,对下属人员有一定的了解。组织内部成员之间很少互相交往,而且这种交往也多是在上司屈尊、下属心有畏惧和戒备的情况下进行的,因而极少有相互协作的关系。上层领导决定方针政策,下层组织只能在既定的范围内进行有限的决策,一般职工都不参与决策,但有时能听取他们的某些意见。组织目标作为命令下达,下属人员有时能陈述自己的意见,因而他们虽然表面上接受,背地里却常有抗拒的表现。大部分控制职能集中于上层组织,少部分授予下层组织。机构中虽然存在着非正式组织,但它对正式组织的目标却不一定全部持反对态度。

(3)协商型。这种领导方式的特征是:上层领导者对下属人员有相当程度的信任,但重要问题的决定权仍掌握在自己手中。在工作问题上,上下级之间能自由地对话,并能采纳下属的意见。运用奖励、偶尔也运用惩罚手段调动下属人员。大部分组织成员、尤其是上层人员对组织目标具有责任感。组织内部有适度的沟通,信息流是双向的,上级虽然也只接受自己想听到的情报,但对与此相反的情报也都慎重地传递,因而他们对下属人员的问题有相当的了解。组织内部有适度的交往,并且是在比较信任的情况下进行的,因而形成适度的协作关系。总方针和一般性决策集中于上层组织,下层组织只能对某些特殊问题参与决策,上下之间常有工作上的协商,但一般员工通常不都参与决策。组织目标和实施计划都是在同下属人员协商后才作为命令下达的,因而能为下属人员接受,但在背地里下属人员也时有对抗表现。控制职能适度下放,以使上下都能承担责任。机构中的非正式组织对正式组织的目标一般采取支持的态度,但有时也会表现出轻微的对抗。

(4)参与型。这种领导方式的特点是:在一切问题上,上级对下属人员都能完全信任,上下之间对工作问题可以自由地交换意见,上级都尽力听取和采纳下属人员的意见。以参与决策、经济报酬、自主地设定目标并自我评价等手段来调动下属人员,因而组织的各类成员对组织目标都具有真正的责任感,并采取积极的行动促其实现。在组织的上下左右之间都有良好的沟通,情报能得到正确的传递,上级对下属人员的问题都非常了解和理解。组织内部有广泛而密切的相互交往,并且是在相互高度信赖的情况下进行的,因而形成紧密的协作关系。决策过程涉及组织的各个层次,由于一切决策都使下属人员充分地参与,因而能激励他们积极地实施决策。绩效目标是高标准的,并能为管理部门积极地执行,而且这些目标一般都是通过集体参与的方式制定的,因而能为各阶层组织成员接受。控制职能广泛分散,渗透到组织的各个角落。全部参与者都关心有关信息,并实行自我控制,而且有时下层的控制甚至比上层更为严格。机构中的非正式组织同正式组织结为一体,因而形成所有的社会力量共同致力于组织目标实现的局面。

根据利克特的研究,生产率高的企业大都采取参与型的领导方式,生产率低的企业则大都采取专制—权威型的领导方式。因此,利克特主张,采取专制—权威型领导方式的企业应向参与型的领导方式转变。

利克特认为,在参与型领导中应体现三个基本概念:运用支持关系原则、集体决策和树立高标准的工作目标。他指出,领导者的职责在于建立整个组织的有效协作,因此必须重视组织成员之间的相互作用,要使每个成员都能在组织的人际关系中真实地感受到尊重和支持,上下级之间形成相互信任、相互支持的关系,真心实意地让员工参与决策,鼓励员工树立高标准的工作目标,并使组织目标与员工个人的需要、利益有机地结合起来,以充分调动他们的积极性、发挥他们的智慧和潜力,保证决策得到迅速的贯彻实施,共同努力实现组织的目标。因此,以利克特为首的"密执安研究"又称为"支持关系理论"。

3."四分图理论"

1945年美国俄亥俄州立大学的工商企业研究所在罗尔夫·M·斯托格弟(Ralph M. Stogdill)和卡罗·H·沙特尔(Carroll L. Shartle)两教授的领导下,开创了领导行为的研究。他们首先提出了1 800项标志领导行为特征的因素,然后经过反复筛选、归纳,最后概括为"抓工作组织(定规)"和"关心人(关怀)"两大主要因素。

"抓工作组织"的内容包括设计组织结构,明确职责、权力,确定工作目标和要求,制定工作程序、方法和规章制度,给下属成员分配任务等。总之,"抓工作组织"是要求领导者运用组织手段,通过确定目标、分配任务、制定政策和措施,使其下属成员的行为纳入预定的轨道,以严密的组织和控制来提高工作效率。

"关心人"的内容包括倾听下属成员的意见和要求,注意满足下属的需要,以友好、平易近人的态度对待下属等。总之,"关心人"要求领导者与其下属成员之间建立友谊、信任、体谅的关系,以良好的人际关系来调动员工的积极性。

以上两种因素可以有多种结合方式,形成不同的领导行为类型,如图7-4所示。这两个因素不是互相排斥的,只有二者结合起来,才能实现有效的领导。大量的后续研究发现,一个在工作组织和关心人方面均强的领导者常常比其他三种类型的领导者更能使下属达到高绩效和高满意度。但是,强—强型领导方式并不总是产生积极的效果,也发现了足够的特例表明这一理论还需加入情境因素。

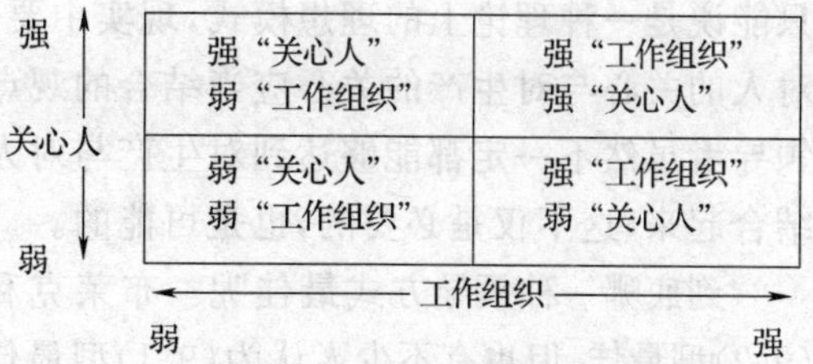

图7-4 俄亥俄州立大学的领导行为四分图

4."管理方格理论"

在俄亥俄州立大学提出的领导行为四分图的基础上,美国得克萨斯大学教授罗伯特·布莱克(Robert R. Blake)和简·穆顿(Jane S. Mouton)在1964年出版的《管理方格》一书中提出了管理方格理论。他们将对生产的关心和对人的关心这两个方面的程度各划分为9等份,1代表关心程度最小,5代表中等的或平均的关心程度,9代表关心程度最大,交叉形成81个方格,每一方格代表这两个方面以不同程度结合的不同的管理方式,如图7-5所示。

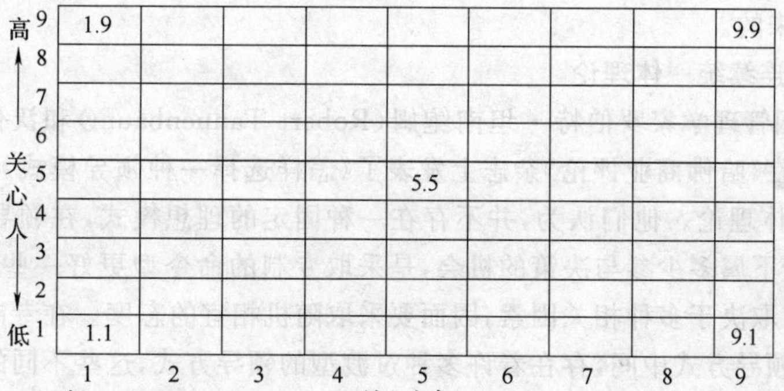

图7-5 管理方格图

布莱克和穆顿在管理方格图中列出了五种典型的领导方式:

(1)贫乏型(1.1),领导者对职工和生产都极不关心,效果最差。

(2)乡村俱乐部型(1.9),领导者充分注意搞好人际关系,增进同事和下级对自己的良好感情,营造和谐的组织气氛,但不关心生产。

(3)任务型(9.1),领导者只关心生产,不关心人。注重有效地组织和安排生产,将个人因素的干扰减少到最低程度,靠行使职权来使人们服从,集中精力于提高工作效率。

(4)团队型(9.9),领导者对生产和人都极为关心,努力协调各项活动,生产任务完成得好,职工关系协调,士气旺盛,职工个人目标与企业目标相结合,形成一种团结协作的管理方式。它重视目标,力求通过大家参与、介入、承担义务和解决矛盾来取得高产量、高质量的成果。

(5)中间型(5.5),对人和生产都有适度的关心,保持完成任务和满足职工需要之间的平衡,倾向于维持现状。

管理方格理论提供了一个衡量管理者所处领导形态的模式,使管理者较清楚地认识到自己的领导方式,并指出改进的方向。应当指出的是,布莱克和穆顿所主张的(9.9)型领导方式只能说是一种理论上的理想模式,现实中要达到这样一种理想状态并不容易。但他们提出的对人的关心与对生产的关心应当结合的观点,在现实工作中具有重要的指导意义。现实中的领导者虽然不一定都能够达到对生产与对人的同等的高强度的关心,但在一定程度上使两者结合起来,这不仅是必要的,也是可能的。

到底哪一种领导方式最佳呢? 布莱克和穆顿组织了许多研讨会,参加者绝大部分人认为(9.9)型最佳,但也有不少人认为(9.1)型最佳,还有人认为(5.5)型最佳。后来布莱克和穆顿指出,哪种领导方式最佳要看实际工作情况,最有效的领导方式不是一成不变的,要依情况而定。

三、领导权变理论

在前述的领导行为理论中,包括"四分图理论"、"支持关系理论"以及"管理方格理论"等,都试图从各种不同的领导方式中找出一种特定的理想方式,但是领导行为理论对领导行为有效性的解释同样也是不尽完善的。本身从事领导行为研究的学者发现,预测特定领导行为的成败比归纳出有哪些领导者素质或领导行为风格要复杂得多,持续不断的失败促使这些研究者将关注的焦点转移到情境因素的影响方面。从 20 世纪 60 年代后期,随着权变理论的出现,又产生了领导的权变理论或情境理论。该理论认为,并没有万能的、固定不变的有效领导类型,应当根据情境之不同而采取不同的领导方式,方为有效,它是在领导特质理论和行为理论的基础上发展起来的。

1. 领导行为连续统一体理论

1958 年,美国管理学家罗伯特·坦南鲍姆(Robert Tannenbaum)和沃伦·施密特(Warren H. Schmidt)在《哈佛商业评论》杂志上发表了《怎样选择一种领导模式》一文,提出了领导方式的连续统一体理论。他们认为,并不存在一种固定的理想模式,在领导者与下属的关系中,究竟应当给予下属多少参与决策的机会,是采取专制的命令型更好一些,还是采取民主的参与型更好一些,取决于多种相关因素,因而要采取随机相宜的态度。在专制独裁型和民主参与型两种极端的领导方式中间,存在着许多种过渡型的领导方式,这些不同的领导方式构成一个连续的统一体,如图 7—6 所示。

从图中可以看出,领导者的领导方式或风格可有多种选择,其中有两种极端类型的领导风格:一种以领导者为中心(在连续统一体的左边),这样的领导者具有独裁主义的领导作风,往往自己决定所有的政策,对下属保持严密的控制,只告诉下属他们需要知道的事情并让他们完成任务;另一种以员工为中心(在连续统一体的右边),这样的领导者具有民主的领导作风,允许下属对所从事的工作有发言权,不采取严密的控制,鼓励下属参与决策、自我管理。从左到右领导者行使越来越少的职权,而下属人员得到越来越多的自主权。

坦南鲍姆和施米特认为,对上述七种领导方式,不能说哪一种总是正确的,或哪一种总是错误的。人们究竟应当采取哪一种领导方式,不能一概而论,应主要考虑以下三个方面的相关条件而定:

①领导者方面的条件。包括领导者自己的价值观念,对下属的信任程度,他的领导个性

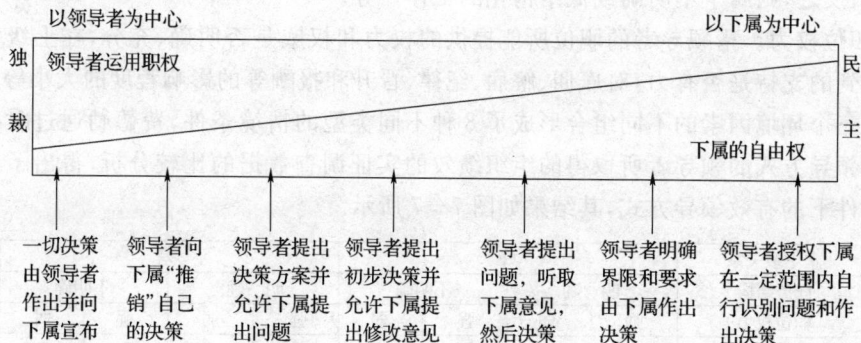

图 7—6　领导行为连续统一体

（是倾向于专制的，还是倾向于民主的）等。

②下属方面的条件。包括下属人员独立性的需要程度，是否愿意承担责任，对有关问题的关心程度，对不确定情况的安全感，对组织目标是否理解，在参与决策方面的知识、经验、能力等。

③组织环境方面的条件。包括组织的价值标准和传统，组织的规模，集体的协作经验，决策问题的性质及其紧迫程度等。

总之，必须全面考虑以上各方面的条件，才能确定一种适当的领导方式。但是，有人也批评这个模式只是描述性的，对实际工作没有很大的帮助。

2. 费德勒的领导权变模型

美国管理学家弗雷德·费德勒（F. E. Fiedler）在大量实证调查研究的基础上提出了有效领导的权变模型，他认为任何领导方式均可能有效，其有效性取决于领导方式与所处的环境是否适应。

为了测定领导者的领导风格，费德勒设计了"最难共事者"（least－preferred co－worker，LPC）问卷。所谓"最难共事者"，就是从工作绩效角度考虑，领导者最不愿意挑选其来一起工作的属员。问卷调查中，费德勒要求问卷应答者在与自己共过事的人员中找出一位这样的"最难共事者"，然后对这个他最不愿与之共事但又不得不共事的人的人品特征等作出评价。如果回答者大多用含敌意的词句（在 LPC 问卷上打"低分"）评价这位最难共事者，说明该领导者没有将属员的工作表现与人品好坏区分开来，因此作出"低 LPC 分"评价的领导者是趋向于任务导向型的领导方式。同样，对自己认定的与之共事必带来不良绩效的最难共事者，如果领导者对这人的评价多使用善意的词句（在 LPC 问卷上打"高分"），则反映出该人的领导方式趋向于关系导向型，因为该领导人心中已清楚地认识到工作表现差的属员并不见得人品就不好。所以，从 LPC 评分来推断领导方式有一定的科学性。

费德勒认为，影响领导有效性的环境因素主要有下列三个方面：

（1）领导者与下属的关系。指领导者得到下属拥护和支持的程度，如领导者是否受到下级的喜爱、尊敬和信任，是否能吸引并使下级愿意追随他等。如果双方高度信任、互相尊重支持、密切合作，则上下级关系是好的；反之，则关系是差的。

（2）任务结构。指下属所从事工作的程序化、明确化的程度，如工作的目标、方法、步骤等是否清楚。如果工作任务是例行性、常规化、容易理解和有章可循的，则这种工作任务的结构是明确的;反之,则属于不明确或低结构化的工作任务。

(3)职位权力。指领导者的职位所能提供的权力和权威是否明确、充分,在上级和整个组织中所得到的支持是否有力,对雇佣、解雇、纪律、晋升和报酬等的影响程度的大小等。

上述三个环境因素的不同组合形成了 8 种不同类型的情境条件,费德勒通过对各种情境下持不同领导方式的领导者所取得的组织绩效的实证调查数据的比较分析,得出了在各种不同情境条件下的有效领导方式,其结果如图 7-7 所示。

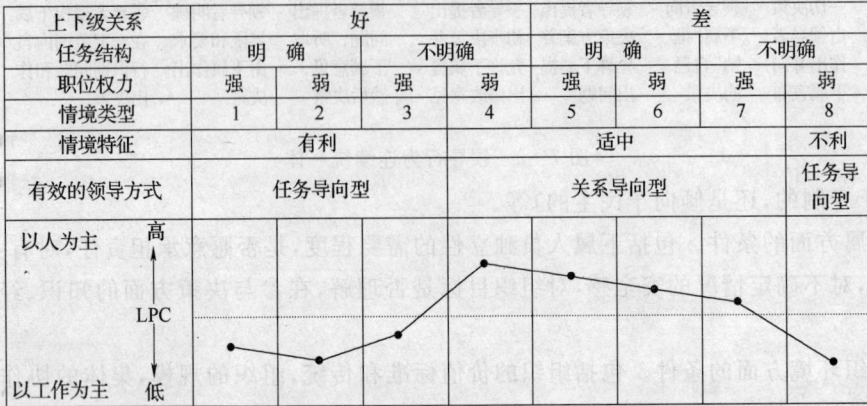

上下级关系	好				差			
任务结构	明 确		不明确		明 确		不明确	
职位权力	强	弱	强	弱	强	弱	强	弱
情境类型	1	2	3	4	5	6	7	8
情境特征	有利				适中			不利
有效的领导方式	任务导向型				关系导向型			任务导向型
以人为主 高 LPC 以工作为主 低								

图 7-7 费德勒领导权变模型

费德勒的研究结果表明,在对领导者最有利和最不利的情况下(例如 1、2、3、8),采用任务导向型领导方式,其效果较好;在对领导者中等有利的情况下(例如 4、5、6、7),采用关系导向型领导方式,效果较好。

据此,费德勒主张,要提高领导的有效性,应从两方面着手:一是先确定某工作环境中哪种领导者工作起来更有效,然后选择具有这种领导风格的管理者担任领导工作,或通过培训使其具备工作环境要求的领导风格;二是先确定某管理者习惯的领导风格,然后改变他所处的工作环境(即在上下级关系、任务结构、职位权力等方面做些改变),使新的环境适合领导者自己的风格。

同时,费德勒认为,第一种方法是传统的人员招聘和培训方式,而第二种方法(即按照管理者自己固有的领导风格分配他们担任适当的领导工作)可能比第一种方法(即让管理者改变自己的领导风格以适应工作)更容易做得到。这说明,通过组织设计和变革来改变组织环境,可能成为一种非常有用的途径,使得管理阶层的领导潜能得以更充分的利用和发挥。

3. 领导生命周期理论

领导生命周期理论是由美国管理学家科曼(A. K. Korman)于 1966 年首先提出,后经赫西(P. Hersey)和布兰查德(K. Blanchard)加以发展形成的。

赫西和布兰查德认为,领导的有效性取决于工作行为、关系行为和下属的成熟程度。在领导有效性的研究中之所以重视下属,是因为不管领导者做什么,其有效性都取决于下属的行为,是下属决定接受还是拒绝领导者,而很多领导理论都忽视或低估了这一因素的重要性,从这一点来看,该理论是一个重视下属的权变领导理论。

"领导生命周期理论"以领导的"四分图理论"和"管理方格理论"为基础,同时又结合了阿吉瑞斯的"不成熟-成熟理论"。它在前二者的二维结构的基础上,又加上了成熟程度这一因素,形成了一个由工作行为、关系行为和成熟程度组成的三维结构,如图7-8所示。

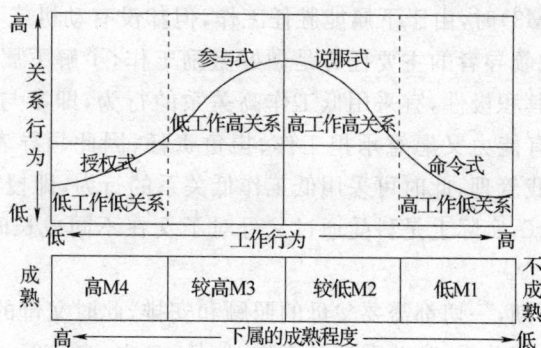

图7-8 领导生命周期理论

其中:工作行为是指领导者和下属为完成任务而形成的交往形式,代表领导者对下属完成任务的关注程度。

关系行为是指领导者给下属以帮助和支持的程度。

成熟程度是指人们对自己的行为承担责任的能力和意愿的大小。它包括两个要素:工作成熟度和心理成熟度。工作成熟度指一个人的知识和技能,如果一个人拥有足够的知识、能力和经验完成他的工作任务而不需要他人的指导,则其工作成熟度就高,反之则低。心理成熟度指一个人做某事的意愿和动机,如果一个人能自觉地去做某事而无需太多的外部激励,则其心理成熟度就高,反之则低。

由工作行为和关系行为相组合,形成四种情况,对应着四种领导方式:

(1)高工作低关系——命令式。领导者对下属的工作进行详细、具体的指导,告诉下属应该干什么、怎么干、何时干、何地干等,它强调直接指挥。

(2)高工作高关系——说服式。领导者既给下属以一定的指导,又注意激发和鼓励其积极性。

(3)低工作高关系——参与式。领导者与下属就工作问题共同决策,领导者着重为下属提供便利条件,搞好协调沟通。

(4)低工作低关系——授权式。领导者提供极少的指导或支持,授予下属一定的权力,由下属自己独立地开展工作,完成任务。

同时,赫西和布兰查德又把成熟程度分为四个等级:

(1)不成熟(M1)。下属对工作任务缺乏接受的意愿和承担的能力,既不能胜任工作又不被信任。

(2)稍成熟(M2)。下属愿意承担工作任务,但缺乏足够的能力,他们有积极性,却没有完成任务所需的技能。

(3)较成熟(M3)。下属有能力完成工作任务,但却没有动机,不愿去做。

(4)成熟(M4)。下属既有能力又愿意去做领导者分配给自己的工作。

赫西和布兰查德认为,随着下属从不成熟走向成熟,领导者不仅可以逐渐减少对工作的控制,而且还可以逐渐减少关系行为。当下属不成熟(M1)时,领导者必须给予下属明确而具体的指导以及严格的控制,需要采取高工作低关系的行为,即命令式领导方式;当下属稍微成熟(M2)时,领导者需要采取高工作高关系的行为,即说服式领导方式,高工作行为可以弥补下属能力上的不足,高关系行为可以保护、激发下属的积极性,给下属以鼓励,使下属领会领导者的意图;当下属比较成熟(M3)时,由于下属能胜任工作,但却没有动机或不愿意领导者对他们有过多的指示和约束,因此领导者的主要任务是做好激励工作,了解下属的需要和动机,通过提高下属的满足感来发挥其积极性,宜采用低工作高关系的行为,即参与式领导方式;当下属成熟(M4)时,由于下属既有能力又愿意承担工作、担负责任,因此领导者可以只给下属明确目标、提出要求,由下属自我管理,此时可采用低工作低关系的行为,即授权式领导方式。

"领导生命周期理论",实际上是科曼通过父母对子女在不同成长时期所采取的不同管理方式类比而来的:

(1)当人处在儿童时期,一切都需要父母的照顾和安排,此时父母的行为是高工作低关系。在这里要注意,疼爱不是高关系,高关系涉及尊重、信任、自立、自治等。

(2)当孩子进入小学和初中时,父母除安排照顾外,必须给孩子以信任和尊重,增加关系行为,即采取高工作高关系。

(3)当孩子进入高中和大学时,他们逐步要求独立,开始对自己的行为负责,此时父母过多的安排照顾在孩子心中变成了干预,因此应采取低工作高关系。

(4)当孩子成人走向社会、成家立业以后,父母即开始采取低工作低关系的行为。

在组织中,随着下属成熟程度的提高,领导者对下属的管理也表现出类似的规律。由此,可以更好地理解、掌握该理论。

总之,"领导生命周期理论"揭示出,随着下属成熟程度的提高,领导者应相应地改变自己的领导方式。从另一方面来说,对于不同成熟程度的下属,领导者应该采用不同的领导方式。

第四节 沟 通

一、沟通的概念与过程

沟通是指信息的传递与理解,也就是信息从发送者到接受者的过程和行为。沟通是管理工作中不可缺少的环节,良好的沟通可促使有关的想法、意见、情报和消息等得到交流、交换和共享,从而达成双方相互的了解与信任,而领导者作为信息的收集、传递和发布者,在沟通工作中发挥着重要的作用。

管理沟通的重要意义在于:

(1)沟通是计划、组织、领导和控制等管理职能得以实施和完成的基本条件。

(2)通过沟通,了解下属。沟通中的感情交流,可以改善上下级之间的人际关系,既可以对下属起到激励和安定的作用,又可以统一组织思想,增加企业的凝聚力。

(3)沟通是企业与外部建立联系的桥梁。通过沟通,可以了解外部环境的动态,协调企业与政府部门、用户、新闻媒体等以及企业内部部门与部门、部门与个人之间的关系。

一个完整的信息沟通过程可用图7—9表示。

图中信息源即信息的发布者,他发布的信息经过编码(如语言、文字和手势等符号转换)进入某种信息渠道(如书面文件、电话、电视、广播、面谈等)进行传播,最后经过解码(对信息进行必要的加工处理)传递给信息接收者。一般而言,为了保证有效的沟通,接收者还需要把所收到的或所理解的信息再反馈到发布者那里,供发布者核查并在必要时做出订正。

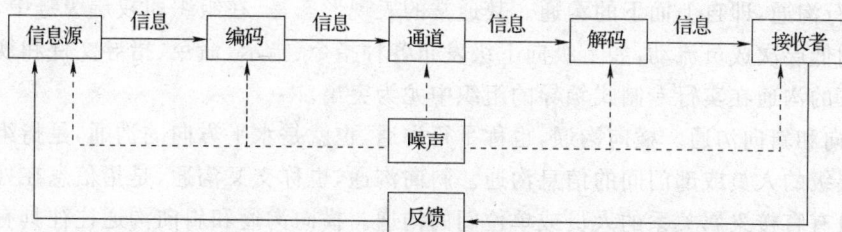

图 7-9　信息沟通的过程

二、沟通的类型

沟通的方式多种多样,可以从各种不同的角度进行分类,通常包括以下类别:

1. 按沟通渠道是否是组织所正式规定的,有正式沟通与非正式沟通

(1)正式沟通一般指在组织系统内,依据组织明文规定的原则进行的信息沟通。其优点是具有严肃性、规范性;由于信息的发布者往往是代表组织本身,因此有一定的权威性;参与沟通的人员普遍具有较强的责任心和义务感,从而易保持所沟通信息的准确性和保密性。不足之处是信息采用层层传递的方法,速度较慢,比较刻板,缺乏灵活性。

(2)非正式沟通的信息发布者一般不代表组织和上级,是由社会成员在感情和动机上的需要而形成的信息交流,其传播的范围能远远超越部门和层次之间的限制,具有随意性、非正规性,并带有较强的感情色彩。非正式沟通往往是人们常说的"小道消息"的策源地,传递速度较快,既可以为人们提供一些有用的情报,又容易失真,造成流言飞语的传播。

2. 按传播媒介的形式划分,有书面沟通、口头沟通、非言语沟通及电子媒介

(1)书面沟通是以书面文字的形式进行的沟通,主要包括文件、报告、信件和合同等。书面沟通通常显得比较规范、严肃,逻辑性强,条理清楚,有据可查,便于保存,信息传递准确性较高,传递范围比较广泛。缺点是耗费时间,缺乏及时的反馈。

(2)口头沟通是以口头交谈的形式进行的沟通,包括面对面交谈、电话、开讨论会以及发表演说等。口头沟通的特点是信息传递快,双向交流,信息能够立即得到反馈,是最常见的一种沟通形式。口头沟通也常常具有感情色彩,其规范性方面不及书面沟通。

(3)非言语沟通是指以非口头和书面语言的形式所进行的信息传递,如交通路口的红绿灯信号、警察的手势就向车辆和行人传达着能否通过路口的信息,上课教师对不遵守课堂纪律的学生常以严厉的目光加以制止,等等。这种依靠体态语言、语调、信号等进行的非言语沟通,作为人际沟通的一种辅助手段,使用得当会有利于提高沟通的效果。

(4)电子媒介沟通是以电子符号的形式通过电子媒体而进行的沟通,如录音录像、可视电话、计算机网络等可用来有效地传递或保存、处理信息。随着现代信息和通信技术的发展,电子媒体在信息沟通过程中将扮演越来越重要的角色。

3. 按信息传播的方向划分,有上行沟通、下行沟通、横向沟通和斜向沟通

(1)上行沟通,即自下而上的沟通,是指在组织职权层级链中,信息由下层向上层流动,如下级向上级汇报情况,反映问题,提出自己的意见和建议等。它通常存在于参与式或民主式管理的组织环境中,为了作出正确的决策,领导者应该采取措施如开座谈会、设立意见箱和接待日制度等鼓励下属尽可能多地进行上行沟通。

(2)下行沟通,即自上而下的沟通。其通常的表现形态是,在组织职权层级链中,信息由高层次成员向低层次成员流动,如上级向下级发布各种指令、指示、命令、指导文件和规定等。这种自上而下的沟通在实行专制式领导的组织中尤为突出。

(3)横向和斜向沟通。横向沟通,也称平行沟通,也就是水平方向的沟通,是指组织结构中处于同一层级的人员或部门间的信息沟通。斜向沟通,也称交叉沟通,是指信息在处于不同组织层次的没有直接隶属关系的人员或单位间的沟通。横向沟通和斜向沟通往往具有业务协调的作用。

4.按沟通网络的基本形式划分,有链式、轮式、Y式、环式和全通道式沟通

信息沟通网络是指由若干环节的沟通路径所组成的总体结构,组织中的许多信息通常都需要经由多个环节的传递,才能达到最终的接收者。在正式组织中,信息沟通网络表现为五种形式,如图7—10所示。

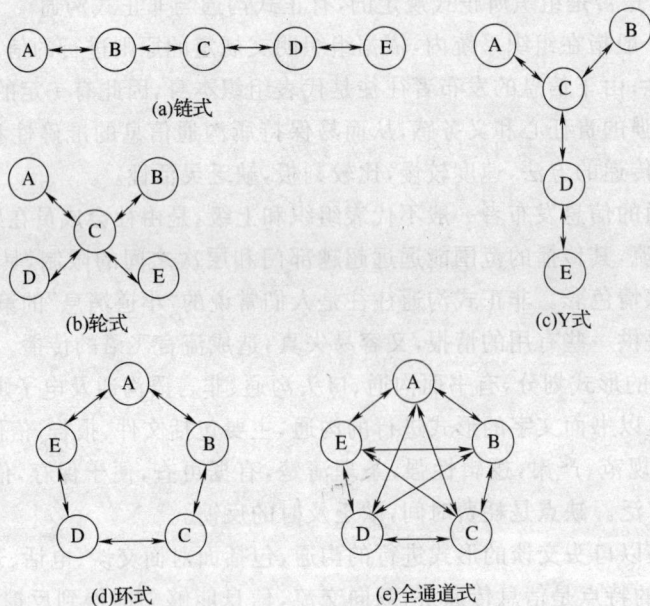

图7—10 五种沟通网络图

(1)链式是信息在组织成员间只进行单线、顺序传递的犹如链条状的沟通网络形态。在这种单线串联连接的沟通网络中,居于两端的成员只能与其内侧的一个人联系,居中的成员则可分别与两侧的两个人联系。成员之间的联系面很窄,平均满意度较低。信息经层层传递、筛选,信息传递速度慢且容易失真,最终一个环节所收到的信息往往与初始环节发出的信息差距很大。但由于结构严谨,链式沟通形式比较规范,在现实组织中,严格按直线职权关系和指挥链系统而在各级主管人员间逐级进行的信息传递就是链式沟通网络应用的实例。

(2)轮式网络中的信息是经由中心人物而向周围多线传递的,其结构形状因为像轮盘而得名。在现实中,轮式沟通网络大致相当于一个领导直接面向有关组织成员进行沟通的仅两个层次的组织沟通系统。此网络中只有领导人物是各种信息的汇集点与传递点,其他成员之间没有相互的交流关系,所有信息都是通过他们共同的领导人进行交流的,因此信息沟通的准确度很高,解决问题速度快,主管人员控制力强,但其他成员满意度低。轮式网络是着眼于加强组织控制而采取的一种沟通结构形式,但此网络中的领导者在成为信息交流和控制中心的同

时,可能面临着信息超载的负担。一般地说,轮式网络适合于组织接受紧急任务,需要进行严密控制,同时又要争取时间和速度的情形。

(3)Y式网络实际上是轮式与链式相结合的纵向沟通网络。与轮式网络一样,Y式网络中也有一个成员位于沟通网络的中心,成为网络中因拥有信息而具有权威感和满足感的人。现实中经常看到是倒Y式网络形态。比如,主管、秘书和几位下属构成的倒Y式网络,就是秘书处于沟通网络中心地位的一个实例,由此我们不难理解为何秘书人物的职位并不高,却常拥有相当大的权力。组织中的直线职能系统,也是一种变形的Y式网络,它大致相当于主管领导从几位参谋人员处收集信息和建议,形成决定后再向下级人员传达命令这样一种信息联系方式。通常当主管人员的工作任务十分繁重,需要有人协助筛选信息和提供决策依据,同时又要对组织实行有效的控制时,适合采用这种Y式沟通网络。此网络中组织成员的士气比较低,同时,与轮式网络相比较,因为增加了中间的过滤和中转环节,容易导致信息曲解或失真,因此沟通的准确性也受到影响。

(4)环式网络可以看做是将链式形态下两头沟通环节相联结而形成的一种封闭式结构,它表示组织所有成员间都不分彼此地依次联络和传递信息。环式网络中的每个人都可同时与两侧的人沟通信息,因此大家地位平等,不存在信息沟通中的领导或中心人物。采用环式沟通网络的组织,集中化程度比较低,组织成员具有较高的满意度。但由于沟通的渠道窄、环节多,信息沟通的速度和准确性都难以保证。如果组织中需要创造出一种能激发高昂士气的氛围来实现组织目标,环式沟通是一种行之有效的方式。

(5)全通道式网络是一个全方位开放式的沟通网络系统,所有成员之间都能进行相互的不受限制的信息沟通与联系。采取这种沟通网络的组织,集中化程度低,成员地位差异小,所以有利于提高成员士气和培养合作精神。同时,这种网络中具有宽阔的信息沟通渠道,成员可以直接、自由而充分地发表意见,有利于集思广益,提高沟通的准确性。因此,全通道式沟通网络对于组织解决复杂的问题有明显促进作用。但由于这种网络沟通的渠道太多,易造成混乱,且讨论过程通常费时,从而会影响到工作的效率。委员会方式的沟通就是全通道式沟通网络的应用实例。

三、沟通的障碍

完美的沟通应是被接受者感知到的信息与发送者发出的信息完全一致。以这种标准来考察沟通,有效的沟通就不仅是信息的传递,更是对信息的完整、准确的理解。在信息沟通过程中,所有对理解造成了干扰和影响的障碍因素统称作"噪声"。噪声可能在沟通过程的任何环节上造成信息的失真,影响信息沟通的有效性。

噪声的来源有多方面。比如,在总部人员与生产现场人员的电话交谈中,同事在临近的桌旁高声喧哗,以及现场设备运转的轰鸣声,这些噪声对信息沟通效果的影响显而易见。来自于信息沟通过程所发生的环境或背景的噪声,被称为外部噪声。除此之外,信息沟通过程本身也可能存在一种内部噪声,阻碍着信息沟通取得预期的效果。就沟通的过程来看,沟通的障碍主要有下列几个方面。

1. 信息发送方面的障碍

有效的沟通首先要求信息发送者能将心中的想法以合适的语言加以编码,使之成为可传递的信息。这一编码过程的质量如何会极大地影响到信息沟通的总体效果水平。具体说来,

有四个因素限制着信息发送者生成高质量的编码信息:

① 技能。有效沟通的一个最起码条件是,编码者必须具备良好的口头或书面表达能力以及逻辑推理能力。缺乏这方面的技能,就势必造成所传递信息的先天性缺陷。

② 知识。任何人都无法传递自己不知道的东西。信息发送者在特定问题上所掌握的知识范围影响着所传递信息的质量。

③ 态度。信息发送者的态度会影响其编码行为。任何人,包括管理者在内,都难以避免会在许多问题上持有自己的某种预先定型的想法,这些想法影响和左右着个体对所沟通信息的编码。

④ 社会文化系统。社会文化系统会通过对信息发送者的地位与威信、信仰与价值观的作用而影响到信息沟通行为。比如,"报喜不报忧"现象盛行的社会文化环境中,个体就可能对所传递的信息进行有意识的过滤、选择,从而造成沟通信息的失真。

2. 信息传递中的障碍

信息传递需要通过合适的通道并以某种特定的网络连接方式来进行。信息传递中技术性的障碍时常存在。比如,在对公众发表演讲时,扩音器出现问题,或者演讲者突然声音嘶哑或失音,这些无疑会对沟通效果产生重大影响。同样,在书面沟通及电子沟通过程中,用以传递信息的媒介物和支持性装置也都有发生故障的可能性。除了通道本身所可能存在的问题外,在经由多环节通道连接而进行的沟通中,沟通网络中的每一个环节实际都对信息起了某种筛选和过滤作用,这样信息沟通经过的环节越多,失真的程度就越严重。

信息沟通通道和网络的技术性障碍确实是客观存在和在一定程度上难以避免的,但是鉴于这些通道和网络是沟通者预先选定和建设的,因而其中潜存的沟通障碍又是在相当程度上可以预防和改变的。换句话说,技术性障碍中也夹杂着人为的因素。

再者,特定的信息通道和网络有其特定的用途及适用场合,沟通者在选择或者使用时可能会出现失当或失误,从而影响沟通的效果。举个极端的例子,如果大厦起火,使用备忘录方式传递这一信息,沟通的问题可想而知。古代周天子为博新妃一笑,不惜点燃烽火台以娱之,结果导致烽火台作为传递敌情信息快道的功用减弱。这些都是人为因素所引起的信息传递中的障碍。

此外,信息传递时机和地点选择的不合适,也与沟通者的人为因素有关。改进信息传递的效果,需要在技术因素和人为因素上同时采取措施克服各种可能存在的障碍。

3. 信息接收方面的障碍

信息传递到接收方,并不等于接收者就会接受和理解该信息。接收者需要将其收到的信息中所包含的符号,通过解码过程而译成自己可理解的语言形式。这一解码过程,同编码过程一样,也受到个体自身的技能、知识、态度和社会文化背景的影响。从技能方面来看,如果说信息发送者应该擅长说或写,则接受者应擅长于听或读,并具有相应的逻辑推理能力,同时在需要反馈的时候能够善于把自己的问题表达出来反馈给信息发送者。在知识方面,信息接受者是否具有信息发送者编码时所认定或设定具有的知识水平,这也妨碍着沟通的默契。态度上,先入为主,怀有成见,缺乏信任,紧张、嫉妒或恐惧等情绪,都会影响到信息接受效果。另外,社会文化系统同样也左右着处于其中的个体对沟通信息的理解。例如,在权力、地位差距很大的组织中,上下级之间的信息沟通就经常容易出现失真。在分工过度的组织中,不同部门人员间的沟通就面临更大的障碍。

四、克服沟通障碍的对策

在管理活动中,人们都希望明白无误地正确传递信息,克服沟通的障碍,提高沟通的效果。根据沟通的基本过程,要克服沟通的障碍,应当从三个方面入手。

1. 信息发布者

信息发布者是信息沟通中的主体因素,起着关键性作用,要想提高信息传递的效果,必须注意下列因素:

(1)要有认真的准备和明确的目的性。信息发布者首先要对沟通的内容有正确、清晰的理解。在沟通之前,要做必要的调查研究,收集充分的资料和数据,对每次沟通要解决什么问题,达到什么目的,不仅自己心中要有数,也要设身处地地为信息的接收者着想,使他们也能清晰理解。

(2)正确选择信息传递的方式。信息发布者要注意根据信息的重要程度、时效性、是否需要长期保存等因素,选择不同的沟通形式。例如,对于有重要保存价值的文件、材料,一定要采用书面沟通形式,以免信息丢失。而对于时效性很强的信息,则要采用口头沟通,甚至运用广播、电视媒体等形式,以迅速扩大影响。

(3)沟通的内容要准确和完整。信息的发布者应当努力提高自身的文字和语言表达能力,沟通的内容要有针对性,语义确切,条理清楚,观点明确,避免适用模棱两可的语言,否则容易造成接收者理解上的失误和偏差。此外,信息发布者对所发表的意见、观点要深思熟虑,不可朝令夕改,更不能用空话、套话、大话对信息接收者敷衍搪塞。若处理不好,常常会引起接收者的逆反心理,形成沟通中不应有的壁垒和障碍。

(4)沟通者要努力缩短与信息接收者之间的心理距离。沟通是否成功,不仅与沟通的内容有关,而且也与信息发布者的品德和作风有很大的关系。一位作风民主、密切联系群众的领导者,常常会被下属看成是"自己人",而愿意与其沟通,并自觉地接受他的观点和宣传内容。所以,信息发布者在信息接收者心目中的良好形象是至关重要的因素。

(5)沟通者要注意运用沟通的技巧。沟通的形式要尽量使用接收者喜闻乐见的方式,必要时可运用音乐、戏剧、小品等形式,寓教于乐,达到下属接收信息的目的。根据心理学中"权威效应"的概念,尽量使各个领域的权威、专家、名人参与信息发布,通过他们的现身说法,往往可以使信息传递更具影响,达到事半功倍的效果。

2. 信道的选择

(1)尽量减少沟通的中间环节,缩小信息的传递链。在沟通过程中,环节和层次过多,特别容易引起信息的损耗。从理论上分析,由于人与人之间在个性、观点、态度、思维、记忆、偏好等方面存在巨大差别,因此信息每经过一次中间环节的传递,将丢失 30% 的信息量。所以,在信息交流过程中,要提倡直接交流,作为领导者要更多地深入生产一线,多做调查研究,对信息的传播和收集都会有极大的好处。

(2)要充分运用现代信息技术,提高沟通的速度、广度和宣传效果。随着现代科学技术的进步,以及广播、电视与现代通信技术的发展,为管理沟通创造了良好的外部条件和物质基础。在沟通过程中,应该充分利用这些条件,提高沟通效果。例如,运用电话或可视电话召开各种会议,既可以克服沟通活动中地域和距离上的障碍,快速传递信息,又可以减少与会者旅途时间和财力上的损失。此外,利用广播、电视进行广告、新闻发布比起传统的沟通手段,在速度和波及范围等方面也有无可比拟的巨大优越。

(3)避免信息传递过程中噪声的干扰。组织中要注意建设完全的信息传递系统和信息机构体系，确保渠道畅通。无论是信息的发布者还是接收者，都要为沟通创造良好的环境，使信息发布者有充足的时间为信息发布做好充分的准备，也使信息接收者有更多的时间去收集、消化所得到的信息，真正做到学以致用。

3. 信息的接收者

(1)信息的接收者要以正确的态度去接收信息。沟通的最终目的在于信息接收者对传递信息的接收和理解，否则沟通将失去意义。在管理活动中，作为领导者应当把接收和收集信息看成是正确决策和指挥的前提，也是与下属建立密切关系、进行交流与取得良好人际关系的重要条件。而对被领导者，应当把接收信息看成是一次重要的学习机会。社会的发展更要求人们不断地进行知识更新，而沟通就是一种主要手段。其次，通过沟通可以更好地理解组织和上级的决策、方针和政策，开阔视野，提高工作水平和工作能力。如果人们都能正确认识接收信息的重要性，沟通的效果就会大大提高。

(2)接收者要学会"听"的艺术。在口头传递信息的过程中，积极倾听，不仅能更多更好地掌握许多有用的信息和资料，同时也体现了对信息传递者的尊重和支持，尤其是各级领导人员在听取下级汇报时，精神贯注地听取他们反映的意见，并不时地提出问题与下属讨论，就会激发下属发表意见的勇气和热情，把问题的探讨引向深入，并进一步密切上下级之间的人际关系。

复习思考题

1. 什么是领导？领导和管理的关系是什么？

2. 权力的实质是什么？权力有哪些类型？职位权力与个人权力在本质上有什么区别？

3. 什么是激励？在西方激励理论中，具有代表性的理论有哪些？其基本观点是什么？

4. 领导行为理论和权变理论各有哪些代表性理论和观点？

5. 管理方格理论的主要内容是什么？(9.9)型是最有效的领导方式吗？请解释。

6. 根据领导生命周期理论，随着下属成熟程度的提高，领导方式应如何改变？

7. 什么是沟通？按沟通的网络形式分，管理沟通分为哪几种类型？各有什么特点？

8. 在管理活动中，如何提高沟通的效果？

案　例

案例1　宏碁公司的人员管理

在台湾，有一个响彻全球的著名品牌，它就是宏碁电脑(Acer)。《亚洲商业周刊》发表亚洲企业评价报告，评选宏碁为最受推崇的亚洲籍高科技公司，超越索尼、东芝和松下。Acer 集团目前是台湾第一大资讯公司和最大的自创品牌厂商，同时也是全球第三大 PC 制造厂商。1999 年，宏碁的营业额达到 8.5 亿美元，利润是 75 亿台币，2000 年，宏碁集团的目标是年收入 100 亿美元。宏碁的发展与其创业者施振荣所提倡和实施的企业文化与管理方式有重大关系。

为了让员工将个人利益与公司利益紧密地联系在一起，将眼前利益与长远利益结合在一起，宏碁在创立的第三年就推动员工入股制度。施振荣认为，要让员工有信心入股，财务透明化是第一前提。于是公司设计了一套制度，包括每季公布财务报表，以净值作为买回离职员工股票的价格等等，因此在宏碁电脑股票上市之前，内部就已经有公平的交易市场。

其实，宏碁从创业第一天开始，财务就是公开的。因为公司当时只有11人，会计账本放在桌上，谁都看得见，但重要的是，公司一直认为员工理所应当有权了解公司财务状况。财务公开的做法，刚开始的确为管理带来一些困扰。例如，有一位业务人员发现公司代理发展系统的毛利较高，就把业务拓展困难的责任，归咎于价格太高，事实上，这种产品毛利高是因为售后服务成本较高。然而，公司并没有从此把会计账本藏起来，而是去和员工沟通清楚。

除了财务透明化之外，公司领导也想到，大多数同仁没有足够的钱入股，怎么办？那就由公司来贴钱吧！早期，因为有股东撤股，公司就买下这部分股份，推动员工入股的时候，打八折卖给公司，公司再打对折卖给员工，差价由公司吸收。就这样，宏碁的员工入股制度跨出了第一步。

在施振荣的理念里，"人性本善"是最重要的核心价值，他相信，当同仁被尊重、被授权的时候，就会将潜力发挥出来。这一点，他还真不是光说不练。施振荣对同仁一向客气，并尽可能向下授权。开会时，施振荣通常不会先发言，而是先让同仁充分表达意见以后，才提出他的看法。有时，他和同仁的想法并不相同，但如果同仁坚持按照自己的方案，他会尊重同仁，让他们去试。同仁会非常珍惜这样的机会，分外努力去印证自己的看法，同仁独立自主的责任感也因此从中培养起来。特别是新进同仁，总有些顾虑，放不开，但当主管愿意主动授权给他们之后，胆子一大，能力就施展出来了。

当然，也并不是每个人、每一回都喜欢施振荣的授权风格，有些人就是喜欢主管帮他们出主意。有时候，同仁之间意见相左，而施振荣向来不愿在自己还未全盘了解之前就下决心，便会让同仁自行协调，因此有些人抱怨他不够决断。但他的想法是，事事帮同仁做决策，同仁会养成依赖的习惯，做错了就把责任往上推，做对了也不知所以，经验无法积累，成长也相对有限。

因为宏碁的授权管理，同仁对公司的决策介入很深，所以难免会出现不同的意见，施振荣很能包容同仁提出不同的意见，当少数有异议的同仁被其他人"围剿"时，他还会劝大家："公司能有不同的声音是件好事。"有人就戏称他是"刻意容忍异己"。

也因为这个风气的养成，施振荣在面对同仁的挑战时，就必须以沟通、说服来代替命令，他只好又开始"脑力运动"，想出好的表达方式来回应同仁。这产生了两个结果：第一，他的表达能力与日俱增，可以将自己的想法推广成同仁的共识；第二，想出让公司更进步的策略。

最典型的例子，就是1989年宏碁将公司的组织结构改成了分散式多利润中心。在此之前，总部对各投资事业的股权比例都相当高，因此关系企业的收益也都是统筹分配。但是，因为关系企业的表现互有高低，于是获利状况较好的明基就坚持要分家，不吃大锅饭。这个主张出现后，有些事业的负责人很不以为然，因为每一家公司都是有起有落，为什么赚钱少的时候不提分家，赚多了就要分家？

站在公司领导人的角色，施振荣可以采取强制拒绝的做法，但是他觉得伙伴会这样想，其实也是人之常情。而且，让表现好的公司和表现不好的公司齐头分享利润，也不公平，所以就发展出各事业单位独立核算利润的构架。这个做法，最初是为了解决利润分配的争执，后来却因此促进了各事业的经营业绩,并且奠定了宏碁主从架构的基础。

根据宏碁人事部门的调查,宏碁同仁的民主意识非常高,不喜欢干涉别人,也不喜欢被管。开会时,就有主管嚷着:"我们要跳脱施振荣的框框。"

但"人性本善"的管理模式也是有代价的。并购而来的公司并未经过如此企业文化的熏陶,授权太快的结果,就会产生失控。早在1984年宏碁创业投资成立时,就已经有这个问题。当时,施振荣的想法很单纯,他觉得很多有才华却不善表达的年轻人任职大公司,每天看老板的脸色,一不小心还会被冷冻起来,实在很可惜。公司很幸运地把事业做起来,应该帮助这些年轻人创业,结果宏碁的两个投资案都失败了。因为彼此没有经过长期共事,对方不见得可以体会和接受公司帮忙的方式。后来,宏碁电脑股票上市之后,公司资金比较充裕,便在欧美又并购了几家公司,还是授权给当地的负责人经营。但是有些公司内部管理出现问题,负责人不但不接受台湾派驻当地干部的改善意见,还将多位资深同仁排挤出去,财务制度不健全,负责人还一再为不称职的财务主管辩护,这些都和宏碁文化完全背道而驰。后来状况一再出现,公司也不得不派人去整顿,才使局面得以改善。

多年来,施振荣一直把培养人才当作最重要的事,如今也有了成绩。他的许多部下现在个个都已经具有独当一面的大将之风。施振荣常说,他很以宏碁的第二代接班人为荣。其实,不管是接班、授权、员工入股,还是建立人性本善的文化,都反映了施振荣的个性——看重人性的价值,而看淡钱财与权力。他曾经说过:"只要看这个世界上那么多财大势大的人,行为乱七八糟,道德还不如普通百姓,就会觉得仅仅追求财势真的没什么价值。"

【案例思考题】

宏碁公司提倡怎样的管理理念?具体有哪些特点?

案例2　高智力人群的管理

1998年9月的一天,智明公司会议室的空气显得比较沉闷。郑总经理、人力资源部蔡经理和新进公司的15名技术人员正在进行严肃的对话。

郑总经理:"听说你们要集体辞职,能把你们的想法告诉我吗?"

一片沉默。

郑总经理:"这段时间来,公司业务发展很快,平时我尽忙于处理事务性工作,一直没有抽出时间来关心你们,很抱歉。今年能从我所向往的名牌大学招收到你们,你们愿意来我们公司,我非常高兴,也非常重视你们,不希望你们离开。"

还是一片沉默。

郑总经理:"今天我真心诚意来听取你们的想法和意见,有什么话大家尽管说,我尊重大家的各种想法。"

会议室稍有动静。

甲开口:"今年4月份贵公司到我们学校招聘,出于毕业后有所作为的想法,我们慕名来到这里。但是,公司的管理令我们感到很失望。从进公司的第一天起,我们只是接受任务,一天到晚埋头干活,干得不明不白的,无从了解我们工作是为了什么。"

乙接下去说:"招聘的时候,林经理(林经理是某项目的负责人,被临时抽调去招聘新员工)答应的月工资是1 600元。7月23日,我们来报到了,报到后方知试用期工资仅850元/月。月底拿的第一次工资是按天计算的,8天总计是213元,这无疑给我们泼了一盆凉水。第二个月的工资,扣掉办理有关的人事手续费100元,午、晚餐伙食费300元,再扣掉住宿费用100元,到手的仅有300元。工资的高低并不是最重要的,但这种计算报酬的方法是对我们的轻视,也是对我们母校的公开蔑视。我们会告诉母校以后不再推荐同学来这里工作。"

丙也开口了:"你们这么斤斤计较,按天给我们付酬,我们也只好按小时来计算工作。以往我们为了完成项目,考虑到工作的连续性,经常自愿加班到夜晚12点。我们愿意这么做,也从工作中找到不少的乐趣。但我们学乖了,不必那么卖力,到了下班时间,该下班就下班。我们清楚手上的项目要在9月10日前完成,现在明确告诉你,就是到了11月10日也交不了差的。"

甲又说:"不过,我们已经商量好了,现在暂且不辞职。等学到本领后,再离开这里。"

听到这里,郑总经理说:"谢谢你们都讲了真心话。公司成立两年来,我和几个副总经理白手起家,奋斗拼搏,才有目前的结局。由于订单都做不完,我们一直没有时间认真考虑管理上的问题。前些日子,我碰巧听了一个有关人力资源的讲座,深受启发。回来后,我马上成立了人力资源部,还聘请了省委机关部门的处长来负责企业管理部,我还请来了一位受过正规MBA教育的研究生来帮助我制定各项规章制度,希望能做到公司所有成员和公司一起发展。现在,管理水平的提高是公司迫在眉睫的事情。请你们相信我,给我一段时间,我会做得让你们满意的。你们先回去安心工作。"

技术人员离开后,郑总经理回头对蔡经理说:"你一定要帮助我,把他们的积极性马上调动起来。"

蔡经理回到办公室后,开始分析公司的基本情况,并着手进行一份问卷调查的计划。

♣企业基本情况

智明公司是专门从事计算机软件开发的民营高科技企业。1996年前,郑总经理和另外四名技术人员共同筹资成立了该公司。目前,公司在全国拥有10个分公司,职工417人(表7—3),几乎所有的人员都是技术出身。企业根据项目来设立负责人,形成柔性的组织结构(图7—11)。除了四个副总经理和五个职能部门外,其他成员的责任随项目变化而变化。所有员工均是通过各种渠道招聘来的,部门经理的年龄大多数在26岁至30岁之间。

表7—3 人员结构表

年龄结构	25岁以下		26～35岁		36～45岁		46岁以上	
	299人	71.7%	104人	24.9%	12人	2.9%	2人	0.5%
文化结构	硕士以上		本科毕业		大专毕业		中专毕业		高中毕业	
	19人	4.5%	238人	57.1%	84人	20.1%	63人	15.1%	13人	3.1%

(1)公司的报酬政策。在报酬管理方面,公司实行保密工资制,由总经理和职工直接商定职工的工资。工资确定后,员工之间不得相互打听,不得泄漏各自的工资收入额。基本可以说,整个工资管理完全由总经理控制,除财务部门外,其他人无从了解工资确定的标准和发放的依据。据不完全的数据估计,人员的工资水平大致如下:①试用期间(3～6个月),本科生850元/月,大专生750～850元/月;②试用期合格后,一般技术人员可达2 000元/月;③中层管理人员,每月3 000元左右;④技术骨干及高级管理人员情况则无可估计。

(2)公司的福利情况。由于年轻职工多来自外地,公司就近租用公寓,采取补贴的方式为他们提供住宿,每套两房一厅住4人,每人每月交100元的住宿费。再有,公司提供午餐和晚餐,价值450元,收取每人300元的伙食费。另外,企业还为员工按国家规定办

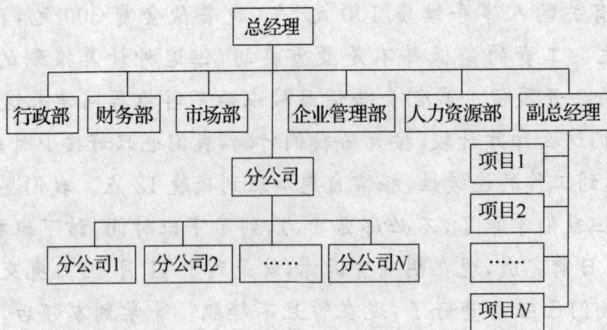

图 7－11　组织结构图

理了养老保险和社会保险,并在企业内部建立了医疗互助基金会。除此之外,尚未有更多的考虑。

（3）人员考核的管理。公司对人员的考核形式较为简单,到了年终,一张大白纸分两栏,其中一栏由职工自己填写个人鉴定,另一栏则由小组负责人填写小组评价。由此得来的结果是所有人员的考核结果都基本一样。

问卷调查的结果

为了全面了解员工的需求情况,蔡经理进行了一次"企业现有激励方法调查"。问卷按三种类型的需要进行统计,即第一种是物质需要,包括工资、奖金、福利待遇、工作条件及工作稳定性等;第二种是社会需要,包括归属感、友谊、人际关系、被人尊重与承认、领导的认可及领导水平等;第三种是发展需要,包括潜力的发挥、成就感、自我发展、工作本身的意义等。调查问卷共发出 400 份,回收有效问卷 363 份。调查结果如表 7－4 和表 7－5 所示。

表 7－4　年龄结构与需要层次的关系

年龄 \ 需要层次	人数	物质需要 人数	比例(%)	社会需要 人数	比例(%)	发展需要 人数	比例(%)
25 岁以下	263	109	41.5	27	10.3	127	48.2
26～35 岁	89	27	30.3	16	18	46	51.7
36～45 岁	9	5	55.6	3	33.3	1	11.1
45 岁以上	2	2	100	0	0	0	0
合　计	363	143	39.4	46	12.7	174	47.9

表 7－5　文化结构与需要层次的关系

文化 \ 需要层次	人数	物质需要 人数	比例(%)	社会需要 人数	比例(%)	发展需要 人数	比例(%)
本科以上	224	71	31.7	15	6.7	138	61.6
大专毕业	71	28	39.4	12	16.9	31	43.7
中专毕业	56	34	60.7	17	30.4	5	8.9
高中以下	12	10	83.3	2	16.7	0	0
合　计	363	143	39.4	46	12.7	174	47.9

【案例思考题】

1. 智明公司在招聘环节中有没有漏洞？
2. 保密工资的使用有什么得失？是否需要改变？
3. 表2与表3的数据说明了什么问题？
4. 智明公司在沟通方面是否需要改善？如何进行？
5. 智明公司可以通过哪些手段来扭转目前管理的困境？

案例3　张经理的沟通

某制造公司由于业绩的下滑使得公司的利润直线下降，董事长和各大股东非常生气，决定解雇现任的总经理，雇用新的总经理来扭转现在的局势，于是聘请了具有丰富管理经验的张经理。张经理来到公司一段时间后发现，公司的员工在工作中没有积极性，情绪都比较低落。张经理认为，企业整顿的首要任务是提高员工的积极性，他希望通过运用现代的管理手段，充分与员工沟通，使员工对企业目前现状有充分的了解，从而调动员工的积极性，使大家齐心协力共渡难关。所以上任之后，他将工作重点放在发挥员工积极性，提倡其创新精神方面。

首先，张经理本人直接与员工沟通，避免了中间环节。他随时出现在作业现场，如食堂、库房等，经常与员工见面，增强员工信心。此外，他将自己的电子信箱公开发布，要求员工（尤其是外地员工）通过各种形式大胆反映实际问题，积极参与企业管理，多提建议和意见。经理本人则每天上班时先认真阅读来信，并进行处理。他从大量的员工来信中收集到许多信息，并将其应用到他所提倡的决策和管理中。例如，该公司在对生产线进行技术改革时，一名员工通过信箱，毛遂自荐要求担任改造工程现场指挥，张经理及其他管理者在经过调查后，认为该员工技术过硬、善于搞革新，便任用了他，结果，他提前圆满地结束任务。自从设立经理信箱以来，先后收到员工来信500多封，这反映出员工对公司兴衰的关心。为了激励员工的这种热情，工厂决定，凡是被采纳的建议都给予奖励；对提出带有普遍性问题的来信，张经理都给予答复。

其次，为了建立与员工的沟通体制，公司又建立了经理公开见面会制度。见面会可以定期召开，也可因重大事情临时召开，参加会议的员工有员工代表、特邀代表和自愿参加的人。由于员工感到在组织中受到重视，参会积极性和发言热情空前高涨。每次会议前，员工代表都广泛征求意见，提交经理公开见面会上解答。去年12月，调资晋级工作刚开始时，员工中议论较多。对此公司及时召开了会议，经理就调资的原则、方法和步骤等做了解答，使部分员工的疑虑得以澄清和消除，使这项工作比以往进行得顺利。

最后，张经理还十分关注公司内部的舆论，对收集到的小道消息进行分析并加以正确利用。2003年，该公司面临供电紧张、原材料涨价、市场竞争加剧的不利局面，许多员工对完成任务信心不足，一时间小道消息漫天飞，认为公司会遇到严重困难，甚至会大量裁员，结果，人心惶惶。张经理决定召开公开见面会，增加与员工交流的机会。会上员工意见集中于两点：一是企业如何生存；二是员工的收入是否会受影响。面对问题，张经理结合企业面临的实际情况，如实、全面地向员工介绍了公司的经营状况，承认公司面临供电紧张、原材料涨价、市场竞争加剧的不利形势等情况确实存在，可能要暂时影响员工的收入，但公司有信心解决困难，并向员工详细介绍了工厂的经营方针和对策，请员工针对这些政策、方针和对策提出意见，以便及时修改。同时，张经理还自动提出扣除自己上半年的奖金。出人意料的是，员工对公司的政策十分配合，部分员工自动请求减免上半年的奖金，最后大家一致同意扣除上半年的奖金。这一举动,使公司上下齐心协力、共同努力,克服了困难,渡过了难关,使产值和利润有了大幅度的增长。

【案例思考题】

(1)分析张经理与员工在沟通方式上所做的选择,这些方式有何特点?

(2)从这个沟通案例中,分析管理者在沟通中所起的作用。

第八章　控　　制

控制是保证各项活动达到预期效果的职能。尽管有了计划、组织和领导职能,但若无控制仍然无法确保各项既定工作都能圆满完成。任何一项工作都需要通过检查、调整和一定的约束机制,确保计划工作不偏离目标。同时,计划本身因环境变化也需要修正,这些都需要控制职能来加以管理。无论计划做得多么完美,如果没有令人满意的控制系统,在实施的过程中仍然会出问题。因此控制是重要的,因为它是管理职能环节中的最后一环。

本章将从六个方面讨论管理的控制职能,即控制的概念、控制的类型、控制的过程、控制的原则及要求、控制的方法、控制理论的新发展。

第一节　控制的概念

控制有一般意义上的控制与管理意义上的控制之分。一般意义上的控制就是"控制论"中的控制,即按规定的目标和条件,对系统及其发展过程进行调查和施加影响的过程;管理意义上的控制就是管理控制,在本书中简称控制。

一、管理控制的概念

管理控制可以简单定义为按照计划的标准,衡量和纠正执行过程中的偏差,确保计划的完成,或适当修改、调整计划,以适应外部环境变化的过程。也就是说,在管理工作中,作为管理职能之一的控制工作是指:为了确保工作的目标以及为此而拟订的计划能够得以实现,各级主管人员根据事先确定的目标或因发展需要而重新拟订的标准,对下级的工作进行衡量、测量和评价,并在出现偏差时进行纠正,以防止偏差继续发展或今后再度发生;或者,根据组织内外环境的变化和组织的发展需要,在计划的执行过程中,对原计划进行修订或制订新的计划,并调整整个管理工作的过程。因此,控制工作是每个主管人员的职能。实际上,无论哪一层的主管人员,不仅要对自己的工作负责,而且还都必须对整个计划的实施和目标的实现负责,因为他们本人的工作是计划的一部分,他们下级的工作也是计划的一部分。因此,各级主管人员,包括基层主管人员都必须承担实施控制工作这一重要职能的责任。

二、一般控制与管理控制

管理控制与物理的、生物的以及社会的各系统中的控制有着相同的过程,因此,二者在概念及内容上就有很多相似之处。当然,由于所涉及的范围不同,二者之间更有着许多不同。

（一）一般控制与信息反馈

"控制"作为一个专门术语,来自于美国数学家、生物学家、通讯工程师诺伯特·维纳(Norbert Wiener)在 1948 年创立的"控制论"。

在控制论中,"控制"定义为:为了"改善"某个或某些受控对象的功能或发展方向,需要获取并使用信息,进而选择并施加于受控对象上的作用,就叫控制。这种作用是一个信息反馈过程。信息是控制的基础,控制有赖于信息反馈来实现。通俗地说,由控制系统获取和传递信息,又把其作用结果返送回来,并对过程的再输出发生影响,起到控制的作用,以达到预定的目的。基于信息反馈的控制是根据历史的情况去控制和调整未来的行为。

根据反馈产生的效果,可把反馈分为正反馈和负反馈两种。如果反馈使受控系统的输入对输出的影响减少,使系统偏离目标的运动收敛,趋向稳定状态,这种反馈叫做负反馈。一般来说,当受控系统的稳定性被外界因素所干扰时,负反馈就担负起重新建设该系统稳定性的职能,而正反馈则将外界干扰所引起的偏差予以放大。因此,人们常用负反馈来调节,使控制系统实现合乎目的的活动。

控制系统既是个信息反馈系统,又是一个自组织的系统,它的组成如图8-1所示。控制机制将反馈信息与原定的标准值或目标值进行对比,发生偏差后及时发出控制信息,以纠正偏差,调节输出。在这里,"控制"作为一种活动,它要达到的目的就是:依靠信息反馈,维持(这往往是自动进行的)一个系统的原有状态,并在发生偏差时,设法使它复原。在这种情况下,即是负反馈在发挥作用。

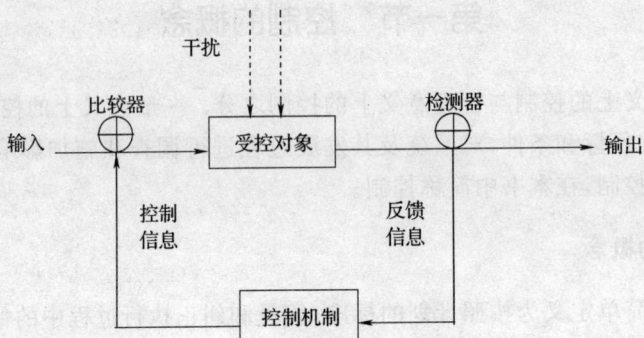

图8-1 控制系统示意图

控制系统的这个原理在物理学、生物学以至社会生活中都有实际的例子,如恒温箱自动控制系统、人体内部体温调节自动控制系统、人们在驾驶汽车、骑自行车时的方向及速度控制行为等。

(二)管理控制与控制论中控制的比较

1.管理控制与控制论中控制的相同点

管理活动中的控制工作,是一个完整的复杂过程,也可以说是管理活动这一大系统的子系统,其实质和控制论中的控制一样,也是信息反馈。从图8-2所示的管理控制工作中的反馈过程可见,管理活动中的控制工作与控制论中的控制在概念上有相同点。

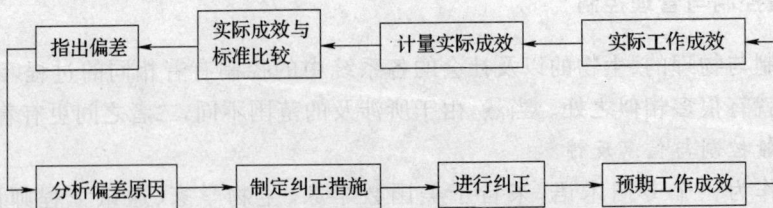

图8-2 管理控制的反馈回路图

(1)二者的基本活动过程是相同的。无论是管理控制还是控制论中的控制，都包括三个基本步骤，即确立标准、衡量成效(实绩)、纠正偏差。为了实现控制，需要事先确定控制标准，然后将输出结果与标准进行比较。若发现偏差，则采取必要的纠正措施，使偏差保持在容许的范围内。

(2)管理控制系统实质上也是一个信息反馈系统，通过信息反馈，揭示管理活动中的不足之处，促进系统不断调整与改革，以逐渐趋于稳定、完善，直至达到最优状态。同其他系统中的控制一样，在现代化管理中有许多情况需要正反馈。两个组织之间的竞赛或竞争就是一例，你追我赶，互相促进。但是大量的还是为了缩小和消除与既定目标的差距的负反馈。

(3)管理控制系统与控制论中的控制系统一样，也是一个有组织的系统，它根据系统内、外的变化而进行相应的调整，不断克服系统的随机性，而使系统保持在某种稳定状态。

2. 管理控制与控制论中控制的不同点

(1)控制论中的控制，实质是一个简单的信息反馈，它的纠正措施往往是即刻就可付诸实施的。而且在自动控制系统中，一旦给定程序，那么衡量成效和纠正偏差就往往都是自动进行的，而管理工作中的控制活动就远比上述的更为复杂和实际。主管人员首先要衡量实际的成效情况，并把它与标准相比较以明确地分析出现偏差的原因。随后主管人员需作出必要的纠正，他必须为此而花费一定的人力、物力和财力去拟订计划，并实施这一计划，才有可能纠正偏差以达到预期的成效。管理控制具有整体性，它是全体人员共同的职责，涉及组织的各个方面。

(2)简单反馈中的信息，是一个一般意义上的词汇，即简单的信息，包括能量的机械传递、电子脉冲、神经冲动、化学反应、文字或口头的消息，以及能够借以传递信息的任何其他手段。对于一个简单反馈的控制系统来说，它所反馈的信息往往是比较单纯的。而对于管理控制工作中的信息来说，它是根据管理过程和管理技术而组织起来的在生产经营活动中产生的，并且经过了分析整理后的信息流或信息集合，它们所包含的信息种类繁多，数量巨大。这种管理信息和管理系统结合在一起，就形成了一个系统——管理信息系统。这种系统，由于既要反映产品的生产过程，以便使信息系统能起到控制产品生产过程和产品的价值形成过程的作用，又要适应管理决策的需要，使信息系统能起到为各级管理服务的作用，使信息的流动符合管理决策的需要，使信息系统成为进行科学管理和严格执行计划的有力工具。因此，要求它有如下功能：

① 处理信息及时、准确；

② 控制计划和经营管理，使之处于最佳状态；

③ 便于进行方案比较和择优；

④ 有助于进行预测工作。

管理是否有效，其关键在于管理信息系统是否完善，信息反馈是否灵敏、正确、有力。灵敏、正确和有力的程度是一个管理制度或一个管理职能部门是否有充沛生命力的标志，这就是现代管理理论中的反馈原理。要"灵敏"，就必须有敏锐的"感受器"，以便能及时发现变化着的客观实际与计划目标之间的矛盾。要"正确"，就必须有高效能的分析系统，以过滤和加工接收来的各种消息、情报、数据和信息等，"去粗取精，去伪存真，由此及彼，由表及里"。"有力"就是把分析整理后得到的信息化为主管人员强有力的行动，以修正原来的管理行为，使之更符合实际情况,以期达到管理和控制的目的。

（3）按照控制论的观点,生物或机械等各种系统的活动均需要控制。进行这种控制活动的目的是设法使系统运行中所产生的偏差不致超出允许的范围而维持在某一平衡点上。

对管理来说,控制工作的目的不仅是要使一个组织按照原定计划维持其正常活动,以实现既定目标;而且还要力求使组织的活动有所前进,有所创新,以达到新的高度,提出和实现新的目标。也就是说,管理的四个职能活动,通过信息反馈,形成了一个闭合回路系统。管理活动无始无终,一方面要像控制论中的控制一样,使系统的活动维持在一个平衡点上;另一方面还要使系统的活动在原平衡点的基础上求得螺旋式上升。管理控制具有动态性和非程序化的特性,它强调对人的控制、指导和自控。

三、控制与计划的关系

控制与计划既互相区别,又紧密相连。计划为控制工作提供标准,没有计划,控制也就没有依据。但如果只编制计划,不对其执行情况进行控制,计划目标就很难得到圆满实现。控制与计划两职能之间的关系不仅体现在计划提供控制标准,而控制确保计划实现这一"前提"与"手段"的关系上,而且有些计划本身的作用就已具有控制的意义,如政策、程序和规则,它们在规定人们行动准则的同时,也对人的行为产生极大的制约作用。又如,预算和进度表等形式的计划,它们既是作为计划工作的一个重要组成部分而编制的,同时又可以直接作为一种有效的控制工具。可见,某些计划形式实际上涵盖了控制的内容。另一方面,广义的控制职能实际上也包含了对计划的修改和重定。计划在执行过程中产生结果与目标之间的偏差,其原因除了执行不力外,还可能是计划之初对外部环境和内部条件估计出现失误,造成了目标设定过高或过低,或者是计划执行中所面临的内外环境条件出现了重大变化,导致目标脱离现实,这时改变计划本身就是控制工作的一大任务。

四、控制的目的

随着社会和科学技术的进步,组织的活动规模越来越大,活动内容不断增加并且日益复杂,因而控制的内容也越来越多,已不仅仅是财务审计所能概括得了的。

在现代的管理活动中,无论采用哪种方法来进行控制,要达到的第一个目的（也就是控制的基本目的）都是要"维持现状",即在变化着的内外环境中,通过控制,随时将计划的执行结果与标准进行比较,若发现有超过计划容许范围的偏差时,则及时采取必要的纠正措施,以使系统的活动趋于相对稳定,实现组织的既定目标。

控制要达到的第二个目的是要"打破现状"。在某些情况下,变化的内、外部环境会对组织提出新的要求,主管人员对现状不满,要改革,要创新,要开拓新局面。这时势必要打破现状,即修改已定的计划,确定新的现实目标和管理控制标准,使之更先进、更合理。

就整个企业组织而言,控制工作所发挥的作用可以归纳为两大方面:①防止和纠正偏差的发生,使计划执行结果符合计划目标的要求,这是控制确保组织稳定运行的作用;②修改原订计划或重新制订新的计划,通过积极调整计划目标来保证组织对内外环境的适应,这是控制确保组织的应变能力的作用。

第二节 控制的类型

管理控制的类型很多,而且有许多不同的分类方法。比如,根据控制采用的手段可分为直接控制和间接控制;根据控制信息的性质可分为前馈控制、同期控制(或现场控制)和反馈控制;根据控制来源可分为正式组织控制、群体控制和自我控制;根据控制点的位置可分为预先控制、过程控制和事后控制;根据控制行动的性质可分为预防性控制和更正性控制。现分别介绍如下。

一、根据控制信息性质划分的控制类型

根据控制信息获取的方式、时间点和性质的不同,可将管理控制划分为前馈控制、同期控制和反馈控制,如图8-3所示。

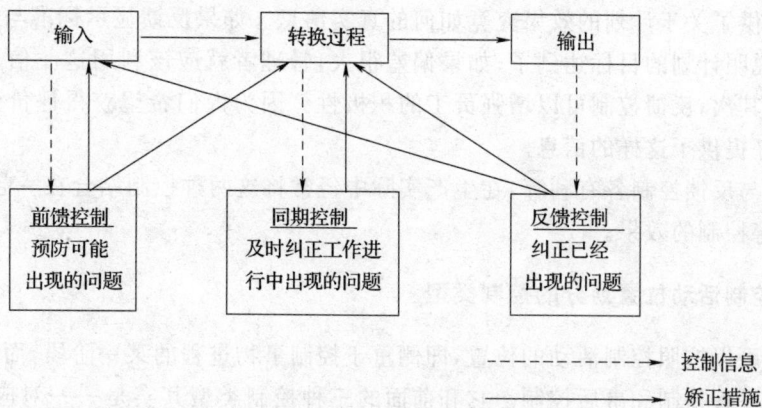

图 8-3 控制的类型

1. 前馈控制

前馈控制是最渴望采取的控制类型,因为它能避免预期出现的问题。之所以称之为前馈控制是因为它发生在实际工作之前,它是具有未来导向的。比如,美国洛克希德公司的管理者可能在政府宣布与该公司签订的大笔军火合同之前就已开始招聘人员,提前雇佣工作人员可以防止潜在的工期延误。因此,采用前馈控制的关键是要在实际问题发生之前就采取管理行动。

前馈控制是期望用来防止问题的发生而不是当出现问题时再补救。这种控制需要及时和准确的信息,但这些信息的收集和预测是比较困难的。

2. 同期控制

同期控制,从它的名称就可以看出,它是发生在活动进行之中的控制。在活动进行之中予以控制,管理者可以在发生重大损失之前及时纠正问题。

最常见的同期控制方式是直接观察。当管理者直接观察下属的行动时,管理者可以同时监督雇员的实际工作,并在发生问题时马上进行纠正。虽然在实际行动与管理者作出反应之间肯定会有一段延迟时间,但这种延迟是非常小的。技术设备可以设计成具有同期控制的功能,如许多计算机系统在程序中就设置了当出现错误时操作人员就采取的行动。当你输入一个错误的命令时,程序的同期控制会拒绝你的要求,有时甚至会告诉你为什么错了。

同期控制是一种同步、实时的控制,即在活动进行的同时就施予控制。同期控制的方法有两种:一是驾驭控制,有如驾驶员在行车当中根据道路情况随时使用方向盘来把握行车方向一样。这种控制是在活动进展过程中随时监视环境因素的变动,一旦发现干扰因素介入便立即采取对策,以防执行中的偏差出现。另一是关卡控制,它规定某项活动必须经由既定程序或达到某种水平后才能继续进行下去,如企业中规定,某产品售价是否可以调整、某项投资是否继续都要经过有关主管人员的同意,生产过程中对在制品质量进行分段检验等,这些都起着关卡控制的作用。

3. 反馈控制

最常用的控制类型就是反馈控制,控制作用发生在行动之后。反馈控制的主要缺点在于管理者获得信息时损失已经形成,这与亡羊补牢类似。但是,在许多情况下,反馈控制是唯一可用的手段。

应该注意到,与前馈控制和同期控制相比,反馈控制在两个方面具有优势。首先,反馈控制为管理者提供了关于计划的效果究竟如何的真实信息。如果反馈显示标准与现实之间只有很小的偏差,说明计划的目标达到了;如果偏差很大,管理者就应该利用这一信息使新计划制定得更有效。其次,反馈控制可以增强员工的积极性。因为人们希望获得评价他们绩效的信息,而反馈正好提供了这样的信息。

前馈控制与反馈控制各有利弊,在生产实际中经常将这两种控制结合在一起,构成复合控制系统,以改善控制的效果。

二、根据控制活动位置划分的控制类型

控制职能可以按照控制活动的位置,即侧重于控制事物进程的某一阶段,而划分为三种类型:预先控制、过程控制和事后控制。它和前面的三种控制类型其实是一一对应的关系,只是分类的标准不同而已。

1. 预先控制

由图 8-3 可以看出,预先控制位于转换过程的初始端,输入与转换过程的交接点就是控制活动的关键点。这一点既是整个活动过程的开始点,又是整个活动时间的开始点,所以它具有特殊的意义。它可以防止组织使用不合要求的资源,保证组织的投入在数量上和质量上达到预定的标准,在整个活动开始之前剔除那些在转换过程中难于挽回的先天缺陷。这里所说的资源是广义的,它包括人力、物力、财力、技术等所有有关的因素。

预先控制的事例很多。例如进厂材料和设备的检查、验收,工厂的招工考核,入学的考试和体检,干部的选拔等等都是如此。预先控制的优点是:防患于未然,适用范围广,对事不对人。缺点是需要大量完备的信息资料。

2. 过程控制

过程控制是对正在进行的活动给予指导与监督,以保证活动按规定的政策程序和方法进行。例如生产制造活动的生产进度控制、质量控制、每日情况的统计报表、每日对住院病人进行临床检查等都属此种控制。

过程控制一般都在现场进行,而遥控不易取得良好的控制效果。指导和监督应该遵循计划中所确定了的组织方针、政策和标准,临时确定或由个人主观确定新标准,将导致标准的多样化,无法统一测量和评价。再有,控制的内容应该和被控制对象的工作特点相适应。对于简单重复的体力劳动也许采取严厉的监督可以导致好的效果,而对于创造性劳动,控制的内容应转向如何创造出良好的工作环境,并使之维持下去。显然,在这种情况下实行严格的监督,只能使被控对象的工作效果更加远离工作的目标。此外,过程控制的效果还与指导者或控制者的个人素质密切相关。例如,工厂的质量检验人员由技能和素质均好的老工人担任,效果就好些;纠正违反交通规则者的行为效果和交通警察的个人态度关系很大。过程控制的优点是:具有指导性功能,有利于提高管理者与操作人员的能力;缺点是控制面较窄,且对人容易造成心理压力。

3. 事后控制

事后控制是历史最久的控制类型,传统的控制方法几乎都是属于这种类型。传统的质量控制往往局限于产品的检查,把次品或废品挑选出来,以保证出厂的产品符合质量标准,这是典型的事后控制。这种控制位于控制活动的终点,把好这最后一关不会使错误的态势扩大,有助于保证系统外部处于正常状态。但是已在系统内部造成损害,并且无法补偿。事后控制可以通过已经发生的事情,找出规律,使管理纳入良性循环,但性质上只是亡羊补牢。

综上所述,对三种控制类型的比较如表8—1所示。

表8—1 三种控制类型的比较

类 型	优 点	缺 点	备 注
前馈控制 预先控制	防患于未然,适用范围广,对事不对人,不产生心理压力	需要大量信息	有效的管理控制不能只依靠某一种控制方式,而必须根据特定情况将各种控制方式各有侧重地结合起来使用,以取得综合控制效果
同期控制 过程控制	具有指导性功能	范围窄,易产生心理压力	
反馈控制 事后控制	找出规律,纳入良性循环	亡羊补牢	

三、根据控制手段划分的控制类型

根据控制手段可以把控制划分为直接控制和间接控制两种类型。直接控制是控制者与被控制对象直接接触进行控制的形式。间接控制是控制者与被控制对象之间并不直接接触,而是通过中间媒介进行控制的形式。比如,在等级制度下,厂长对各职能科长和车间主任的控制属于直接控制,而对工段长的控制乃是借助于车间主任而实行的间接控制。

1. 直接控制

现代经济管理活动中,人们把直接控制理解为通过行政手段与指令性规定进行的控制,如国家同企业的关系。国家同企业是领导和被领导的关系,企业的活动不但要向自己的职工负责,同时也要向国家负责,即向由国家所代表的全体人民负责,这一点无须赘述。关键是这种领导和被领导的关系以什么样的方式加以体现。采用行政命令是一种最直观的、也是最简单的办法。这种办法的具体内容包括:上级机关向企业下达产品品种、产值、利润等指令性计划,企业必须按这种指令性计划安排生产活动,但要完成这种指令性计划要有一些基本的保证条件。如国家应该保证供应原料、设备、人力、资金,企业生产出的产品也应由国家包销。这样就形成一套直接控制系统,并能够得以运转。从理论上讲,直接控制系统可以确保国家对企业的严密控制。然而,在实际经济管理活动中,这种直接控制的办法往往不能使整个系统的效果最优。其原因是:

(1)信息反馈引起时滞现象。由于整个国民经济是一个巨大的系统,它有很多不同层次的子系统,要把反映人们的需求和企业的真实状况的信息收集起来,并反馈给国家决策部门需要相当长的时间。

(2)信息太多以致在现有的条件下无法全面、科学地处理,整个国家有几十万个企业,这还不包括乡镇企业和其他个体企业、民营企业。它们的产品千差万别,市场需求情况千变万化,所以要把所有信息都及时收集并加以整理是不可能的。

(3)直接控制忽视了企业中人的因素。企业仅仅是生产单位,自己没有适当的经营决策权,人的潜力和主观能动性没有发挥出来,企业的积极性也很难调动起来。

如上所述,直接控制应用的有效性存在某些界限,超出这个界限,势必会引起负作用。

2. 间接控制

在现代经济管理活动中,人们习惯于把利用经济杠杆进行的控制称为间接控制。经济杠杆主要指税收、信贷、价格等经济措施或经济政策。间接控制是相对于直接控制而言的。当人们发现国家对企业实行直接控制,无法使国民经济系统达到最优时,就自然地想到是否可以把直接控制放松一些,控制标准搞得少一点,以克服直接控制的缺陷。比如国家只对少数的产品采用直接控制的方法,而其他企业或产品的经营生产依靠经济政策进行控制,以便使整个国民经济系统平衡并稳定地运行。对于必须保证的产品采用指令性计划进行直接控制,对于其他产品只用政策控制以保证总量基本平衡,而对于某个企业究竟生产什么、生产多少,不作硬性规定,采用指导性计划或干脆不计划。税收、信贷、价格等本身已经告诉了企业,国家目前需要生产什么,需要生产多少,企业在权衡利弊后再决定生产。这种间接控制的办法由于减少了需要处理的信息量,调动了企业众人的积极性,有利于整个经济系统达到更好的效果。但是在实际工作中,间接控制也存在一些缺点:

(1)企业权力增大后,如果企业经营机制不健全,缺乏自我约束能力,可能出现失控现象。由于企业有了相当的自主权,他们就能够决定生产什么、生产多少。当国家政策不健全或稍有偏差时,就会出现盲目生产的现象,最终造成总量的较大变化,以致使整个国民经济系统失去平衡。

(2)经济政策的稳定性和灵活性之间的矛盾有时会影响到间接控制的有效性。政策一旦制定就要稳定一段时间,否则人们就会对其失去信任。但政策又必须有一定的灵活性,以适应环境的不断变化,更好地指导实践。这就产生了矛盾。例如,国家为了增加某种产品的生产,可以制定降低该种产品税收的政策,许多企业根据政策导向都来生产这种产品,市场很快趋于饱和。为了改变这种状况,国家应该修改这种产品的税收政策,提高税收率,这又造成了政策的不稳定。如何处理好这两者的关系乃是管理工作者继续深入研究的课题。

四、根据控制活动性质划分的控制类型

根据控制活动的性质,可以把控制划分为预防性控制和更正性控制。采取预防性控制措施是为了防止资金、事件或其他资源的损耗。采用这种控制措施要求对整个运行活动的关键点有比较深刻的理解,要能预见问题。采用更正性控制往往是由于管理者没有预见到问题,或者管理者认为某些事情出现错误之后,更正性控制要比预见问题的预防性控制更容易些。

1. 预防性控制

使用预防性控制是为了避免产生错误又尽量减少今后的更正活动,起到防患于未然的作用。例如,国家加强法制,制定较详细的法律条文并大力宣传,这就是预防性控制措施。人人执法,人人懂法,就可以最大限度地减少那些由于不执法、不懂法而导致的违法行为。一般说来,像规章制度、工作程序、人员训练和培养计划等都起着预防控制的作用。在设计预防性控制措施时,人们所遵循的原则都是为了更有效地达成组织目标。然而,要使这些预防性的规章制度等能够真正被执行,必须有良好的监控机构作为保证。

2. 更正性控制

在实际管理工作中更正性控制使用的更普遍一些,其目的是,当出现偏差时,使行为或实施进程返回到预先确定的或所希望的水平。例如,国家发现某些地区走私现象严重,为了改变这种现象,在交通要道和关口设立了一些检查站,以希望减少走私活动。再例如,审计制度增加了管理部门采取迅速更正措施的能力,因为定期对企业进行检查,有助于及时发现问题、解决问题。

五、根据控制源划分的控制类型

根据控制来源可以把控制划分为三种类型,即正式组织控制、群体控制和自我控制。

1. 正式组织控制(他控)

正式组织控制是由正式机构或规定来进行的控制,具有权威性和规范性。像规划、预算和审计部门是正式组织控制的典型例子。组织可以通过规划指导组织成员的活动,通过预算来控制消费,通过审计来检查各部门或个人是否按照规定进行活动,并提出更正措施。例如按照规定对在禁止吸烟的地方抽烟的职工进行罚款,以及对违反操作规程者给予纪律处分等,都属于正式组织控制的范畴。

2. 群体控制(互控)

群体控制基于群体成员们的价值观念和行为准则,它是由非正式组织发展和维持的。非正式组织有自己的一套行为规范,尽管这些规范并没有明文规定,但非正式组织中的成员都十分清楚这些规范的内容,都知道如果自己遵循这些规范,就会得到奖励。这种奖励可能是其他成员的认可,也可能是强化了自己在非正式组织的地位。如果违反这些行为规范就可能遭到惩罚,这种惩罚可能是遭受排挤、讽刺,甚至是被驱逐出该组织。群体控制在某种程度上左右着职工的行为,处理得好有利于达成组织目标,如果处理不好则起到反作用。

3. 自我控制

自我控制是个人有意识地去按某一行为规范进行活动。自我控制能力取决于个人本身的素质。具有良好修养的人一般自我控制能力较强,顾全大局的人比仅看重自己局部利益的人有较强的自我控制能力,具有较高层次需求的人比具有较低层次需求的人有较强的自我控制能力。

自我控制具有很多优点:有助于发挥员工的主动性、积极性和创造性;提高了员工主动控制自己的工作活动的能力;减轻了管理人员的负担,节约企业控制费用的支出;有助于提高控制的及时性和准确性。因此,在管理工作中,应十分强调自我控制的作用。

以上三种控制(正式组织控制、群体控制和个人自我控制)有时是互相一致的,有时又是互相抵触的。这取决于组织对其成员的教育和吸引力,或者取决于组织文化。有效的管理控制系统应该综合利用这三种控制类型并使它们尽可能和谐,防止互相冲突。

第三节　控制的过程

管理控制过程包括三个基本步骤：①确立控制标准；②评定活动成效；③分析偏差原因，采取纠正措施，消除偏离标准和计划的情况，如图8-4所示。

一、确立控制标准

管理控制过程的第一步就是拟定一些具体标准。这里所说的标准，是指评定成效的尺度，它是从整个计划方案中选出的能对工作成效进行评价的关键指标。标准的设立应当具有权威性。标准的类型有多种，最理想的是以可考核的目标直接作为标准，例如，将利润率目标分解为产量、销售额、制造成本、销售费用等。此外，工作程序以及各种定额也是一种标准。

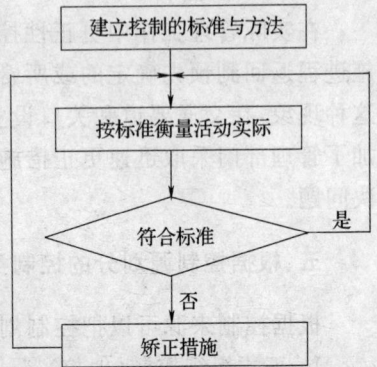

图8-4　管理控制过程图

1. 标准的类型

标准的类型有很多，但都应该与计划的目标相一致。在实际工作当中，按照不同的依据，可以将目标分为不同的类型。例如可以分为实物标准和财务标准，财务标准中又分为费用标准、资金标准和收入标准等；还可以分为有形标准和无形标准，或者定量标准和定性标准。再如根据标准规定的内容，可以通俗地将一个组织的标准分为管理标准、工作标准、技术标准等。无论采用哪类标准，都必须按照控制对象来决定。

（1）实物标准：这是一类非货币标准，普遍适用于使用原材料、雇用劳动力、提供劳务或产品等的操作层。这些标准反映了定量的工作成果，常用的有：单位产量工时、单位台时产量、货运量的吨公里、日门诊人数等。在某种程度上，实物标准是计划的基石，也是控制的基本标准。

（2）成本标准：这是一类货币标准，普遍适用于操作层。这些标准是用货币值来衡量经营活动的代价。常用的成本标准有：单位产品的直接成本和间接成本、单位产品或每小时的人工成本、单位产品的原材料成本、工时成本、单位销售成本、单位销售费用等。

（3）资本标准：这类标准与投入企业的资本有关，而与企业的营运资本无关，最常用的就是投资报酬率，还有流动比率、资产负债率、应收账款周转率、存货周转率等。这类标准是资产负债表中的主要内容。

（4）收益标准：这是用货币值衡量销售量的标准，如公共汽车乘客每公里的收费、既定市场范围内的人均销售额等。

（5）无形标准：这是一类既不能用实物又不能用货币来衡量的标准。主管人员能够以什么样的标准来确定下属的才干？又能够用什么标准来确定一项广告策划是否符合组织的短期目标或长期目标？怎样才能判断出下属人员是否忠诚于组织目标？要为这类目标确定控制标准是非常困难的，因为既无法用明确的定量标准也无法用明确的定性标准来描述它们。

在任何一个组织中，都存在着许多无形标准，这是因为人们对操作层以上的管理层次中预期业绩的构成内容还缺乏充分的研究，或者说还未找到评价管理层管理工作绩效的合理的标准，特别是在业绩中涉及人际关系时，很难衡量什么是"良好"、"有效果"、"有效率"。因此这类问题的控制仍然不得不以无形的标准、依赖专家的主观判断或反复的试验,有时甚至是纯粹的感觉等为依据。

(6)直接以目标为标准——定量目标和定性目标:定量目标大多采用的是上述各种标准的量化表达形式,它是可以准确考核的。定性目标虽然也可考核,但却不能与定量目标一样考核准确,不过,我们可以采用详细说明计划或其他具体目标的特征和完成日期的方法来提高其考核的程度。

此外,每个计划都会有很具体的特征,甚至包括有定量的数据,所以这些计划对部门的主管人员及其下属来说,都是完全可以考核和非常有用的目标。

2. 拟定标准的方法

确立控制标准的方法有三种:

(1)统计方法,相应的标准称为统计标准。它是根据企业的历史数据记录或是对比同类企业的水平,运用统计学方法确定的。最常用的有统计平均值、极大值(或极小值)和指数等。统计方法常用于拟定与企业的经营活动和经济效益有关的标准。

(2)工程方法,相应的标准称为工程标准。它是以准确的技术参数和实测的数据为基础,例如,确定机器的产出标准,就是根据设计的生产能力确定的。工程方法的重要应用是用来测量生产者个人或群体的产出定额标准,这种测量又称为时间研究和动作研究,它是由 F. W. 泰罗首创的。经过几十年甚至上百年的实践和完善,形成今天所谓的"标准时间数据系统"(Standard Data System,——SDS)。这是一种计算机化的工时分析软件,使用者只要把一项作业所规定的加工方法分解成相应的动作元素,输入计算机,就可以立刻得出完成该项作业所需要的工时。SDS 的特殊之处在于,它可以在待定工时的作业进行之前,就将整个作业的工时预先确定下来。SDS 的这一特点,决定了它可以用于成本核算,决定一个特定零部件是自制还是外购以及决定一项业务是否应当承揽等工作。

(3)经验估计法,它是由有经验的管理人员凭经验确定的,一般是作为统计方法和工程方法的补充。

二、评定活动成效并拟定控制报告

如果有了合理的标准,又有能确切评定下属人员实际工作情况的手段,那么对实际的或预期的执行情况进行评价就会容易得多。事实上,如何评定管理活动成效的问题,在拟定标准时就已经部分地得到了解决。也就是说,通过制定可考核的标准,同时也将计量的单位、计算的方法、统计的口径等确定下来。因此,对于评定成效而言,剩下的主要问题是如何及时地收集适用的和可靠的信息,并将其传递到对某项工作负责而且有权采取纠正措施的主管人员手中。

为了确定实际工作绩效究竟如何,管理者首先需要收集必要的信息。四种信息常常被管理者用来衡量实际工作绩效,他们分别是:个人的观察、统计报告、口头汇报和控制报告。

为了获得关于实际工作最深入的第一手资料,管理者可以使用个人观察。这种方法提供的信息不是过滤后的信息。这种观察可以包含非常广泛的内容,因为细微的或重大的绩效活动都可以观察得到,而且它还为管理者提供了查看实际工作进展的机会。走动式管理描述的是管理者到达工作现场,直接与员工交流,交换关于工作如何进展的信息。走动管理可以获取遗漏的事实、面部表情、语调以及懈怠等这些可能被其他来源忽略的信息。当然,个人观察也存在一些缺点,它受个人偏见的局限,一位管理者看到的问题,在另一位管理者眼中可能看不到。此外个人观察需要耗费大量时间。

计算机的广泛使用使管理者越来越多地依靠统计报告来衡量实际工作绩效。这种报告不仅有计算机输出的文字,还包括多种图形、直方图、数值展示等管理者可以用来衡量绩效的其他任何形式。尽管统计数据可以清楚有效地显示各种数据之间的关系,但它对工作活动提供的信息是有限的。统计报告只能在少数可以用数值衡量的地方提供数据,它忽略了其他许多重要因素,通常是主观方面的。

信息也可以通过口头汇报的形式获得,如各种会议、聚会、一对一的谈话或电话交谈等,对于员工在虚拟环境中工作的组织来说,这种方法可能是保持对工作绩效进行监视的最好方法。这种衡量绩效的方式,其优缺点与个人观察的方式相似。尽管这种信息是经过过滤了的,但它是一种快捷的、有反馈的,同时可以通过语言语调和词汇本身来传达各种信息。过去,这种口头收集信息的一个主要缺点是不便于存档和以后重新使用。但信息技术使口头汇报很容易录制下来,并像书面文字一样能够永久保存。

在这里,从管理控制工作职能的角度看,除了要求信息的准确性以外,还对信息的及时性、可靠性和实用性提出了更高的要求。

只有在把有关评价的结果传递给能够采取纠正行为的管理人员时,对成效的衡量才具有价值。这种报告即是控制报告。

控制报告的及时性是很可贵的。如果某项工作没有得到正确地处理,那么越早报告和纠正,造成的破坏就越小。还有,如果问题的原因不明显,及时进行调查就更有可能找出真正的原因,这比待事件在有关人员的记忆中已变得淡漠了的时候再进行调查要有效得多。

由于这四种形式各有其优缺点,因此管理者在控制活动中必须综合地使用这四种信息。

三、分析偏差原因,采取纠正措施

控制报告将使人们注意到偏离计划的表现,但是它们只是一种指出毛病的信号。只有采取了纠正行动才能产生成效。控制报告应指明对问题的调查和迅速决定纠正的办法,以及对作业的调整。

1. 找出偏离的原因

一方面,偏差可能是由复杂的原因引起的,必须花大力气找出造成偏差的真正原因,而不能仅仅是头痛医头,脚痛医脚。例如,销售收入的明显下降,无论是用同期比较的方法,还是用年度计划目标来衡量都很容易发现问题,但引起销售收入下降的原因,却不那么容易一下就找准:到底是销售部门营销工作中的问题,还是制造部门制造质量下降和不能按期交货,或是技术部门新产品开发进度太慢致使产品老化,竞争力下降,或是由于宏观经济调整造成的,等等。每一种可能的原因与假设都不可能通过简单的判断确定下来。而对造成偏差的原因判断得不准确,采取的纠正措施就会无的放矢,不可能奏效。

2. 纠正性的调整

如果是活动情况偏离了原订计划,就要采取步骤使工作状态恢复正常。纠正偏差的工作可能涉及一些主要的管理职能。针对偏差产生的原因,主管人员可能采用重新制定计划或修改目标的方法来纠正偏差;也可能利用组织手段来进一步明确职责、补充授权或是对组织机构进行调整;还可能用撤换责任部门的主管或是增配人员的办法来纠正偏差。此外,他们还可能通过改善领导方式、增加物质鼓励等办法来纠正偏差。

总之,对计划执行过程中出现的偏差进行纠正,表明管理是一个连续的过程。控制职能与其他管理职能的交错重叠,则表明了主管人员的职能(亦即管理的职能)是一个统一的完整的系统。

第四节 控制的原则与要求

一、控制工作的原则

要使控制工作发挥有效的作用,在建立控制系统时必须遵循以下一些基本的原则。

1. 反映计划要求的原则

这条原则可表述为:控制是实现计划的保证,控制的目的是为了实现计划,因此,计划越是明确、全面、完整,则控制工作就越有效。每一项计划和每一种工作都各有其特点,所以为实现每一项计划和完成每一种工作所设计的控制系统和所进行的控制工作,尽管基本过程是一样的,但在确定什么标准、控制哪些关键点和重要参数、收集什么信息、如何收集信息、采用何种方法评定成效,以及由谁来控制和采取纠正措施等方面,都必须按不同计划的特殊要求和具体情况来设计。例如,质量控制系统和成本控制系统尽管都在同一个生产系统中,但二者之间的设计要求是完全不同的。

2. 组织适宜性原则

控制必须反映组织结构的特点。组织结构既然是对组织内各个成员担任什么职务的一种规定,因而,它也就成为明确执行计划和纠正偏差职责的依据。因此,组织适宜性原则可表述为:若一个组织结构的设计越是明确、完整和完善,所设计的控制系统越是符合组织机构中的职责和职务的要求,就越有助于纠正脱离计划的偏差。例如,如果产品成本不按制造部门的组织机构分别进行核算和累计,如果每个车间主任都不知道该部门产出的产成品和半成品的目标成本,那么他们就既不可能知道实际情况是否合理,也不可能对成本负起责任,在这种情况下是谈不上成本控制的。

组织适宜性原则的另一层含义是,控制系统必须切合每个主管人员的特点。也就是说,在设计控制系统时,不仅要考虑具体的职务要求,还应考虑到担当该项职务的主管人员的个性,在设计控制信息的格式时,这一点特别重要。送给每位主管人员的信息要经过筛选,要特别表示出与设计的偏差、与去年同期相比的结果以及重要的例外情况。

3. 控制关键点原则

控制关键点原则是开展工作的一条重要原则,这条原则可表述为:为了进行有效地控制,需要特别注意在根据各种计划来衡量工作成效时有关键意义的那些因素。影响经营成果的因素有很多,根据"关键的少数,次要的多数"的统计规律,往往存在一些关键因素。主管人员应当将注意力集中于计划执行中的一些主要影响因素上。事实上,控制住了关键点,也就控制住了全局。

控制工作效率的要求,则从另一方面强调了控制关键点原则的重要性。所谓控制工作效率是指:控制方法如果能够以最低的费用或其他代价来探察或阐明实际偏离或可能偏离计划的偏差及其原因,那么它就是有效的。对一个主管人员来说,随时注意计划执行情况的每一个细节,通常是浪费时间、精力和没有必要的。对控制效率的要求既然是控制系统的一个限定因素,自然就在很大程度上决定了主管人员只能在他们认为是重要的问题上选择一些关键因素来进行控制。

选择关键控制点的能力是管理工作的一种艺术,有效的控制在很大程度上取决于这种能力。迄今为止,已经开发出了一些有效的方法,帮助主管人员在某些已开展的工作中选择关键点。例如,计划评审技术就是一种在着有多种平行作业的复杂的管理活动网络中,寻找关键活动和关键线路的方法。这是一种强有力的控制系统工程方法,它的成功运用确保了像美国北极星导弹研制工程和阿波罗登月工程等大型工程项目的提前和如期完成。

4. 控制趋势原则

这条原则可表述为:对控制全局的主管人员来说,重要的是现状所预示的趋势,而不是现状本身。控制变化的趋势比仅仅改善现状重要得多,也困难得多。一般来说,趋势是多种复杂因素综合作用的结果,是在一段较长的时期内逐渐形成的,并对管理工作成效起着长期的制约作用。趋势往往被现象所掩盖,它不易觉察,也不易控制和扭转。例如,一家大型企业,当年的统计数字表明销售额较去年增长5%,但这种低速的增长却可能预示着一种相反的趋势。因为从国内的市场需求看,较上年增长了10%,因而该企业的相对市场地位实际上是在下降。同样是这个企业,经历了连续几年高速增长之后,开始步入一个停滞和低速增长的时期。尽管销售部门作出了较大努力,但局面却仍未根本扭转。这迫使企业的上层主管人员从现状中摆脱出来,把主要精力从抓销售转向了抓新产品开发和技术改造,从而从根本上扭转了被动的局面。

通常,当趋势可以明显的描绘成一条曲线,或是可以描述为某种数学模型时,在进行控制就为时已晚了。控制趋势的关键在于从现状中揭示倾向,特别是在趋势刚显露苗头时就敏锐地察觉到。这也是一种管理艺术。

5. 例外原则

这一原则可以表述为:主管人员越是只注意一些重要的例外偏差,也就是说越是把控制的主要注意力集中在那些超出一般情况的特别好或特别坏的情况,控制工作的效能和效率就越高。

质量控制中广泛地运用例外原则来控制工序质量。工序质量控制的目的是检查生产过程是否稳定,如果影响产品质量的主要因素,例如原材料、工具、设备、操作工人等无显著变化,那么产品质量也就不会发生很大差异。这时可以认为生产过程是稳定的,或者说工序质量处于控制状态中。反之,如果生产过程出现违反规律性的异常状态时,应立即查明原因,采取措施使之恢复稳定。

需要指出的是,只注意例外情况是不够的。在偏离标准的各种情况中,有一些是无关紧要的,而另一些则不然,某些微小的偏差可能比某些较大的偏差影响更大。比如说,一个主管人员可能对利润率下降了一个百分点感到非常严重,而对"合理化建议"奖励超出预算的20%不以为然。

因此,在实际运用当中,例外原则必须与控制关键点原则相结合。仅仅立足于寻找例外情况是不够的,我们应把注意力集中在关键点的例外情况的控制上。这两条原则有一些共同之处,但是我们应当注意到它们的区别在于,控制关键点原则强调选择控制点,而例外原则强调要注意在这些点上所发生的异常偏差。

二、控制工作的要求

要使控制工作发挥作用,取得预期的成效,设计控制系统与技术的系统专家在具体运用上述六条原则时,还要特别注意满足以下几个要求:

1. 控制系统应切合主管人员的特点,因人制宜

控制系统和信息是为了协助每个主管人员行使其控制职能的。如果所建立或设计的控制系统,不为主管人员所理解、信任和使用,那么它就没有多大用处。因此,建立控制系统必须符合每个主管人员的情况及其个性,使他们能够理解它,进而能信任它并自觉运用它。例如,不同的人提供的信息形式是不同的,统计师和会计师喜欢用复杂的表格形式,工程人员喜欢用数据或图表形式,甚至还有少数人,如数学家,则喜欢用数学模型。而对主管人员来说,由于知识水平所限,不可能样样精通。因此,提供信息时就要注意他们的个性特点,要提供那些能够为他们所理解、所能接受的信息形式。同时,控制技术也是如此,不同的主管人员使用不同的控制技术。因为即使很聪明的主管人员,也可能由于系统专家的某些复杂技术而被"难倒"。为此,一些明智的专家是不愿向他人去炫耀自己是如何的内行,而宁愿设计一种使人们容易理解的方法,以使人们能够运用它。这些专家愿意正视这一点,即如果他们能从一个虽然粗糙但却是合理的方法中得到80%的好处,那么总比虽然有一个更加完善但不起作用,因而一无所获的方法要好得多。

2. 控制工作应确立客观标准

管理难免有许多主观因素在内,但是对于下属工作的评价,不应仅凭主观来决定。在需要凭主观来控制的那些地方,主管人员或下级的个性也许会影响对工作的准确判断。但是,如果能定期地检查过去所拟定的标准和计量规范,并使之符合现实的要求,那么人们客观地去控制他们的实际执行情况就不会很难。因此,可以概括地说,有效地控制工作要求有客观的、准确的和适当的标准。

客观标准可以是定量的,例如每一个预防对象的费用或每日门诊病人数,或工作完成的日期。客观的标准也可以是定性的,例如一项专门的训练计划,或者是旨在提高人员质量的专门培训计划。问题的关键在于,在每一种情况下,标准都应是可以测定和可以考核的。

3. 控制工作应具有灵活性

控制工作即使在面临着计划发生了变动,出现了未遇见到的情况或计划全盘错误的情况下,也应当能发挥它的作用。这就是说,在某种特殊情况下,如果一个复杂的管理计划发生失常,则控制系统应当有足够的灵活性,以便在出现任何失常情况下,都能保持对运行过程的管理控制。换言之,如果要使控制工作在计划出现失常或预见不到的变动情况下保持有效性的话,所设计的控制系统就要有灵活性。这就要求在制定计划时,要考虑到各种可能的情况而拟定各种抉择方案。一般说来,灵活的计划有利于灵活的控制。但要注意的是,这一要求仅仅是应用于计划失常的情况,而不适用于在正确计划指导下人们工作不当的情况。

4. 控制工作应讲究经济效益

控制工作所支出的费用必须是合算的。这个要求虽然简单,但做起来常常很复杂。因为一个主管人员很难了解哪个控制系统是值得的,以及它所花费的费用是多少。所谓经济效益是相对而言的,它随经营业务的重要性及其规模而不同,也随着缺乏控制时的耗费情况和一个控制系统能够作出的贡献的情况而不同。例如,为调查某种原因不明的流行病而花费大量的人力和时间去拟定调查表格,这被认为是值得的。但谁也不会说花费同样的费用去拟定一个旨在了解本单位医护人员技术状况的表格也是合算的。

由于影响控制系统效果的一个限定因素是相对的经济效益,因而自然就在很大程度上决定了主管人员只能在他认为是重要的方面选择一些关键问题来进行控制。因此可以断言,如果控制技术和方法能够以最小的费用或其他代价来探察和阐明偏离计划的实际原因或潜在原

因,那么它就是有效的。

5. 控制工作应有纠正措施

一个正确的有效的控制系统,除了应能揭示出哪些环节出了差错,谁应当对此负责外,还应确保能采取适宜的纠正措施,否则这个系统就等于名存实亡。应当记住,只有通过适当的计划工作、组织工作、人员配备、指导与领导工作等方法,来纠正那些已显示出的或所发生的偏离计划的情况,才能证明该控制系统是正确的。

6. 控制工作要具有全局观点

在组织结构中,各个部门及其成员都在为实现其个别的或局部的目标而活动。许多主管人员在进行控制工作时,往往从本部门的利益出发,只求能正确实现自己局部的目标而忽视了组织整体目标的实现,因为他们忘记了组织的总目标是要靠各部门及成员协调一致的活动才能实现的。因此,对于一个合格的主管人员来说,进行控制工作时,不能没有全局的观点,要从整体利益出发来实施控制,将各个局部的目标协调一致。

第五节　控制的方法

管理控制的方法可分为预算控制和非预算控制,也可以根据控制的内容,把控制的方法划分为财务控制方法、人员控制方法以及综合控制方法。本节将侧重于后一种分类方法进行叙述。

一、财务控制方法

1. 预算控制法

(1)预算的性质和作用

预算就是用数字编制未来某一个时期的计划,也就是用财务数字(例如财务预算与投资预算)或非财务预算(例如生产预算)来表明预期的结果。西方与我国习惯所用的"预算"的概念在含义上有所不同。在我国,预算一般指经法定程序批准的政府部门、事业单位和企业在一定时期内的收支预计;而西方的预算概念则是指计划的数量说明,而不仅是金额方面的反映。

① 预算是一种计划,从而编制预算的工作是一种计划工作。预算的内容可以简单概括为三个方面:第一,"多少"——为实现计划目标的各种管理工作的收入(或产出)与支出(或投入)各是多少;第二,"为什么"——为什么必须收入或产出这么多数量,以及为什么需要支出或投入这么多数量;第三,"何时"——什么时候实现收入或产出以及什么时候支出或投入,必须使收入与支出平衡。

② 预算是一种预测,它是对未来一段时期内的收支情况的预计。确定预算数字可以采用统计方法、经验方法或工程方法。

③ 预算主要是一种控制手段。编制预算实际上就是控制过程的第一步——拟定标准。由于预算是以数量化的方式来表明管理工作的标准,从而本身就有可考核性,因而有利于根据标准来评定工作的成效,找出偏差(控制过程的第二步),并采取纠正措施,消除偏差(控制过程的第三步)。无疑,编制预算能使确定目标和拟定标准的计划工作得到改进。但是,预算的最大价值还在于它对改进协调和控制的贡献。当为组织的各个职能部门都编制了预算时,就为协调组织的活动提供了基础。同时,由于对预期结果的偏离将更容易被查明和评定,预算也为控制工作中的纠正措施奠定了基础。所以,预算可以带来更好的计划和协调,并为控制提供基

础,这正是编制预算的基本目的。

如果要使一项预算对任何一级的主管人员真正具有指导和约束作用,预算就必须反映该组织的机构状况。只有充分按照各部门业务工作的需要来制定、协调并完善计划,才有可能编制一个足以作为控制手段的分部门的预算。把各种计划缩略为一些确切的数字,以便使主管人员清楚地看到哪些资金将由谁来使用,将在哪些单位使用,并涉及哪些费用开支计划、收入计划和以实物表示的投入量和产出量计划。主管人员明确了这些情况,就有可能放手授权给下属,以便使之在预算的限度内去实施计划。

(2)预算的种类

预算在形式上是一整套预计的财务报表和其他附表。按照不同的内容,可以将预算分为经营预算、投资预算和财务预算三大类。

① 经营预算

经营预算是指企业日常发生的各项基本活动预算。它主要包括销售预算、生产预算、直接材料采购预算、制造费用预算、单位生产成本预算、推销及管理费用预算等。其中最基本和最关键的是销售预算,它是销售预测正式的、详细的说明。由于销售预测是计划的基础,加之企业主要是靠销售产品和劳务所提供的收入来维持经营费用的支出和获利的,因而销售预算也就成为预算控制的基础。生产预算是根据销售预算中的预计销售量,按产品品种、数量分别编制的。在生产预算编好后,还应根据分季度的预计销售量,经过对生产能力的平衡,排出分季度的生产进度日程表,或称为生产计划大纲。在生产预算和生产进度日程表的基础上,可以编制直接材料采购预算、直接人工预算和制造费用预算,这三项预算构成对企业生产成本的统计。推销及管理费用预算,包括制造业务范围以外预计发生的各种费用明细项目,例如销售费用、广告费、运输费等。对于实行标准成本控制的企业,还需要编制单位生产成本预算。

② 投资预算

投资预算是对企业的固定资产的购置、扩建、改造更新等,在可行性研究的基础上编制的预算。它具体反映在何时进行投资、投资多少、资金从何处取得、何时可获得收益、每年的现金净流量为多少、需要多少时间回收全部投资等。由于投资的资金来源往往是企业的限定因素之一,而对厂房和设备等固定资产的投资又往往需要很长时间才能回收,因此,投资预算应当力求和企业的战略及长期计划紧密联系在一起。

③ 财务预算

财务预算是指企业在计划期内反映有关预计现金收支、经营成果和财务状况的预算。它主要包括"现金预算"、"预计收益表"和"预计资产负债表"。必须指出的是,前述的各种经营预算和投资预算中的资料,都可以折算成金额反映在财务预算内。这样,财务预算就成为各项经营业务和投资的整体计划,故亦称"总预算",主要包括以下三个方面:第一,现金预算。主要反映计划期间预计的现金收支的详细情况。在完成了初步的现金预算后,就可以知道企业在计划期间需要多少资金,财务主管人员就可以预先安排和筹措,以满足资金的需求。为了有计划地安排和筹措资金,现金预算的编制期应越短越好。西方国家有不少企业以周为单位,逐周编制预算,甚至还有按天编制的,我国最常见的是按季或按月进行编制。第二,预计收益表,或称为预计利润表。用来综合反映企业在计划期间生产经营的计划财务情况,并用作预计企业经营活动最终成果的重要依据,是企业财务预算中最主要的预算表之一。第三,预计资产负债表。主要用来反映企业在计划期末那一天预计的财务状况。它的编制需以计划期间开始日的资产负债表为基础,然后根据计划期间各项预算的有关资料进行必要的调整。

综上所述,企业的预算实际上包括经营预算、投资预算和财务预算三大类,以及各种不同的个别预算组成的预算体系。

(3)预算的优点与缺点

预算的优点表现在如下几个方面:

① 预算的最大优点是它使用一个单一的共同指标——货币,来表明多种不同的活动和事情。电视广告、煤炭吨数以及债务保险等都可以用成本及收益在预算中反映出来。货币语言有其局限性,但是,它却适于进行总结和比较。货币与企业、政府或甚至于军事部门管理中的任何其他衡量手段相比,更能被应用在广泛的工作范围上。财政预算正是利用了货币单位的这种独特性质。

② 预算使用的是现有的记录和系统。为了进行税款申报、财政报告以及内部管理,必须保留精细的会计记录。在进行预算时将利用这一记录和系统。

③ 预算直接涉及企业的中心目标之一——获取利润。预算所涉及的都是将要影响利润和成本的经营活动项目,因此在预算中受到控制的项目一般都能较好地实现预期的利润目标。

④ 激励有效的管理实践活动。作为对其他有效的管理活动的激励因素,预算常常具有重大贡献。这些活动的管理人员在没有预算的情况下也可能做出明智的选择,但是采用了预算控制可能赋予这些活动以活力,对预算的执行情况可作为激励的依据。

应当强调的是,预算只是一种有用的财政控制手段,只有在和其他良好的管理因素相配合的情况下,它才能够变得更为切实有力。

预算工作中存在着一些使预算控制失效的危险倾向,这就是预算的缺点。主要表现在以下几个方面:

① 预算过繁。由于对细微的支出也作了琐细的规定,致使主管人员管理自己部门所必要的自由都丧失了。所以,预算究竟应当细微到什么程度,必须联系授权的程度进行认真酌定。过细过繁的预算等于使授权名存实亡。

② 预算目标取代了企业目标,即发生了目标的置换。在这种情况下,主管人员只是热衷于使自己部门的费用尽量不超过预算的规定,但却忘记了自己的首要职责是千方百计地去实现企业的目标。例如,某个企业的销售部门为了不突破产品样本的印刷费预算,在全国的订货会上只向部分参加单位提供了产品样本,因此丧失了大量的潜在用户,失去了可能的订货。目标的置换通常是由两个方面的原因引起的:第一,没有恰当地控制预算的度,例如预算编制得过于琐细,或者是制定了过于严厉的制裁规则以保证遵守,还可能制定了有较大吸引力的节约奖励措施,以刺激主管人员尽可能地压缩开支;第二,为职能部门或作业部门设立的预算标准,没有很好地体现计划的要求,与企业的总目标缺乏更直接、更明确的联系,从而使得这些部门的主管人员只是考虑如何遵守预算和程序的要求,而不是从企业的总目标出发来考虑如何做好自己的本职工作。

③ 预算工作中经常可以见到的另一种潜在危险是效能低下。预算有一种因循守旧的倾向,过去所花费的某些费用,可以成为今天预算同样一笔费用的依据;如果某个部门曾支出过一笔费用购买物料,这笔费用就成了今后预算的基数。此外,主管人员常常知道在预算的层层审批中,原来申请的金额多半会被削减,因此,申报者往往将预算费用的申请金额有意扩大,远远大于实际需要,所以必须有一些更有效的管理方法来扭转这种倾向,否则预算很可能会变成

掩盖懒散、效率低下的主管人员的保护伞。

2. 损益平衡控制方法

任何产品的成本都是由两部分组成的:一部分为固定成本,一部分为变动成本。固定成本包括生产这种产品所需要的管理费用、工人基本工资、设备的折旧费用等,这些费用基本上是恒定的,不随着产量的变化而变化。变动成本包括原材料费、能源费等,这些费用与产量成正比关系变化。而在完全竞争的市场上,产品的价格不能由一个企业自己控制,只能根据市场的价格来销售产品。由此就产生了一个问题,即当产量很少时,该企业单个产品的成本就很高。这是因为固定成本不随产量变化,产量少固定成本占总体成本的比重就大。这时的成本可能高于市场价格,企业发生亏损。只有当产量达到一定水平时,才能收支相抵,超过这个水平企业方可获利。总成本与总收入相等的点被称为损益平衡点,此时对应的产量被称为临界产量。

损益平衡分析在管理中有许多用途,比如:确定临界产量,以便管理者决定是发展还是收缩产品的生产;确定不同的产量水平时其盈亏情况如何? 要达到何种产量和销售量才能达到预定的利润;帮助制定价格政策;帮助选择不同行动方案,如销售方法、开发新产品决策和设备更新等方案的选择。

3. 按贴现计算收益率的控制方法

贴现是企业向银行取得贷款的一种形式。企业或者个人为了早日取得现金,持未到期的票据向银行请求贴现,银行按市场利息率照票面金额扣除自贴现日起至票据到期日止的利息后,将现金付给请求贴现的企业或个人。具体贴现值计算如下:

$$贴现值 = \frac{票据到期金额}{(1+利润率)^n}$$

式中 n——单位时间数。

按贴现计算收益率的方法是把上式中的利润率改成收益率,然后经过变换,使式子左边为收益率,即变成下式:

$$收益率 = \left(\frac{票据到期金额}{贴现值}\right)^{1/n} - 1$$

利用上式可以对投资进行控制。例如,目前有现金 10 万元,如果对某项事业投资,预计一年后能收回 20 万元,利用上式计算出的收益率为 100%。然后把这个收益率同正常情况下的收益率进行比较,如果这个收益率高于正常情况下投资的收益率,这项投资就是有利的,否则就不应该投资。这种控制投资的方法是比较科学的,它包括了资金使用的时间价值。

4. 财务报表分析的控制方法

财务报表是用于反映企业经营的期末财务状况和计划期内的经营成果的数字表。财务报表分析又称经营分析,就是以财务报表为依据来判断企业经营的好坏,并分析企业经营的长处和短处。它主要包括三种分析:第一,利润率分析,指分析企业收益状况好坏;第二,流动性分析,指分析企业负债与支付能力是否相适应、资金的周转状况和收支状况是否良好等;第三,生产率分析,指分析企业在计划期间内生产出多少新的价值,又是如何进行分配将其变为人工成本、应付利息和净利润的。财务报表分析的控制方法主要有实际数字法和比率法两种,前者是用财务报表中的实际数字来分析,后者是求出实际数字的各种比率后再进行分析。由于后者更加容易辩识,所以较常采用。

在比率法中,还可以分为构成比率法、趋势比率法、相关比率法以及新增加值比率法,现分述如下:

(1)构成比率法。构成比率法的具体做法是,把经济项目中的各个单项占总项目的比率求出来,然后进行分析。比如百分比资产负债率,就是求出流动资产和固定资产占总资产的比率,流动资金和固定资金占企业资金总额的比率等。

(2)趋势比率法。这种方法需要把某一年度作为基础期,并把该年度的各项目金额作为基数,根据这种标准求出以后年度各项目金额的百分比。这种方法可以从前后联系中来分析企业的经营状况。

(3)相关比率法。这种方法是先从资产负债表或损益表中挑选出相关的特定项目,然后计算出相关比率进行分析,这是最常见的分析方法。比如选出净利润和总资金这两个相关项目,然后就可求出总资金利润率。

$$总资金利润率 = \frac{净利润}{资金总额} \times 100\%$$

对于各种资本项目都可以按照此法计算出相关比率,比如可以计算流动资产对负债的比率,现金、应收款及流动资金和流动负债的比率。此外,还可以把总资产、应收款项、库存资产、固定资产作为分母,求出这几种周转比率,以确定资金活动状况如何。

(4)新增加值比率法。新增加值在这里指企业通过人的劳动新创造出的价值,具体表现为通过生产和销售活动向社会做出了多少贡献。新增加值比率分析是为了搞好企业的生产率分析而进行的。新增加值计算如下:

新增价值 = 本期净利 + 人工费 + 租金 + 交纳税款 + 其他公共费用 + 折旧费

二、人员行为控制法

管理控制中最主要的方面就是对人员的行为进行控制,这是因为任何组织当中最关键的资源都是人,任何高效的组织都拥有高效的优秀人才,这可以从周围许多组织的情况中得到证明。怎样选择人员、怎样使员工的行为更有效地趋向组织目标,这就涉及人员行为的控制问题。然而,由于人的行为是由人的思想、性格、经验、社会背景等多种因素综合作用的结果,而这些因素本身又很难用精确的方法加以描述,这就使对人员的行为控制成了管理控制中相当复杂和困难的一部分,在这部分控制过程中,对人的行为和绩效进行评价最为困难。

对人员的行为和绩效进行评价之所以如此困难,主要因为对许多人员来说很难既客观又简明地建立起绩效判断的标准。对于生产物质产品的人,例如装配工人、机械加工工人,可以按照他们所生产的产品数量和质量来衡量他们的绩效。但对于生产精神产品的人,如企业的管理人员、大学教师、政府工作人员等,有时候就无法对他们的工作建立明确的绩效评定标准,因而相当大的一部分评定过程几乎完全根据评定者的主观判断,这种判断极易产生评定偏差,最后导致人员行为的失控。

对绩效评定的另一个困难是,多数工作都需要有两个或两个以上的标准来衡量。比如一个工人生产的产品数量可能超过了标准,但有些产品质量不合格;大学教师要做三方面的工作:教学、科研和育人。某人在某些方面可能相当出色,而在其他方面又逊色较多,而且他的成绩随时间变化,这一段时间好些,另一段时间又可能差些。

面对这些困难是否有良好的评价方法呢?人们在实践中不断探索,逐渐总结了一些可行的方法。尽管这些方法还存在一些缺陷,但是它们至少可以使管理工作有了一些决策的依据。常用的绩效评定方法有如下几种:鉴定式评价方法、实地审查方法、强选择列方法、成对列比较法以及偶然事件评价法。

1. 鉴定式评价法

这种方法是最简单最常用的绩效评价办法。具体做法是,评价人写一篇针对被评价者长处和短处的鉴定,管理者根据这种鉴定给予被评价者一个初步的估计。这种方法的基本假设是评价人确切地知道被评价者的优缺点,对他有很好的了解,并且能够客观地撰写鉴定。然而在实际工作当中,上述基本假设有时并不完全满足。况且,由于鉴定的内容不同,标准也不一致,所以用此种方法只能给人一种初步的估计,完全依赖这种办法往往会造成评价的失误。这种方法适用于调换或任免等人事方面的决策工作。

2. 强选择列方法

这种方法是为了克服偏见和主观意念而建立的比较客观的评价标准。做法是管理者列出一系列有关被评价者的可能情况,然后让评价者在其中选择最适合被评价者的条目,并打上标记。管理者据此加权评分,得分高者就是好的,得分低者就是差的。这种方法比较准确,但它只限于应用在性质类似或标准的工作中,超出这个范围其准确性将大为降低。

3. 成对列比较法

这种方法的基点是把要评价的人员两两进行比较,即每个人都同所有的人比较一次,然后按照某种评价标准进行选择。比如,被评价的人员一年来对企业的贡献,或在工作中的开拓和进取精神等。在两两比较时,选择较好的一个打上标记。当全部比较完毕,标记最多者就是根据所定标准最出色的一人,而无标记者则是最差的一人。但是,这种方法有一个缺陷,就是比较标准只是单一项。如果要有多种标准进行综合衡量,只能对每种标准都进行一次比较,然后每个标准给出一个权数,再进行加权比较来确定次序。这样就使工作量进一步加大,特别是在被评价的人数较多时更是如此。此外,这种方法由于是依据主观的判断进行,有时可能产生较大误差,这时最好有几个人同时单独进行评价工作,取平均值以减少误差。这种方法同强选择列等方法都适用于评定工资、奖金等方面。

4. 偶然事件评价法

采用这种方法时,管理人员要持有一份记录表,随时记录职工积极或消极的偶然事件,根据这种记录以便定期对职工的工作绩效进行评价。根据这种偶然事件进行评价比较客观,但关键是能否把职工的所有偶发事项全部记录下来。另外,对职工来说都有各种责任制,如果责任制所规定的工作标准得到职工的赞同,这种方法就能有效地调动职工的积极性,否则职工还会有不公平感。这种方法和目标管理配合起来使用,可以有效地监控职工的工作。

除了上面介绍的几种对人的绩效评价方法外,还有一些其他的方法。这些方法的基本原则都是要尽量客观、准确地对人员绩效进行评价,以满足组织各方面工作对人的要求。

三、综合控制法

综合控制法与财务控制法和人员控制法的差别,在于它的适用范围较宽,几乎在任何种类的管理控制中都可采用。例如,资料设计法可以帮助各层管理人员收集控制资料,审计法可以帮助管理人员正确地控制各种工作,以使其符合标准。下面介绍这两种综合控制方法。

1. 资料设计法

资料设计就是设计一个专门系统或程序,以保证为各种职能或各层管理人员提供最必需的资料。缺乏必要的信息就无法进行控制,但信息太多,又不加处理和选择,就会产生信息消化不良症,使领导淹没在浩如烟海的资料报表之中。一个管理人员只需要那些对实际工作有价值的、与达成目标有关联的信息,这些信息能够指出何处没有达成目标,其原因是什么,以及与工作计划有关的社会、经济、政治、技术和竞争等信息。为此,我们对各种管理人员所需要的信息要加以事先的筹划设计。各种管理人员应当需要些什么资料、这些资料应当如何搜集、如何汇总处理,这就是资料设计。例如,一个厂长并不需要下层向他提供所有的报表,通常由他指定提供几项即可,当文件很多时,就请秘书画出他所要看的部分。

2. 审计法

审计是常用的一种控制方法,它包括财务审计与管理审计两大类。所谓财务审计是以财务活动为中心内容,以检查并核实账目、凭证、财物、债务以及结算关系等客观事物为手段,以判断财务报表中所列出的综合的会计事项是否正确无误、报表本身是否可以信赖为目的的控制方法。通过这种审计还可以判明财务活动是否合法,即是否符合财经政策和法令。所谓管理审计是检查一个单位或部门管理工作的好坏,评价人力、物力和财力的组织及利用的有效性,其目的在于通过改进管理工作来提高经济效益。此外,审计还有外部审计和内部审计之分,外部审计是指由组织外部的人员对组织的活动进行审计,内部审计是组织自身专门设有审计部门,以便审计本组织的各项活动。

审计工作有一些公认的原则,以保证审计的有效性。具体原则有:

(1)政策原则。即审计工作必须符合国家的方针政策。

(2)独立原则。审计监督部门应能独立行使职权,不受任何干涉。

(3)客观原则。审计一定要实事求是地进行,客观地作出评价和结论。

(4)公正原则。审计工作必须站在客观的角度上,不偏不倚,公正地进行判断。

(5)群众原则。审计工作要走群众路线,依靠群众才能解决许多困难问题。

(6)经常性原则。审计工作应经常化、制度化。

财务审计的主要方法有:

(1)监督性盘存。即审计人员监督财产、物资和货币的实际盘点。在盘点过程中,审计人员还应该抽查某些事物的数量和质量。

(2)抽样。即在为数众多的审计对象中,抽选某些样本进行审核。

(3)发函询证。即向与被审计对象有往来的单位或个人发函询问,来核对应收付款项的余额。

(4)反复对证。即以原始凭证为依据,将其同有关实物、单位、个人和其他原始凭据相互对证,而有关的其他原始凭据、实物、单位和个人之间还可以再相互对证。

(5)凭证检查。即会计凭证、账簿记录和会计报表的检查。管理审计的方法与审计的一般方法基本一致,见图8—5。

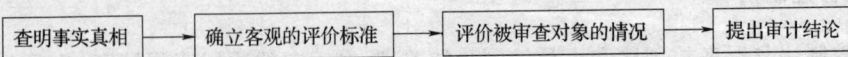

查明事实真相 → 确立客观的评价标准 → 评价被审查对象的情况 → 提出审计结论

图8—5 管理审计方法

其中,查明事实真相是管理审计工作中最基本的任务,它一般包括以下几个方面:第一,熟悉被查单位或部门的组织、人事、业务性质、管理制度、业务操作程序以及领导关系等。第二,确定需要取得的资料。第三,查明各种业务记录,如单据、合同、函电、账册、会议记录、总结报告等。第四,向各级管理人员和职工调查,完成书面记录。第五,核实所得材料并进行分析,形成清楚的调查记录。接着就要考虑如何确定客观的评价标准。制定标准要符合审计对象的实际情况,不能太低,也不能太高,最好是处于中上水平,这样被审计对象才有提高管理水平的动力。在具体评价被查对象的管理水平时,可采用比较法,即以查明的实际情况和标准进行比较,利用评分方法表述评价结果。最后综合评价结果提出审计结论。审计结论应在成本效益分析的基础上提出解决管理问题、提高管理水平的具体建议。

除了上述两种综合控制方法外,网络分析技术和目标管理也是非常好的综合控制方法。网络分析技术作为一种控制方法可以有效地对项目所使用的人力、物力、财力资源进行平衡,能够控制项目的时间和成本,能够在实施出现偏差时找出原因和关键因素,并能从总体上进行调整,以保证按质按量达成目标。目标管理作为一种控制方法,其特点是清晰、明确,各级管理者容易作出判断。由于整个组织或系统的目标可被分解成为各个子系统的目标,如果各个子系统都能达成目标,就能够确保整个组织达成目标,这在某种程度上可以说提高了控制的可靠程度。目标管理的核心是各级组织成员都参与自己目标的制定,员工的行为和态度与组织目标更加接近,这使人员行为的控制容易了许多。

各种控制方法的使用范围如表8-2所示。

表8-2 各种控制方法的应用范围

方法类别	方法名称	应 用 范 围
一、财务	1. 预算	收入、支出、积累、产量、销售、原材料利用、成本、利润、时间、人力资源等多方面
	2. 损益平衡分析	产量价格等方面的决策
	3. 贴现收益分析法	投资
	4. 财务报表分析	利润、资金周转、收入、支出、生产率等多方面
二、人员	1. 鉴定式评价方法	人员选用、晋升、调任等
	2. 实地审查方法	人员选用、晋升、调任等
	3. 强选择列等方法	人员晋升、工资等
	4. 成对列等比较法	建立人事决策档案等
	5. 偶然事件评价法	训练、监督
三、综合	1. 资料设计	各种控制的基础
	2. 审计	财务与管理活动的保证监督
	3. 网络分析技术	项目的进度、时间、资源
	4. 目标管理	组织目标、人员行为和态度等

第六节 控制理论的新发展

一、有效控制

现代管理十分强调有效控制的概念。在实际工作中,控制职能使管理过程成为"螺旋上升"的闭环系统,为了保证计划的目标能够实现,为了组织自身的利益,管理者应做到有效控制。有效控制对于维护组织的利益,促使组织长远发展具有重要意义,有效控制包括以下概念:

1. 有效控制的内容

(1)适时控制

适时控制就是指发生偏差即及时纠正。图8-6为适时控制的特征值偏差范围。

(2)适度控制(图8-7)

适度控制有以下优点:①防止控制过多或控制不足;②处理好全面控制与重点控制的关系;③使花费一定费用的控制得到足够的控制收益。

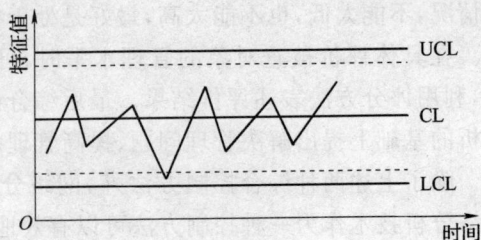

图8-6 适时控制的特征值偏差范围

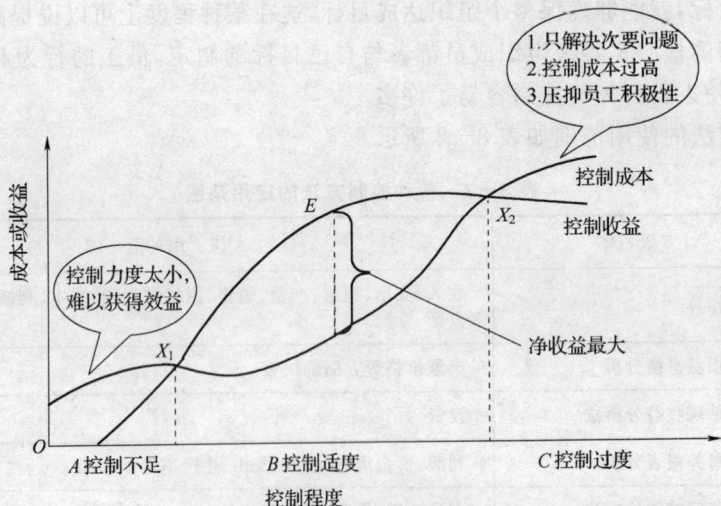

图8-7 控制程度与成本(收益)示意图

(3)客观控制

有效控制必须是客观的、符合企业实际情况的,要正确检查、测量、判断、评价企业各时空点的实施与计划的符合或背离程度;只有正确认识实际情况,才能制订出正确的措施,进行客观的控制。

(4)弹性控制

企业在生产经营过程中经常可能会遇到某种突发的、无力抗拒的变化,这些变化使企业现实与计划产生较大偏离。有效控制系统在这种情况下仍能发挥作用,也就是说,应该具有灵活性或弹性。

2. 有效控制的必要条件

任何组织、任何活动都需要进行控制,控制起到了执行和完成计划的保障作用,以及在管理控制中产生新的计划、新的目标和新的控制标准的作用。要做到有效控制,促进组织的良好发展,需要满足一定的条件:

(1)控制应与计划、职务相适应。

（2）控制应与主管人员的工作风格与特长相适应。

（3）关键控制点应与例外原则相结合。

（4）控制应具有客观性，避免主观、片面。

（5）控制应具有一定的灵活性。

（6）控制系统应与组织文化相适应。

（7）控制系统与方法应考虑经济性，以降低控制成本。

（8）应易于发现偏差，确定职责，提出纠正措施。

因此，控制的焦点就在于人的控制，组织的管理者要注重组织中人的控制，只有注重人的控制才能很好地把握组织其他职能的顺利进行。

3. 有效控制系统的特性

有效的控制系统都具有一些相同特征，这些特性的解释见图 8-8 所示。

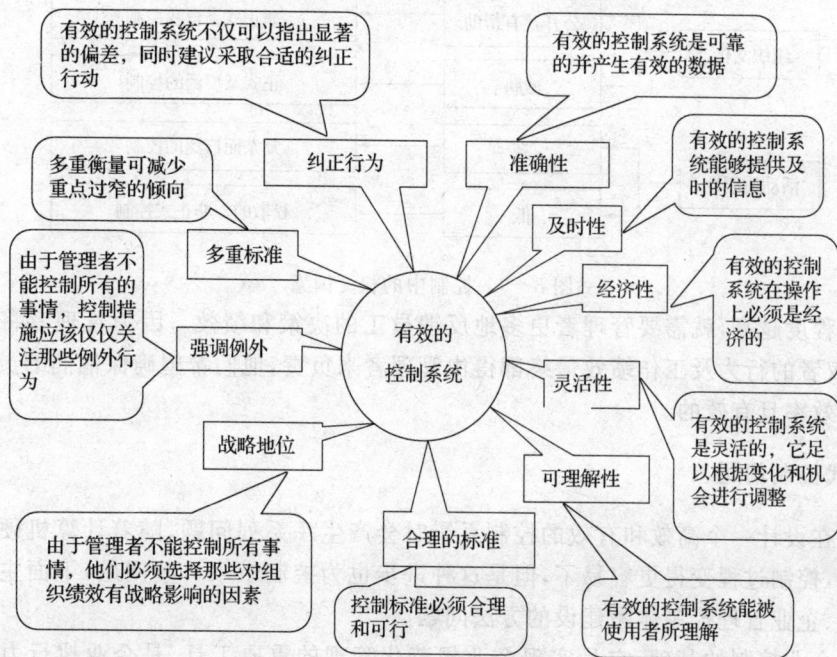

图 8-8　有效的控制系统的特性

4. 控制中的权变因素

尽管本书对有效的控制系统进行了归纳并提出了指导原则，但其有效性仍受许多实际因素的影响，这些因素包括组织的规模、个人在组织结构中的位置和级别、组织文化及活动的重要性等，如图 8-9 所示。

控制系统依组织规模的变化而不同。一个小型组织应更多地依靠非正式的和个人的控制方法，直接视察的同期控制可能是成本最低的方法。然而，随着组织规模的增大，直接视察需要靠扩张正式的控制系统，如报告、条例、规章等来作为补充。非常大的组织一般需要极为正规的和非个人的前馈和反馈控制。

一个人在层次结构中所处的地位越高，对多种控制标准的需求就越高，这些标准适应不同单位的目标。这反映出一个人在组织层次结构内的上升过程中对绩效评估的多样性的增加。

反过来,低层次工作具有明确的绩效定义,这使得对工作绩效进行评估的范围更窄。

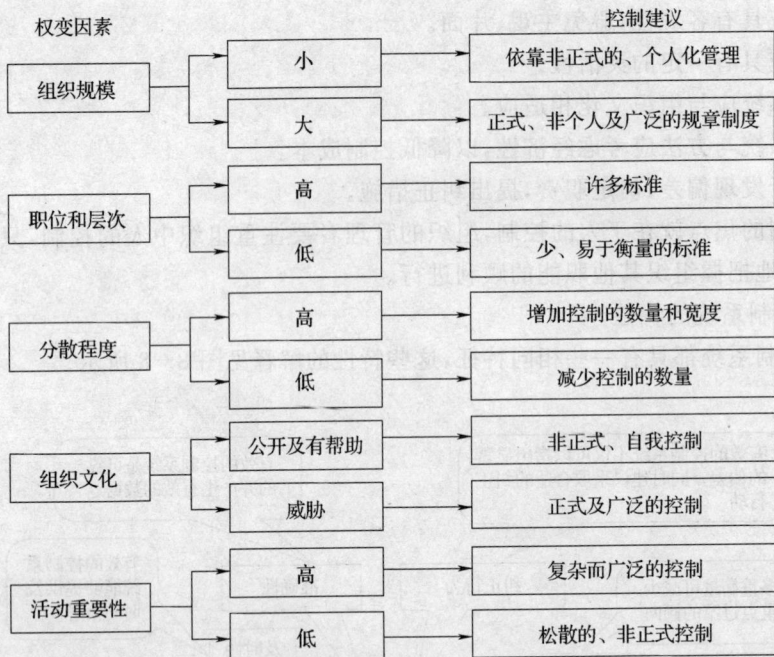

图8-9 控制中的权变因素

分权的程度越高,就需要管理者更多地反馈员工的决策和绩效。因为管理者将决策权下放后,被授权者的行为及工作绩效最终都得由管理者来负责,他们希望确保他们的员工的决策和行为是高效率且有效的。

二、当代控制问题

管理者在设计一个高效和有效的控制系统时会产生一系列问题,随着计算机硬件和软件技术的进步,控制过程变得更容易了,但是这种进步也为控制带来一些问题,下面主要探讨关于流程管理、企业管理控制体系建设的方法问题。

流程是企业控制的基础,它是实现企业规范化管理的重要工具,是企业执行力形成的基础,离开了流程,就等于离开了管理控制系统的建设和优化,企业的执行就会是"一盘散沙",也就是我们所强调的"没有控制,何谈执行"。

在这里必须指出,对于流程变革的力度,还是要综合考虑企业的发展阶段、企业成熟度、企业经营现状、企业文化等多方面的因素。同时企业内的规则并不都要"推倒重建",对于企业原有的合理的"规则"要继承和保留。由此可以看出,将流程作为企业的控制手段并不是要企业一味地去追求"全面、彻底的再造或革命",而应当坚持"适时"、"适当"的原则。流程变革并非完全地、彻底地推翻原有的流程,而是要区分企业发展的不同阶段以及企业的关注点,这些往往会决定流程变革应该采用哪种模式。

(1)流程再造:就是完全推翻企业现有的操作模式,而去重新设计企业的所有业务和管理活动。这种方法主要适用于新成立的企业,或者接收新并购的企业,或者企业新成立的事业部等。现有企业只要没有破产,如进行流程再造,则企业面临的风险会很高,要么就会灭亡,要么就会发展得很多,所以建议企业尽量不要采用此种方法,而是采取逐步改进的方法推进企业的业务流程和管理流程的优化。

(2)流程优化:就是在现有的基础上,去改进流程中效率和效益最低的活动,或者改进流程中的活动与其他流程的联系,或者接受对此流程新的管理理念和经验,从而在某种程度上达到提升企业管理的水平和目标。所以,流程优化是不完全抛弃目前的活动模式,而是去改进流程的某些关注环节,以提高流程运行的整体水平。然而它也是企业不断获得突破和创新的主要手段,风险水平比流程再造低得多,它可以不断或逐渐优化企业的主要活动,从而可以达到流程再造的完全效果。

(3)流程控制:主要包括两种情况,一是设计企业没有建立的流程,强化控制手段;二是对现有流程的执行进行严格控制。对于第一种,往往可以借鉴成功的标杆建立自己的流程;对于第二种,可以设计流程绩效并将其纳入考核体系中,落实流程实施的"责任机制"。这样做的原因是很多企业虽然建立了很多的流程,但是在实际操作中流程执行者不按照流程去执行,而是固守着以往的工作习惯,从而导致流程规则无法贯彻实施。

从以上流程设计的三种方法来看,不同的企业有不同的改进方法。对于民营企业来说,多数需要"流程控制"的方法,因为目前很多民营企业正处于从"创业期"向"发展期"的转型过程中,而此过程的最基本需求则是保证企业规范化运作,流程控制则是最现实的方法。而对于从"发展期"向"昌盛期"转型的企业来说,则可以通过"流程优化"或"流程再造"的方法寻求企业的突破点,以获得更长足和长远的发展战略和途径。

根据适时与适当的原则,企业管理控制系统建设的优化重点流程为:

① 由于战略发展企业所需的相关核心流程;

② 日常工作中扯皮现象比较严重的流程;

③ 处于瓶颈,对企业发展产生阻碍的流程。

这三个方面的流程是优化的重点,其意义在于:首先将与战略强相关的流程作为优化的重点,可以使得那些支持企业战略的重点流程得以规范,从而实现这些流程对战略实施的强有力的支撑,这些流程往往是决定企业控制力高低的关键。优化扯皮现象比较严重的流程,可以帮助企业通过对该流程的优化,改善企业管理控制薄弱的环节,从而提高企业运行效率。优化瓶颈流程可以帮助企业提高自己的能力,通过此流程优化可以补齐管理控制的短板,进而提高企业的经营绩效。

复习思考题

1. 什么是管理控制? 管理控制与控制论中的控制有何异同?

2. 根据控制信息性质如何划分控制的类型?

3. 控制、过程控制与事后控制各有什么特点?

4. 控制和间接控制的含义是什么?

5. 正式组织控制与自我控制各有什么特点?

6. 过程一般包括哪些步骤?

7. 控制的原理有哪些?

8. 控制的要求是什么?

9. 什么是预算控制?它的优缺点是什么?

10. 何谓财务报表分析?它包括哪些内容?

11. 试述审计的含义、内容和作用。

案 例

案例1 企业高精度管理——6西格玛模式

企业运营千头万绪,管理与质量是永远不变的真理。在全球化经济背景下,一项全新的管理模式在美国摩托罗拉和通用电气两大巨头中试行并取得立竿见影的效果后,逐渐引起了欧美各国企业的高度关注,这项管理便是6西格玛模式。

该模式由摩托罗拉公司于1993年率先开发,采取6西格玛模式管理后,该公司平均每年提高生产率12.3%,由于质量缺陷造成的费用消耗减少了84%,运作过程中的失误率降低99.7%。该模式真正名声大振,是在1990年代后期,通用电气全面实施6西格玛模式取得辉煌业绩之后。通用电气首席执行官杰克·韦尔奇指出:"6西格玛已经彻底改变了通用电气,决定了公司经营的基因密码(DNA),它已经成为通用电气现行的最佳运作模式。"通用电气1995年开始引入6西格玛模式,此后6西格玛模式所产生的效益呈加速度递增,1998年公司因此节省资金75亿美元,经营率增长4%,达到了16.7%的历史最高记录;1999年6西格玛模式继续为通用电气节省资金达150亿美元。

1. 西格玛模式的基本概念

西格玛原文为希腊字母sigma,学过概率统计的人都知道其含义为"标准偏差"。6西格玛意为"6倍标准差",在质量上表示每百万坏品率(parts per million,简称PPM)少于3.4,但是,6西格玛模式的含义并不简单地是指上述这些内容,而是一整套系统的理论和实践方法。应用于生产流程,它着眼于揭示每百万个机会当中有多少缺陷或失误,这些缺陷和失误包括产品本身、产品生产的流程、包装、转运、交货延期、系统故障、不可抗力等等。大多数企业运作在3~4西格玛的水平,这意味着每百万个机会中已经产生6 210至66 800个缺陷,这些缺陷将要求生产者耗费其销售额的15%~30%进行弥补。而从另一方面看,一个6西格玛模式的公司仅需耗费年销售额的5%来矫正失误。6西格玛模式的理念要求企业从上至下都必须改变"我一直都这样做,而且做得很好"的惯性思维。也许你确实已经做得很好,但是距6西格玛模式的目标却差得很远。

6西格玛模式不仅专注于不断提高,更注重目标,即企业的底线收益。假设某一大企业有1 000个基层单元,每一基层单元用6西格玛模式每天节约100美元,一年以300天计,企业一年将节约3千万美元。通过该模式企业还可清晰地知道自身的水平、改进提高的额度、离目标的距离差多少。

2. 6西格玛模式的推动者和无边际合作

在企业集团内部,规范的6西格玛模式项目一般是由称为"6西格玛模式精英小组"(Six Sigma Champion)的执行委员会选择的。这个小组的职责之一是选择合适的项目并分配资源。一个公司典型的6西格玛模式项目可以是矫正关键客户的票据问题,比如在通用电气,削减发票的缺陷以争取加快付款;也可以是改变某种工作程序提高生产率。领导小组将任务分派给黑带管理(黑带管理是6西格玛架构中的中坚力量。黑带"Black Belts"之下是绿带"Green Belts",这些人构成了一个公司推行6西格玛模式的动力),黑带管理们再依照6西格玛模式组织一个小组来执行这个项目,小组成员对6西格玛模式项目进行定期的严密监测。流程图成为项目管理的中心,因为它概括了工作的流程并且界定了一个项目内容。流程图关注特定的问题或环节,比如瓶颈、弱链接以及延误区。对于通用电气的黑带,6西格玛模式意味着应顾客需求而表现出来的管理行为。一些高层管理人员认为他们学到了宽容失败和奖励成功,并且给予雇员自主决定的权力,无需过多地从上到下进行干预。

3. 6西格玛模式在中国

有些公司,像从事软件生产的希捷技术公司,多年来一直在中国使用6西格玛模式,并且对其大加赞赏。高级工程师陈明说:"6西格玛模式提高了我们的产品率并削减了巨大的成本。"当前它只应用在制造工艺上,但将很快推广到设计程序当中。人们普遍认为6西格玛模式将有助于中国参与国际市场竞争,使他们争取更多的市场份额和削减制造成本。到1992年,70%的摩托罗拉员工已完成了6西格玛模式的学习课程。在摩托罗拉(天津)公司,经理们在招募高级职位雇员时,已开始从应聘者中物色那些具有成为黑带潜力的人才。而位于广东开平的霍尼韦尔工业聚合物有限公司,1996年8月与开平涤纶集团合资,1998年开始推行6西格玛模式,至2000年,全公司已培养出4位黑带,43位绿带。全厂所有专业人士及管理人员都参加过6西格玛模式的培训并有各自的革新项目。2000年一年内6西格玛模式项目给公司节约费用300多万美元,占整个销售额的10%,今年计划至少可节省200多万美元。由此可见,它已成为世界一流公司在面临成本压力环境时的管理工具。据我们所知,有许多合资企业和民营企业也在寻求这方面的技术和培训。

【案例思考题】

(1)看完此案例你有什么看法?

(2)请用控制理论分析以上案例。

案例2 麦当劳公司的控制系统

麦当劳公司以经营快餐闻名遐迩。1955年,克洛克在美国创办了第一家麦当劳餐厅,其菜单上的品种不多,但食品质量高,价格廉,供应迅速,环境优美。连锁店迅速发展到每个州,至1983年,国内分店已超过6 000家。1967年,麦当劳在加拿大开办了首家国外分店,以后国外业务发展很快。到1985年,国外销售额约占它的销售总额的1/5。在40多个国家里,每天都有1 800多万人光顾麦当劳。

麦当劳金色的拱门允诺:每个餐厅的菜单基本相同,而且"质量超群,服务优良,清洁卫生,货真价实"。它的产品、加工和烹制程序乃至厨房布置,都是标准化的,严格控制的。它撤消了在法国的第一批特许经营权,因为他们尽管盈利可观,但未能达到在快速服务和清洁方面的标准。

麦当劳的各分店都由当地人所有和经营管理。鉴于在快餐饮食业中维持产品质量和服务水平是其经营成功的关键,因此,麦当劳公司在采取特许连锁经营这种战略开辟分店和实现地域扩张的同时,就特别注意对各连锁店的管理控制。如果管理控制不当,使顾客吃到不对味的汉堡包或受到不友善的接待,其后果就不仅是这家分店将失去这批顾客及其周遭人光顾的问题,还会波及影响到其他分店的生意,乃至损害整个公司的信誉。为此,麦当劳公司制定了一套全面、周密的控制办法。

麦当劳公司主要是通过授予特许权的方式来开辟连锁分店。其考虑之一,就是使购买特许经营权的人在成为分店经理人员的同时也成为该分店的所有者,从而在直接分享利润的激励机制中把分店经营得更出色。特许经营使麦当劳公司在独特的激励机制中形成了对其扩展中的业务的强有力控制。麦当劳公司在出售其特许经营权时非常慎重,总是通过各方面调查了解后挑选那些具有卓越经营管理才能的人作为店主,而且事后如发现其能力不符合要求则撤回这一授权。

麦当劳公司还通过详细的程序、规则和条例规定,使分布在世界各地的所有麦当劳分店的经营者和员工们都遵循一种标准化、规范化的作业。麦当劳公司对制作汉堡包、炸土豆条、招待顾客和清理餐桌等工作都事先进行详实的动作研究,确定各项工作开展的最好方式,然后再编成书面的规定,用以指导各分店管理人员和一般员工的行为。公司在芝加哥开办了专门的培训中心——汉堡包大学,要求所有的特许经营者在开业之前都接受为期一个月的强化培训。回去之后,他们还被要求对所有的工作人员进行培训。确保公司的规章条例得到准确的理解和贯彻执行。

为了确保所有特许经营分店都能按统一的要求开展活动,麦当劳公司总部的管理人员还经常走访、巡视世界各地的经营店,进行直接的监督和控制。例如,有一次巡视中发现某家分店自行主张,在店厅里摆放电视机和其他物品以吸引顾客,这种做法因与麦当劳的风格不一致,立即得到了纠正。除了直接控制外,麦当劳公司还定期对各分店的经营业绩进行考评。为此,各分店要及时提供有关营业额、经营成本和利润等方面的信息,这样总部管理人员就能把握各分店经营的动态和出现的问题,以便商讨和采取改进的对策。

麦当劳公司的另一个控制手段,是在所有经营分店中塑造公司独特的组织文化,这就是大家熟知的"质量超群,服务优良,清洁卫生,货真价实"口号所体现的文化价值观。麦当劳公司的共享价值观建设,不仅在世界各地的分店、在上上下下的员工中进行,而且还将公司的一个主要利益团体——顾客也包括进这支建设队伍中,麦当劳的顾客虽然被要求自我服务,但公司特别重视满足顾客的要求,例如为他们的孩子们开设游戏场所、提供快乐餐和组织生日聚会等,以形成家庭式的氛围,这样既吸引了孩子,也增强了成年人对公司的忠诚感。

【案例思考题】

(1)麦当劳提出的"质量超群,服务优良,清洁卫生,货真价实"口号如何反映它的公司文化? 以这种方式来概括一个组织或公司的文化,具有哪些特色或不足?

(2)麦当劳公司所创设的管理控制系统,具有哪些基本构成要素?

(3)该控制系统是如何促进了麦当劳公司全球扩张战略的实现?

第九章 创 新 管 理

第一节 创新管理概述

如果说组织、领导、控制是为了保证既定目标的实现，"维持"现有的状况，那么，在现代社会环境、资源多变的情况下，为了适应多变的社会经济系统，创新已经成为"改变"现状不可或缺的管理职能了。"不创新，则灭亡"已经成为许多企业家的共识。许多企业都是创新的追随者，例如著名的 3M 公司以及通用电气这样的大型跨国公司。

一、创新管理的产生及其概念

创新(Innovation)的思想最早是由美籍奥地利经济学家约瑟夫·熊彼特 1912 年在其著作《经济发展理论》中从经济学的角度提出来的，并论证了创新在经济发展过程中的重要作用。熊彼特认为：创新是生产手段的新组合，"生产意味着把我们所能支配的原材料和力量组合起来"。

著名的管理学大师彼得·德鲁克沿袭了熊彼特的观点，将创新定义为：改革资源的产出量或改变消费者对资源的价值和满足。创新与发明(Invention)、创造(Creativity)是不尽相同的。发明是指一种新产品、新技术或新的经营方式的初次出现；创造是指以独特的方式综合各种思想或在各种思想之间建立起独特的关系这样一种能力。创新则是指把一种发明创造引入经济中，从而给经济带来较大的影响或发生较大变革。创新实质上就是形成创造性思维并将其转换成有用的产品、服务或作业方法的过程。

熊彼特在其著作中还提出了创新的 5 种情况：

1. 采用一种新的产品。也就是说，生产一种消费者还不熟悉的产品，或者仅仅是一种产品的一种新特性。

2. 采用一种新的方法。即在有关的制造部门中尚未通过经验鉴定的方法。这种新的方法不需要建立在科学新发现的基础上，它可以存在于商业上新产品的处理方式中。

3. 开辟一个新的市场。也就是开辟一个有关国家、有关部门以前都没有进入过的市场，不论这个市场以前是否存在过。

4. 掠取或控制原材料或半制成品的新供应来源。这种来源可能是已经存在的，也可能是新创造出来的。

5. 实现任何一种工业的新组织。例如创造本行业中的垄断地位(托拉斯)，或者打破一种垄断地位。

从上面的创新情况我们可以看出，熊彼特的创新概念指的是采用一种新的产品，而不是开发一种新产品。采用一种新产品则含有向消费者推销一种他们原本不熟悉的产品方法的运用过程。创新是一个经济概念而不是一个技术概念。

二、创新与维持的关系及其意义

维持是保证系统活动顺利进行的基本手段,也是系统中大部分管理人员,特别是中层和基层的管理人员花费大部分精力从事的工作。管理的维持职能便是要严格地按预定的规划来监视和修正系统的运行,尽力避免各子系统之间的摩擦,或减少因摩擦而产生的结构内耗,以保持系统的有序性。没有维持,社会经济系统的目标就难以实现,计划就无法落实,各成员的工作就有可能偏离计划的要求,系统的各个要素就可能相互脱离,各自为政,各行其是,从而整个系统就会呈现出一种混乱的状态。所以,维持对于系统生命的延续是至关重要的。

但是,仅有维持是不够的。社会系统是一个由众多要素构成的,与外部不断发生物质、信息、能量交换的动态开放的非平衡系统。系统的外部环境是不断变化的,这些变化必然会对系统的活动内容、活动形式和活动要素产生不同程度的影响;与此同时,系统内部的要素也在不断的变化。这些变化在特定的时间内必然要求或引起系统内部其他要素的连锁反应,从而对系统原有的目标、活动要素间的关系产生一定的影响。系统若不能及时根据内外变化的要求,适时进行局部或全局的调整,则可能被变化的环境所淘汰。这种适应系统内外变化而进行的局部或全局的调整,便是管理的创新职能。

任何的社会经济系统,都有其自己的生命周期,一般都要经历孕育、成长、成熟、衰退等阶段。从某种意义上讲,系统的社会存在是以社会的接受为前提的。而社会允许某个系统的存在往往是因为系统提供了社会所需要的某种贡献。系统要做出这种贡献,就要从社会中获取一定的资源并加以组合,最后以大于索取的产出回馈社会。回馈越多,贡献能力越强,社会对系统的需求程度越强,系统存在的可能性和存在的时间就可能越长。

所以,系统的生命力取决于社会对系统贡献的需求程度和系统本身的贡献能力。而系统的贡献能力又取决于系统从社会中获取资源,组织利用资源的能力及系统对社会需要的认识能力。由于社会的需求是不断变化的,社会供应的资源在数量和种类上也在不断变化,系统如果不能适应这种变化,以新的方式提供新的贡献,那么,可能很难被社会允许继续存在。系统不断改变或调整组织利用资源的方式,向社会提供新的贡献,正是创新的主要内涵和作用。

所以,维持和创新对系统的生存和发展都是至关重要的,它们是相互联系、不可或缺的。创新是维持基础上的发展,而维持则是创新的逻辑延续;维持是为了实现创新的成果,而创新则是为更高层次的维持提供依托和框架。任何管理工作,都应围绕着系统运转的维持和创新而展开。只有创新没有维持,系统便会呈现无时无刻不变的无序的混乱状态,而只有维持没有创新,系统则缺乏活力,适应不了任何外界变化,最终会被环境所淘汰。卓越的管理是实现创新与维持的最佳组合的管理。

三、创新管理行为与目标

虽然创新有可能是个体或群体的行为,具有差异性,但是,大量的实践证明,具体的管理创新行为仍然存在共性。

1. 创新管理行为的一般构成

创新管理行为是管理创新主体在创新刺激、创新价值观、创新动因、创新因素、创新素质等因素作用下采取的为实现创新目标的一系列活动。创新管理行为不但是一个复杂的行为过程,又是一个重复的过程,具有一定的规则。它的一般构成可用图9-1来表示。

从图 9—1 中可以看出,创新目标与创新价值观形成互相支持的关系,而创新目标的高低反过来会形成一定强度的创新刺激,进而影响其他因素促发创新行为,以便达成创新管理目标。创新管理行为就是这样一个反复运作的回路,其运行机制源于这些因素及相互的联系方式和作用程度。

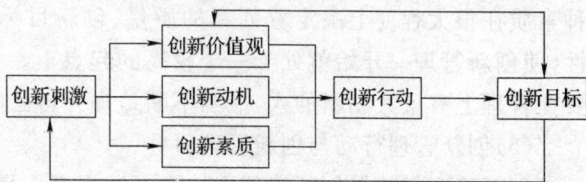

图 9—1　创新管理行为构成图

(1)创新管理刺激

创新管理刺激是指一种由外界各种因素引发的,使创新管理主体产生创新管理意念和欲望的过程。刺激可能是多方面的,市场竞争、环境、生产状态、政府政策等,甚至于与人交流,看书读报,都会使创新主体产生创意,引发创新欲念。创新管理刺激包含于创新管理主体所处的环境及其具体活动过程中,但并非每一个人都会对这些刺激有反映,创新的欲念取决于当时的状态,创新主体的心智模式、知识结构、能力结构等因素。但是,若能增强创新管理刺激的强度,可能会促进更多创新管理意念的产生。

(2)创新管理价值观

创新管理价值观是创新管理主体价值观体系中的一部分,是创新管理主体对创新管理及创新管理效果、阶段、行为方式等的认识。它在创新管理行为构成中起到一种判定和筛选管理创新意念、欲望、创意的作用,是构建创新管理目标的基础。创新管理价值观是创新主体心智模式的一部分,是创新管理主体行动的指导。它的本身也是不断变化的。主体能够在创新实践中不断深化、修正和提升其创新管理价值观。创新管理价值观相对而言是比较稳定的。这种稳定性既有促进创新的一面,也可能成为创新的阻碍。不同的创新价值观往往会引导不同的管理创新动机。

(3)创新管理动机

创新管理动机是指创新主体内在的激发管理创新的因素,这种因素是内在的,而管理创新刺激的因素则是外在的。两种因素相互作用,很可能产生创意,并由创新动机来维持创新主体的工作热情,成为行动的动力源。这种动机除了与创新主体的价值观有关外,还与创新环境和氛围有关。一般而言,创新管理的动机可以分为以下几类:

① 创新心理需求。它指的是创新管理主体对某种创新目标的渴求或欲望。根据马斯洛的需求理论,创新管理需求可以说是人的最高层次需求之一,是自我实现的需求。

② 成就感。成就感是成功者获得成功时为所取得成就而产生的一种心理满足。许多创新管理主体进行创新的直接动机就是追求成就和成就感。

③ 经济性动机。创新主体是社会中的人,追求收入报酬而产生创新行为是极具可能的。经济性动机可以分为两类,一类是为了组织的经济效益提高,另一类是为了自己个人利益的增加。不管出于哪类,创新管理主体的经济性动机都是明确的。

④ 责任心。责任心是创新管理主体的另一个重要创新动机。只有具备高度责任心的人才会去寻找当前工作中的毛病和缺陷,进行创新,从中找出改进和提高的方向,使自己的工作做得更好。它可能是由管理者所处的工作岗位产生的,也可能是由竞争压力产生的。

(4)创新管理素质

创新管理素质是创新管理主体能够从事创新管理行动的潜质。这种潜质反映为创新管理主体的知识结构、能力结构、创新的心智模式、创造性潜能等的综合表现。创新管理主体的这种素质在很大程度上决定着创新的质量、创新目标的形成、定位高低以及创新管理行动的理性,使创新管理一开始就处于一个较高的起点上。创新管理主体的素质有高低之分。一个想要在管理上有重大创新的人,应当不断地提升自己的创新管理素质,进行各方面的修炼。

(5)创新管理行动与创新管理目标

创新管理行动是创新管理主体在上述因素作用下实施创新管理的活动,而创新管理目标则是创新管理主体想要达到的创新结果。创新目标引导创新行动,创新行动的进展则逐步逼近创新目标。创新管理目标虽然在一开始就可以设置出来,但是人们在开始时的认识可能是不全面、不明确的。随着创新管理行动的展开才使目标逐步清晰和深化,甚至发现最终的创新成果与原来的创新管理目标不同。

2. 创新管理的目标

创新管理目标简单地说,就是创新管理主体想要达到的最终结果。创新管理目标在创新开始时就已经存在于创新管理主体的意识或其创新计划中,并且,目标往往不是一个独立的目标,而是与企业目标体系有着密切的关系。企业的目标是多方面的,可能涉及经济目标,也可能涉及到社会、环境、政治目标。彼得·德鲁克认为,凡是经营管理成功的企业都在市场、生产力、发明创造、物质和金融资源、人力资源、利润、管理人员的行为表现及培养发展、工人的表现及社会责任等方面有自己的目标。企业的创新目标是企业成功实施管理的重要目标,现代企业的生存和发展已经离不开创新,创新贯穿于企业的各个方面。一个企业的创新目标体系与其整体目标类别是相对应的。创新目标体系构成可以用图9-2来表示。

从图9-2中我们可以看到,创新管理目标是核心目标,它的核心作用体现在它是在利润目标、社会责任目标的激发和约束下设立与定位的,并以此促发企业的其他6个目标的实现,而这6个目标的实现反过来帮助企业实现最终的利润目标和社会责任目标。

创新管理目标的本身是具有层次性的。这种层次性可以首先从创新管理主体所处的企业不同层次来考虑。由于企业的管理者和员工均可能成为

图 9-2 创新目标体系构成图

创新管理的主体,根据创新管理主体的不同,创新管理的目标可以分为3个层次,即高层创新管理目标、中层创新管理目标和底层创新管理目标。这种分层并不意味着低层的创新管理目标是高层创新管理目标的细化,它们所涉及的内容是不同的。例如,高层创新管理涉及的可能是企业综合管理模式的创新或企业组织的改革,而中层创新管理目标涉及的则是市场营销、人力资源等方面。

创新管理目标还存在着时间跨度。但是,由于创新存在着偶然性,用一个准确的时间表来体现创新的进程是没有意义的。例如,斯隆创造事业部制并使其在通用汽车公司有效运作花费了近5年的时间,而他一开始并没有预料到需要如此多的时间。

创新管理目标的层次性和时间跨度的存在,使得创新管理的目标设置有一定的要求。具

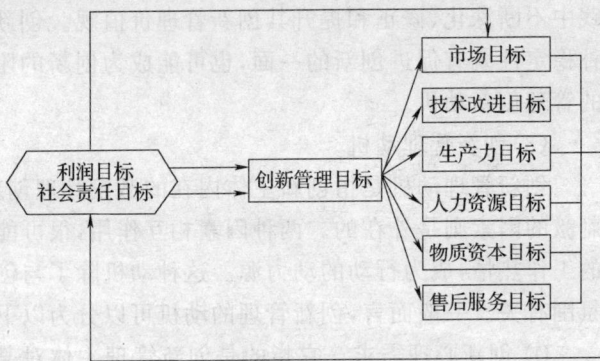

体来说可以概括为以下几点：

（1）目标设定要恰当。创新管理的目标设定应当与创新管理主体的能力相符合，与企业管理发展的阶段相符合，从而使创新管理主体经过努力就能实现此目标。由于创新管理目标的不确定性，恰当的设置目标显得尤为重要。实现甚至超越既定目标会给人带来成就感，但若总是无法实现目标，就会使人产生挫折，从而丧失创意和信息，最终导致创新管理无法实现。

（2）目标最好由自己设定。应当由创新管理主体根据自己的创意和自己所处的环境来决定自己的创新目标。由于创新能达到的程度与创新管理主体息息相关，其他人很难把握，加之管理创新本身是一种自主性的工作，因此，让创新管理主体自己来定义创新目标是比较合适的。当然，目标设定后需要有资源的配合才能使目标顺利实现。

（3）创新管理目标的设定要具备协调性。创新管理的实施经常会涉及整个组织或组织的某些方面，所以，创新管理最终的成功不仅取决于创新管理主体的努力，还取决于组织有关方面和员工们的配合。故设定创新管理目标时应当包含协调配合方面的要求，包括员工的理解、组织资源的支持、资金支持等。

（4）创新管理目标的设定应当具有经济性。创新管理的目标之一就是经济利润。进行创新管理需要大量的投入，然后才可能会有产出。因此，设定创新管理目标时，应当进行投入产出分析，确保以尽量少的资源和资金投入获取尽可能多的产出收益。这样，目标更容易被接受并得到良好的执行。

四、创新的类型

创新涉及系统的诸多方面。根据创新对象的不同，创新可以分为：目标创新、技术创新、制度创新、组织机构和结构创新、环境创新、知识创新这6类。

1. 目标创新

企业是在一定的经济环境中从事经营活动的，特定的环境要求企业按照特定的方式提供特定的产品。一旦环境发生变化，要求企业的生产方向、经营目标以及企业在生产过程中同其他社会经济组织的关系进行相应的调整。企业在各个时期的具体经营目标，也需要适时地根据市场环境和消费需求的特点及变化趋势加以调整，每一次调整都是一种创新。

2. 技术创新

之前我们已经提到，熊彼特最早引入了创新的概念，并且，在他的概念里包含了技术性变化的创新及非技术性变化的创新。后来，索罗对技术创新作了较全面的研究，并在1951年发表的《在资本化过程中的创新：对熊彼特理论的评论》一文中首次提出了技术创新成立的两个条件，即新思想来源和后阶段发展。他的"两步论"影响深远，直到1962年伊诺斯在其《石油加工业中的发明与创新》一文中才首次直接对技术创新下了定义，并激发了对创新定义研究的兴起。目前，对技术创新的定义有许多不同的表述，比较一致的观点是：当一种新思想和非连续的技术活动，经过一段时间后，发展到实际和成功应用的程序，就是技术创新。

技术创新是企业创新的主要内容。企业的技术创新主要体现在要素创新、要素组合方法的创新和产品的创新这3个方面。

（1）要素创新

企业的生产过程是指一定的劳动者利用一定的劳动手段作用于劳动对象并使之改变物理、化学形式或性质的过程。参与这个过程的要素包括材料、设备以及企业员工三个方面。相应的,要素创新主要包括了材料创新、设备创新和人事创新这三部分内容。

（2）要素组合方法的创新

利用一定的方法将不同的生产要素加以组合,这是形成产品的先决条件。要素的组合包括生产工艺和生产过程的时空组织这两方面。

生产工艺是劳动者利用劳动手段加工劳动对象的方法,包括工艺过程、工艺配方、工艺参数等内容。工艺创新既要根据新设备的要求,改变原材料、半成品的加工方法,也要求在不改变现有设备的前提下,不断研究和改进操作技术和生产方法,以求使现有设备得到更充分的利用,使现有材料得到更合理的加工。工艺创新与设备创新是相互促进的,设备的更新要求工艺方法作相应的调整,而工艺方法的不断完善又必然促进设备的改造和更新。

生产过程的组织包括设备、工艺装备、在制品及劳动者在空间上的布置和时间上的组合。企业应不断的研究和采用更合理的空间布置和时间组合方式,以提高劳动生产率,缩短生产周期,从而在不增加要素投入的前提下,提高要素的利用效率。例如,福特流水生产线的引入引起的企业生产率的革命。

（3）产品创新

产品是企业的生命,企业只有不断地创新产品,才能更好地生存和发展。产品创新包括许多内容,其中最主要的是物质产品本身的创新。物质产品的创新主要包括品种和结构的创新。品种的创新要求企业根据市场需求的变化,根据消费者偏好的转移,及时调整企业的生产方向和生产结构,不断开发出受用户欢迎的适销对路的产品。产品结构的创新,在于不断改变原有品种的基本性能,对现在生产的各种产品进行改进和改造,找出更加合理的产品结构,使其成本更低,性能更完善,使用更安全,从而更加具备竞争力。

3. 制度创新

要素组合创新主要是从技术角度分析人、机、料各种结合方式的改进和更新,而制度创新则需要从社会经济角度来分析企业系统中各成员间的正式关系的调整和变革。制度是组织运行方式的原则规定,企业制度主要包括了产权制度、经营制度和管理制度3个方面。

其中,产权制度是决定企业其他制度的根本性制度,它规定了企业最重要的生产要素的所有者对企业的权力、利益和责任。实践中,存在着公有和私有两种形式。企业产权制度的创新应朝着寻求生产资料的社会成员"个人所有"与"共同所有"的最适度组合的方向发展。

经营制度是有关经营权的归属及其行使条件、范围、限制等方面的原则规定。它表明企业的经营方式,确定谁是经营者,谁来行使企业生产资料的占有权、使用权和处置权,谁来确定企业的经营方向、生产内容、生产形式,谁来保证企业生产资料的完整性及其增值,谁向企业生产资料的所有者负责以及负何种责任。经营制度的创新方向应是不断寻求企业生产资料最有效率利用的方式。

管理制度是行使经营权、组织企业日常经营的各种具体规则的总称,包括对材料、设备人员及资金等各种要素的取得和使用的规定。在众多的管理制度内容中,尤其以分配制度最为重要。分配制度的创新在于不断追求和实现报酬与贡献的更高层次上的平衡。

可以说,产权制度、经营制度和管理制度这3者之间的关系是错综复杂的,实践中甚至很难区分3者的界限。企业制度创新的方向是不断调整和优化企业所有者、经营者、劳动者3者之间的关系,使各个方面的权利和利益得到充分的体现,使组织各成员的作用得到充分的发挥。

4. 组织机构和结构创新

企业系统的正常运行,既要求具有符合企业及其环境特点的运行制度,又要求具有与之相应的运行载体,即合理的组织形式。因此,企业制度创新必然要求组织形式的变革和发展。

从组织理论角度来考虑,企业系统是有不同的成员担任不同职务和岗位的结合体。这个结合体可以从结构和机构这两个不同层次去考察。所谓机构是指企业在构建组织时,根据一定的标准,将那些类似的或为实现统一目标有密切关系的职务或岗位归并到一起,形成不同的管理部门。它主要涉及管理劳动的横向分工问题,即把对企业生产经营业务的活动分成不同部门的任务;而结构则与各管理部门之间,特别与不同层次的管理部门之间的关系有关,它主要涉及管理劳动的纵向分工问题,即所谓的集权和分权问题。不同的机构设置,要求不同的结构形式;组织机构完全相同,但机构之间的关系不一样,也会形成不同的结构形式。由于机构设置和结构的形成要受到企业活动的内容、特点、规模、环境等因素的影响,因此,不同的企业有不同的组织结构,同一企业,在不同时期,随着经营活动的变化,也要求组织的机构和结构不断调整。组织创新的目的在于更合理的组织经营管理人员的能力,提高劳动的效率。

5. 环境创新

环境是企业经营的土壤,同时也制约着企业的经营。环境创新不是指企业为适应外界变化而调整内部结构或活动,而是指通过企业积极的创新活动去改造环境,去引导环境朝着有利于企业的方向变化。例如:通过企业的公关活动,影响社区政府政策的制定;通过企业的技术创新,影响社会技术进步的方向等。就企业来说,环境创新的主要内容是市场创新。

市场创新主要是指通过企业的活动去引导消费者,创造需求。新产品的开发往往被认为是企业创造市场需求的主要途径。其实,市场创新的更多内容是通过企业的营销活动来进行的,即在产品的材料、结构、性能不变的前提下,或通过地理转移,或通过揭示产品新的物理使用价值来找寻新顾客,再或通过广告宣传等促销工作,来赋予产品以一定的心理使用价值,影响人们对某种消费行为的社会评价,从而诱发和强化消费者的购买动机,增加产品的销售量。

6. 知识创新

长期以来,技术创新和知识创新的界定就存在很多争论。从多种定义来看,知识的含义更为广泛,而技术则比它相对狭小很多。知识是比较抽象的概念,知识创新的概念远比技术创新要大。它包括知识的产生、分配和使用的全过程,体现了知识经济各个层面的内容,而技术创新则侧重于技术的商品化,范围更为具体。从特征上看,知识创新的创新价值体系、战略联盟和合作利益,可以认为是知识经济网络化的一种表征。他们体现了知识经济的全局特征,在实践中却很难加以综合的把握。技术创新则是一个具体的概念,是知识经济的基础和推动经济增长的根本动力,这一点在知识经济时代并没有改变,而且被赋予了新的内容。因此,技术创新是知识创新的核心内容和具体的时间环节。

第二节　创新的过程

一、创新的源泉

一个成功的企业家总是不断寻找创新的机会。创新的来源是有根可循的,系统地创新就在于对变化进行有目的、有组织的寻找,对于这些变化进行系统的分析,从而抓住一切创新的机会并创造价值。

创新的源泉有七个方面,可以分别通过对以下七个方面的检查来发现。

1. 意外事件

意外事件包括了意外成功、意外失败和外部意外事件。

意外成功对组织的创新提供的机会最多,而所冒的风险则相对较少。但是,意外成功容易被组织的最高领导层所忽略,或者拒绝将它看成是一个发展的机会。利用意外成功所提供的创新机会需要进行分析,将它作为一个先兆,研究其内在代表的事物、基本变化和技术市场情况,才能有机会把处于隐蔽状态的创新机会揭示出来。

意外失败一旦发生时无法拒绝。但是,将意外失败看成是创新的源泉需要眼光,需要深入调查意外的发生究竟是因为什么。当了解了事实的真相后,成功地创新机会就会很容易的显现出来。

外部意外事件指的是发生在企业或产业外部之外的事件。开发利用外部事件特别适合大公司进行创新,因为它们往往适合自身的专长业务,而且还需要有能力动用一定数量的资源。它是一个机会大风险小的创新领域。

2. 不一致性

不一致性是指人们对事物想象的情况或以为"应该"是什么与现实的事物之间产生的不符与不协调。不一致性也是创新的一个先兆,但它常常为知情者所忽视或熟视无睹。利用不一致性作为创新的机会是相对易行而且有效的。

不一致性主要表现在以下 4 个方面:

(1)需求的增长与经济效益的不一致性;

(2)假设与现实的不一致性(即主观行为与客观实际出现的不一致);

(3)对顾客价值观以及期望的认识与实际的不一致性;

(4)过程的节奏与逻辑上的不一致性。

当某一产业、某个市场,以及某一过程内部发生变化时,往往就潜伏了不一致性。这种不一致性只有在行业中的人或在此行业近旁的人才能看清,知情者只有在认准和了解的基础上,才能开发利用它。

3. 过程的需要

需要是发明之母,过程的需要作为一种特殊需要,为创新提供了大量的机会。无论在一个产业、一项业务、一项服务中都存在着这类过程需要。过程需要并不是以单个事件为起点,而是以所做的工作为开始,对早已存在的过程进行完善。它可以针对过程中的某一薄弱环节加以更换,也可以用新的知识对现行的旧过程重新加以设计。例如,印刷业的不断改进过程就是一个典型的例子。

过程需要的创新要取得成功,应注意以下 5 个基本指标:

(1)一个独立完整的过程;

(2)一个薄弱或缺失的环节;

(3)一个清晰的目标定义;

(4)明白解决办法的具体要求;

(5)对"需要一个更佳方式"的共识,即要有高度的可接受性。

最后,过程需要的机会还应按照三项条件进行检验:是否真正理解需要的是什么?是否已经具备了所学的知识,或在目前的技术水平中能否解决这个问题?解决问题的方法是否适宜

（适合使用者的习惯和价值观）？

4. 产业结构和市场结构

产业结构和市场结构一旦形成就较为稳定，但有时候它们也是很脆弱的，一旦解体就非常迅速。这是，企业就应当抓住时机创新，不能因循守旧，不然就容易遭遇困难，甚至倒闭。

当发生以下 4 种情况的时候，往往可以预测产业结构将产生根本性的变化：

（1）产业部门的增长显著快于经济或人口的增长；

（2）当产量达到翻番的时候；

（3）原先互不相关的几种技术出现了相互间的结合；

（4）经营方式的迅速改变。

当有上述迹象产生时，往往预示了产业结构将发生突变。采取简明而有针对性地创新战略，就能大大增强获胜的机会。

5. 人口结构的变化

在外界环境的变化中，人口结构的变化是最显然，最容易预测的因素。它包括了人口的数量，年龄分布，教育程度，劳动公众，收入水平等各类因素。通过人口统计了解人口结构状况，其重要性不仅在于人口结构对购买力和购买习惯有影响，而且对劳动力规模和劳动力结构也有影响。研究人们购买东西的方式，喜欢什么样的环境，如何看待所购商品的价值。通过调查，变动中的人口结构就能成为高度有利可图的极为可靠的创新机会。

6. 观念的变化

人们观念的变化往往孕育了重大的创新机会。不同的市场条件、不同的经济发展水平和社会文化观念下会产生不同的消费需求。商家顺应或者是创造引导人们的消费观念，都是创新的重要机会。

7. 以知识为基础的创新

以科学和技术研究的新知识为基础的创新是很重要的，但它也是最为困难的。在所有的创新中，以新知识为源泉的创新的孕育周期最长，风险也最大。它是以多种知识的汇聚与结合为基础的。它是一种高风险，高要求，潜在报酬大的创新源泉。

二、创新的过程

创新过程的划分有几种不同的观点。有的学者将创新过程划分为创意形成阶段，创意筛选阶段和创意验证实施阶段这 3 个部分。而早在 1926 年也有人提出创新思维过程的 4 阶段论：准备、构思、明朗、确立。此后，经过后人的修正，提出了更为精确的创新 5 步论，如图 9－3 所示。

1. 收集素材

收集素材是一个积累的过程。在这个阶段中，需要做广泛的搜索，研究与问题有关的一切问题。积累和搜索各种有用的信息与素材是进行创作的必要前提。

2. 深思熟虑

在这个阶段，要克服各种思想障碍，发挥思维的灵活性，运用多种创造性原理（如演绎、归纳、移植、侧向思维、分析与综合

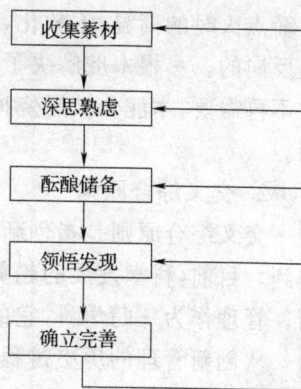

收集素材 → 深思熟虑 → 酝酿储备 → 领悟发现 → 确立完善

图 9－3　创新过程流程图

等思维方式)进行思索。这个阶段有时候会闪现出思维的火花,也就是人们常说的灵感,经过时间的孕育,也能发展成为创新思想。

3. 酝酿储备

酝酿储备也即孕育阶段。当某些新思想偶尔浮现时,它可能是以粗糙、低级、不成熟的形式出现的,需要进一步的琢磨、充实和完善,才能把原始的数据信息和思索时发掘的新资料组合起来,进行酝酿构思。

4. 领悟发现

这是做出创造性发现的阶段。在这个阶段,直觉、灵感、想象等非逻辑思维起着决定性的作用。在深思熟虑与酝酿准备的基础上,一旦出现了思维的飞跃,则新的认识就最终产生了。

5. 确立完善

对创新思想进行修正、扩充、提炼以至完善,并运用评估能力加以检验和抉择。

以上划分的各阶段,只能大概地反映人们创新思维的过程。在实践中,这些阶段并不是明确分开或者截然对立的。相反,它是一个连续不规则的过程。有时候酝酿期很长,可能在较长的时间中并无明显进展。但是在不曾预料的时候会突然出现一个飞跃。作为管理者,理解创新的过程并充分发挥创新的特点,创造良好的创新条件和氛围,有助于激励他人的创新潜能。

三、创新的原则

创新管理的原则是指产生创新管理创意的行为准则。由于它是产生创新创意的行为准则,而创新管理创意是创新的出发点,因此,我们又可以把创新管理的原则看作是创新管理的基准和出发点。

1. 反向思维原则

反向思维是指与一般人、一般企业思考问题的方向不同。例如,别人认为是正常的事情,你却加以思考,并从中发现问题,这就是一种反向思维;人家对某一问题通常从 A 角度进行考虑,你却从 B 角度去考虑,这也是一种反向思维。通过这样的一些思维,经常可以得到很多的创新灵感。

反向思维的找寻点可以说是无处不在的。每一种看似平常和普通,已经成为定律的事物都可以成为反向思维的找寻点。例如,在研究火箭升空的导向舵材料时,由于材料必须能耐受火箭点火时的高温,不软化,不变形,这就给科学家们带来了严峻的挑战。但最终,问题的解决是反向的。一根木舵解决了问题。既然不能耐受高温,那就接受高温。导向舵在火箭升空后并不再需要,木舵会被燃烧掉,但是在燃烧掉之前足以能完成任务。可见,反向思维的重要作用。

2. 交叉综合原则

交叉综合原则是指创新活动的展开或创新意向的获得可以通过各种学科知识的交叉综合得到。目前,科学发展的趋势是综合的边缘交叉,许多科学家把目光放在这两个方面,以求创新。管理作为一门学科,它的创新发展过程也呈现出相同的趋势。

从创新管理的历史过程来看,有两种创新方式是值得重视的。第一种是用新的科学技术、新的学科知识来研究、分析现实管理问题。由于是用新的学科知识和技术来看待现实管理问题,这样就可能得到不同于以往的看法、启示,这便是一种创新的灵感。第二种是把以往的学科知识、方法、手段综合起来,系统地来看待管理问题,这样也能得到不同于以往的思路、看法和启示等。

3. 加一加二原则

创新管理的加一加二原则,是指在自己现有的特色管理或在别人先进的管理思想、方式、方法上进行顺应式或逆向式的有新意的进一步提高。在这个定义中,现有的特色管理是指自己独有但尚未系统化或未能全成型的管理,所谓顺应式是指顺延别人的发展趋势,而逆向式则是指在别人的基础上逆其发展趋势而行。加一加二就是对上述含义进行大胆探索的新的管理思路、方式、方法,简单地说就是在现有基础上进行有创意的提高。从管理的诸多领域创新来看,运用该原则而获得创新成果的企业很多。例如,在商业企业中,传统的售货方式是售货员站柜台,向顾客介绍商品进行销售。后来的自选商场,在站柜台的方式上改进了一步(即加一),更加满足了顾客的要求。而之后推出的"无店铺销售"的销售方式,又是进一步的创新。

加一加二创新原则由于是在原有的基础上展开的,故只需对原有的基础问题进行分析研究,把握深层原因,同时注意自己的特点与长处,进行深层思考,就可以发掘出许多新的创意,进行创新。

第三节　创新与组织

一、创新与组织

一个组织能否进行有效的创新,除了外在的因素外,组织自身的因素影响重大。组织是创新的孕育场所。

有三类因素可以激发组织的创新力。它们是组织结构、组织文化和组织的人力资源因素,如图 9－4 所示。

1. 结构因素

根据大量的研究表明,结构因素对创新作用有以下 3 个影响:

(1)有机式结构对创新有正面影响。因为管理层级,正规化和集权化程度低,有机式结构可以提高组织的灵活性、应变能力和跨职能工作能力,从而使创新更易于得到采纳。

(2)拥有富足的资源能为创新提供另一个有力的因素。组织资源充裕,管理当局就有能力购买创新成果,敢于投下巨资推行创新并承受失败的损失。

(3)单位间密切的沟通有利于克服创新的潜在障碍。例如委员会、任务小组、质量圈及其他的这类机制都可以促进部门之间的相互

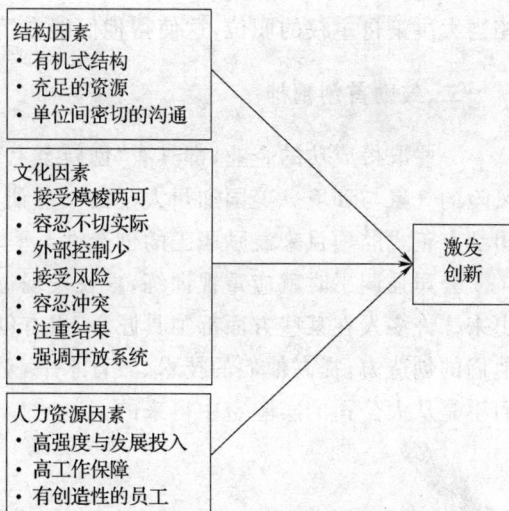

结构因素
· 有机式结构
· 充足的资源
· 单位间密切的沟通

文化因素
· 接受模棱两可
· 容忍不切实际
· 外部控制少
· 接受风险
· 容忍冲突
· 注重结果
· 强调开放系统

人力资源因素
· 高强度与发展投入
· 高工作保障
· 有创造性的员工

激发创新

图 9－4　创新的组织因素

交流,从而得到创新成功组织的广泛采用。例如,米尼苏达采矿制造公司就具有高度分权化的、拥有小型有机式组织的大部分特征。这家公司还有一个"大口袋",用以支持、鼓励科学家和工程人员将 15% 以上的时间用于他们自己选择的开发项目的政策。

2. 文化因素

富有创新力的组织,通常具有某种共同的文化,如鼓励试验,赞赏失败,不论成功还是失败都给予奖励,等等。充满创新精神的组织文化通常具有如下特征:

(1)接受模棱两可。过于强调目的性和专一性会限制人的创造性。

(2)容忍不切实际。组织不抑制员工对"如果……就……"这样的问题作出不切实际的甚至是愚蠢的回答。虽然从表面上看,这似乎是不可行的,但却往往能带来问题的创造性解决。

(3)外部控制少。组织将规则、条例、政策这类的控制减少到最低限度。

(4)接受风险。组织鼓励员工大胆试验,不用担心可能失败的后果。错误被看作能提供学习的机会。

(5)容忍冲突。组织鼓励不同的意见。个人或单位之间的意志和认同并不意味着能实现很高的经营绩效。

(6)注重结果甚于手段。提出明确的目标以后,个人被鼓励积极探索实现目标的各种可行途径。注重结果意味着对于任意给定的问题,可能存在若干种正确的解决办法。

(7)强调开放系统。组织时刻监控环境的变化并随时作出快速的反应。

3. 人力资源因素

在人力资源这一类因素中,经研究发现,有创造力的组织积极地对其员工开展培训和发展,以使其保持知识的更新。同时,他们还给员工提供高工作保障,以减少他们担心因犯错误而遭解雇的顾虑。组织也鼓励员工成为革新能手。一旦出现新思想,革新能手们会主动而热情的将思想予以深化,提供支持并克服阻力,以确保创新得到推行。研究表明,革新能手们有一种共同的个性特征:高度自信、有持久力、精力旺盛、敢于冒风险。革新能手们也显示出与动态式领导相似的特征。如他们会以其对创新成功的潜在可能的认识,以及他们个人对其使命的坚信不疑来激励和鞭策自己,并善于从他人处争取支持的力量。另外,创新能手们一般拥有相当大决策自主权的职位,这使得他们能在组织中引入并推行所提倡的创新。

二、鼓励首创精神

一些取得成功的企业,都具有"创新至上"的价值观,尊重并追求创新,为革新者创造敢担风险的气氛与环境。美国加州大学的一些研究人员曾做过调查,在美国,13 家发展最快的公司都有正式的项目来鼓励职工的创造性。

公司强调平时就应重视训练,重视发现每一个人的潜在的想像力,把人们的创新思想发掘出来。许多人在某些方面都独具匠心,很有创意。管理人员应当相信群众的智慧,发掘并利用他们的创造力,提高他们的技术、教育水平,对他们进行培训和引导。新的突破往往是从个人而不是从大公司的实验室中得来的。

复习思考题

1. 什么是创新?创新管理的目标是什么?

2. 管理创新的类型包括哪些方面?

3. 创新管理的过程与原则是什么?

案　例

案例1　崛起与发展

创立于1984年,崛起于改革大潮之中的海尔集团,是在引进德国利勃海尔电冰箱生产技术成立的青岛电冰箱总厂基础上发展起来的。在海尔集团首席执行官张瑞敏"名牌战略"思想的引领下,海尔经过18年的艰苦奋斗和卓越创新,从一个濒临倒闭的集体小厂发展壮大成为在国内外享有较高美誉的跨国企业。

2002年海尔实现全球营业额711亿元,是1984年的20 000多倍;18年前,工厂职工不足800人;2002年,海尔跃居中国电子信息百强之首,不仅职工发展到了3万人,而且拉动就业人数30多万人。1984年只有一个型号的冰箱产品,目前已拥有包括白色家电、黑色家电、米色家电、家居集成在内的86大门类13 000多个规格品种的产品群。在全球,很多家庭都是海尔产品的用户。

总部在中国青岛的海尔集团是世界第四大白色家电制造商,中国最具价值品牌。旗下拥有240多家法人单位,在全球30多个国家建立本土化的设计中心、制造基地和贸易公司,全球员工总数超过5万人,重点发展科技、工业、贸易、金融四大支柱产业,已发展成全球营业额超过1 000亿元规模的跨国企业集团。

海尔集团在首席执行官张瑞敏确立的名牌战略指导下,先后实施名牌战略、多元化战略、国际化战略和全球化品牌战略。

1."名牌战略"——中国第一品牌

用户的忠诚度是与海尔产品的美誉度紧紧联系在一起的,海尔的无形资产从无到有,到2002年海尔品牌价值评估为489亿元,跃居中国第一品牌。

海尔产品依靠高质量和个性化设计赢得了越来越多的消费者。2003年,海尔获准主持制定4项国家标准,标志着海尔已经将企业间竞争由技术水平竞争、专利竞争转向标准上的竞争。海尔产品依靠高质量和个性化设计赢得了越来越多的消费者。在国内市场,海尔冰箱、冷柜、空调、洗衣机四大主导产品均拥有30%左右的市场份额。在海外市场,据全球权威消费市场调查与分析机构EUROMONITOR最新调查结果显示,海尔集团目前在全球白色电器制造商中排名第五,海尔冰箱在全球冰箱品牌市场占有率排序中跃居第一。其小型冰箱占据了美国40%的市场份额。海尔集团坚持走出国门创名牌,目前,已建立起一个具有国际竞争力的全球设计网络、制造网络、营销与服务网络。现有设计中心18个,工业园10个(其中国外2个,分别位于美国和巴基斯坦;国内8个,其中5个在青岛,合肥、大连、武汉各有一个,海外工厂13个)。营销网点58 800个,服务网点11 976个。海尔产品已进入欧洲15家大连锁店的12家、美国10家大连锁店的全部。在美国和欧洲各国初步实现了设计、制造、营销三位一体的本土化布局。随着国际化战略的推进,海尔与国际著名大公司之间也从竞争向多边竞合关系发展。2002年1月8日和2月20日分别与日本三洋公司和台湾声宝集团建立竞合关系,实现优势互补、互换市场、资源共享、双赢发展。2002年3月4日,海尔买下纽约中城格林尼治银行大厦这座标志性建筑作为海尔在北美的总部,表明海尔品牌已初步得到了美国消费者的认可,海尔要在美国扎下根去。海尔2007年公布的数据显示,全球营业额已超过1 000亿元。其中,海尔冰箱正在全球16个国家开展经营活动,并已经成为继惠尔浦之后的全球第二大冰箱品牌。当其他中国企业还只满足于到海外购买更多自然资源或以 OEM(贴牌生产)的方式赚取出口利润的时候,海尔则选择了一条更为艰难的全球化之路——建立一个来自中国的全球领先的世界品牌。

2. 海尔战略创新的四阶段

海尔多年来的高速发展,最主要的就是靠创新。海尔的创新三原则,即创新的目标就是创造有价值的订单,创新的本质就是创造性的破坏,创新的途径就是创造性的借鉴和模仿。在海尔的创新体系中,战略创新起着关键作用。

名牌战略阶段(1984 年到 1991 年):别的企业上产量,而海尔集中精力抓质量,7 年时间只做一个冰箱产品,磨出了一套海尔管理之剑:"OEC 管理法",为未来的发展奠定了坚实的管理基础。

多元化战略阶段(1992 年到 1998 年):别的企业搞"独生子",海尔走低成本扩张之路,吃"休克鱼",建海尔园,"东方亮了再亮西方",以无形资产盘活有形资产,成功地实现了规模的扩张。2002 年,海尔通过在产业领域创出的品牌信誉进入金融业,在金融领域迅速启动,发展顺利,为集团进入国际资本市场奠定基础,也为日后的发展搭建更为广阔的舞台。

国际化战略阶段(1998 年到 2004 年):别的企业认为海尔走出去是"不在国内吃肉,偏要到国外喝汤";而海尔坚持"先难后易"、"出口创牌"的战略,搭建起了一个国际化企业的框架。

全球化品牌战略阶段(2005 年底至今):海尔品牌在世界范围的美誉度大幅提升。1993年,海尔品牌成为首批中国驰名商标;2006 年,海尔品牌价值高达 749 亿元,自 2002 年以来,海尔品牌价值连续 4 年蝉联中国最有价值品牌榜首。海尔品牌旗下冰箱、空调、洗衣机、电视机、热水器、计算机、手机、家居集成等 18 个产品被评为中国名牌,其中海尔冰箱、洗衣机还被国家质检总局评为首批中国世界名牌,2005 年 8 月 30 日,海尔被英国《金融时报》评为"中国十大世界级品牌"之首。海尔已跻身世界级品牌行列,其影响力正随着全球市场的扩张而快速上升。

3. 海尔的成功

近年来,海尔的成功案例已经进入哈佛大学、洛桑国际管理学院、欧洲工商管理学院、日本神户大学等著名高等学府的案例库,成为全球商学院的通用教材,这在中国企业界是唯一的。张瑞敏本人也作为第一个中国人登上了世界商学院的最高讲台——哈佛大学商学院讲学。

美国《家电》杂志统计显示,海尔是全球增长最快的家电企业,并对美国企业发出了"海尔击败通用电气"这样的警告;英国《金融时报》评选"亚太地区声望最佳企业",海尔名列第七;美国科尔尼管理顾问公司也将海尔评为"全球最佳运营企业"。同时,张瑞敏也获得了中国企业家目前在全球范围内的最高美誉,1999 年 12 月 7 日,英国《金融时报》评出"全球30 位最受尊重的企业家",张瑞敏荣居第 26 位。著名的英国《金融时报》发布了 2002 年全球最受尊敬企业名单,海尔雄踞中国最受尊敬企业第一名。2003 年 8 月美国《财富》杂志分别选出"美国及美国以外全球最具影响力的 25 名商界领袖",在"美国以外全球最具影响力的 25 名商界领袖"中,海尔集团首席执行官张瑞敏排在第 19 位。2006 年,在《亚洲华尔街日报》组织评选的"亚洲企业 200 强"中,海尔集团连续第四年荣登"中国内地企业综合领导力"排行榜榜首。